佛界
菩萨
声闻
人界
畜生
地狱
饿鬼
修罗
天人
缘觉
心

如何使用该书

数罗汉是我国民间一种广为流传的习俗。入寺数罗汉，往往先确定罗汉的起始方向，然后以脚首先跨入罗汉堂的左右，确定从左数起还是从右开始数起；也有以男女而分左右的，即男从左数起，女从右数起；更有从任意一尊开始数的。但无论哪种数法，都以行止自然、诚心实意为原则。

基于此，虽不进罗汉堂，依一定规则翻开此书，也应有入寺数罗汉的功效的。其具体规则为：

1.坐或站，双手实心合掌，掌向胸部内推，双目微闭，目视下方，以利静心，然后心念所愿之事。

2.男用左手，女用右手，随意翻开该书，以第一眼所见罗汉为准开始数，不得刻意再翻，否则从1开始。

3.书翻开后均为两个页面，页码均为单或双。男从单码开始向左数，女从双码开始向右数，数到自己年龄的虚数为止，即为此刻与自己相己相应的罗汉。例如，翻开的页码为66、67两页，若所愿者为男，年龄虚数为28岁，则从第67页开始逆数到第40页为止，此即为自己所应之罗汉，若所愿者为女，年龄虚数为28岁，则从第66页开始，顺着数至第93页止，此即为自己所应之罗汉。

4.向左或向右数，如果页码数不够，则可由第500页右旋接第1页，或由第1页左旋接第500页。即前后循环相接而数。

5.数到的罗汉均有彩色绘图和法相描述，更有相应的寺院偈语。

法相描述为作者的一己之见，其实即使同一神情，个人所觉也各不相同，所以，所遇者应尽可能用心去体悟其法相所示，不要拘于作者所述。偈语也应结合自己的心态、境况，以及其他因素独自去体会，如此必定对自己的人生会有更多指导。

还需要说明的是，一个人如果将自己的命运寄托于吉凶祸福的卜测，显然不够恰当，这对求实务真的人而言，更是害多益少。因此，在对偈语进行解读时，作者虽然按民间习俗揭示了每一偈语的隐喻所指，却更强调其中所蕴含的处世哲学与人生道理，即作者更倾向于把偈语视作人生的警语箴言，以期对读者为人处事有所启迪。

佛的精神，在我们的生活中更多地表现为慈悲心、同情心、审慎心和谦和心，这是信佛者必须具备的立世品德，这也正是该书内容的精要所在。

本书插图说明

本书插图所用为民国孙玉山绘制的五百罗汉图。但经我们广泛打听、联系，至本书付梓时，仍无法与此图版权拥有者取得联系。请此图版权拥有者见书后，尽快与我社联系，我们将即时敬奉稿酬。

本书偈语均来自苏州西园寺

彩绘图本

数罗汉

不进罗汉堂，随手翻开书即可数罗汉

张恩富居士　撰

重庆出版集团　重庆出版社

图书在版编目（CIP）数据

数罗汉 / 张恩富居士撰. —重庆：重庆出版社，2009.12
ISBN 978-7-229-01371-4

Ⅰ. 数… Ⅱ. 张… Ⅲ. 罗汉—通俗读物
Ⅳ. B949.91-49

中国版本图书馆 CIP 数据核字（2009）第 201005 号

数 罗 汉

SHULUOHAN

张恩富居士 撰

出 版 人：罗小卫
策 划：刘太亨 刘 嘉
责任编辑：郑 玲
责任校对：刘向东
技术设计：日日新

重庆出版集团
重庆出版社 出版

重庆长江二路 205 号 邮编：400016 http: //www.cqph.com
重庆长虹印务有限公司印刷
（重庆长江一路 69 号 邮编：400014）
重庆出版集团图书发行有限公司发行
E-MAIL: fxchu@cqph.com 邮购电话：023-68809452
全国新华书店经销

开本：787mm × 1092mm 1/16 印张：33 字数：456 千
2009 年 12 月第 1 版 2009 年 12 月第 1 次印刷
ISBN 978-7-229-01371-4
定价：79.80 元

如有印装质量问题，请向本集团图书发行有限公司调换：023-68706683

绪　论

1 释迦牟尼在证得阿耨多罗三藐三菩提（无上正等正觉）后，至波罗奈斯城外的鹿野苑，对曾随他出家修行的五位比丘憍陈如、阿说示、跋提、十力迦叶和摩诃男说法，三转法轮（“轮”是古印度战争中用的一种武器，形状像轮子。古印度有一传说，征服四方的大王叫转轮王，其出生时空中现此轮，预示其前途无敌。佛教以“轮”比喻佛所说的法。佛的法轮出现于世，一切不正确的见解、不善的法都被粉碎无余，所以把说法叫做“转法轮”）后，此五比丘皆证得阿罗汉果位。佛陀到达鹿野苑的当夜，进行了佛史上第一次弘法，首先佛陀转第一次法轮，示转：“此是苦也，此是集也，此是灭也，此是道也，此示四谛之四相。”憍陈如立即证悟。往后四天，依次做第二劝转：“苦当知，集当断，灭当证，道当修，此劝谛之修行。”第三证转：“苦者我已知，集者我已断，灭者我已证，道者我已修，此佛举自己为证也。”其余四比丘相继证悟。此三转中，上根者以第一之示转，中根者以第二之劝转，下根者以第三之证转，从而各自悟道。憍陈如在五人之中最早开悟，他从音声中参悟佛法，得证阿罗汉，因此佛祖称他为“阿若（“阿若”在梵语中是“了解”的意思）憍陈如”，他也为五百罗汉之首。这是史上有罗汉的开始。

阿罗汉是梵文的译音，罗汉是其略称，意译为“无生”，又译“无学”。阿罗汉三界（三界指欲界、色界、无色界）生死已尽，故名无生；无法可学，故名无学。阿罗汉意为“值得供养的解脱者”。所谓解脱者，就是“贪、瞋、痴永尽”而不再生死轮回，经中常以“不受后有”（意即不再有这一生的轮回）来说明。阿罗汉是声闻乘（四圣之一。四圣即佛、菩萨、缘觉、声闻。声闻乘又称为小乘，就是听闻佛法而觉悟的人。声闻乘之所以被称为小乘圣人，是因为他们心量狭小，只求自己解脱。大乘佛教是要“上求佛道，下化众生”，也就是除了自己修行解脱证果外，还要引导众生解脱生死轮回，走上涅槃之道）中的最高果位名，含有杀贼、无生、应供等义。杀贼是杀尽烦恼之贼，无生是解脱生死不受后有，应供是应受天上人间的供养。

佛教创立之初，通行小乘佛教。小乘是专修解脱道的，它分为声闻乘与缘觉乘（小乘的最高果位有两种：一是声闻圣人，即阿罗汉，是由听闻佛法，从佛的言教而修苦、集、灭、道四谛法及三十七菩提分而得解脱道的；一是缘觉或称辟支佛，是生在无佛之世，自修无明、行、识、名色、六入、触、受、爱、取、有、生、老死等十二因缘法而自悟解脱道，自了生死的），所以小乘又称为“二乘”。这二乘是自求了生死，自求入涅槃。他们绝对厌离人天的生死道，不愿再来度众生。

阿罗汉是小乘佛教的究竟果位，但是大乘佛教却不以为然，认为阿罗汉远未达到佛教的终极，视阿罗汉为“自了汉”。《法住记》载，佛陀临涅槃时，嘱咐十六大阿罗汉，自延寿量，常住世间，游化说法，作众生福田。佛陀入灭以后，在怀念、景仰佛陀的感性催动下，佛的教言逐渐受到重视与放大，终而激发出佛弟子们以佛陀为榜样，要“学佛之所学，证佛之所证”，形成了以“成佛”而不只是“得解脱”为修学目标的大乘佛教，从而由专修解脱道的小乘提升到修菩萨道（菩萨道是人天道及解脱道的相加，也就是说，解脱生死而仍不离生死，以便随类化度有缘的众生者）的大乘。阿罗汉回小向大，福慧俱足，故佛寺丛林里常雕塑罗汉像，供养者众。供养阿罗汉可以修福、修慧，断烦恼，得吉报。

2 小乘果位有四，称为“声闻四果”。根据《俱舍论》载，在此四果中，修行者因为根器与因缘的不同，快者三生，慢者则六十劫，方可觉悟证阿罗汉果。证悟的果位有：初果须陀洹、二果斯陀含、三果阿那含、四果阿罗汉。

初果须陀洹，意译为“预流”、“入流”，是佛教中最初的修行位阶。断除三界中的见惑就能证此果位，即为初见四谛法门，体证了十二因缘的道理。由于修行者的性格不同，分成随信行与随法行两种，随信行是依四不坏净修行，而随法行是能正确了解四谛，依现观而得法眼净。由此两种方法修行，就能预入圣者之流，所以称为“预流”。

要得到须陀洹果，有三个条件：第一，断三结（所谓“结”，就是束缚的意思，又称为烦恼），即断我见结、断疑结、断戒禁取见结三种烦恼。断我见结，即在见解上，不再认为有一个永恒不变的我、真我或实我；断疑结，即断除对佛、法、僧、戒律等的一切疑虑，并对之有坚定不变的信心，不再怀疑，也就是净信，即四不坏信；断戒禁取见结，即入流圣者见证了苦、集、灭、道与涅槃的过程，能分辨有益与无益的行为，不再迷信于无益的宗教仪式、禁忌、戒条等。第二，不堕法，确立戒行，不犯恶事，不会得恶果报，堕于地狱、饿鬼、畜生等三恶道。第三，正定聚，又叫“正性决定”，决定正向于正觉，成为须陀洹之后，再也不会转为凡夫，持修则可达到最高的觉悟。

证须陀洹果者，已断见思烦恼中八十八品见惑，所具断德相当于大乘圆教十信菩萨中的初信位菩萨，永不堕三恶道。然而尚需于人、天中往返投生，渐渐修行至二果斯陀含、三果阿那含，七次往返后，证四果阿罗汉，才能断尽见思烦恼而永脱轮回。

二果为斯陀含，意为“一来”，意思是说凡夫在断见惑的基础上，进而断除欲界思惑。欲界思惑共有九品，斯陀含只断除了前六品，尚有三品没有断尽，因此还需要在人间天上再受生一次，故名“一来”。

三果为阿那含，意为“不还”，是在斯陀含的基础上进而断除欲界思惑后三品，不再来欲界受生，故得名“不还”。三果圣人断除五下分结，即我见、戒禁取见（邪行）、疑、欲界的贪以及瞋。证悟初果、二果、三果的圣人，他们虽然断除了一些烦恼，但还必须继续修学圣道，故称为“有学圣人”。

四果为阿罗汉，意为断尽欲界、色界、无色界一切见惑和思惑，究竟无余，得不生之圣果，受人天供养。由于已断烦恼和证得涅槃果，在修道上已无可修学，故又称为“无学圣人”。阿罗汉断除的色贪、无色贪、掉举、慢及无明五种烦恼，称为“五上分结”。

以上四个果位中，初果是见道位，二果、三果是修道位，四果是证道位。前三果称“阿罗汉向”，指尚在修行阶段，而趋向于阿罗汉果的圣者，也就是说，前三果的圣人烦恼尚未断尽，尚需继续修行。四果阿罗汉是无学位，即断除三界的见、思二惑，无须再修，无须再学，是四果中的究竟果位，了尽生死。但四果只断了分段生死（每人都各自有一份身形，其身形皆有分别，其寿命皆有分限），而变易生死（在心念里，前念灭，后念生；后念灭，后后念又生，念念生灭迁变不止）还未了，故必须修菩萨行。小乘阿罗汉的果位次于菩萨，协助佛和菩萨普度世人。

声闻四果中的第四阿罗汉果，由其种性的优劣分为六种。即：

1. 退法阿罗汉。指遇疾病等恶缘即退失所得者，系最劣之种性。

2. 思法阿罗汉。指忧惧退失所得之证果，恒思自害而入无余涅槃者。

3. 护法阿罗汉。指能自己守护所得之证果者。

4. 安住法阿罗汉。指不退不进，安住其果位者，即若无殊胜之退缘则不退其所得，若无胜缘则不转为较优之种性。

5. 堪达法阿罗汉。指善修炼根而达不动法者。

6. 不动法阿罗汉。指根性最为殊胜，不退动所得之法者。

此6种阿罗汉中，前5者皆属钝根，须待衣食、住处、师友等诸缘具足，方证入灭尽定等，故称“时解脱”，仅能证得尽智。不动法阿罗汉则属利根，不待衣食等诸缘具足而能自解法理，随时得证阿罗汉果，故称“不时解脱”，能证得尽智、无生智。此外，不动法阿罗汉又分为两种：其不动种性由修炼而得者，称为不动法；本来生就不动种性者，称为不退法。此两者合上面所说的退法、思法、护法、安住法、堪达法等五种阿罗汉，为七种阿罗汉，若加上慧解脱（依智慧永断一切有漏烦恼的阿罗汉，然而未能证得灭尽定乃至二禅）、俱解脱（能证得灭尽定的阿罗汉，于定、慧都究竟解脱，故能得“三明六通”），即称“九无学”。

阿罗汉中年长德高者，称为大阿罗汉。《阿弥陀经》曰：“与大比丘众，千二百五十人俱，皆是大阿罗汉。”慈恩疏曰：“大者名称位高”。《善见律》云：“僧中功德极大者为大阿罗汉。”大阿罗汉有三个特点：一是大阿罗汉可以讲法，而其余的三果罗汉则不能讲法；二是第四果罗汉中，有趋小向大之心的才可以称作大阿罗汉；三是大阿罗汉可以得到佛的授记（授记是指释迦牟尼佛或一些大成就者，对以后将要诞生的某些高僧大德或佛法在世间的兴衰情形所作的一种预言，也指佛对于已发心的众生，言其必将成佛的预言），而其他三果的罗汉则无此殊荣。五百罗汉都是大阿罗汉。

在大乘的修道位次上，最高果位是佛，其次是菩萨，然后才是罗汉。

中国传说中有关罗汉的生活形态，必须加以澄清。由于发现中国佛教史上曾有寒山、拾得、丰干、布袋和尚等的瑰异奇特，有“南泉斩猫”、“归宗断蛇”等故事显现，又有弄船江上、吊影崖岛、混迹市廛、张弓舞叉、学女人而戏拜、取肥肉而大嚼者——禅宗的不存规则的超佛越祖的作风，所以中国一些佛教徒往往把懒惰肮脏、不修边幅、不守律仪的出家人称为罗汉型，视为罗汉化现。而在中国的佛教绘画及雕塑中，也常常把罗汉的圣像表现得仪态乖张，衣履不整，或者是暴牙咧嘴，面目可憎，这实在是对罗汉的大侮辱。

事实上，小乘经律中所描述的罗汉乃是最重律仪的。罗汉必是出家的僧尼，僧尼是佛法的住持者，也是佛法的表征者。罗汉不可随随便便，亦不可率意而行。传统中的少数几个罗汉，衣衫不整、行为乖张，有的确乃如此，有的则出于文学作品或民间创造，而非佛教中罗汉的实情实事。若以此观罗汉，则相去甚远。

3 中国关于罗汉的说法，有十八罗汉和五百罗汉。十八罗汉是由十六罗汉加二尊者而来。

佛经中讲，十六罗汉是释迦牟尼佛的弟子，都是历史人物。佛祖灭度时，他们遵其嘱托，不入涅槃，常住人间，普度众生，受世人的供养而为众生作福田、流通、护持佛法，直到将来弥勒佛降世。十六罗汉的记载，最早出于北凉道泰译的《入大乘论》，经中说有尊者宾头罗、罗睺罗等十六诸大声闻，散布各处守护佛法。但十六罗汉的名字却没有一一列举。此后一些佛典，如《续高僧传》、《法华文句》等都曾提到过十六罗汉，表明这一说法已逐渐流传。但直到唐代玄奘译出《大阿罗汉难提密多罗所说法住记》，才具体列出十六罗汉之名，以后各说均以《法住记》为准。

十六罗汉的名称是：

宾度罗跋啰惰阇，俗称“坐鹿罗汉”，因曾乘鹿入皇宫劝喻国王学佛修行。

迦诺迦伐蹉，俗称“喜庆罗汉”，原是古印度一位雄辩家，知一切善恶法。

迦诺迦跋厘惰阇，俗称“举钵罗汉”，是一位托钵化缘的行者。

苏频陀，俗称“托塔罗汉”，是佛陀所收最后一名弟子，其怀念佛陀而常手托佛塔。

诺讵罗，俗称“静坐罗汉”，又为“大力罗汉”，乃武士出身，故力大无穷。

跋陀罗，意为贤者，俗称“过江罗汉”，过江似蜻蜓点水。

迦哩迦，俗称“骑象罗汉”，本是一名驯象师，佛的侍者。

伐阇罗弗多罗。意为金刚子，俗称“笑狮罗汉”，原为猎人，因学佛不再杀生，狮子来谢，故有此名。

戍博迦，意为贱民或男根断者，出家前是个宦者。俗称“开心罗汉”，因曾袒露其心，使人觉知佛于心中，故有此名。

半托迦，意为路边生。俗称“探手罗汉”，因打坐完常举起一只手伸懒腰而得此名。

罗睺罗，俗称“沉思罗汉”，释迦牟尼的亲生儿子，十大弟子中，以密行居首。

那伽犀那，意为龙军，习惯上称那先比丘。俗称“挖耳罗汉”，以论耳根清净闻名。

因揭陀，俗称“布袋罗汉”，常背一布袋，笑口常开。

伐那婆斯。，俗称“芭蕉罗汉”，出家后常在芭蕉树下修行用功。

阿氏多，俗称“长眉罗汉”，传说出生时就有两条长眉，佛的侍者。

注荼半托迦，俗称“看门罗汉”，是半托迦的弟弟，为人尽忠职守。

十六罗汉的形象，因无经典仪轨依据，全随各代的艺术家来创作表现，通常是剃发出家的比丘形象，身着僧衣、简朴清净、姿态不拘、随意自在，反映现实中清修梵行、睿智安详的高僧德性。现存最早的十六罗汉雕像在杭州烟霞洞，为吴越王的妻弟发愿所造。

十六罗汉主要流行于唐代，至唐末开始出现十八罗汉，到宋代时则完全盛行十八罗汉了。十八罗汉的出现，可能与中国文化中对十八的偏好有关。古代中国人认为“九”是吉利数，因此总认为“十六”没有“十八”（两个“九”）好，如十八世、十八侯、十八般武艺、十八学士等。佛教中也有许多“十八”，如《十八部论》、十八界、十八变、十八层地狱等。十六罗汉变为十八罗汉，显然与这种“十八”情结有关。

现在所知的最早的十八罗汉像，是前蜀简州金水张玄画的十八阿罗汉，宋苏轼得之于儋耳，题了十八首赞（见《东坡文集》后集二十），但未标出罗汉名称。其次是贯休画的十八阿罗汉，苏轼自海南归蜀，过清远峡宝林寺见之，并作赞十八首，每首标出罗汉名称，于十六罗汉外增补第十七为庆友尊者，即《法住记》的作者，第十八为宾头罗尊者，即十六罗汉中宾度罗跋啰惰阇的重复（见《东坡文集》续集十）。

宋咸淳五年（公元1269年），志磐撰《佛祖统纪》辟前说，认为庆友是撰《法住记》的人，不应在住世之列，宾头罗为重复。第十七位罗汉和第十八位罗汉应当是迦叶尊者和君屠钵叹尊者，即是《弥勒下生经》所说四大声闻中不在十六罗汉之内的二尊者。

若从烟霞洞宋人补刻来考察，布袋和尚就是五代时明州奉化县的释契此，后人相传为弥勒菩萨化身，则另一僧像也应是汉地神僧。据《天台山全志》卷十载，宋淳化中（公元990—994年）天台山广严寺道荣习禅定，灵异颇多，人以罗汉目之。既入灭，人有见于寿昌（寺）五百应真位者。烟霞洞的僧像或者就是此人。

西藏所传的十八罗汉，是于十六罗汉加上法增居士和布袋和尚，这些传说也都是从汉地传去的。当西藏朗达玛王于唐武宗会昌元年（公元841年）破坏佛教时，西藏六位大师来到西康，见到当地各寺普遍绘塑十六尊者像。后来卢梅、种穹大师摹绘了圣像，迎到藏中耶尔巴地方，这就是著名的耶尔巴尊者像。后来陆续由汉地的各样传说而增加了二像。据说达摩多罗居士是甘肃贺兰山人，因奉事十六尊者而得到感应，每日都见有无量光佛出现于云中。他的画像常是背负经箧，身旁伏有卧虎。

《秘殿珠林续编》第四册有清人庄豫德临摹贯休补卢楞伽十八应真的画册，后有清高宗乾隆皇帝的题颂，颂中说：第十七降龙罗汉是嘎沙鸦巴尊者（即迦叶尊者），第十八伏虎罗汉是纳答密答喇尊者（即弥勒尊者），由章嘉呼图克图活佛考定。“降龙”、“伏虎”很合中国人的口味，再加上是钦定，从此十八罗汉的具体名号便被确定下来。

五百罗汉的来历，考诸佛经，传说不一。有说是古印度一位知识广博的婆罗门僧侣精心教授五百贵族子弟读书，这批子弟学成后皈依佛教，成为五百罗汉。又有说是过去有五百商人出海采宝，被一千强盗劫持并剜去眼睛，住在灵鹫山的释迦牟尼佛解救了他们。从此，他们修持佛法，都证得了罗汉果位。也有说五百罗汉是由五百蝙蝠变成的，南海之滨有一株枯树，树洞里住着五百只蝙蝠，有位商人边烤火边诵经，不料火焰引燃了枯树，蝙蝠却因听经入迷，不忍离去，终被烧死。蝙蝠转世为人，出家学佛，修为罗汉。

还有一种更为普遍的说法，释迦牟尼逝世后，为了弘扬佛法，以摩诃迦叶为首的弟子五百人在王舍城外的七叶窟举行集会，这就是佛教史所说的第一次结集。会上，弟子们将佛一生所说的言教汇集起来，编写了佛教经文总集“三藏”。后世为了表示对他们的尊重，称他们为五百罗汉，并将他们的像刻于石上，或雕成塑像，或绘成画卷，置于寺庙内供奉。

另有玄奘《大唐西域记》中载：摩揭陀国有一千个佛僧，其中五百个凡夫僧，五百个罗汉僧。后者平时不露真相，连国王也不知晓。其中有一个凡夫僧，名叫摩诃提娑，经常发表一些违背教义的言论，影响了一大批佛僧，国王欲把这一千名佛僧全部淹死。这时，五百罗汉僧才各显本相，腾空而去。国王又怕又悔，亲自去罗汉的隐居地，承认了自己的过错，并请他们回去，遭众罗汉拒绝。于是国王在国都建起了一座庙，塑了诸罗汉法相，不时供奉，从此五百罗汉像就流传了下来。

东晋时，罗汉像传至我国。到了五代，对罗汉的奉敬益甚，各地寺院多建罗汉堂或罗汉阁。吴越王钱氏造五百铜罗汉于天台山方广寺。后周显德元年（公元954年），道潜禅师得吴越钱忠懿王的允许，迁雷峰塔下的十六大士像于净慈寺，创建五百罗汉堂。宋太宗雍熙二年（公元985年）造罗汉像五百十六身（十六罗汉与五百罗汉），奉安于天台山寿昌寺。各地寺院也多建五百罗汉堂，如苏轼集中有元符三年（公元1100年）为祖堂和尚作的《广东东莞县资福寺五百罗汉阁记》。再如河南嵩山有五百罗汉洞。据宋崇宁元年（公元1102年）释有挺撰《中岳寺五百大阿罗汉洞记》（又名“修圣竹林寺碑”）中称：唐初蜀僧法藏始感得灵异，知山中竹林寺是圣僧所居。宋代院主崇敬，因选定此洞，造五百罗汉像。

现存著名的五百罗汉堂有北京碧云寺、成都宝光寺、苏州西园寺、武汉归元寺、昆明筇竹寺等处。

4 中国民间流行数罗汉的民俗。寺院供奉的罗汉通常为十八尊或五百尊，十八罗汉设于大雄宝殿内的两侧，五百罗汉则设罗汉堂专门供奉。罗汉塑像通常高一米以上，有的肥硕，有的瘦削；有的白皙，有的黝黑；有的眉清目秀，有的满腮虬须；有的稚气天真，有的老态龙钟；他们或笑逐颜开，或愁眉紧蹙；或和悦可掬，或怒目瞪视；或张口呼喊，或闭目恭听……千姿百态，栩栩如生。数罗汉专指在罗汉堂数五百罗汉而言。数罗汉的起源已不可知，只知道在武汉归元寺已经延续了一百多年，至今已是家喻户晓，妇孺皆知。数罗汉，据说可以知道自己当年的吉凶祸福，也可预卜自我的生命运程。按照一定的方法，数到某尊罗汉，这尊罗汉的身份、表情和动作，便可昭示数者的命运。

数罗汉的方法一般有三种：第一种为男左女右法，即进罗汉堂大门时，男的左脚先入，女的右脚先入。进入罗汉堂后，男行左，女行右。第二种为顺其自然法，即哪只脚先跨进罗汉堂大门门槛，就从那只脚的方向数，左脚先入就从左边开始数，右脚先入则从右边开始数。这两种方法的共同点是，从本身年龄这一号罗汉数起，如当年20岁即从第20号罗汉数起，依次顺数到第二十个罗汉止。第三种为随心所欲法，即在罗汉堂里任何方向、任一尊罗汉都可以作为起点开始数，数到自身年龄的那一号罗汉为止。其大小年龄，均依次类推。这三种方法可任选一种，均要数到自己年龄序数的那一尊罗汉，对照罗汉神情姿态来看自己一年的行运遭际。

现在，寺院一般还设有罗汉签或卡片，其上通常是一首七言四句的诗，即偈语，适当随喜即可在专门设置的地方领取。这种对应罗汉编制的偈语源于何时、源于何人，已不可考，好在香客信众也不做学问，大可不必去问个水落石出。罗汉签或卡片上的诗，有语意浅显而直言之者，有以比喻或象征来暗示者。拿到签，读其诗，当然可以仔细琢磨，但关键在一个“悟”字。然而佛意深邃，又岂是人人可解，一般明其大意即可。

有人说，佛教文化在中国，罗汉文化在武汉归元寺和苏州西园寺，二寺均历史悠久，佛缘炽盛，有好几百年的历史。据说，罗汉以此二寺最为灵验，但亦不必拘泥，心诚处处皆佛土，善念方方尽吉报。

归元寺有一副对联挺有意思，上联是“见了便做，做了便放下，了了有何不了。”下联为“慧生于觉，觉生于自在，生生还是无生。”数罗汉，应该抱有这样满含禅意的心态。

张恩富于重庆巴蜀中学东山坡无心阁

己丑季秋

目 录

绪 论 /1

第 001 尊　阿若憍陈如尊者 /1
第 002 尊　阿泥楼尊者 /2
第 003 尊　有贤无垢尊者 /3
第 004 尊　须跋陀罗尊者 /4
第 005 尊　迦留陀夷尊者 /5
第 006 尊　闻声得果尊者 /6
第 007 尊　旃檀藏王尊者 /7
第 008 尊　施幢无垢尊者 /8
第 009 尊　憍梵钵提尊者 /9
第 010 尊　因陀得慧尊者 /10
第 011 尊　迦那行那尊者 /11
第 012 尊　婆苏槃豆尊者 /12
第 013 尊　法界四乐尊者 /13
第 014 尊　优楼频螺尊者 /14
第 015 尊　佛陀密多尊者 /15
第 016 尊　那提迦叶尊者 /16
第 017 尊　那延罗目尊者 /17
第 018 尊　佛陀难提尊者 /18
第 019 尊　末田底迦尊者 /19
第 020 尊　难陀多化尊者 /20
第 021 尊　优婆毱多尊者 /21
第 022 尊　僧迦耶舍尊者 /22
第 023 尊　教说常住尊者 /23
第 024 尊　商那和修尊者 /24
第 025 尊　达摩波罗尊者 /25
第 026 尊　伽耶伽叶尊者 /26
第 027 尊　定果德业尊者 /27
第 028 尊　庄严无忧尊者 /28
第 029 尊　亿持因缘尊者 /29
第 030 尊　迦那提婆尊者 /30
第 031 尊　破邪神通尊者 /31
第 032 尊　坚持三字尊者 /32
第 033 尊　阿㝹楼驮尊者 /33
第 034 尊　鸠摩罗多尊者 /34
第 035 尊　毒龙皈依尊者 /35
第 036 尊　同声稽首尊者 /36
第 037 尊　毗罗胝子尊者 /37
第 038 尊　伐苏蜜多尊者 /38
第 039 尊　阇提首那尊者 /39
第 040 尊　僧法耶舍尊者 /40
第 041 尊　悲察世间尊者 /41
第 042 尊　献花授记尊者 /42
第 043 尊　眼光定力尊者 /43
第 044 尊　伽耶舍那尊者 /44
第 045 尊　莎底比丘尊者 /45
第 046 尊　波阇提婆尊者 /46
第 047 尊　解空无垢尊者 /47
第 048 尊　伏陀蜜多尊者 /48
第 049 尊　富那夜舍尊者 /49
第 050 尊　伽耶天眼尊者 /50
第 051 尊　不著世间尊者 /51

第 052 尊　解空第一尊者 /52
第 053 尊　罗度无尽尊者 /53
第 054 尊　金刚破魔尊者 /54
第 055 尊　愿护世间尊者 /55
第 056 尊　无忧禅定尊者 /56
第 057 尊　无作慧善尊者 /57
第 058 尊　十劫慧善尊者 /58
第 059 尊　旃檀德香尊者 /59
第 060 尊　金山觉意尊者 /60
第 061 尊　无业宿尽尊者 /61
第 062 尊　摩诃刹利尊者 /62
第 063 尊　无量本行尊者 /63
第 064 尊　一念解空尊者 /64
第 065 尊　观身无常尊者 /65
第 066 尊　千劫悲愿尊者 /66
第 067 尊　瞿罗那含尊者 /67
第 068 尊　解空定空尊者 /68
第 069 尊　成就因缘尊者 /69
第 070 尊　坚通精进尊者 /70
第 071 尊　萨陀波仑尊者 /71
第 072 尊　乾陀诃利尊者 /72
第 073 尊　解空自在尊者 /73
第 074 尊　摩诃注那尊者 /74
第 075 尊　见人飞腾尊者 /75
第 076 尊　不空不有尊者 /76
第 077 尊　周利盘特尊者 /77
第 078 尊　瞿沙比丘尊者 /78
第 079 尊　师子比丘尊者 /79
第 080 尊　修行不著尊者 /80
第 081 尊　毕陵伽蹉尊者 /81
第 082 尊　摩利不动尊者 /82
第 083 尊　三昧甘露尊者 /83
第 084 尊　解空无名尊者 /84
第 085 尊　七佛难提尊者 /85
第 086 尊　金刚精进尊者 /86
第 087 尊　方便法藏尊者 /87
第 088 尊　观行月轮尊者 /88
第 089 尊　阿那邠提尊者 /89
第 090 尊　拂尘三昧尊者 /90
第 091 尊　摩诃俱郗尊者 /91
第 092 尊　辟支转智尊者 /92
第 093 尊　山顶龙众尊者 /93
第 094 尊　罗网思惟尊者 /94
第 095 尊　劫宾覆藏尊者 /95
第 096 尊　神通亿具尊者 /96
第 097 尊　具寿具提尊者 /97
第 098 尊　法王菩提尊者 /98
第 099 尊　法藏永劫尊者 /99
第 100 尊　善注尊者 /100
第 101 尊　除忧尊者 /101
第 102 尊　大忍尊者 /102
第 103 尊　无忧自在尊者 /103
第 104 尊　妙惧尊者 /104
第 105 尊　严土尊者 /105
第 106 尊　金髻尊者 /106
第 107 尊　雷德尊者 /107
第 108 尊　雷音尊者 /108
第 109 尊　香象尊者 /109
第 110 尊　马头尊者 /110
第 111 尊　明首尊者 /111
第 112 尊　金首尊者 /112
第 113 尊　敬首尊者 /113
第 114 肆　众首尊者 /114
第 115 尊　辨德尊者 /115
第 116 尊　羼提尊者 /116
第 117 尊　悟达尊者 /117

第 118 尊　法灯尊者 /118
第 119 尊　离垢尊者 /119
第 120 尊　境界尊者 /120
第 121 尊　马胜尊者 /121
第 122 尊　天王尊者 /122
第 123 尊　无胜尊者 /123
第 124 尊　自净尊者 /124
第 125 尊　不动尊者 /125
第 126 尊　休息尊者 /126
第 127 尊　调达尊者 /127
第 128 尊　普光尊者 /128
第 129 尊　智积尊者 /129
第 130 尊　宝幢尊者 /130
第 131 尊　善慧尊者 /131
第 132 尊　善眼尊者 /132
第 133 尊　勇宝尊者 /133
第 134 尊　宝见尊者 /134
第 135 尊　慧积尊者 /135
第 136 尊　慧持尊者 /136
第 137 尊　宝胜尊者 /137
第 138 尊　道仙尊者 /138
第 139 尊　帝网尊者 /139
第 140 尊　明罗尊者 /140
第 141 尊　宝光尊者 /141
第 142 尊　善调尊者 /142
第 143 尊　奋迅尊者 /143
第 144 尊　修道尊者 /144
第 145 尊　大相尊者 /145
第 146 尊　善住尊者 /146
第 147 尊　持世尊者 /147
第 148 尊　光英尊者 /148
第 149 尊　权教尊者 /149
第 150 尊　善思尊者 /150
第 151 尊　法眼尊者 /151
第 152 尊　梵胜尊者 /152
第 153 尊　光耀尊者 /153
第 154 尊　直意尊者 /154
第 155 尊　摩帝尊者 /155
第 156 尊　慧宽尊者 /156
第 157 尊　无胜尊者 /157
第 158 尊　昙摩尊者 /158
第 159 尊　欢喜尊者 /159
第 160 尊　游戏尊者 /160
第 161 尊　道世尊者 /161
第 162 尊　明照尊者 /162
第 163 尊　普等尊者 /163
第 164 尊　慧作尊者 /164
第 165 尊　助欢尊者 /165
第 166 尊　难胜尊者 /166
第 167 尊　善德尊者 /167
第 168 尊　宝涯尊者 /168
第 169 尊　观身尊者 /169
第 170 尊　华王尊者 /170
第 171 尊　德首尊者 /171
第 172 尊　喜见尊者 /172
第 173 尊　善宿尊者 /173
第 174 尊　善意尊者 /174
第 175 尊　爱光尊者 /175
第 176 尊　华光尊者 /176
第 177 尊　善见尊者 /177
第 178 尊　善根尊者 /178
第 179 尊　德顶尊者 /179
第 180 尊　妙臂尊者 /180
第 181 尊　龙猛尊者 /181
第 182 尊　弗沙尊者 /182
第 183 尊　德光尊者 /183

第 184 尊　散结尊者 /184
第 185 尊　净正尊者 /185
第 186 尊　善观尊者 /186
第 187 尊　大力尊者 /187
第 188 尊　电光尊者 /188
第 189 尊　宝杖尊者 /189
第 190 尊　善星尊者 /190
第 191 尊　罗旬尊者 /191
第 192 尊　慈地尊者 /192
第 193 尊　庆友尊者 /193
第 194 尊　世友尊者 /194
第 195 尊　满宿尊者 /195
第 196 尊　阐陀尊者 /196
第 197 尊　月净尊者 /197
第 198 尊　大天尊者 /198
第 199 尊　净藏尊者 /199
第 200 尊　净眼尊者 /200
第 201 尊　波罗蜜尊者 /201
第 202 尊　俱那含尊者 /202
第 203 尊　三昧声尊者 /203
第 204 尊　菩萨声尊者 /204
第 205 尊　吉祥咒尊者 /205
第 206 尊　钵多罗尊者 /206
第 207 尊　无边身尊者 /207
第 208 尊　贤劫首尊者 /208
第 209 尊　金刚昧尊者 /209
第 210 尊　乘昧尊者 /210
第 211 尊　婆私吒尊者 /211
第 212 尊　心平等尊者 /212
第 213 尊　不可比尊者 /213
第 214 尊　乐覆藏尊者 /214
第 215 尊　火焰身尊者 /215
第 216 尊　颇罗堕尊者 /216
第 217 尊　断烦恼尊者 /217
第 218 尊　薄俱罗尊者 /218
第 219 尊　利婆多尊者 /219
第 220 尊　护妙法尊者 /220
第 221 尊　最胜意尊者 /221
第 222 尊　须弥灯尊者 /222
第 223 尊　没特伽尊者 /223
第 224 尊　弥沙塞尊者 /224
第 225 尊　善圆满尊者 /225
第 226 尊　波头摩尊者 /226
第 227 尊　智慧灯尊者 /227
第 228 尊　旃檀藏尊者 /228
第 229 尊　迦难留尊者 /229
第 230 尊　香焰幢尊者 /230
第 231 尊　阿湿卑尊者 /231
第 232 尊　摩尼宝尊者 /232
第 233 尊　福德首尊者 /233
第 234 尊　利婆弥尊者 /234
第 235 尊　舍遮独尊者 /235
第 236 尊　断业尊者 /236
第 237 尊　欢喜智尊者 /237
第 238 尊　乾陀罗尊者 /238
第 239 尊　莎伽陀尊者 /239
第 240 尊　须弥望尊者 /240
第 241 尊　持善法尊者 /241
第 242 尊　提多迦尊者 /242
第 243 尊　水潮声尊者 /423
第 244 尊　智能海尊者 /244
第 245 尊　众具德尊者 /245
第 246 尊　不思议尊者 /246
第 247 尊　弥遮仙尊者 /247
第 248 尊　尼陀迦尊者 /248
第 249 尊　首正念尊者 /249

第 250 尊　净菩提尊者 /250
第 251 尊　梵音天尊者 /251
第 252 尊　因地果尊者 /252
第 253 尊　觉性解尊者 /253
第 254 尊　精进山尊者 /254
第 255 尊　无量光尊者 /255
第 256 尊　不动义尊者 /256
第 257 尊　修善业尊者 /257
第 258 尊　阿逸多尊者 /258
第 259 尊　孙陀罗尊者 /259
第 260 尊　圣峰慧尊者 /260
第 261 尊　曼殊行尊者 /261
第 262 尊　阿利多尊者 /262
第 263 尊　法轮山尊者 /263
第 264 尊　众和合尊者 /264
第 265 尊　法无住尊者 /265
第 266 尊　天鼓声尊者 /266
第 267 尊　如意轮尊者 /267
第 268 尊　首光焰尊者 /268
第 269 尊　无比较尊者 /269
第 270 尊　多伽楼尊者 /270
第 271 尊　离婆多尊者 /271
第 272 尊　普贤行尊者 /272
第 273 尊　持三昧尊者 /273
第 274 尊　威德声尊者 /274
第 275 尊　利婆尊者 /275
第 276 尊　名无尽尊者 /276
第 277 尊　阿那悉尊者 /277
第 278 尊　普胜山尊者 /278
第 279 尊　辨才王尊者 /279
第 280 尊　行化国尊者 /280
第 281 尊　声龙种尊者 /281
第 282 尊　誓南山尊者 /282
第 283 尊　富伽耶尊者 /283
第 284 尊　行传法尊者 /284
第 285 尊　香金手尊者 /285
第 286 尊　摩拿罗尊者 /286
第 287 尊　光普现尊者 /287
第 288 尊　慧依王尊者 /288
第 289 尊　降魔军尊者 /289
第 290 尊　自焰光尊者 /290
第 291 尊　持大医尊者 /291
第 292 尊　藏律行尊者 /292
第 293 尊　德自在尊者 /293
第 294 尊　服龙王尊者 /294
第 295 尊　阇夜多尊者 /295
第 296 尊　秦摩利尊者 /296
第 297 尊　义法胜尊者 /297
第 298 尊　施婆罗尊者 /298
第 299 尊　阐提魔尊者 /299
第 300 尊　王住道尊者 /300
第 301 尊　无垢行尊者 /301
第 302 尊　阿波罗尊者 /302
第 303 尊　声皈依尊者 /303
第 304 尊　禅定果尊者 /304
第 305 尊　不退法尊者 /305
第 306 尊　僧伽耶尊者 /306
第 307 尊　达摩真尊者 /307
第 308 尊　持善法尊者 /308
第 309 尊　受胜果尊者 /309
第 310 尊　心胜修尊者 /310
第 311 尊　会法藏尊者 /311
第 312 尊　常欢喜尊者 /312
第 313 尊　威仪多尊者 /313
第 314 尊　头陀信尊者 /314
第 315 尊　议洗肠尊者 /315

第 316 尊　德净悟尊者 /316
第 317 尊　无垢藏尊者 /317
第 318 尊　降伏魔尊者 /318
第 319 尊　阿僧伽尊者 /319
第 320 尊　金富乐尊者 /320
第 321 尊　顿悟尊者 /321
第 322 尊　周陀婆尊者 /322
第 323 尊　住世间尊者 /323
第 324 尊　灯导首尊者 /324
第 325 尊　甘露法尊者 /325
第 326 尊　自在王尊者 /326
第 327 尊　须达那尊者 /327
第 328 尊　超法雨尊者 /328
第 329 尊　德妙法尊者 /329
第 330 尊　士应真尊者 /330
第 331 尊　坚固心尊者 /331
第 332 尊　声响应尊者 /332
第 333 尊　应赴供尊者 /333
第 334 尊　尘劫空尊者 /334
第 335 尊　光明灯尊者 /335
第 336 尊　执宝炬尊者 /336
第 337 尊　功德相尊者 /337
第 338 尊　忍心生尊者 /338
第 339 尊　阿氏多尊者 /339
第 340 尊　白香象尊者 /340
第 341 尊　识自在尊者 /341
第 342 尊　赞叹愿尊者 /342
第 343 尊　定拂罗尊者 /343
第 344 尊　声引众尊者 /344
第 345 尊　离净语尊者 /345
第 346 尊　鸠舍尊者 /346
第 347 尊　郁多罗尊者 /347
第 348 尊　福业除尊者 /348
第 349 尊　罗余习尊者 /349
第 350 尊　大药尊尊者 /350
第 351 尊　胜解空尊者 /351
第 352 尊　修无德尊者 /352
第 253 尊　喜无著尊者 /353
第 354 尊　月盖尊尊者 /354
第 355 尊　旃檀罗尊者 /355
第 356 尊　心定论尊者 /356
第 357 尊　庵罗满尊者 /357
第 358 尊　顶生尊尊者 /358
第 359 尊　萨和坛尊者 /359
第 360 尊　直福德尊者 /360
第 361 尊　须那刹尊者 /361
第 362 尊　喜见尊尊者 /362
第 363 尊　韦蓝王尊者 /363
第 364 尊　提婆长尊者 /364
第 365 尊　成大利尊者 /365
第 366 尊　法首尊者 /366
第 367 尊　苏频陀尊者 /367
第 368 尊　众德首尊者 /368
第 369 尊　金刚藏尊者 /369
第 370 尊　瞿伽离尊者 /370
第 371 尊　日照明尊者 /371
第 372 尊　无垢藏尊者 /372
第 373 尊　除疑网尊者 /373
第 374 尊　无量明尊者 /374
第 375 尊　除众忧尊者 /375
第 376 尊　无垢德尊者 /376
第 377 尊　光明网尊者 /377
第 378 尊　修善行尊者 /378
第 379 尊　坐清凉尊者 /379
第 380 尊　无忧眼尊者 /380
第 381 尊　去盖障尊者 /381

第 382 尊　自明尊尊者 /382
第 383 尊　和伦调尊者 /383
第 384 尊　净除垢尊者 /384
第 385 尊　去诸业尊者 /385
第 386 尊　慈仁尊尊者 /386
第 387 尊　无尽慈尊者 /387
第 388 尊　飒陀怒尊者 /388
第 389 尊　那罗达尊者 /389
第 390 尊　行愿持尊者 /390
第 391 尊　天眼尊尊者 /391
第 392 尊　无尽智尊者 /392
第 393 尊　遍具足尊者 /393
第 394 尊　宝盖尊尊者 /394
第 395 尊　神通化尊者 /395
第 396 尊　思善识尊者 /396
第 397 尊　喜信静尊者 /397
第 398 尊　摩诃南尊者 /398
第 399 尊　无量光尊者 /399
第 400 尊　金光慧尊者 /400
第 401 尊　伏龙施尊者 /401
第 402 尊　幻化空尊者 /402
第 403 尊　金刚明尊者 /403
第 404 尊　莲花净尊者 /404
第 405 尊　拘那意尊者 /405
第 406 尊　贤首尊者 /406
第 407 尊　利亘罗尊者 /407
第 408 尊　调定藏尊者 /408
第 409 尊　无垢称尊者 /409
第 410 尊　天音声尊者 /410
第 411 尊　大威光尊者 /411
第 412 尊　自在主尊者 /412
第 413 尊　明世界尊者 /413
第 414 尊　最上尊尊者 /414
第 415 尊　金刚尊尊者 /415
第 416 尊　蠲慢意尊者 /416
第 417 尊　众无比尊者 /417
肆 418 尊　超绝伦尊者 /418
第 419 尊　月菩提尊者 /419
第 420 尊　持世界尊者 /420
第 421 尊　定花至尊者 /421
第 422 尊　无边身尊者 /422
第 423 尊　最胜幢尊者 /423
第 424 尊　弃恶法尊者 /424
第 425 尊　无碍行尊者 /425
第 426 尊　普庄严尊者 /426
第 427 尊　无尽慈尊者 /427
第 428 尊　常悲悯尊者 /428
第 429 尊　大尘障尊者 /429
第 430 尊　光焰明尊者 /430
第 431 尊　智眼明尊者 /431
第 432 尊　坚固行尊者 /432
第 433 尊　澍云雨尊者 /433
第 434 尊　不动罗尊者 /434
第 435 尊　普光明焰尊者 /435
第 436 尊　心观净尊者 /436
第 437 尊　那罗德尊者 /437
第 438 尊　师子尊尊者 /438
第 439 尊　法上尊尊者 /439
第 440 尊　精进辨尊者 /440
第 441 尊　乐说果尊者 /441
第 442 尊　观无边尊者 /442
第 443 尊　师子翻尊者 /443
第 444 尊　破邪见尊者 /444
第 445 尊　无忧德尊者 /445
第 446 尊　行无边尊者 /446
第 447 尊　慧金刚尊者 /447

第 448 尊　义成就尊者 /448
第 449 尊　善住义尊者 /449
第 450 尊　信澄尊者 /450
第 451 尊　行敬端尊者 /451
第 452 尊　德普洽尊者 /452
第 453 尊　师子作尊者 /453
第 454 尊　行忍慈尊者 /454
第 455 尊　无相空尊者 /455
第 456 尊　勇精进尊者 /456
第 457 尊　胜清净尊者 /457
第 458 尊　有性空尊者 /458
第 459 尊　净那罗尊者 /459
第 460 尊　法自在尊者 /460
第 461 尊　师子颊尊者 /461
第 462 尊　大贤光尊者 /462
第 463 尊　摩诃罗尊者 /463
第 464 尊　音调敏尊者 /464
第 465 尊　师子臆尊者 /465
第 466 尊　坏魔军尊者 /466
第 467 尊　分别身尊者 /467
第 468 尊　净解脱尊者 /468
第 469 尊　质直行尊者 /469
第 470 尊　智仁慈尊者 /470
第 471 尊　具足仪尊者 /471
第 472 尊　如意杂尊者 /472
第 473 尊　大炽妙尊者 /473
第 474 尊　劫宾那尊者 /474
第 475 尊　普焰光尊者 /475
第 476 尊　高逸行尊者 /476
第 477 尊　得佛智尊者 /477
第 478 尊　寂静行尊者 /478
第 479 尊　悟真常尊者 /479
第 480 尊　破冤贼尊者 /480
第 481 尊　灭恶趣尊者 /481
第 482 尊　性海通尊者 /482
第 483 尊　法通尊者 /483
第 484 尊　敏不息尊者 /484
第 485 尊　摄众心尊者 /485
第 486 尊　导大众尊者 /486
第 487 尊　常隐行尊者 /487
第 488 尊　菩萨慈尊者 /488
第 489 尊　拔众苦尊者 /489
第 490 尊　寻声应尊者 /490
第 491 尊　数劫定尊者 /491
第 492 尊　注法水尊者 /492
第 493 尊　得定通尊者 /493
第 494 尊　慧广增尊者 /494
第 495 尊　六根净尊者 /495
第 496 尊　拔度罗尊者 /496
第 497 尊　思萨埵尊者 /497
第 498 尊　注荼迦尊者 /498
第 499 尊　钵利罗尊者 /499
第 500 尊　愿事众尊者 /500

事迹

阿若，梵文意为了解，憍陈如为其姓，意指族者。

尊者最初是佛陀为太子时的五位侍从之一，是佛陀母族的人。佛陀出家时，其父王派此五位侍从前往雪山侍奉。佛陀成道后，在波罗奈的鹿野苑给当初的五位侍从讲四谛法。佛陀问此五人：“众生中不能得道成佛的，都是因为尘缘烦恼牵绊，汝等如何悟道修成正果呢？”这时独有阿若憍陈如尊者起身答道：“若想悟道，须先领悟‘客尘’二字的因果。”又补充说：“人心中的杂念妄想，平常并不显露，只在清静修行、静坐用功时才萦绕心中。无法克制纷繁复杂思绪的人，无法悟道；而心中虚空，临尘嚣而寂然不动的人，才能思惑尽断，证到阿罗汉果。”听罢，佛陀对其悟性大加赞赏。

据《增一阿含经·弟子品》载，尊者宽仁博识，善教化众生，被誉为“悟性第一”。尊者为佛陀诸弟子中第一个出家者，故名圣僧，又名僧首。

阿若憍陈如尊者 001

尊者法相所示

尊者法相所现为肃然静坐，左手执法器，右手结印，面貌慈善而威严，其神态为于定静中思索。尊者为宽仁博识，教化众生，有“悟性第一”之誉。

骨相清奇性坚定，浓眉锐目才赋敏。
面慈心善心真纯，位居五百第一尊。

偈解

骨相清秀禀性坚定，浓眉锐目才思敏捷。面慈心善心地纯真，当居五百罗汉第一尊。

得此偈者，颇具灵气，风骨神采也定能与众不同，内在潜质极大。如果能择善而行，宽厚仁慈，便会早于他人获得成功。但命途也不完全由骨相决定，骨相不佳之人通过后天的修炼和重塑，也能逐渐开悟。

事 迹

阿泥楼，梵文意为无灭如、无灭、如意、无障、无贪、随顺义人、不争有无。该尊者是佛陀的堂弟。据《起世经》、《五分律卷》、《众许摩诃帝经》载，尊者是斛饭王之子，而《佛本行集经》、《大智度论》中则说其为甘露饭王之子。

据《佛本行集经》、《佛五百弟子自说本起经·阿那律品》、《大智度论》等载，尊者与阿难、难陀、优婆离等，在佛陀成道回乡之时出家为僧，修行期间，阿泥楼因佛法精进而成为众弟子的楷模。一次，他在佛陀说法时酣然入睡，被佛陀苛责，从此，尊者即以永不睡眠为誓，矢志修习佛法。后来尊者患上眼疾，以致失明，却因修为至上而渐开“心眼”，终在众弟子中成为“天眼第一”。据记载，尊者能看到天上地下十方域之六道众生。佛陀入灭时，尊者侍立于涅槃床前为其守护，至佛陀涅槃后，他曾参加了佛教史上第一次结集，对于弘法贡献卓著。

002 阿泥楼尊者

尊者法相所示

尊者法相所现为坦然而坐，双手相握于胸前作揖，阔面大耳，神态宽厚豁达。尊者矢志修习佛法，随顺义人，不争有无，在佛陀弟子中为“天眼第一”。

身世高贵道早成，谦恭和顺好处身。
凡事水到必成渠，心宽体胖位至尊。

偈 解

身世高贵早早成道，谦恭和顺便能安然立身于世。凡事努力自会成功，心胸宽广无所挂碍位列至尊。

得此偈者，目前行事多有不顺，均因遇事过于急切所致。若意识到自身的，凡事不强求，事情便会朝着希望的方向发展。切记谦恭和顺、真诚纯朴，切不可矫情而为。

事迹

垢，意为诱惑或污染内心之物。佛法中，有六垢和七垢之说。六垢指虚妄、谄佞、憍慢（重己轻人且没有谦让的品德）、侵挠、怨恨、伤害（无慈悯之心）等俗世行为；七垢则指欲垢、见垢、疑垢、慢垢、憍垢、随眠垢（烦恼）、悭垢等内心烦恼。佛陀曾告诫诸弟子，只有远离俗世诱惑，清除各种可能产生的罪恶邪念，并依照佛教戒律修行悟道，才能获得解脱，如此才为无垢之身。

据《大方广三戒经》载，此尊者虽然位列普贤菩萨和文殊菩萨之下，但已具备普贤、文殊二位菩萨的慈悲与功德，因此也被称为无垢威德菩萨。

据说，尊者能在所有佛院显现自身无量的功德身相，不知疲倦去往一切皈依佛教之地。他已然超脱所有的烦恼，眼界清净无所不见，能呈现佛陀所具有的一切非凡神通，并将智慧普照已经历的过往及无穷尽的未来。虽然施慧于万物，尊者却并未因此自傲，他依然在寂静中保持思绪不乱，以在世间弘法、引导众生脱离苦海到达极乐彼岸为己任。

有贤无垢尊者 003

尊者法相所示

尊者法相所现为静坐，右脚架于座上，右手扶膝，头略向右偏，前额凸起，皱眉苦思，面容悲悯。尊者眼界清净，身心无垢，引导众生脱离苦海。

君乃西方老修行，坚贞廉净心无尘。
步稳何愁影歪斜，极乐世界传美名。

偈解

注重修行的人，立身正当，内心清净，少有私心杂念，能够抵御世间的诸多诱惑。

得此偈者，应端正自己的行止，不然会招致他人的诸多议论。但若自己立身正派，也不可一遇非议就改变初衷，反而更宜坚持，并会因此最终获得世人的广泛赞誉。

事迹

尊者是佛陀最后一个弟子，在佛陀圆寂前受戒而得道。

据《大唐西域记》载，尊者原是古印度拘尸那城的一名外道婆罗门，自幼机智敏锐，颇具慧根。在成为佛门弟子前，他已经修得天眼通、天耳通、他心通、宿命通及如意通等五大神通。在一百二十岁那年，尊者皈依佛门，由于他年高且颇具修为，便如阿罗汉般被俱夷那竭国人恭敬地供养。

当时，尊者得知佛陀即将在娑罗林中涅槃，便急忙前往拜谒，希望佛陀能解答他心中未解的疑惑。入夜赶至，佛陀的大弟子阿难见尊者是一个外道，以为他要与佛陀争辩，便不让其去搅扰佛陀。然而，佛陀已经预见到尊者的到来，便叫阿难将其引至床前。是夜，佛陀在涅槃床前向尊者传授了八圣道的奥义（佛法常说的没有八正道就没有四沙门果），尊者顿开茅塞，并证得了阿罗汉。他不忍心见恩师在自己面前涅槃，便在佛陀面前进入火界三昧，先其一步行取灭度。

004 须跋陀罗尊者

尊者法相所示

尊者法相所现为安然端坐，身披挂络，双手交叠置于腹前，眉目清秀，神情安宁。尊者法相庄严，智慧高深，道行高妙。

勤苦修行得自然，道力有边迹无边。
慈颜乐貌心智醒，万事何愁不成全？

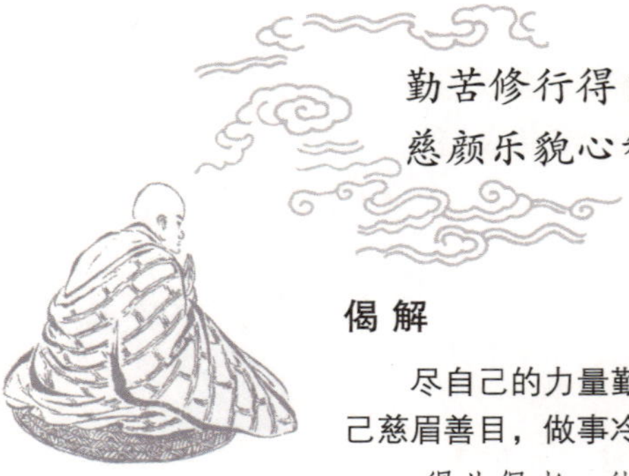

偈解

尽自己的力量勤苦行事，能力也许有限，但能做的事却很多，再加上自己慈眉善目，做事冷静，那么，还有什么事不能做成功呢？

得此偈者，能力不一定很强，但若自己刻苦勤奋，遇事冷静清醒，少冲动，待人慈善，则不仅能做很多事，而且很多事都能做成。

事 迹

迦留陀夷属婆罗门种姓，又作迦楼陀夷、迦庐陀夷、迦路娜、迦庐，或作黑伟陀夷，意译为大粗黑、黑光、黑曜时起、黑上等，也指尊者皮肤黝黑。

尊者本名乌陀夷。

佛陀在世时，有六名僧人常做有失佛教威仪的事，他们被称作六比丘，佛教的很多戒律都是因为这六人而定。迦留陀夷即六比丘之一。尊者是佛陀在宫中为太子时的老师，也是一位学问渊博的学者。后来，他遵从佛陀的教诲而得道，他的妻子善岁也跟随他皈依了佛教。当时僧人需乞食度日，迦留陀夷常在夜间外出化缘。一天晚上阴云密布，他来到一孕妇家乞食。由于尊者身形高大，且皮肤黝黑，在电闪雷鸣之际，孕妇误认为他是黑色厉鬼，受惊过度招致堕胎。后来，妇人听说尊者是佛祖的弟子，便大声咒骂佛祖。佛陀得知此事，便定下戒律，出家人每天只准中午进食一次，午后不许进一粒米，以免发生类似事情。

迦留陀夷尊者 005

尊者法相所示

尊者法相所现为屈左腿而坐，双手至胸际结印，阔脸大耳，双目微闭，法喜充盈，有福德充盈之相。尊者修行不懈，心平气和，长于思考，富于智慧。

命主清贵运亨通，性格沉静事从容。
烦恼尽皆随风去，只缘秉赋重谦恭。

偈解

命本清贵者，注定时运亨通；性格沉静的，做事必定从容。所有烦恼都会随风而去，这是因为其天生为人十分谦恭。

得此偈者，诸事顺利，少有烦恼，这都因为自己性格沉静，做事从容，待人谦恭所致。得此偈者，若遇事不顺，则应以此自醒。

事 迹

闻，意即听；声，则是佛家五尘之一，即耳根所对应的境况（佛认为色、声、香、味、触五觉会蒙蔽人的心智和德性，因此将五觉称为“五尘”或者“五境”）。闻声得果，意为通过听闻声音获得智慧，从而修成正果。闻声得果尊者是佛陀比较喜爱的弟子之一，经常追随佛陀左右。但史实并无其人其事。

据传，尊者原是一位王子。某日在御花园游玩，忽闻远处传来奇妙的声音，他便循声寻行，来到一座巍峨的大山前。此时，声音突然消失，四周一片沉寂，佛陀突现面前，问他听见的是什么声音。尊者说他听到了有情的声音和无情的声音。佛陀又问：“什么是有情的声音，什么是无情的声音？”尊者答道，有情的声音是人所发出的声音，如说话声、脚步声、拍手声、敲鼓声；无情的声音则是神的声音、雷电的声音、风声和水声。佛陀对他的回答很是满意，认为他能从声音中明辨是非，具有非凡慧根，便将他收为弟子。尊者持道修行不知疲倦，在佛陀讲法之声中参悟，最终修成罗汉正果。

006 闻声得果尊者

尊者法相所示

尊者法相所现为静坐，左手托宝珠，右手笼袖，置于膝上，满面皱纹，神情悲苦。尊者具有非凡慧根，不倦修行，能闻声得道。

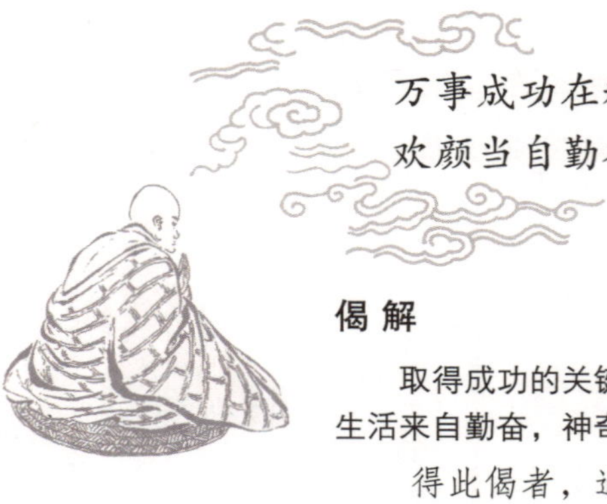

万事成功在精诚，有因有果繁万物。
欢颜当自勤奋来，神奇自古平凡出。

偈 解

取得成功的关键在精诚，因果循环是世间万物得以繁荣的关键。欢乐的生活来自勤奋，神奇通常也只能从平凡中修习而得。

得此偈者，遇事心中无底，缺乏信心，其实人无须畏惧资质平凡或起点太低，用积极的心态诚恳去做，最终也会有不凡的收获。

事 迹

旃檀藏王尊者即贵霜王朝的第三代国王迦腻色迦王。在印度政治、文化史上，尊者是一位非常关键的人物，他因为兴教护法有功而被后人尊为罗汉。

据《大唐西域记》载，在佛陀入灭后四百年，即公元一世纪左右，继阿育王之后，尊者曾统治整个北印度。最初，他信奉琐罗亚斯德教，轻视佛法，不相信罪福之说。据《付法藏因缘传》卷五载，在他征服中印度华氏城时，曾要求华氏城赔偿九亿金宝。其时，著名僧人马鸣大师正在摩竭陀国华氏城传教，拥有大批信众。华氏王便以马鸣菩萨及佛钵来代替赔偿，将其送给迦腻色迦王。迦腻色迦王十分高兴，将马鸣迎接回国。之后，迦腻色迦王也受马鸣菩萨的感化而皈依佛教。从此倾心护持佛教，不但兴建宏伟的寺院，还召集五百圣众，于迦湿弥罗结集三藏。在其统治期间，月支国高僧辈出，他们积极弘传佛法，推动大乘经典的编纂。在印度佛教史上，尊者与阿育王合称为“护持佛法之二王”。

旃檀藏王尊者 007

尊者法相所示

尊者法相所现为跏趺坐，双手结印，胸口护佛像，面如满月，慈眉善目。尊者虔心向佛，积极弘扬佛法，积下无量功德。

古谓精诚石可开，石破天惊喜讯来。
正直自为人根本，万般顺利莫疑猜。

偈 解

精诚所至金石为开，积累的量达到一定程度，便会出现惊人突破。正直是为人的根本，也是诸事顺利的基础。

得此偈者，正处困顿之境，但只要真诚待人，与人为善，正直地面对世事，终能化解危厄，从困境中走出。

事 迹

施，指布施；幢，指驮缚若，又叫计都，是一根顶头装饰各色丝帛的杆柱，一般建在佛前，用以感召众生集结佛前，共同制伏诸魔；无垢，则指通过布施以涤荡内心，清除污秽并使之达到纤尘不染。

相传，尊者原是一位国王，在位时，他出于对佛教的崇敬，做了大量有益众生的善事。随着功德的增进，他越来越感到尘世的荣华富贵都是过眼浮云，毫无意义，只有佛法中无私奉献的智慧才能让世人永远摆脱痛苦和绝望。尊者虔诚地以佛法为依归，对佛陀极为尊敬。因此，他决心建一幢宏伟的旗幡以赞颂佛法奥义，表达自己诚心皈依的强烈愿望；另一方面又谨守戒律，刻苦修习，直至达到清净无染、佛性纯洁的境界，终于证得阿罗汉果。

像施幢无垢尊者一样，他的后人也同样乐善好施，对佛教抱有虔诚的信仰。因此，他的家族才得以世代为王，永远受到人们的尊敬和爱戴。

008 施幢无垢尊者

尊者法相所示

尊者法相所现为跷右腿而坐，双手执挂珠，头向左侧，发须浅布，满面祥和，神情开朗。尊者谨守戒律，刻苦修习，佛性纯洁。

佛法施一又施众，菩萨度自更度人。
信心坚贞岂可少，孜孜不倦必有成。

偈 解

佛法在施惠于大众的同时，菩萨也达到自度。坚贞的信念不可少，孜孜以求必然会有所成就。

得此偈者，行事艰难，须知人在成就自己的同时，也应成就他人，切不可只有一己私利，而全然不顾及他人的感受；而且还应目标坚定如一，如此方能行事顺利，所愿之事也才能实现。

事迹

憍梵钵提，号牛相比丘。此尊者精通佛法，信仰坚定，是佛陀释迦牟尼的十大弟子之一。

相传，尊者曾在某一世出家为僧。一次外出化缘，经过一处稻田，看见成熟的稻子黄澄澄饱满可爱，便采摘一束拿在手中把玩。因为稻子已经完全成熟，尊者一路走，稻子的颗粒就不断滚落，撒了一路。其时，突然天上雷声轰鸣，一位天神从空中现身，怒吼道："你身为和尚却不知珍惜粮食，现在罚你世世为牛，偿还你遗落五百颗谷粒的罪孽。"天神话音刚落，憍梵钵提即变为一头耕牛。此后，化身耕牛的尊者日日为主人耕地，不断忏悔自己的过失，终于得到佛陀的垂怜而变回人形，而脚依然还是牛蹄。后来，尊者又拜舍利弗为师，认真研习佛法，终于修成正果。

佛陀涅槃后，尊者非常悲痛，便毅然决定舍弃肉身，追随佛陀入灭。还有一说，称尊者前世曾为大雁，因为供养雁王有功德，所以转生为罗汉。

憍梵钵提尊者 009

尊者法相所示

尊者法相所现为静坐，右脚跷于左腿之上，右手护膝，左手扶脚踝，头略向右侧，神情恍然若失。尊者过而能改，虚心修习，精通佛法，是佛祖的十大弟子之一。

大千世界有定规，枉逐枉求欲为何？
一心安定如磐石，莫将天命徒猜疑。

偈解

世间万事万物都有它的规则，命里有时终会有，命里无时莫强求。人应各安天命，不要逆天而行。

得此偈者，一切都不尽人意，正欲有所行动以图改变。但宜稳定心性，对自己的个性和能力作出正确判断，不要枉自追求，否则可能得不偿失。

事 迹

因陀得慧尊者，即因陀罗，为佛教的护法神，是十二天之一，意指天主、帝，有最胜、无上之义。

尊者曾为忉利天（三十三天）之主，在须弥山顶忉利天的善见城中居住，率领四天王等众，因此又被称为天主、帝（帝释）、释迦天王、释迦因陀罗。尊者原本是婆罗门教、印度教之神，很多佛经典籍中均有因陀罗即帝释天的说法。

吠陀时代，因陀罗为雷雨之神，居于诸神中的最高位，甚受崇拜。由于他善于攻城陷阵，驱驰战车，挥舞金刚杵驱退恶魔，后逐渐成为战神，即英雄或战士的守护神。他与梵天、毗沙门天等是最早被融入佛教的神祇。在佛经中，将因陀罗作为忉利天的天主，是护法善神之一。相传，尊者是达摩达的弟子，曾随达摩达在白象山修行，并于其间证得罗汉果。

010 因陀得慧尊者

尊者法相所示

尊者法相所现为安然端坐，左手于膝上结印，右手于胸前结印，环须盈面，额环如日，神情威猛，神态庄严平和。尊者护持佛法，威武庄严，道行高妙。

天道神机莫枉疑，遇事再三多思维。
好乘东风浩荡力，直上青空腾云飞。

偈 解

天道神机不要用心去枉自猜疑，遇事须审时度势、冷静思量，如此才能凭借东风之力浩然前行，直上青云腾空万里。

得此偈者，喜欢猜疑别人的想法，易见风使舵，遇事不独立思考；目前又遇好机会，但应冷静思考，谋定而后动，以便乘势而上。

事迹

迦那行那尊者是佛陀四大听其声教而出家的声闻弟子之一。行那，在梵文中意指在逆境之中能够坚持佛法，一心一意，毫不动摇。

佛家戒律规定，出家人必须身着僧衣，不戴帽子，否则会受到严厉处罚。据《舍利弗问经》载，尊者还是年轻僧人时，离开寺庙外出化缘。当他来到一处名为大林的村落时，气候突变，骤然降温，苦寒无比，耐寒的鸟兽都纷纷冻死。大林村离尊者所在的寺庙很远，而他又仅仅穿着单薄的僧衣，严寒已使其性命难保。危急关头，村民拿来御寒棉衣，希望他换下僧衣。然而，即使已冻得脸色发青，尊者仍没有忘记佛家规条，坚决不肯脱下僧衣。他盘腿而坐，默诵经文，希望从中找到抵御寒冷的智慧。不久，他想出了两全之法，即把棉衣直接套在僧衣上。尊者终于安然无恙地躲过了致命的严寒。

迦那行那尊者 011

尊者法相所示

尊者法相所现为身体向左侧坐，左手执拄杖，形貌瘦削，长眉浅须，神态凄苦，面色忧虑。尊者于逆境中坚持佛法，恪守佛规，一心一意，毫不动摇。

莫乘时潮枉铢计，平稳安顺且随时。
居安思危留三步，水复山重了迟疑。

偈解

不要随波逐流锱铢必较，应心态平和随遇而安。安乐的环境中也可能隐藏着未知的危险，只有居安思危、未雨绸缪才会远离困境。

得此偈者，貌似顺达却已潜藏着危机，这都因其对金钱过于计较，若少一分贪心，多一些远虑，自能化解祸患，转危为安。

事 迹

尊者俗称世亲菩萨，是古印度罗阅城人，姓毗舍。尊者和无著菩萨是同母异父的兄弟，被尊为禅宗西天二十八祖中的第二十一祖。

尊者家中殷实但苦于没有子嗣，其父母便筑佛塔向佛陀求子。一日夜，其母梦见自己吞了一明一暗两颗珍珠，醒后即有了身孕，并在一月后生下一子，也就是尊者。尊者到十五岁时，随光度罗汉出家，由毗婆诃菩萨为他授戒。尊者一日之中往往以六个时辰礼佛，只吃一顿且从不卧床休息，达到了身心清净、无欲无求的境界。此时,阇夜多希望度化他，于是说："我不以求取佛道为念，也不会颠倒是非；我不日日礼佛，也不会对佛门无理；我不长期打坐静思，也不会在日常的修习中有丝毫懈怠；我一天不止吃一顿，也不会多吃；我不知足，也不会滋长贪心邪念。无欲无求，也是参佛的正道。"听此一说，尊者即断除三界烦恼而证得真谛智慧。于是，尊者拜阇夜多为师，并继承其衣钵，以感化众生为己任。

012 婆苏槃豆尊者

尊者法相所示

尊者法相所现为静坐，双手笼袖而执拂子，身形右倾，目光左视，神情端肃沉稳。尊者断除三界烦恼，身心清净，无欲无求。

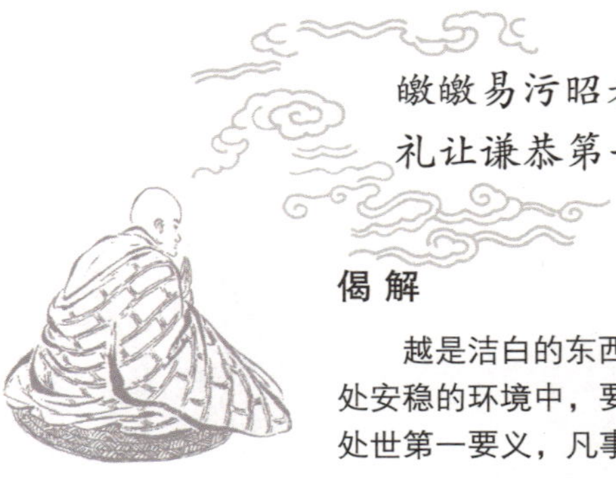

皦皦易污昭者迷，居安常将危厄思，
礼让谦恭第一义，凡事殷谨求顺利。

偈 解

越是洁白的东西越容易被污染，光明磊落的人也有内心迷惑的时候；身处安稳的环境中，要多思量可能出现的危险，作好应对的准备。礼让谦恭是处世第一要义，凡事殷勤谨慎才能顺达顺利。

得此偈者，正处危局中，名誉也恐有污损。凡事都须更加殷谨，待人更应谦虚礼让，切莫太出风头。

事迹

法界四乐尊者，即天台慧思，原是武津（河南上蔡）人，俗姓李，又被称为南岳尊者、思大和尚、思禅师。他还是天台宗第二代祖师，为南北朝时的高僧。他主张遵循《法华经·安乐行品》，即身安乐行、口安乐行、意安乐行、誓安乐行（身安乐行是行为、行动；口安乐行是语言；意安乐行是心念、精神；誓安乐行是表明自己对佛陀与佛法的态度、意愿）。

慧思大师年幼时极具慧根，时常独自抱着《法华经》默默念诵。十五岁出家后，他拜天台始祖慧文禅师为师，得观心之法，并最早确立了对阿弥陀佛与弥勒佛的信仰。北齐天保年间，大师带领众弟子南下游学，行至光州大苏山暂住，并继续研经讲法，不少僧人慕名而来，影响不断扩大，慧思决定重新寻找宝地。陈光大二年，慧思带领众门徒登上南岳衡山，在那里建立了本门派的永久圣地。此后，衡山的樵夫常看见祥瑞之象，隐约常有天童拱手护卫在山门两边。陈宣帝也曾多次派人上山敕封慰问。太建九年，尊者对众弟子说“佛来迎我了”，此后端坐而化，世寿六十有三。

法界四乐尊者 013

尊者法相所示

尊者法相所现为静坐，左手结印，右手笼袖，发卷而长，神态沉静威严。尊者研经讲法，极具慧根，誓守安乐行品，得欢心之法。

人与畜禽不相谋，天纲地维赖思筹。
纵有深渊薄冰处，趋吉避凶任逍遥。

偈解

君子与小人道不同，所以不相为谋。君子按照道德伦常思考运筹，小人遇事则以求利为本能进行思谋。人心险恶，行走于世如履薄冰，只有远离小人，才能趋吉避凶，逍遥快乐。

得此偈者，应戒惕身边小人，对君子和小人应善加识别，切不可与小人共事，更不能与狼心狗肺的人为伍，否则终会被其所害。

事迹

尊者本名摩诃迦叶，又叫摩诃迦叶波。梵语“摩诃”意为“大”，因故尊者又被称为大迦叶，为三迦叶之首。由于他常带头苦修行善，又能对僧伽热心供养，也被称为“头陀第一”、“供养第一”。

尊者生于古印度摩揭陀国王舍城郊婆罗门家庭，后皈依佛陀，作苦行僧修行。佛陀见他年纪已大，曾劝他不必再坚持苦修，被尊者婉言谢绝。

相传，佛陀在灵鹫山为众弟子说法时，大梵天王向其进献金色以示敬意。佛陀拈花向弟子展示，其他弟子都莫名其妙，只有尊者立即破颜微笑。于是，佛陀宣布将正法眼藏、涅槃妙心、实相无相、微妙法门等佛学奥义传授给摩诃迦叶尊者。这也是中国佛教禅宗以心传心、“拈花微笑”典故的由来。

佛陀圆寂后，尊者曾召集并主持了佛教史上第一次结集。在佛陀的十大弟子中，尊者与阿难并称为“二贤者”。

014 优楼频螺尊者

尊者法相所示

尊者法相所现为安然静坐，双手于胸前抚抱一灵猫，头顶隆起，满面皱纹，神情凄苦。尊者苦修行善，对佛热心供养，被称为“头陀第一”。

破船陋筏遇泥塘，桡折桨断正风狂。
劝君临危多检点，三峡自有好风光。

偈解

破陋船筏驶入泥塘，船桨折断又遇狂风四起，倒霉之事接二连三；若要平安度过，则应临危不乱冷静思虑，检讨自身缺点与失误，以利吸取教训，总结经验。

得此偈者，身居困境之中，宜反思自身过失，检点自己的行为，以使自己在危难和困境中收获更多的经验和教训，如此方能在世事的起伏中领略到人生的丰富之美。

事迹

佛陀密多尊者原为古印度提伽国人，姓毗舍罗，是当时著名的禅师，为西天二十八祖中的第九祖。

尊者撰写了大量佛教著作，尤以《五门禅经要用法》最为著名。他认为，坐禅有五种基本的方法：一为安般，二为不净，三为慈心，四为观缘，五为念佛。

尊者品德敦厚，有大智慧，受佛陀难提（付法藏第八祖）的嘱咐，以去除外教学说、度化众生为己任。其时，提伽国王崇信外道，对佛法不敬；尊者手执红色幡旗，至宫殿前以显示自己讲法的决心。过了很久，国王才愿意召见他。尊者先与外道辩论，使他们无言以对，然后才对国王讲经，使他从内心信服佛法，最终更教化外教的五百个弟子，使其皈依佛门。而后，尊者将自己的佛法心得传授给胁比丘，随即悄然圆寂。

佛陀密多尊者 015

尊者法相所示

尊者法相所现为静坐，左腿屈起置于座上，双手合抱左膝，右腿平伸，头偏向右，神态超然安适。尊者内心清净，品德敦厚，以度化众生为己任。

西方有此快乐佛，推向人间尽欢笑。
康壮前程任君行，万事可成无烦恼。

偈解

西方极乐世界的快乐佛，他带给人间的都是欢笑之声，因此，人们只要具备了佛心和佛性，便会万事都能成就，而且少有烦恼。

得此偈者，前程美好，做什么都会成功，并因此无忧无虑，快乐而自在。这全因你佛心纯厚，对人慈悲善良，遇事宽怀大度，能带给人欢乐和幸福。

事迹

那提迦叶尊者，是三迦叶之一。迦叶，意指饮光，因为尊者通身散发光芒，能映照太阳余晖，使之隐去不显；那提，意译江、河、治恒，原本是一条印度河流的名称，由于尊者在河边得道，所以以此为名。迦叶家族与佛亲近，尊者的兄长优楼频螺和弟弟伽耶迦叶都位列五百罗汉之中。

据《增一阿含经》卷十五、《佛本行集经》卷四十、《过去现在因果经》卷四载，尊者曾于外道中修行，经年间使此外道香火旺盛，他自己也收有三百弟子，并住于顺尼达禅河下游。当时，佛陀已经得道，四处游历以度化弟子。行至苦行林，尊者与两位兄弟原本合谋陷害佛陀，结果没有成功，反而感知到了佛陀的佛法威力。于是佛陀首先度化了尊者的兄长优楼频螺，而尊者和弟弟也率领弟子皈依了佛门。据传，尊者不仅潜心静修，还常常云游四方，向人们宣讲佛法，并沿途降伏作恶的凶徒，使他们纷纷改邪向善。

016 那提迦叶尊者

尊者法相所示

尊者法相所现为陶然而坐，右手高擎，左手当胸平置，神态祥和愉悦，容貌宽厚纯朴。尊者虔心静修，云游四方，宣讲佛法，导人向善。

勤勉当为万事本，刻苦精修莫停留。
但将千遭百回苦，换得心安道亦成。

偈解

勤勉乃是万事成功的根本，刻苦精修更不要有丝毫懈怠，就算受尽千辛万苦，在心安之际至少也会成为得道高人。

得此偈者，正身处逆境之中，也迷惑于不知道如何做才能有好的效果。如果能因此而脚踏实地，加倍努力，苦尽甘来也是可以预料到的事。

事迹

那延罗目，又称那罗延窟。尊者是过去世佛，在释迦牟尼佛出世之前，就已经开始向众生宣扬教法了。所以，尊者也是佛教的奠基人之一。

那延罗目尊者生前做了无数利益众生的事情。他热心弘法传道，教化百姓，并广收弟子，使佛法传遍大地。在他涅槃后，人们感怀他的恩德，专门为其修建了一座住持大塔。

佛陀常常在众弟子前赞许那延罗目的功德。他说，所有对佛教有贡献的人都会被世人感念，那延罗目及以往的诸佛，他们所留下的住持大塔，是现在所有佛家弟子的住所。过去，菩萨们保护住持大塔不遗余力，现在我们也要恭敬供养，无论现在还是将来，我的弟子及弟子的弟子，都要虔诚供奉，将住持大塔当做自己的精神住所。那延罗目与过去诸佛的寺塔遍布世间，佛家弟子在他们的庇护之下，也如雨后春笋般遍布大地。他们四处弘扬佛法，传播教义，用佛法的雨露，滋润了整个世界。

那延罗目尊者 017

尊者法相所示

尊者法相所现为淡然而坐，右手拈衣襟，左手自然下垂，双耳垂肩，目光下视，有俯察众生之相。尊者弘法传道，广收弟子，教化百姓，以利益众生。

处世行事不为难，检点身心自平安。
莫教祸起萧墙内，此中消息是机关。

偈解

处世行事并无深奥玄机，要求得平安，关键在自己应身心端正、行为检点。灾祸往往由自身引起，或起源于内部纠纷，若要化解，关窍也在内部。

得此偈者，有祸起萧墙之虑，应反省自身的近期所为，从内部寻找化解的办法，以尽快弥补，否则灾患难消。

事 迹

佛陀难提尊者是古印度迦摩罗国人，是西天二十八祖的第八祖。

据《景德传灯录》载，尊者最善与人辩论。一次，第七祖伐苏蜜多来到迦摩罗国讲法，他刚刚坐到讲坛上，佛陀难提便上前要求与之辩论佛经经义。伐苏蜜多微微一笑，说："佛法的精神不可言，能说出的就不是佛的精神了。如果硬要勉强辩论，其结果会更加偏离本意。"佛陀难提听后顿时哑口无言，方才明白，佛法深不可测，而自己只想逞一时口舌之乐，其实并没有真正悟道。于是他满面愧色，俯身拜伐苏蜜多为师。此后，伐苏蜜多便为他剃度，并传授其佛门戒律，还传授了许多精深、正统的佛法道理。尊者受戒出家后，继承师父衣钵，带领徒弟四处传播佛法。相传，他来到提伽国的一处村庄，看到一户人家房顶白光升腾，预见此处会产生未来的圣贤。于是，他向户主请求施舍一人作他的侍从，户主慷慨地将自己的儿子送给他，这就是后来的伏陀蜜多尊者。

018 佛陀难提尊者

尊者法相所示

尊者法相所现为安然静坐，右手于胸前结印，左手安放腿上，浓眉匝须，开口如雄辩言说。尊者敏慧多智，能言善辩，教化众生，广布佛法。

莫惧波涛海洋深，莫畏坎坷路难行。
请君但看媚笑者，腹剑口蜜更伤人。

偈 解

不要畏惧道路坎坷，或担忧世道的险恶。满口甜言蜜语的人往往心怀叵测，更应小心提防。

得此偈者，诸事不顺，身边更有口蜜腹剑之人，也许正被其表象所迷惑，自己应立即自我反省，端正自己所好，拒听甜言、不视媚笑，如此方能尽快脱离困境。

事迹

末田底迦尊者是阿难尊者的二弟子之一。他原本是印度陀颇罗人。

据《阿育王传》卷四、《摩诃迦叶涅槃因缘》载，阿难入灭时，尊者在恒河中受戒，证得阿罗汉果。又据《付法藏》卷二载，阿难时有两名弟子，分别是末田底迦和商那和修。阿难将佛陀所教示的奥义传授给这两个弟子，并让末田底迦去罽宾国传播佛法。相传，尊者在赴罽宾国弘法之际，曾降伏当地作恶的龙王。又据传，此处海里有一个凶狠龙王，他时常兴风作怪骚扰百姓，要求人们向他供奉童男童女。当地百姓深受其害。尊者提剑潜入海中，与龙王搏斗两天两夜，终于将恶龙制伏。龙王从此躲到深海之中，再也不敢露面。末田底迦的神通使罽宾国举国心悦诚服，于是国民在国王的率领下全部皈依了佛教。

另据《善见律毗婆沙》卷二载，佛陀升天后，尊者施展神通，将一位能工巧匠送上兜率天，使之得以一窥佛祖仪容。工匠返回后，立即兴造、供奉佛陀的塑像，这即为民间寺院供奉佛像的开始。

末田底迦尊者 019

尊者法相所示

尊者法相所现为盘右腿而坐，左脚屈立，左手持宝瓶安于膝上，眉清目秀，纯净自如，目光扫视世间，神态清朗超脱。尊者慈悲为怀，热心弘扬佛法，并能制伏邪魔，救助众生。

欢乐人生第一宝，千金要卖常时笑。
莫将忧烦隐心里，苦尽甘来有奔头。

偈解

欢乐生活是人生至宝，所以要竭尽所能让自己快乐。不要将烦恼、忧愁隐藏在心里，苦尽甘来终会得偿所愿。

得此偈者，忧烦之事过多。须知对人对事的心态对你影响很大，有烦恼、忧愁应向他人倾述，以舒缓压力，保持乐观心态，如此一切才会自然改观。

事 迹

难陀，又作难铎迦，意译为善欢喜。又名牧牛，也叫牧牛难陀。

相传，尊者曾向佛陀讨教养牛的事情，他提了十一个古怪的问题，想以此难为佛陀。谁知佛陀一一为他明白解答，尊者这才明白佛陀具有知晓世间万物的智慧，当即心悦诚服，剃度出家，成为佛陀的追随者，并最终证得阿罗汉果。尊者极为聪明，而且声音美妙、舌灿莲花。据《根本律》载，他曾为五百比丘尼说法，感化她们，使之证得阿罗汉果。

而在《萨婆多论》中，则记载了尊者和五百比丘尼的渊源。文中说，惟卫佛曾经在现世普度众生，积下不少功德。于是在他入灭后，一位国王兴建牛头栴檀塔，向世人昭示佛法的庄严。这名国王当时有五百位夫人，她们也一起为供养佛塔出力，并发下宏愿，希望来世能继续追随国王以得到超脱。这位国王就是难陀尊者，而他的五百位夫人就是后来的五百比丘尼。

020 难陀多化尊者

尊者法相所示

尊者法相所现为跏趺坐，双手笼于袖中，安于腿上，虬髯浓密，面色黝黑，神态威猛，内心和善。尊者智慧超群，声音美妙，舌灿莲花，善于感化他人。

自古人生多艰辛，长途跋涉无休停。
莫嫌山重水又复，知足长乐心意顺。

偈 解

自古以来人生就有太多艰辛，整日奔忙也难得休停。不要抱怨前途迷茫，知足常乐者往往最能心顺意随。

得此偈者，觉得前路迷茫，并为此焦躁不安，即将失去耐性。但无论如何均应安守本分，耐住寂寞，脚踏实地地做好分内之事，这样于事才会有所帮助。

事 迹

优婆毱多，又称优波毱多。尊者智慧高深，是西天二十八祖中的第四祖，对佛教的发展贡献巨大。佛陀预言，尊者是由老猿转世，所以没有庄严法相，又称无相好佛。

另传，尊者十七岁时遇到商那和修，商那和修认为尊者慧根不浅，于是教他头陀修心之法——若起恶心，则将黑石放于左边；若生善念，则放白石于右边。尊者依言修行，最初黑石较白石多，逐渐黑白石相等，七天之后便只剩白石了。尊者因此终于能够统摄意念，泯灭欲望和贪念，萌生悲悯之心。于是，商那和修就替他落发，并在三年后将佛陀的无上法眼传授给他。

尊者成为第四祖后，谨遵佛陀戒律，遍走各地宣扬佛法。当时恰逢阿育王在位，在尊者的度化下，阿育王大力修建佛塔供养诸佛，使佛教得以迅速传播开来。

优婆毱多尊者 021

尊者法相所示

尊者法相所现为陶然而坐，双手高擎，形貌怪异，神情旷达，笑盈满面。尊者意志坚定，能统摄意念，泯灭贪欲，摒弃恶念，谨遵戒律，宣扬佛法。

朝阳万里照四方，花香鸟语堪欣赏。
春花沉醉莫流连，居安有危常思量。

偈 解

清爽的早晨，阳光下鸟语花香令人流连，但如果沉醉在春花中，不居安思危，毕竟有很大危害。

得此偈者，身逢顺境，切不可得意忘形，自以为是。须知花无百日红，人无千日好，人得遇顺境时，恰如朝阳普照，鸟语花香。不过世事常变幻莫测，安逸生活背后常有激流暗涌，不可沉溺其中，以致看不清楚潜藏的危机。

事迹

僧迦耶舍，又称僧伽耶舍，其意为受众人称颂。僧迦耶舍尊者，为北印度迦湿弥罗国著名论师，享有很高的威望，同时也被尊为西天二十八祖之第十八祖。

据《因明大疏》卷一载，尊者为部派佛教时代的论师，他尤其擅长弘传说一切有部（即萨婆多部）论典，以及伦理因明、声明（文字、音韵、语法之学）等学问，著有《因明入正理论后序》、《因明入正理论疏》等佛教著作。

据载，唐朝著名法师玄奘不远万里西行求法时，在迦湿弥罗国受到尊者的热情接待。他将玄奘安排在法救论师寺住下，一切饮食起居皆亲自悉心照料。其他时间，尊者则与玄奘谈经论道，凡自己所知无不传授，使玄奘受到很大启发，也为后来玄奘返回中原大力传播佛法打下了坚实的基础。

022 僧迦耶舍尊者

尊者法相所示

尊者法相所现为曜然静坐，双手抚抱灵猫，卷发秀眉，双眼圆睁，容貌高贵清奇，神态豁达无忧。尊者谦恭有礼，虔诚修行，了无忧愁。

不是东风不是春，他乡万里茹艰辛。
人生何处无知己，苦尽甘来逢贵人。

偈解

东风未到自然不会春暖花开，远在异乡更会饱尝艰辛。人生何处无知己，苦尽甘来是因为有贵人相助。

得此偈者，心境飘泊，饱尝艰辛却仍很失落。须知无论在何时何地，欲成事均宜广交朋友，积聚人缘，其中必有贵人相助，使你少艰辛而多福乐。

事迹

教说常住尊者，为说法僧。尊者俗名萨陀波伦，又名常啼罗汉，也是中国民间传说中的“哭罗汉”。

据《华严经探玄记》卷十二载，大乘佛教主张僧人不仅要求得自身的解脱，还必须广施慈悲，普度众生。其八正道之第四修行法为“正业”，也就是要修行佛法的人不失时机帮助众生脱离世俗的忧烦苦恼。而尊者自小便具怜悯之心，有慈悲利益万物之志，不忍让众生陷入世俗之烦恼，立志要用自己的所有智慧使众生获得佛果。因此，他常住于世间，为大众说佛法。

相传，尊者幼年曾立志寻找佛陀，为久病未愈的邻居祈求帮助。不料，他在途中迷路，此时天色已晚，而自己粮袋已空，他绝望之际不禁放声大哭，一边哭仍一边不停地向佛陀祷告。这时，佛陀突然化身为一位猎人，告诉尊者，要消除人间的疾厄痛苦，需要用佛法打动人心。待猎人走后尊者方知，此即佛陀本人。他牢牢记下佛陀所说的每一句话，回去之后便设坛讲法，虔心拜佛，不久成为伟大的禅师。

教说常住尊者 023

尊者法相所示

尊者法相所现为端然静坐，双手扶膝，面容愁苦，眉目清俊，神态肃穆庄严。尊者虔心修佛，广施慈悲，深具悯怜之心。

生老病亡寻常事，梦幻猜疑总是空。
莫为儿孙做牛马，随遇而安乐融融。

偈解

生老病死是自然规律，无论有多大的理想和无益猜疑，最后都是一场空。不要太为儿孙劳神费心，随遇而安也能得享融融之乐。

得此偈者，为儿女操劳太多，须知人生苦短，到头来都将撒手而去，万般皆无，既然如此，还不如随遇而安，反倒能其乐融融。

事　迹

商那和修在梵文中意指胎衣、自然衣、麻衣。尊者本是印度摩突罗国人，原姓毗舍多，与末田底迦同为阿难的弟子。佛教第一次结集时，尊者受阿难指派，往古印度中部弘扬佛教。因为他学识渊博、法力高深，又被禅宗尊为西天二十八祖之第三祖。

据《景德传灯录》卷一、《付法藏因缘传》卷二载，尊者得到师父阿难传授的八万四千卷佛经典籍后，悉数牢记于心，并游历四方以之教化众生。当他来到摩突罗国曼陀山时，遇到两条火龙兴妖作怪，为害百姓。尊者便孤身前去，施展法力，让两条巨龙瞬间从空中跌落，再也爬不起来。火龙伏地讨饶，发誓皈依佛门，并愿将盘踞的山头让给佛门弟子修建寺庙。

相传，尊者在前世时，曾经用野草编成衣服，这件衣服与他身体一起，经历了无数次轮回而不损坏。更为神奇的是，在后世中，他出生时正穿着这件衣服，身体长大一分，衣服也跟着加长一分，因此尊者一辈子只此一衣，这也是他被称为商那和修的原因。

024 商那和修尊者

尊者法相所示

尊者法相所现为跏趺坐，胸佩法轮，头戴僧巾，双手笼于袖内，神志尊贵端庄，容貌开朗和善。尊者学识渊博，法力高深，能降邪魔，教化众生。

昨非今是定去从，好汉不提当年勇。
人生道路千千万，临岐不乱方英雄。

偈 解

以前和今天的是非恩怨、功绩荣耀都注定会成为过去，若是好汉则不会纠缠于过去的恩怨是非，也不会沉溺于过去的成就中不能自持。人生的道路有千万条之多，所以人每天面对的各种诱惑都可能带来不同的选择。

得此偈者，正面临又一次一生的选择。欲求选择正确，则应从容思量，切不可一遇诱惑便自乱方寸。

事迹

达摩波罗在梵文中意指护法。

尊者原是公元六世纪印度达罗毗荼国建志补罗城人，其父为该国的一名大臣。尊者自小便享有荣华富贵，独对佛法抱有浓厚兴趣。尊者年幼时，即自行出家，以其聪慧出众、勤于修行，很快从师兄弟中脱颖而出，成为最受师父喜爱的弟子。尊者熟读各种佛教经文，尤其对佛教义理有着精辟的见解，在与同门弟子谈经论道时，他总能以思路清晰而略胜一筹，因此而为印度十大论师之一。

据《大唐西域记》卷五载，尊者所处之国国王崇奉外道，特地让一位外道论师与寺中僧众辩论，并约定如果外道论师获胜，将禁止佛教在本国流传。该辩论事关佛教在该国的存亡，僧众无人敢出场迎战，尊者却挺身而出，将佛法的精妙义理娓娓道来，张弛有度、挥洒自如，不仅让外道论师甘拜下风，还使其立即皈依佛门。

尊者曾主持过印度最著名的寺院那烂陀寺，广收弟子弘传佛法。在他培养的著名弟子中，有一位名叫戒贤，即后来唐代高僧玄奘的师父。

达摩波罗尊者 025

尊者法相所示

尊者法相所现为傲然静坐，双脚随意放置，左手护膝，右手执经卷，神态极富威严。尊者聪慧出众，学识广博，勤于修行，思路清晰。

大海平静藏波涛，大地平坦有陷阱。
莫将罂粟认香花，志毅心坚事可成。

偈解

平静的大海之下暗藏惊涛骇浪，平坦的大地上也时有陷阱。不要被罂粟美丽的外表迷惑，有坚毅的意志方能成就大事。

得此偈者，最近的境况可能表面平静，实则内含凶险，宜谨慎考量，不要被事物眩目的外表迷惑，以免作出错误判断。

事迹

伽耶迦叶尊者是佛教三迦叶中的第三位。伽耶迦叶又称作迦夷迦叶、竭夷迦叶。

尊者出生于中印度摩揭陀国的伽耶近郊。伽耶是一座城池的名字，梵文中意指象城，因城中一座山的形状酷似大象，因而得名。该城位于尼连禅河边，离菩提场很近。据《法华经·涌出品》载，尊者一直在伽耶城中修行，故得此名。

尊者是佛陀的弟子，也是优楼频螺迦叶以及那提迦叶的弟弟。相传，尊者曾经是外道的论师，对火极其崇敬，他和两位兄长在城中共收有五百弟子。一日，佛陀来到伽耶城，对尊者讲述佛法，劝诫其悬崖勒马。但尊者根本听不进去，他将佛陀带到外教祭坛，手指烈焰，要佛陀当即证明佛教所称的不生不灭。佛陀微微一笑，神色自若地踏入火焰，然后端坐于火中为他讲述佛法，竟然毫发无损，声音也无异样。尊者惊惶之下方知佛陀具有高深的法力，当场表示愿意诚心归附。佛陀为他摩顶授戒，准许其继续担任城中的领袖，向百姓宣扬佛法。在尊者的带领下，其弟子及伽耶城百姓全部改信佛教，从而使伽耶城发展为有名的佛教名城。

026 伽耶迦叶尊者

尊者法相所示

尊者法相所现为静坐，右手曲臂结印，浓眉虎目，神态凛然，神情刚猛威严。尊者佛法精深，博识雄辩，通达自在。

昔贤尚学知礼义，粗疏浅薄事难为。
劝君刻苦莫赋闲，开卷有益无疑虑。

偈解

自古以来圣贤都博学明礼，所以学识粗浅、不重礼仪者终难成事。刻苦读书莫要浪费时间，这样可以减少昏昧，对你明辨是非极为有益。

得此偈者，许多事尚不能看透，心中疑虑过多，事事都举棋不定。多读书，重礼仪，万事便可顺遂。

事迹

定果德业尊者，在史学典籍中并无记载。据传，尊者从禅定的修行中获得了佛学功德，因此以定果德业作为其尊号。

尊者游历四方，遍访诸佛圣贤，学习禅定之法。他通过参禅以收敛杂乱的心神思绪，锻炼自己的心性，驱除心中的疑惑和尘世的牵绊阻碍，以万事万物发展的本原修心养性，并渐至悟出高深的佛理，进而展现出佛家的本来智慧。

相传，尊者成功地将自己的个人心智与佛家的大智慧、大慈悲融于一体，并以此惠及万物苍生。尊者能随心所欲地变换形象，用修行得到的法力智慧惠世济民、普度众生，也因此造就了不少功德，终获阿罗汉果位。

定果德业尊者 027

尊者法相所示

尊者法相所现为肃然静坐，右脚跷于左腿之上，右手执拂子，左手放脚踝处，目露精光，神态从容威严。尊者大慈大悲，能正观心性，平持净戒。

禀赋虽自得天厚，意志更须坚而强。
行举务必多谨慎，败事十九是粗狂。

偈解

先天禀赋良好是因为上天的厚爱，但后天意志的磨砺也尤为重要。言行举止务必谨慎，粗浮狂傲往往会招致失败。

得此偈者，当前所遇之事切不可盲目决断，应谨慎而为，细心思量，切不可随意决断，行事也应理性自制，否则必会因粗狂坏事。

事 迹

庄严无忧尊者，因其德行庄严而得此尊号。

在佛典中，“庄严”一词具有十分丰富的内涵，一种解释为具德义，另一种解释则关乎衣饰，即通常所说的“装饰美盛，端正尊严”。端正尊严不仅表现在外在的形象上，更重要的是指内在品德。内由外显，只有具备高尚的品格，才能真正呈现庄严的面相。简而言之，庄严就是以善美之气标榜家国风范，以自身功德彰显个人气度。

“忧”则是指红尘俗世中的各种忧愁烦恼，这于佛门弟子而言是应该加以摒弃的，否则会如《智度论》卷二所载，“心有忧海，不能自出”，即指有得失忧患之心的人，无法真正达到无我的出世境界。而尊者达到了庄严与无忧的统一，这也是因其佛性的修炼趋于完善而达到的境界。

相传，尊者刻苦修习禅定的方法，不仅让自己不再局限于俗世烦恼而不可自拔，还尽心尽力矢志挽救众生于“忧海”之中，他的庄严面相，正是为了向众生昭示摆脱忧恼之后的静谧平和心境而呈现的。

028 庄严无忧尊者

尊者法相所示

尊者法相所现为安然静坐，左手笼于袖内置于膝上，右手曲臂结印。尊者浓眉锐目，法喜充盈，神情庄严高贵。尊者德行庄严，能使众生摆脱忧恼，获得静谧与平和。

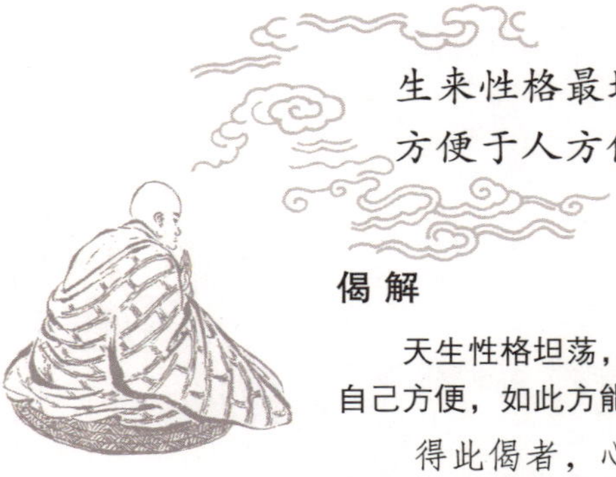

生来性格最坦荡，为人诚挚美名扬。
方便于人方便己，无忧逍遥保安详。

偈 解

天生性格坦荡，待人诚挚热情，所以能得到较多赞誉。与人方便既是给自己方便，如此方能无忧无虞，永保逍遥、平安与吉祥。

得此偈者，心中多有不宁，常自心中生出无端忧烦，应反思自己，是否私心太重，虑事偏执。须知多帮助他人，与人为善，才能使自己少羁绊而多吉祥。

事 迹

忆持因缘尊者，又称僧护，是舍利弗的弟子，因其德行高尚、热心助人而广受人们的尊敬。

据《因缘僧护经》载，当时舍卫国有五百个尊崇、信奉佛教的商人，他们商议共同出海经商，因尊者辩才出众、才智满腹，且甚具法力，便求见尊者，希望尊者能与他们共乘船出海，哪料，商船在途中即被一条巨龙拦住。此巨龙乃是当地龙王。龙王让他们将尊者交与自己，众商人惊惶之下只好应允。龙王将尊者礼貌迎接至龙宫后，恳请他将自己的四位龙子收为弟子，以佛理度化他们。尊者为龙王和龙子分讲了《四阿含经》，龙宫上下对尊者颇为尊敬。待商船返航时，龙王父子将他护送回船。谁知上岸回程之时，尊者又与五百商人失散，他只身来到地狱，阅尽众生为自己所造之罪业而饱受煎熬的痛苦境况，之后，他又到五百仙人处悉数超度地狱众生。立下此功德后，佛陀为他讲解了因缘善恶的道理。此后，尊者广为大众解说，从而得证阿罗汉果，位列于五百罗汉之中。

忆持因缘尊者 029

尊者法相所示

尊者法相所现为愤然而坐，身披袈裟，双手笼袖，置于腹前，大耳垂肩，双目圆睁，向下怒视。尊者德行高尚，威武庄严，慈悲为怀，热心助人。

做人第一要坚贞，脚踏两船身不稳。
凡事三思宜谦慎，可保无事得太平。

偈 解

做人首先要坚贞不二，心猿意马则难以安身立命。遇事要谦虚慎稳多思虑，只有这样才能万事大吉太太平平。

得此偈者，遇事切不可举棋不定，宜固守初衷，讲求方法，谦虚谨慎。

事迹

迦那提婆尊者是龙树大师的弟子，也被禅宗尊为西天二十八祖之第十五祖。据《传法正宗记》卷三载，尊者出生在公元三世纪左右，原本是南天竺婆罗门，也就是所谓的执师子国人。

尊者讲法生动。一次，在谈到神的外貌和形象时，对弟子们说："神没有固定的形象，他们活在天地之间，包藏在万物之中。神佛造像只是由人们想象而成，并不能代替神。"为解弟子的疑惑，他随即来到寺庙的大殿，凿掉天神塑像的左眼，并将自己的左眼挖出来作为给天神的补偿。通过此事，佛祖看出了他的慧根，并指点他向龙树大师请教。尊者第一次拜访大师时，大师即遣弟子将满钵清水放在尊者面前。尊者会意，当即拿出一根针投入水中。龙树大师夸奖道："这满钵清水，比喻我的学问丰富广博，你把针投进去，直入碗底，说明有心循流探源，掌握其中的真正智慧。"从此，尊者便跟随龙树大师修行，以机智善辩著称于世。尊者以斩妖除魔、卫道弘法为己任，著有《百论》二卷、《广百论本》一卷。

030 迦那提婆尊者

尊者法相所示

尊者法相所现为端然静坐，身披挂络，双目平视，目光深邃敏锐，神态威武刚强。尊者学识渊博，机智善辩，满怀慈悲，能为人释疑能惑。

莫图得己却损人，万事到头皆报应。
弃旧从新总不晚，清修苦练自通神。

偈解

不能做满足一己私欲而损害他人的事，善与恶到头来都有报应。弃旧从新到什么时候都不晚，勤修苦练自然会具有很强的能力。

得此偈者，可能常有损人利己的念头，应弃旧从新，少投机取巧，多做善事，不然难有完满结果。

事 迹

破邪神通尊者原名跋陀罗缕支，是西印度著名的佛教理论家。尊者学问渊博，精通佛理，善于演说和论辩，并以击败外道谬论而闻名于世。

据《大唐西域传》载，在摩腊婆国有一著名的婆罗门学者——大慢婆罗门，他通晓各种宗教理论，还开堂授课，其弟子多达千人，也因此深受国王的敬重，并以该国百姓信奉的圣贤而居。然而，这个大慢婆罗门却经常发表诋毁佛门的言论，甚至在佛祖塑像前屡有不敬。尊者获知此事，不辞劳苦，长途跋涉来到摩腊婆国，希望能找大慢婆罗门论辩。摩腊婆国国王同意了他的请求，并亲自主持论场。辩论当天，大慢婆罗门让他的所有徒弟随从悉数到场以壮声势，数百成千的群众也自发前往。而尊者并未被这种声势吓倒，身着平常服饰，于蒲团上安然端坐。尊者引经据典，字正腔圆，以一身浩然正气慷慨陈词，使大慢婆罗门理屈词穷、辩无可辩。大慢婆罗门即席认输。

破邪神通尊者 031

尊者法相所示

尊者法相所现为安然静坐，左脚置于座上，左手扶左腿，右手自然放置于腹前，双目下视，面貌奇异，神情悲悯焦急。尊者学问渊博，精通佛理，能言善辩，卫护正道，弘传佛法。

莫叹清昼夜梦长，沉寂终究会天亮。
酸甜苦辣有滋味，雪后梅花分外香。

偈解

无须感叹夜长昼短，黑夜无论多么漫长沉寂也终会到天明。酸甜苦辣各有滋味，须知经历严寒后的梅花才会更加香气袭人。

得此偈者，目前极其不顺，磨难太多，有些意志消沉。须知人经历磨难才会真正成熟，也才堪当重任，因此，你当承受这一艰难的过程，仔细体会生活的酸甜苦辣，这对你更是一笔可贵的财富。

事 迹

坚持三字尊者是净土宗始祖高僧慧远大师。慧远俗姓贾，雁门楼烦（今山西宁武附近）人。出生于士林官宦之家，年少即跟随舅父博览六经，尤其对《老子》、《庄子》颇有见解。后慕名投奔其时的著名僧人道安，听道安讲解《般若经》，豁然开悟，感叹佛法道出了人生的最高奥义，并落发出家，时年二十一岁。后襄阳发生兵乱，慧远即辞别师父，准备远赴印度继续修行。在他途经庐山时，“见庐峰清静，足以息心”，便居住下来。当地刺史修建东林寺专门供其居住。后来，慧远在此与一百二十三位僧人一起结为“白莲社”，倡导“弥陀净土法门”，以佛学融合儒学和玄学。

相传，慧远大师在东林寺居住三十多年，从不出山，送客也只送至寺前虎溪为止。一日，陶渊明、道士陆修静来访，大师与他们言语投契，相送时不知不觉走过虎溪，直到听到虎啸之声才兀自惊觉，三人不禁相视大笑。此即“虎溪三笑”的典故，后人并以此修建了三笑亭。

032 坚持三字尊者

尊者法相所示

尊者法相所现为安然静坐，左手护膝，右手握元宝，神情坦然，神态洒脱大度。尊者精勤修行，倡导“弥陀净土法门”。融佛学、儒学与玄学会一体，开创了净土宗。

得天独厚逢佳运，事半功倍超常人。
心宽体胖可高枕，东风时借有神灵。

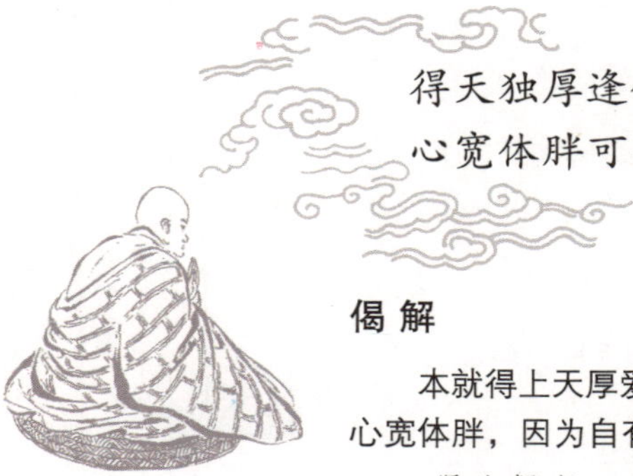

偈 解

本就得上天厚爱，又逢佳运，因此做事总能事半功倍。你尽可高枕无忧，心宽体胖，因为自有神灵保佑你春风得意。

得此偈者，正处于大好时机，所求所愿均进展顺利，于此更应加倍努力，谨慎为人，切不可得意忘形，更不可作有损德行之事。

事迹

阿㝹楼驮尊者，也被称为无贫尊者，是释迦牟尼佛的十大声闻弟子之一。

相传，在历经无量劫前，尊者曾在不知情的情况下供养过一位辟支佛，并因此得到福报。该辟支佛立下誓愿，每七天下山化缘一次，以七户为限，即使在这七户中一无所获，他也不再化缘，而是回山继续修行。当时，尊者还是一位贫苦农夫，每天以苦力耕田维持生计，日子本已捉襟见肘，又恰逢当地灾荒，温饱更是维系艰难。一日，正值七日之期，辟支佛下山化缘，果然两手空空，返程时在路上遇到尊者，尊者心生怜悯，将自己仅有的一袋粗米布施给了他。受到布施的辟支佛，施展神通，对尊者说："我今日受你供养，当还你以后生生世世再也不会贫穷以为福报。"尊者当时不以为意，依然起早贪黑勤事农耕。说也奇怪，尊者农作时，一只兔子突然从田里跳出，绕着尊者不肯离去。尊者便将其带回家中，谁知活兔转眼之间变成了一只黄金兔，而且无论从其身上取多少去换钱，事后总可以恢复如初。在现在劫尊者降生为甘露饭王之子，后出家为僧，终证阿罗汉果位。

阿㝹楼驮尊者 033

尊者法相所示

尊者法相所现为结跏趺坐，双手执念珠于身前，神情凝重，目光内敛，忧思盈面。尊者精勤修为，甘于平淡，乐于清贫，心存怜悯，普度众生。

人生图名又图钱，半是云雾半是烟。
千辛万苦总成空，他乡异国莫留连。

偈解

世人大多追名逐利，深陷其中不能自拔，须知钱财是身外之物，有如过眼云烟。你去他乡辛苦追求也只是白费力气，还不如回家安身尽享清净。

得此偈者，可能过于追名逐利，忽略了与家人之间的亲情交流，应加以注意。此偈语还有一解，即你现在所求，可能不会出现预期的结果，辛苦一场终究还是白费心血。

事迹

据《大唐西域记》载，鸠摩罗多尊者生于古印度坦叉始罗国，在当时，被尊称为"日出论师"，并与马鸣、提婆、龙树并称为"四日照世"。尊者所著十多部典籍在民间及佛门广为流传，因此尊者也被尊为经部本师。此外，尊者还是付法藏第十八祖，西天二十八祖之第十九祖。

据《付法藏因缘传》卷六载，尊者从小聪慧非常，有"美名童子"之称，而后跟随僧迦耶舍出家修行。尊者最初在坦叉始罗国著书立说，后来又到朅盘陀国专事教化。他遍览佛教典籍，透悟其中的玄妙精要，更能侃侃高论以正视听，因而也有不少人慕名而来向他请教，其中，阇夜多就是他的弟子，并得到了他的真传。另据《出三藏记集》卷十一、《诃梨跋摩传》载，尊者原本是罽宾国一位小乘学者，属萨婆多部，也是《成实论》作者诃梨跋摩的师父。尊者的生卒年月，应在龙树与世亲之间，即大约公元三世纪末，其著作包括《日出论》、《结发论》、《喻鬘论》、《痴鬘论》、《显了论》等。

034 鸠摩罗多尊者

尊者法相所示

尊者法相所现为安然静坐，身披袈裟，左手笼于袖中置于膝上，右手护神鸟，目光内敛，沉静自若，神态平静超然。尊者博览群籍，通晓小乘佛法，为经部本师。

命本清贵好造化，功名事业总不差。
于今万般可抛弃，袖手笑看牡丹花。

偈解

命相清贵定有好的造化，也不差功名事业。现在很多东西都可以抛弃，应力求一身轻松、随意自在。

得此偈者，对当前处境也有些倦意，欲舍去眼前的功名和环境，又心有不甘，但还是宜放下执念。

事迹

毒龙皈依尊者本名瞿波罗，梵文意指牧牛人。尊者前世曾为毒龙，因此而得名。

据《大唐西域记》卷二载，佛祖在世时，在古印度那揭罗曷国有一牧牛人，其职责是每日向本国国王供应乳酪。一次，牧牛人在进献乳酪时，礼仪失当，遭到了国王的严厉喝叱，牧牛人不但没有反省自己的过失，反而心怀忿恨。于是，他于神灵前供奉鲜花，并发愿祈祷，希望来世化作龙王，摧毁京城，杀死国王及其臣民。然后，牧牛人头撞巨石，气绝身亡。不久，牧牛人果然如愿投生为大龙王，以那揭罗曷城西南石岭的洞穴为巢穴。一日，它欲飞出洞穴，以实现前世立下的荼毒生灵的恶愿，而此事佛祖已事先预知，便运用法力在洞口截住毒龙，并降伏其心。毒龙从此皈依佛教，并发誓永不杀生，扶持佛法，供养佛祖弟子。此后，为了防止毒龙再动邪念，佛祖便施法将自己的身影留在龙洞石壁上，并对毒龙说："我的影像具有慈悲神力，当你愤怒而毒心萌动时，静观影像，毒心自然消失。"日复一日，毒龙即在该石壁佛像前静修参悟，终于得证阿罗汉果。

毒龙皈依尊者 035

尊者法相所示

尊者法相所现为端然静坐，左脚跷于右腿之上，双手于胸前捧钵，神态凛然，神情坚毅端肃。尊者皈依佛教，扶持佛法，供养佛视弟子，并发誓永不杀生。

个性倔傲少变通，恃才傲物属英雄。
刚者易夭柔者寿，是非得失尽此中。

偈解

个性刚强、固执、处理事情缺少变通，依仗才能傲视群雄并非不可，但要适度。须知刚易折断、柔能长保，你的是非成败、功过得失都因此而定。

得此偈者，个性过分张扬，行事总不太顺利，须知你之所择大方向未错，但在方法上应多讲究，不宜过于刻板、强硬。

事迹

稽首是我国古代的一种跪拜礼，为“九拜”之一。行礼时，施礼者屈膝跪地，左手按右手（掌心向内），拱手于地，头也缓缓至于地。头至地须停留一段时间，手在膝前，头在手后。这是九拜中最隆重的拜礼，常为臣子拜见君王时所用。后来，子拜父、拜天、拜神、新婚夫妇拜天地父母、拜祖、拜庙、拜师、拜墓等，也用此大礼。佛教中的同声稽首则是指，在称诵佛祖名号的同时，向佛祖行稽首大礼。

相传，尊者自知本是一介凡夫，很可能因身业（即杀生、偷盗、邪淫等）、口业（即妄语、绮语、两舌、恶口等）、意业（即贪欲、瞋恚、邪见）而产生罪孽，也很可能因六根不净（佛教中的六根不净比喻的是心绪不宁，处事偏私）而犯过，甚至会因为内心的邪恶而犯下无穷的罪孽。于是，尊者决心彻底忏悔，不分日夜，一边在口中诵念佛经，一边身体力行向佛祖行稽首礼。最终，尊者消除了自己的无穷罪孽，证得阿罗汉果。

036 同声稽首尊者

尊者法相所示

尊者法相所现为坦然静坐，衣着整洁，左手护膝，右手托蟠桃，浓眉大耳，神态宁静，满面祥和。尊者虔心忏悔，消除了身业、口业和意业，六根清净而离远无穷罪孽。

问君何事苦拧眉，三岔路中久迟疑。
前途莫叹无知己，塞翁失马总不亏。

偈解

你因为什么事烦恼痛苦，在选择的当口迟疑难决。不要感叹以后会没有知己，塞翁失马焉知非福。

得此偈者，面对选择举棋不定，万般愁苦，怕因此失去太多。须知你现在所拥有的这一切，失去了未必不是福，更不要惧怕未来没有知己。宜当断则断，切不可因一时的得失而犹豫不决，不然将错失良机。

事　迹

毗罗胝子尊者名删阇夜，原本是古印度苦行六外道之一，所以只称其母名。

据《大方广佛华严经随疏演义钞》、《维摩经·弟子品》载，尊者最初是古印度苦行六外道中第三道赴火外道的大师，该苦行外道的修行者常常将发烫的木炭灰烬涂抹在自己的身上，并用浓烟熏自己的鼻子，甚至还有人跳入火中。该外道的修行者，都甘愿忍受这种由酷热带给身体的巨大痛苦，及由此而产生的焦热和苦恼。赴火外道的修行者认为，只要将这种苦行一直坚持到底，便能修成正果。

尊者当时认为，若前世做有恶事，则应接受报应，不该寻求另外的化解自己罪业的方法，只要历经生死劫数，苦行以偿报前世的罪业就可达成正果。

相传，佛祖来到印度王舍城祇园精舍，当时的尊者，连同其他五位外道师，前去与佛祖比较神通。经过连续十五天的比试，六外道师最终败于佛祖。至此，尊者对佛祖深为拜服，并皈依佛教，努力修行，最终得证阿罗汉果。

毗罗胝子尊者 037

尊者法相所示

尊者法相所现为身体俯身倾坐，双手交叉，右手拢于袖中，左手执羽扇，目光内敛，神情忧苦。尊者心诚志坚，道行高妙。

人生得意尽可才，命运于君总青睐。
快马加鞭莫停歇，水到渠成龙门开。

偈解

人生得意之际应大展其才，因为这时会得到命运的格外眷顾。尽其才能快马加鞭莫要停下，水到渠成时功名自然俯身可拾。

得此偈者，正当好运当头，做起事来得心应手，须抓住机会倍加努力，待水到渠成之时，功名利禄都可到来。

事迹

伐苏蜜多尊者全名世友，原本是北天竺国人，姓颇罗堕，并于佛陀入灭后三百年出世，被称为萨婆多部的四评家之一。

尊者在未出家前，喜穿干净衣服，一手提着酒瓶，一手拿着酒杯，终日在大街上游荡，或吟唱或撮口作声，身边的人都认为其个性张狂。一次，弥遮迦到此宣扬佛法，尊者便上前问他："大师从何处来，要到何处去，又准备住在哪里？"弥遮迦答道："从我心而来，无处可居，处处可居。"尊者又问："大师还认识我吗？"弥遮迦答道："我不认识你，你认识的也不是我。不过，我师父提多迦曾告诉我，佛陀世尊在游历北印度时曾语，在他入灭三百年后这里会产生一位姓颇罗堕名婆须密的圣人，他日得道之后会位列禅祖第七位。既然世尊预见到你，你就应当归属佛门。"尊者于是投酒器而出家，四处云游，宣扬佛法。尊者来到迦摩罗国，遇到佛陀难提。他为佛陀难提剃度，传授给他正法眼藏，并留下偈语"心同虚空界，示等虚空法，证得虚空时，无是无非法"后入定，旋即涅槃。

038 伐苏蜜多尊者

尊者法相所示

尊者法相所现为陶然静坐，目右视，右手持蟾蜍于右膝，左手平置腹前。尊者浓眉大眼，神态和乐，笑意满面。尊者性格果断，四处云游不拘小节。

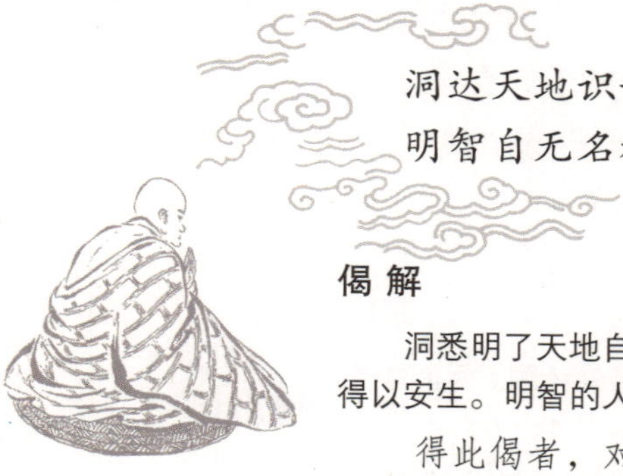

洞达天地识世情，污世浩劫保安身。
明智自无名利苦，心安理得享高龄。

偈解

洞悉明了天地自然之道，勘破世情，便能在污秽世俗中或浩劫来临之时得以安生。明智的人不会为名利所累，心安理得的人能享有高寿。

得此偈者，对所求之事的结果已有察觉，却难以放下执念。须知万事明智以待，洁身自好，便不会为名利所累，自己心安理得的生活还可以得享高寿。

事迹

阇提首那，中译为“愿勇”。据《涅槃经》载，尊者曾为古印度外道十大仙人之一。

据《大般涅槃经》卷三十九载，尊者最初是外道婆罗门，曾入山苦修多年，获得外道果位，具有五种神通。而据《成唯识论了义灯》、《慧琳音义》等载，当尊者还是外道十仙时，曾作《三弥叉论》（三弥叉在梵文中的意思是观察，又称二十五谛）。在该书中，尊者认为世人只要按照他所写的二十五谛去苦修，就一定能获得智慧。由于该书认为执著涅槃是无常，因此未在当时得到佛教接受。

又据《大般涅槃经》载，由于尊者不服佛教对《三弥叉论》的评价，曾与佛祖就二十五谛与佛法孰优孰劣的问题展开激烈论战，结果，尊者理屈词穷，败下阵来，并对佛法心悦诚服。随后，佛祖亲自为尊者讲述佛法的精义，使尊者得以大悟，并恳请佛祖将他收为弟子，修行佛法。佛祖便命阿若憍陈如为尊者剃度出家。剃度一结束，尊者便在坐处证得阿罗汉果位。

阇提首那尊者 039

尊者法相所示

尊者法相所现为怒然正坐，右脚盘曲于座上，右手置于右腿之上，左手于左腿上执灵兽。尊者双眉竖立，怒目圆睁，极具威力。尊者极具悟性，能改邪归正，修行佛法，轻易证得阿罗汉果。

博学忠诚尽职责，多才多艺创家业。
石坛对坐话松风，鹤唳一声山月升。

偈解

博学忠诚，而且能尽职责，才能凭借自己的才艺创造家业。

得此偈者，内在修为尚有不足，万事不可冒进，要顺其自然，即使务虚也不妨。

事迹

僧法耶舍梵文意指众称，即为众人称颂。尊者是著名的论师，博闻强记，善于辩论。

据《摩诃止观》载："罗睺罗在得佛法真传后，能辨正邪，著述佛教经典，降伏外道；僧法耶舍在得到佛法真传后，即行游四方，每到一处都积极为众生说法教化。"另据《止观辅行传弘决》载："僧法耶舍得到正法后，行游四方，在大海之滨发现一座城池，于是他在城楼下请求入城化缘，他说：'步行跋涉是人生第一苦，而饥肠辘辘则是人生第一病，但如果能够窥见佛法的正道，即可涅槃而忘却世间苦病。' 于是城主将他请进城中和自己一起进食。在城中，尊者发现两鬼，以前是做人家儿媳妇的，因为人吝啬又贪财而化生为鬼，尊者解说她们如此皆是前世的报应。此后不久，尊者又来到另一座城池，看到一个食客食毕后，竟然以碗钵互相投掷，结果引火烧身。尊者叹道：'要是他们能够珍惜事物，又何至于受这种苦楚呢？'"

040 僧法耶舍尊者

尊者法相所示

尊者法相所现为悯然而坐，右脚盘曲于座上，左手抚膝，右手执童子，神情慈祥安静。尊者博闻强记，善于辩论，不倦地度化众生，终积无量功德。

事事沉稳远是非，识博睿智近真谛。
何处水村人起早，橹声摇月过桥西。

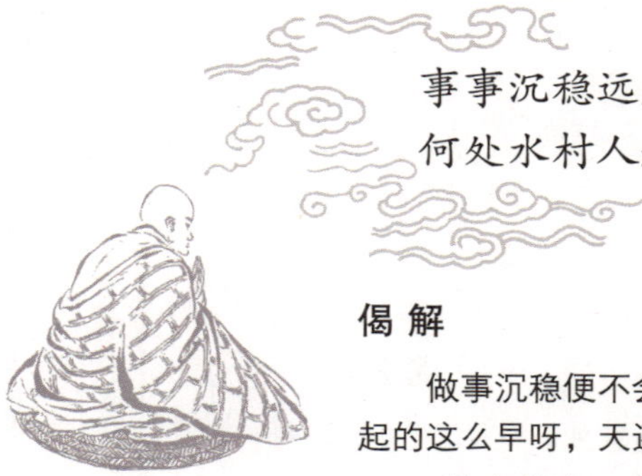

偈解

做事沉稳便不会招惹是非，睿智博学更能领悟人生真谛。哪里水村的人起的这么早呀，天还未亮便已摇橹过了桥西。

得此偈者，将有是非缠身，应做事低调，视事客观，行止稳重，少出风头，以化解降临的困境。

事 迹

悲察世间尊者，即地藏菩萨，密号悲愿金刚。据《地藏十轮经》载，由于此菩萨“安忍不动犹如大地，静虑深密犹如秘藏”，所以，被尊为地藏。

据《地藏菩萨本愿经》载，过去无量劫前，曾经有一位婆罗门女子得知母亲因为生前不积善因，死后会堕入地狱终日受炼狱之苦，便变卖家宅，供给佛寺。后来，她受到觉华定自在王如来指点，以念佛力来到地狱，见到鬼王无毒。鬼王告诉她，因为她供养佛、寺有功德，她的母亲及其他地狱罪人都能脱离地狱而超拔升天。于是，此女子便在觉华定自在王如来像前立下弘愿：“愿我尽未来劫，应有罪苦众生，广设方便，使令解脱。”佛祖认为，当时的婆罗门女子，就是现在的地藏菩萨。

悲察世间尊者 041

尊者法相所示

尊者法相所现为安然静坐，双手笼于袖内，双脚交叉，静虑深密而满面祥和。尊者慈悲为怀，心系众生，安忍不动犹如大地，静虑深密犹如秘箧。

命运乖寡多坎坷，半生岁月成蹉跎。
而今从头修正果，晚景丰裕喜事多。

偈 解

命运独特而且坎坷，半生光阴将被虚度。如今从头开始修习，晚年仍可生活丰裕、喜事连连。

得此偈者，命途多舛，上半生必将一事无成。但若从头开始，执著努力，老年仍能富足安康。

事迹

献花，在佛教中即献花座印，是一种佛教手印。据《立印轨》载，献花手印又“名金刚莲花，定慧鞭蓉合，水（无名）火中俱散开，犹如莲花叶，二风头屈附火初节之侧住，奉诸佛菩萨。”也就是说，该手印以金刚莲花为形，具体为两手合掌，保持中空，屈伸左右无名指、中指、食指，宛如盛开的莲花。

授记，即佛陀向众生授予成佛的记号，也就是说凡被佛授记的人将来必然能成佛。据说由于尊者还是凡人的时候就对佛法的信仰十分坚定，每日皆结跏趺坐，以献花座印向诸佛及诸菩萨行礼。最终，尊者因此功德而蒙佛授记，将来必然能够成佛。

042 献花授记尊者

尊者法相所示

尊者法相所现为安然静坐，衣着朴实整齐，浓髯长须，双手结献花座手印。尊者神情威猛凝重，神态悲悯。尊者以献花座印向诸佛及诸菩萨行礼，信仰坚定，孜孜不倦，并以此功德蒙佛授记。

性本勤勉运艰辛，淘尽黄沙始得金。
脚下正途休疑惑，持之以恒事竟成。

偈解

时运不济，虽勤奋耕耘却收获不佳，但泥沙淘尽后终会有黄金。只要所行之路方向正确，不用疑惑迷茫，持之以恒必定达成心愿。

得此偈者，一直无所作为，虽然付出很多，却较少收获，对人生也颇为疑惑，但你所走之路若无错误，便应持之以恒定，如此定能诸事成功。

事 迹

据说，眼光定力尊者有一双睁得很大的眼睛，眼中充满光明，目光所及之处，一切愚笨之人都能变聪明，一切痴呆之人都能恢复原有的智慧，世间所有的忧愁、烦恼、愤怒以及种种邪恶思想都会被破除，在尊者目光的照耀下，善良的众生都能进入清净福德之道。

尊者为了拯救人间芸芸众生，与诸多邪恶作战。在尊者目光的照射下，除此以外，尊者的目光中含有无边的佛力，在他灼灼目光的照射下，所有的恶魔都会被消灭，所有的恶鬼都会被降伏，所有外道之人都会真心皈依佛教，所有犯下罪孽的恶人都会产生恐惧，从而大惭大愧、大彻大悟，痛改前非，弃恶从善。尊者也因此积下无量功德，终成阿罗汉果位。

眼光定力尊者 043

尊者法相所示

尊者法相所现为安然静坐，右手握手巾，左手托蟠桃，身披云肩，脸形瘦削，双目明净，神态庄重。尊者定力坚固，坦荡无私，目光所及能给人智慧和光明。

大河小河千千万，唯君稳坐钓鱼船。
风波乍起复放晴，清净正直心地宽。

偈 解

世上大小河流有千千万，只有你能稳坐钓鱼船。风波突起，现在又平静放晴，均因你正直清净、心地宽广。

得此偈者，虽历风险，却无大厄，一直比较平稳。人无论做什么，只要心地宽厚、正直清净，都能确保平安稳定。

事迹

伽耶舍那尊者原为摩提国人，姓郁头兰，伽耶舍那意为毗卢舍那佛的尊身。

据说，尊者的母亲因梦见一位神明手持宝鉴出现在她面前而怀孕，仅仅七天后，尊者就出生了。出生时，尊者整个身体犹如琉璃般晶莹通透，且身上有一种无名的奇香。一次，西天二十八祖之第十七祖僧伽难提带领徒众化缘路过此地，闻此，顿时感到身心愉悦舒适。僧伽难提当即断定："此道德之风也，当有圣者出世，嗣续祖灯乎！"于是，他和徒众在山谷中寻觅，最终找到了手持圆镜的伽耶舍那，并将其收为弟子。尊者从此随师父行游修行。一次，师徒俩听见风吹铜铃之声，僧伽难提问道："铃鸣耶，风鸣耶？"伽耶舍那则回答说："非风非铃，我心鸣耳。"僧伽难提再问道："心复谁乎？"伽耶舍那即答："俱寂静故。"僧伽难提认为伽耶舍那已参悟静心修行的道理，于是将正法眼藏传授给了他。从此，尊者加倍修行以使自己的恶业灭尽，功德圆满，终得阿罗汉果。

044 伽耶舍那尊者

尊者法相所示

尊者法相所现为安然静坐，身披袈裟，左手抚膝，右手执法器，尊者神情威猛，神态大度安详。尊者静心修行，恶业灭尽，功德圆满。

山不在高有虎行，水不在深有龙腾。
自古腐朽化神奇，劝君日夜多思忖。

偈解

山不一定要高，只要有虎行便能声名鹊起；水不一定要深，只要有龙腾便能充满灵气。自古就有化腐朽为神奇一说，这很值得你思忖。

得此偈者，尚无多大才能，在人群中也极为平常，但若能悟到自己的优势，找到自己的特长，必能化腐朽为神奇，成就不凡事业与功名。

事迹

莎底在梵文中意指吉祥，而比丘的意思是乞士、董士、破烦恼、除馑，尊者由比丘得道，因而得名。

据《佛说大金色孔雀王咒经》载，当佛祖住在舍卫国祇树给孤独园时，有一个为园内的僧众烧水沐浴的新比丘，他的名字叫莎底。一天，在莎底劈柴烧火时，一条黑蛇突然从洞穴中窜出，趁其不备咬伤了他的右脚拇指，蛇毒沿血脉流遍了他的全身。顷刻间，他两眼上翻，口吐涎水白沫，昏厥倒地。阿难尊者见此情景，心感不忍，赶紧来到佛祖面前，以额头着地请求佛祖传授救人之法。佛祖说："我这里有一部大孔雀明王咒，威力极大，能除诸毒、灾难、恐惧、烦恼，能保护世间一切有情众生获得安乐。"阿难在学了大孔雀明王咒后便依法治好了莎底。莎底获救后，深知自己的命是佛法救回的，于是，他潜心修佛，最终得证阿罗汉果。

莎底比丘尊者 045

尊者法相所示

尊者法相所现为欣然静坐，左手于左膝结印，右手于胸前执如意，大耳垂肩，面如满月，神态端庄高贵。尊者生性纯朴，知恩图报，虔心修佛。

与人方便多慈悲，慷慨施舍事常为。
他时倘或逢灾厄，逢凶化吉定无疑。

偈解

与人方便多做慈悲的事，平常更要慷慨施舍。若是他日遇到灾厄，必定能因此而逢凶化吉。

得此偈者，只要乐于助人，常常慷慨资助，终身定无大灾大厄。

事迹

波阇提婆尊者，本名难生，原为中印度人，被禅宗尊为西天第十祖。

据佛典载，尊者之母怀胎六十年才生下尊者。其父曾梦见一头白象身负宝座而来，宝座上没有人，只有一颗明珠。白象进入家门后，宝座上的明珠便发出耀眼的光芒。其父大惊而醒，尊者恰好此时出生。后来，禅宗西天二十八祖之第九祖佛陀密多尊者来到尊者家中，其父将他引见给佛陀密多，并说："此子处胎六十岁，因号难生，复尝会一仙者，谓此儿非凡，当为法器。今遇尊者，可令出家。"佛陀密多大喜，当即为尊者剃度。尊者随佛陀密多修行后，从不睡觉，据说是因为"其胁不至席"，因故得名胁比丘、胁尊者。

相传，一次尊者率众弟子云游至华氏国，在一棵树下小憩，他以右手指地说："此地变金色，当有圣人入会。"话音刚落，此地果然变成金色，适逢富那夜舍前来求法，尊者当即为其剃度出家，并将正法眼藏（即全部佛法）传授给他。传法完毕，尊者随即涅槃。

046 波阇提婆尊者

尊者法相所示

尊者法相所现为安然静坐，头左向，左手于膝上执念珠，右手于胸前结法印，神情慈祥清净，有审察万物之貌。尊者志性坚定，刻苦修行，胁不至席。

为君本具出众才，领袖群伦自应该。
集思广益多筹谋，功成果就花常开。

偈解

具有过人才能的人，自然应该领袖群伦。但若能集思广益，反复斟酌然后决策，必能成为持久而不凡的领导者。

得此偈者，极富领导才能，虽然自己很有能力，但如能多听取建言，决策又严谨，则必能成为功成果就，又有群众基础的好领导。

事迹

解空无垢尊者为文殊院菩萨眷属八大童子之一，为密教理图胎藏界曼荼罗文殊院中尊文殊菩萨右方第三位的菩萨，主文殊毕竟空之理。因尊者本性清静无垢，外放光明，故又称无垢光菩萨，密号离尘金刚。

尊者用文殊菩萨的特有智慧为众生根除烦恼，开空慧之道，引导众生进入法明之门。其真言诀的音译为："归命系矩忙啰微质怛啰蘖底矩忙啰么弩娑么啰莎诃。"据《大日经疏》载，该真言显示了尊者以种种本誓愿行，显示童子身、壮年身或老年身等，以利益众生万物之义。

文殊毕竟空，十八空之一，其意为诸法究竟不可得，即以空破诸法，使无遗余，不执于一物。

解空无垢尊者 047

尊者法相所示

尊者法相所现为盘腿而坐，头稍斜，右手握拳撑之，左手笼于袖中，左耳一神龙飞出，神态坦然平和，面带笑意，有超凡脱俗状。尊者本性清静无垢，为众生根除烦恼，开空慧之门。

人生本是一局棋，亦庄亦谐类游戏。
旁观者清当事浊，清醒斟酌少是非。

偈解

人生如棋，亦庄亦谐，就像游戏一样。棋局中，当局者迷、旁观者清，而在现实中，人只有清醒仔细地思考、分辨，才会远离是非。

得此偈者，可能正身陷迷局，视事不清，举棋不定，宜虚心听取他人意见，以旁观者的眼光审时度势，步步为营，才能作出正确的判断和选择，切不可独断专行，或偏听偏信。

事迹

伏陀蜜多，又称伏驮密多。尊者俗姓毗舍罗，提伽国人，禅宗西天二十八祖中的第九祖，此尊与第十五尊为同一尊者。

佛典载，尊者年过五旬仍未开口说过一句话，脚上也从未穿过一双鞋。一次，西天二十八祖中的第八祖佛陀难提率徒众化缘，途经尊者家时，见其家屋顶上白光冲天，佛陀难提便对徒众说："此家当有圣人，口无言说，真大乘器，不行四衢，知触秽耳。"尊者见佛陀难提亲临，便起身礼拜，并对其作偈（即预言）道："父母非我亲，谁是最亲者。诸佛非我道，谁是最道者。"佛陀难提也用偈回答，尊者听完后便向前走了七步。佛陀难提见后对其父说："此子昔曾值佛悲愿广大，虑父母爱情难舍，故不言不履耳。"其父听后，便命尊者出家，佛陀难提当即为尊者剃度，并将正法眼藏传授尊者。而后，佛陀难提对尊者作了一番嘱咐，便让他四处云游。尊者曾到过中印度，途中遇上胁尊者，便为其落发授戒，也将正法眼藏传授给他。传授完毕，尊者即入灭尽三昧而涅槃，弟子们用香油将尊者的舍利收藏起来，存放在那烂陀寺的佛塔之中。

048 伏陀蜜多尊者

尊者法相所示

尊者法相所现为默然而坐，袒露胸腹，双手捂耳，神态端庄，神情超然。尊者悲愿广大，言不过耳，虔心向佛。

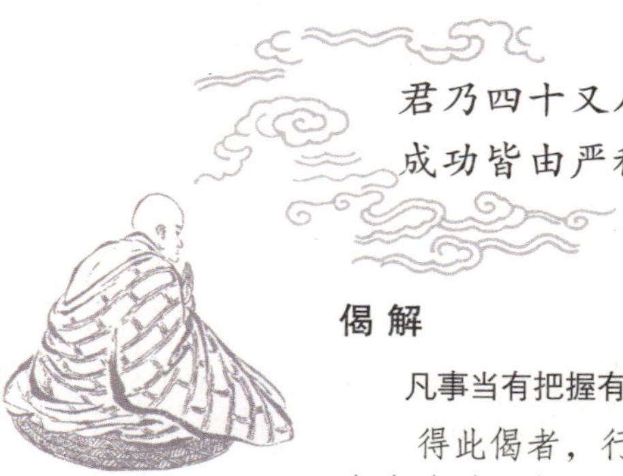

君乃四十又八尊，四平八稳好顺心。
成功皆由严稳出，粗浮浅薄定无成。

偈解

凡事当有把握有步骤地推进，不可轻进求速，粗浮浅薄之人往往一事无成。

得此偈者，行事轻疏毛躁，若要成就心想之事，则应循序渐进，步步为营，切不可粗心大意，浮躁急进。

事迹

尊者姓瞿昙，古印度华氏国人。禅宗西天二十八祖中的第十一祖，他是波阇提婆尊者的弟子，马鸣禅师的老师。

据《付法藏经》载，尊者“智识深邃，多闻博记”。尊者的父亲名宝身，是一名虔诚的佛教徒。受父亲的影响，尊者通晓佛教的诸多理论和各种戒律。一天，十祖波阇提婆尊者云游到华氏国，在一棵树下休息，突然以右手指地，对众弟子说：“此地变金色，当有圣人入会。”话音刚落，地就变成了金色。此时，只见富那夜舍合掌立于众人面前，他对波阇提婆说：“我心非往尊者，我心非止尊者，我心不定，诸佛亦然。”波阇提婆听后非常高兴，当即为尊者剃度。尊者受戒完毕，波阇提婆将正法眼藏传授给了尊者。波阇提婆告诫尊者说：“今天，我将佛祖如来的正法眼藏传授给你，希望你倍加爱护，勤奋修习。在将正法眼藏传授给后人时，一定要慎之又慎。”说完，波阇提婆尊者便即涅槃，富那夜舍尊者成为了佛教的第十一世传人。后来，尊者将正法眼藏传给了马鸣禅师。

富那夜舍尊者 049

尊者法相所示

尊者法相所现为端然静坐，身披挂络，双手笼于袖中，发须卷曲，面目庄重慈和，有端庄冷凝之貌。尊者智识深邃，多闻博记，通晓佛教戒律。

劝君行事多勤奋，休贪坐享得其成。
自己栽树自食果，犹然比他甜三分。

偈解

劝君勤勉做事，不要妄图坐享其成，总去分享别人的劳动成果。只有通过自己辛勤劳动所得的果实，品尝起来才会十分甘甜。

得此偈者，可能心底有太多不劳而获、坐享其成的念头。须知别人的东西求不来，即使求得也必是被人轻视，而且未必懂得珍惜。欲遂心中所愿，应面对现实，自己勤奋努力，如此所得方才体面。

事迹

佛教认为人有肉眼、天眼、慧眼、法眼、佛眼。肉眼，即肉身所具之眼，观粗近之色，感官所见，眼力最为有限。天眼，即色界天人所具之眼，观细远之色，为“神通”所见，可隔障见色，透视众生的未来与生死，可从禅定中修得。慧眼，二乘者所具之眼，智慧能观照对象，见诸法皆空。法眼，菩萨之眼，能透观一切法的分别相，即见一切苦、无常等生灭法数及见众生根欲性等，具有广度众生的法力。佛眼，能了知一切的智慧眼光，既能察知事物普遍的空性，也能察知事物个别的殊相。唐代大珠慧海禅师在《大珠禅师语录・顿悟人道要门论》中说：“见色清净，名为肉眼；见体清净，名为天眼；于各种色境，乃至善恶都能微细分的，无所染著，于中自在，名为慧眼；见无所见，名为法眼；无见无所见，名为佛眼。”

尊者通过修持禅定而得天眼通，据《智度论》卷五云：“天眼所见，自地及下地六道中众生诸物，若近若远，若粗若细，诸色莫不能照。”尊者因此德行与神通而得名。

050 伽耶天眼尊者

尊者法相所示

尊者法相所现为漠然侧坐，左腿自然前伸，右腿竖起；左手执念珠，右手持拄杖，顶戴头巾；尊者面如槁木，神态清冷平和。尊者通过修持禅定，修得通天眼，能透视众生的生死未来。

生活犹如食槟榔，果皮苦涩内芳香。
切莫安逸图现成，艰辛之后有琼浆。

偈解

生活就像品尝槟榔，果皮虽然苦涩，但果肉却无比芳香。不要安于现状，须知通过艰难进取所得的才是琼浆玉液。

得此偈者，安于现状，坐享现成，因为畏难而不思进取。须知，不作努力，轻易得来的往往平淡无味，甚至还会十分苦涩；只有通过努力，付出艰辛得来的，才会让人感到欢欣甜美。

事迹

尊者又名越无量虚空菩萨、虚空无边游步金刚菩萨、虚空游步执金刚菩萨。

据禅宗经典记载，诸佛在修行的初期，曾被无数心障所烦扰，为此，他们不得不通过长期的修行，以强大的智慧将其破除，修成正觉，到功德圆满后，才证得佛果。尊者并非凡人，他是诸佛勇健菩提心的化身，呈嗔怒可怕的形象。尊者威德超群，可摧毁一切艰难，降伏一切邪恶，使群魔凶鬼束手就擒，大惑魔主也因为尊者的威慑力而屈身归服。

在密教胎藏界曼荼罗的排列中，尊者位于胎藏界金刚手院第二行第四位，密号广大金刚。三昧耶形为三股杵。在密教中，尊者的形象为周身黄白色，右臂微屈，开肘仰掌，手指向右；左手向内置于胸前，持三股杵；右膝竖立，跏趺坐于赤莲花上。衣之前端，系于左肘而自然下垂。印相为持地印。而此处所绘是尊者的另一形象，法相本义相同。

不著世间尊者 051

尊者法相所示

尊者法相所现为端然静坐，手捧吉祥果，双耳及肩，前额多皱，神情坚定，神态嗔怒可怕。尊者威德超群，可摧毁一切艰难，降伏一切邪魔，号广大金刚。

心胸坦荡无私情，昂首阔步往前行。
魔高道高见分晓，功成名就自安心。

偈解

心胸坦荡不怀私欲，便可以昂首阔步走自己的路。当正邪的高低之分已然清楚，功成名就时就会心安理得。

得此偈者，身边有小人隐伏，却不必与之争长论短，只要自己以公正之心坦荡应对，便可只管行自己的路，到功成名就时也能内心安宁，没有欠疚。

事迹

尊者名须菩提，因而又被称为须菩提尊者，其是释迦牟尼的十大弟子之一。

在出家之初，因同情贫困的人，须菩提每次都去有钱人家化缘，而大迦叶则要给穷人积善的机会，专向穷人化缘。后来，佛祖知道后，斥责他们的心不均平，于佛家法规不符，并立下了和尚化缘不可挑选贫富的戒律。尊者皈依佛门后，经过多年精进修习，得证阿罗汉果。一次，外道婆罗门就“空”向尊者提出质疑，尊者用手一指，道：“你看那间房，是四大元素及各种因缘和合而成，若把土木砖瓦拆分，不但房子的形状消失，就连名称也会不复存在。这便是从一切都是和合可以看空。这房子在村庄中最为堂皇美观，若把它搬去与城市中的房屋相比，顿显矮小简陋。城市中高耸的建筑，若是和舍卫城的王宫相比，也毕现穷酸之相。这就是从相对的事理上可以看空。空，才是一切事物的本来面目。”婆罗门听了，向尊者行礼致谢。而后，尊者用手在空中一画，示意说：“当你的黑发转白，当你见到叶落归根，还有那花的种子入土、萌芽、成长、开花、结果，历经变化循环，又回归它原有的风貌，记住，这就是空！”

052 解空第一尊者

尊者法相所示

尊者法相所现为陶然而坐，右脚跷于左腿上，左手置右脚踝上，右手托宝塔，外貌奇异，呈禅悦充满状。尊者自幼智慧出众，悟性极高，自皈依佛门后精进修习，得证正果。

问命问运问自身，自己心中早分明。
谨慎做人是非少，勤勉行事功德成。

偈解

问命求运不如求自己，自己谨慎做人，是非就减少了；自己勤勉做事，功德就成就了。

得此偈者，须知自己不是是非人，哪来这些是非事，只要自己做人、做事谨慎勤勉，不占卜算卦，事业功名也可得到。

事迹

尊者又称无尽意菩萨、无量意菩萨，密号定慧金则、无尽金刚。据《大方等大集经》第二十七卷及《无尽意菩萨品》载，尊者住在东方不眴国普贤如来的世界里。

据佛经载，释迦牟尼在宝庄严堂给众菩萨及弟子讲说《大集经》，无尽意菩萨闻讯赶来听经。无尽意菩萨佛理高深，应释迦牟尼及弟子的邀请，为众讲说八十无尽意法门，即《无尽意菩萨经》。此经的主要内容是，舍弃俗世的恩恩怨怨，进入空空寂寂的境界；舍弃俗世的造作，依从佛教的无为，从空寂与无为求得涅槃。无尽意法门广德无量，护佑众生远离尘世诸垢的污染。

继而，佛祖讲述了尊者的情况，即东方有一个不眴世界，普贤如来在那里教化众菩萨。那里国土微妙庄严，平坦广大，无有恶趣。佛说："彼佛世尊及诸菩萨。不以文字而有所说。彼诸菩萨唯修观佛，谛视无厌，目不曾眴，即便能得念佛三昧悟无生忍，是故彼土名曰不眴。"无尽意菩萨以神力让法会上的四众亲见不眴世界及普贤如来，并向普贤如来敬献了莲花。

罗度无尽尊者 053

尊者法相所示

尊者法相所现为端然静坐，左脚跷于右腿上，身披袈裟，手持念珠，双目炯炯，两眼下视，神情慈悲，神态超然。尊者教化众生舍弃俗世恩怨与造作，推崇空寂与无为的佛理。

休学蝼蚁空繁忙，动则得咎惹祸殃。
粗菜淡饭身心安，朝阳晚霞任君赏。

偈解

不要像蝼蚁般徒劳忙碌，不然忙碌的结果会祸殃不断。安心于粗茶淡饭，每天坐看日出日落也就够了。

得此偈者，付出很多，不仅毫无收获，结果却招来无数祸端。既然命运如此，还不如安于平淡，止步于无求。

事迹

金刚在梵文中指众神之王因陀罗的武器。金刚由金、铜、铁和山岩制成，有四角或一百个角，还有一千个利齿。金刚在佛教中表示坚固、锐利、能摧毁一切的智慧。魔是梵文魔罗的简称，魔罗在梵文中代表杀戮、夺命、能夺、能夺命者、障碍，佛教中的魔分为十魔、四魔、五蕴魔等。破魔指的是破灭四恶魔，它们分别是烦恼魔、五阴魔、死魔、他化自在天子魔。烦恼魔使贪、瞋、痴等烦恼损害人的身心；五阴魔能使人的色、受、想、行、识五蕴生出种种苦恼；死魔能断人之命根；他化自在天子魔，又称欲界第六天之魔王，此魔不仅妨碍人的贤善，还憎嫉贤圣之法，将一切善根破坏在萌芽之时。据佛典记载，他化自在天子魔因前世之业而得此果报，故又自称天子业魔，是四魔中唯一的外道魔。

据说，金刚破魔尊者苦修时间极长，其心性智慧早已如金刚般尖锐无比，四魔根本无法侵蚀他。不仅如此，尊者还能用佛性佛理破除四种魔障，使众生得到佛教的教化，提高觉悟。

054 金刚破魔尊者

尊者法相所示

尊者法相所现为端然静坐，左手于胸前执经卷，右手笼于袖中，置右腿上；浓眉浅须，方面大耳，神情威猛，神态威严。尊者心性智慧坚如金刚，能破除四种魔障，使众生都得教化。

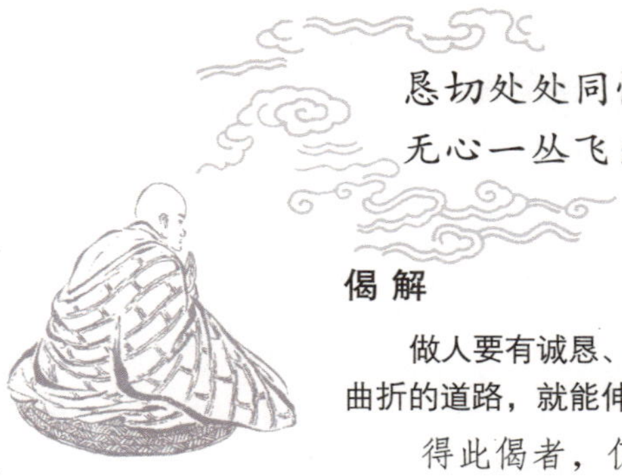

恳切处处同情心，热忱常常思真理。
无心一丛飞出岫，到处舒卷意何长。

偈解

做人要有诚恳、真切的同情心，更要随时保持追索真理的热情。一旦走出曲折的道路，就能伸缩自如，大展拳脚。

得此偈者，仍处于困境中，处处受限制，自己的能力也难随心发挥。但若在平常待人诚恳、富于同情心；同时仍热切追求自己锁定的目标，如此必能在不知不觉间脱离困境，大展其能。

事 迹

愿护世间尊者是护世四大天王之一的北方多闻天王。“天王”一词的起源可追溯到古印度的婆罗门信仰。之后，该信仰被佛教吸收。佛教认为，宇宙中有三千大千世界。大世界内包含无数个小世界，数之不尽，每个小世界都由一尊佛主宰。每个小世界都以须弥山为中心，四面为海，海的四面各有一洲，东面是东胜身洲，南面是南赡部洲，北面是北俱卢洲，西面是西牛货洲。须弥山的半山腰又有一座名为犍陀罗的山，该山有四个山峰，每个山峰住着一位护世天王，每个天王各率二十八部众镇守一方。如果有凶神恶鬼蚕食或迫害世间众生，天王遂率领本部天兵神将前往剿灭。

多闻天王又称毗沙门天、普闻天王、遍闻天下。他率领夜叉、罗刹等二神镇守北俱卢洲。由于时常守护道场，听闻佛法，故称多闻。据《金刚顶瑜伽护摩仪轨》、《十二天供仪轨》等载，多闻天王的三摩耶形为宝棒，真言为“南莫三曼多没驮南吠室啰嚩拏野娑嚩贺”。

愿护世间尊者 055

尊者法相所示

尊者法相所现为安然端坐，右手执如意，左手结印，面目丰隆，眉宇清秀，神态高贵真诚，有气定神闲之貌。尊者遍闻天下，率领神兵神将剿灭凶神恶鬼，保护世间众生不受蚕食和迫害。

宅心仁厚实本分，惜弱怜贫助危困，
功德今生享未尽，留有三分护子孙。

偈 解

宅心仁厚、待人宽容、为人本分，常有扶助贫弱、解人危困的善举，所积的功德不仅能护佑自己，还能护佑子孙。

得此偈者，助人为乐，常解危助困，积有大功德，不仅自己一生平安顺利，子孙也会因此得福寿。

事迹

无忧，意思是破除一切忧愁和烦恼。佛教认为，世间众生常常因无法摆脱贪、嗔、痴的影响，而生出无穷的忧愁和烦恼。要除去忧愁和烦恼，必须勤修禅定。“禅定”就是“止观”，“止”是放下，“观”是看破。禅定的目的就是要“心境一性”，让混乱的思绪平静下来，外禅内定，专注一境。禅定必须先由“入静”开始，然后是“至静”，最后是“寂静”。要达到禅定的境界，心性必须坚如磐石，只有这样才能突破一切生理、心理及意识的障碍。禅定有四种状态，分别是初禅、二禅、三禅、四禅。初禅脱离欲恶不善法，可体会离开欲界之喜乐。到达二禅境界时，断灭寻、伺，达到内等净，由禅定生出喜乐。到达三禅境界时，二禅的喜乐都会舍去，处于非苦非乐的行舍境界，修得正念、正如，产生离喜妙乐。达到四禅境界时，三禅的妙乐就会被全部舍去，只念修养功德，处于不苦不乐的境界。

传说尊者循序渐进修禅入定，彻底破除所有的忧愁和烦恼，终得证阿罗汉果。

056 无忧禅定尊者

尊者法相所示

尊者法相所现为欣然静坐，竖右手结印，左手执右袖，身着挂络，头型奇异，抿嘴含笑，神态高贵祥和。尊者通过修习禅定，彻底破除了世间的诸多忧愁与烦恼。

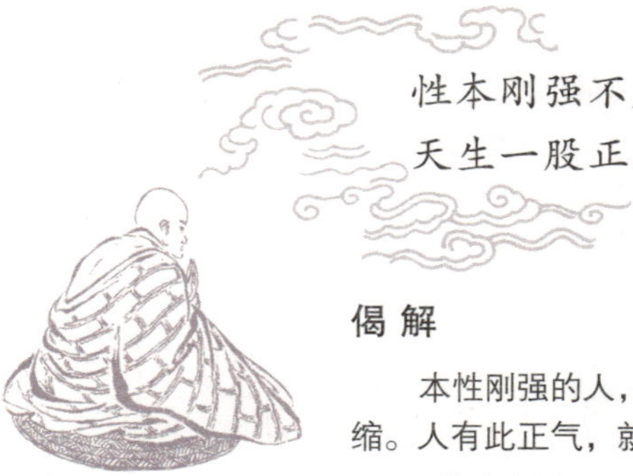

性本刚强不屈挠，钢刀临面眉未皱。
天生一股正气在，逢山有路水有桥。

偈解

本性刚强的人，能够控制欲望抵御诱惑，不屈不挠，即使钢刀临面也不退缩。人有此正气，就能开山架桥，人生也不会有太多艰难险阻。

得此偈者，遇难事而心有退缩之意，以至进退失据，手足无措。应诱发内心的刚强正气，不畏艰难，如此一切困难便能迎刃而解。

事迹

无作又称“无教”、“无表”，是佛教为人处世的规范之一。佛教认为，如果一个人在今世不曾为恶，那么他来世就将聪慧善良。无作有三种，第一种叫身无作，即爱护世间一切生命，不做任何有损生命存在的事，杀生即是罪。第二种叫口无作，即不说污言秽语。第三种叫心无作，即心要清净，避免贪恋财色，消除对他人的怨恨，也不要因为烦心之事而心生愤怒。佛教认为，身、口、心是“无作”之本，只要这三方面能做到“无作”，那么一切邪恶的人都能痛改前非、弃恶扬善，他们的来生也不会有苦果的报应。在佛教戒律中，有《无作戒》经言：“无作戒，谓依此时作戒之缘，而生于身中不可见闻之业体。此业体初发之缘，虽由身口意之动作，而一旦生起，则不假身口意之造作，而恒常相续，故称为无作。”

据《大方广菩萨藏文殊师利根本仪轨经》载，尊者一直以佛教无作、无用、无受、无智、无慧教化众生，有无尽的功德。

无作慧善尊者 057

尊者法相所示

尊者法相所现为曲左腿而坐，双手捧长卷，面庞瘦削多皱，眼角下垂，神情冷峻忧苦。尊者一直以佛教化众生无作、无用、无受、无智、无慧，有无尽功德。

心中自有一天平，歪斜不容半毫分。
急公好义人中主，腾达飞黄路坦顺。

偈解

处事公正的人，心中自有一座天平，不偏不倚严判人间是非，不徇私护短。急公好义，扫尽世间不平事，是人们心中的尊者，飞黄腾达的路也极为畅通。

得此偈者，内心正为某事忧苦，有力不从心之感。但若心持公义，评人断事不偏不依，必能诸事顺利，飞黄腾达。

事迹

劫，在佛教中指极久远的时段。在古印度传说中，世界每经历数千万年就会毁灭一次，然后又重新开始，这样一个周期被称为“一劫”。这里的十劫并不是指历经十次这样的劫难，是指从为众生济度开始，到最后成就四十八愿为止的这一段时间。慧，在佛教中意指推理、判断事理之思维力量。佛教将慧分为恶慧和善慧两种。恶慧又称恶见，是五见之一。善慧又称正见、正慧。依佛典《俱舍论》的观点，慧与任何一种心都有联系，是佛法之一。又据《俱舍论》载，慧分为“有漏慧”与“无漏慧”两种。前者与烦恼法有密不可分且相互影响的关系。后者又称圣慧，又分为三种，由闻法得来的慧，称闻慧；由思考得来的慧，称思慧；由修行得来的慧，称修慧；以上三者合称闻思修三慧。善，指心性安稳，能顺益今世及他世的白净法，与“善业”相通，此外还有道德、正确之意。

传说尊者在经历十劫的修行后，具备了极高的智慧和慈悲的品德，终得证阿罗汉果。

058 十劫慧善尊者

尊者法相所示

尊者法相所现为结跏趺坐，双手笼于袖中执拂子，双耳垂肩，额间皱纹深刻，神情焦灼愁苦。尊者经历十劫的修行，具备极高的闻、思、修三慧和慈悲的品德。

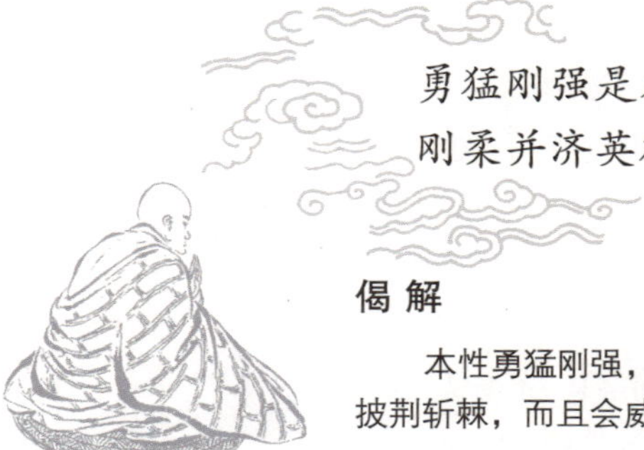

勇猛刚强是本性，悲悯慈慧是本分。
刚柔并济英雄汉，披荆斩棘扬威名。

偈解

本性勇猛刚强，外加慈慧悲悯之心，如此刚柔相济者必是真英雄，不仅能披荆斩棘，而且会威名远扬。

得此偈者，容易因过于勇猛而莽撞坏事。切记遇事多留余地，事事不可做绝，应多一分宽容情怀，多一分慈悲心肠。刚柔并济，才能无往不利。

事迹

尊者又称旃檀德香佛、旃檀功德佛。旃檀的意思是“与乐”、“给人愉悦”。旃檀又是一种香料的名称，香而清凉，能灭众生三毒之热烦，令其得清凉。佛经中对于旃檀香的比喻很多，据《诸天五苦经》载：“一切众香，莫过栴檀，其香无量，香价贵于阎浮提金。一切众生，莫不愿得。”由于佛与菩萨都以德立名，佛德崇高，没有完美适当的文句表述，所以只能根据佛德的特性，用比喻诠释。关于旃檀德香尊者名称的由来，也和旃檀的性质有关。据《观虚空藏菩萨经》载：“旃檀德香尊者，其德之馨，若莲花之清香，故又称为旃檀香佛。”其德惠无量，如众香中之旃檀。

尊者在“三十五佛”中位居第十九位，“三十五佛”指常住十方一切世界的三十五位佛。据《决定毗尼经》载，在凡间犯了五无间业的人，都要在三十五佛前真心忏悔。据记载，尊者住在佛祖的西北方，能消过去生中因没有建下斋僧功德（即供养僧者，增长无量福智资粮，致成佛道）而造的罪业。

旃檀德香尊者 059

尊者法相所示

尊者法相所现为欢然静坐，左手安放腿上，右手于胸前执念珠，神清气爽，笑容可掬，神情乐观豁达。尊者佛法高深，救世间一切苦难，能给人轻松与愉悦。

人生第一要勤劳，天道酬勤见分毫。
各瓜各果各人事，功德圆满道自高。

偈解

一分耕耘一分收获，上天会厚报勤奋努力的人。个人种瓜种果是自己的事，只要能功德圆满，就是得道高人。

得此偈者，应以勤劳代替懒散，不要人云亦云，走自己的路，既要有目标，还要有切实的行动，如此必能成就可喜的事业与功名。

事 迹

金山专指佛身，意为佛之身如同金山一般。在佛典中，佛祖常被称为金山王。《往生要集》说："遥以瞻望弥陀如来如金山王。"《佛说胜军王所问经》说："佛身广大犹若金山，佛身端严殊妙无比。有大光明如百千日，吉祥炽盛犹大火聚。"《金光明最胜忏仪》说："佛身光耀等金山，清净殊特无伦匹。亦如妙高功德满，故我稽首佛山王。相好如空不可测，逾于千日放光明。皆如焰幻不思议，故我稽首心无著。"有时候，金山也被直接用来比喻佛身，比如《法华经序品》又说："身色如金山，端严甚深妙。"

金山觉意尊者为释加牟尼佛在世时的亲传弟子之一，在佛门弟子中，他素来以品行高贵端庄，性格正直开朗著称。由于尊者长期随侍在佛祖身边，因而常常能聆听佛祖教授妙法，拥有如佛祖般的觉悟。尊者自出家以来，一直遵守佛祖的教诲，摒弃人世间的一切烦恼，一心一意专心修行，终得证阿罗汉果。

060 金山觉意尊者

尊者法相所示

尊者法相所现为陶然静坐，左手于胸前捧香炉，须长而卷，面目清朗，神情安定，浓眉锐目，常开口而笑。尊者以品行高贵端庄、性格正直开朗著称，抛弃烦恼，专心修行，拥有佛祖般的觉悟。

扬眉朗朗笑大千，大千世界有洞开。
劝君收束名利想，着力摇船靠岸边。

偈 解

以开朗自信的心态面对大千世界，自己便会被大千世界接纳。不要有太强的追名逐利之心，赶紧自省，转身回头既是岸。

得此偈者，过于沉迷功名利禄，以至心生秽障，迷失了自我。须认清自己，参悟人生的真谛，多留意自己的内心生活质量。

事 迹

尊者是中国唐代著名高僧，幼年出家，十三岁时即能诵读《华严经》、《法华经》等，并能为世人讲经说法，时人称尊者为神童。尊者视名利如粪土，对功利敬而远之，一心求佛，在当时堪称“修为第一”。

尊者曾长途跋涉，拜当时的江南名僧玄素为师，尽学其教法，然后游访长安。长安众僧无不仰慕尊者，向朝廷推举他为“西街大德”（唐朝僧官名），尊者听说，当即离开长安，向北游访至上党。上党节度使李抱真以佛教礼仪接待他，并向其请教佛法的要旨。尊者教授完毕，李抱真欲请他主持当地的教务，尊者又即离开上党，前往汾州，居于开元寺。唐宪宗曾两次召尊者入京随驾，都被他谢绝。长庆元年，唐穆宗备厚礼，命人前往开元寺敦请尊者入京。尊者见来使连番催促，自知无法推辞，便决定离开世间，往升净土。于是，他笑对使者说：“行即行矣！”当天夜晚，尊者便于开元寺圆寂。穆宗得悉此事，心中既惭愧又惋惜，封尊者为国师，谥号“大达禅师”。

无业宿尽尊者 061

尊者法相所示

尊者法相所现为端然静坐，右手执念珠，左手笼于袖中，置于膝前，面目清俊，下巴尖削，光头瘦耳，神情入定。尊者聪慧过人，悟性极高，对功利敬而远之，虔心向佛，堪称“修为第一”。

骨骼瘦俊有精神，苦练勤修道汪真。
一朝两眼天霁后，振羽高飞入青云。

偈 解

骨相俊瘦的人通常精力充沛，若辅以刻苦勤奋，绝非等闲之辈。某日一当悟得至理，必能振翅高飞而入于云天。

得此偈者，相对禀赋而言，诸事平淡，昏昏噩噩，一事无成。但天性清贵的人，来日一当有悟，必因刻苦勤劳而终有成就。

事 迹

摩诃是梵文音译词，意为大智慧。由于汉字难尽其义，故仍用摩诃。佛教认为，上自佛祖菩萨，下至众生，无不经由摩诃而成佛道，了生死，度苦厄。论其性体，是不生不灭的金刚；论其相貌，却是无形无状的实相；论其妙用，摩诃是不可测知的圆通神妙。

刹利是刹帝利的简称，是古印度四种姓之一，其意思是土田主。另外，国王、大臣等统御民众、从事兵役的种族也属于刹利种姓，所以刹利又称“王种”。刹利种姓拥有较大的权势，其地位仅次于婆罗门。据《续高僧传》载：“刹帝利种，隋云土田主也，由劫初之时先为分地主，因即号焉，今所谓国王者是也。”释迦牟尼即出生在刹利种姓家族。刹帝利种姓拥有诵读《吠陀经》、举行祭祀的权利，但不能教授他人祭祀之法，并且也不能为他人祭祀，更不能接受他人的布施。

由于尊者在家修行期间坚持不懈，刻苦精进，终得大智慧，成为阿罗汉。

062 摩诃刹利尊者

尊者法相所示

尊者法相所现为傲然静坐，左腿高置于座上，举左手结印，右手安放腿上，卷发环须，目光侧视，似有所言。尊者刻苦精进，得极大智慧，能了生死，度苦厄。

勤读书文苦耕耘，人生漫途无捷径。
劝君吃尽苦中苦，琼浆玉液任痛饮。

偈 解

勤奋读书，用心工作，除此之外，人生道路没有捷径。只要吃得苦中苦，美好的生活对你而言便会唾手可得。

得此偈者，不太务实，过于投机取巧，宜坚定心性，用好自己的智慧，踏实付出，如此终能获得美好的成就。

事迹

尊者是阿弥陀佛的前世之身，“本行”指使自己成佛的方法。尊者法号法藏，密宗称清静。

据《无量寿经》载，在过去久远劫中，王佛出世时，有一国王听佛说法，发无上道心，弃国出家，号为法藏。其后，法藏比丘于世自在王前，摄取二百一十亿诸佛妙土的清净法，发四十八大愿。其中有三个大愿是，“设我得佛，十方众生至心信乐，欲生我国，乃至十念，若不生者，不取正觉。唯除五逆、毁谤正法。设我得佛，十方众生发菩提心、修诸功德，至心发愿欲生我国。临寿终时，假令不与大众围绕现其人前者，不取正觉。设我得佛，十方众生闻我名号，系念我国，植众德本，至心回向，欲生我国，不果遂者，不取正觉。”其意为，我要在世间广传佛法，精诚修行，以获无上正果。在我成佛之后，要救护众生脱离苦难。法藏比丘发此愿后，专注于庄严净土，其佛土距此十万亿刹，名为安乐。据佛典载，阿弥陀佛现在仍在西方净土讲经说法。

无量本行尊者 063

尊者法相所示

尊者法相所现为曲右腿而坐，右手捧钵，左手至钵旁结印，身着华彩袈裟，神态超然清贵，似在施与。尊者舍弃王位而皈依佛门，发四十八大愿，解救众生于苦难之中。

格自清高品自高，时中俊主人中豪。
欣逢盛世非侥幸，乘风腾云惜羽毛。

偈解

人格高贵、洁净者必定品质优良，更是当世俊才、人中豪杰。欣然生活于盛世绝非侥幸，在飞黄腾达时更应洁身自好。

得此偈者，时运正旺，但当世俊才、人中豪杰更应珍惜名声、洁身自好，不然必有灾厄。

事迹

尊者是宋代高僧解空，俗姓戚（一说姓傅），字宜翁，号解空、竹庵，江苏华亭人。十六岁受戒出家，尊者最初师从南屏精微禅师，后得知车溪择卿禅师是江浙高僧，便前往拜师求法，颇受择卿禅师赏识。南宋建炎初年，尊者成为嘉禾寿圣寺住持。绍兴年间，朝廷将尊者转为当湖德藏寺住持。尊者在讲经之余，一直专注于补注《楞伽经》。尊者在转为祥符寺住持后，因染疾而退隐至当湖竹庵中。乾道七年，朝廷命尊者住持北禅天台寺。尊者入寺时指法座说："胸中一寸灰已冷，头上千茎雪未销。老步只宜平地去，不知何事强登高。"众人听后无不心悦诚服。淳熙七年，尊者转为南湖延庆寺住持，不久，再度归隐当湖竹庵中。淳熙九年，尊者以九十一岁高龄圆寂。

尊者生前曾与大慧宗杲禅师相识，大慧宗杲禅师称赞尊者是"教诲老龙"。尊者著有大量著作，著名的有《楞伽说题集解补注》四卷、《兰盆补注》二卷、《山家义苑》二卷、《金刚通论》一卷、《金刚事说》一卷、《圆觉手鉴》一卷等。

064 一念解空尊者

尊者法相所示

尊者法相所现为端坐，左手持金刚铃，右手至腹前结印。尊者眼角上扬，目光犀利，神态威猛。尊者勤思好学，身体力行，并以此教化众生。

男儿严谨莫轻佻，女子端庄莫招摇。
行正心静为根本，天下万事皆可求。

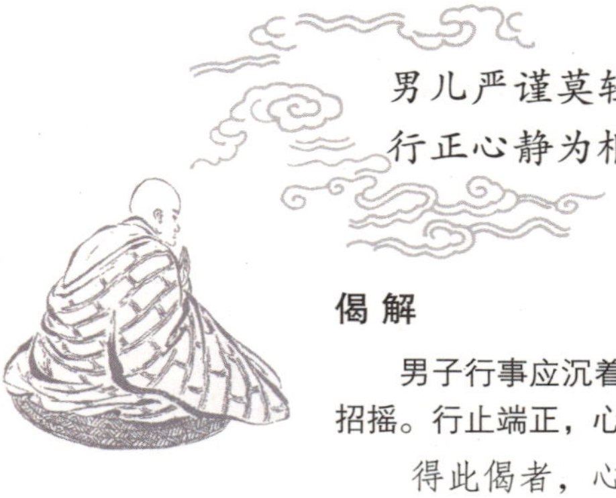

偈解

男子行事应沉着稳健，不可玩世不恭；女子举止应庄重得体，不可轻浮招摇。行止端正，心地清静是立世根本，如此，天下万事便都可求而得之。

得此偈者，心浮气躁、行止不正，招摇、轻佻。若想万事顺利，切记沉气净心，端正行止。

事迹

尊者是观音菩萨的化身之一。观音菩萨，又称观世音菩萨、观自在菩萨、光世音菩萨等，是四大菩萨之一。菩萨面貌端庄慈祥，手中常持净瓶杨柳，具有无量智慧和神通。观音最为精勤，他乐于整日无休地救护众生，不辞劳苦，可说是最繁忙的菩萨。一只手，救人较少；两只手，救人也有限，所以观音需要千手千眼。千手，方便救护大千世界芸芸众生；千眼，方便照看大千世界芸芸众生。

密宗有观音六字大明咒，即“嗡嘛呢叭咪吽”，观音六字大明咒是藏传佛教中最尊崇的一句咒语。密宗认为这是秘密莲花部的根本真言，即莲花部观世音的真实言教，故称六字真言。六字大明咒是大慈大悲观世音菩萨咒，表示一切诸菩萨的慈悲与加持。六字大明咒内涵丰富、奥义无穷、至高无上，蕴藏宇宙万物的大能力、大智慧、大慈悲。

观身无常尊者 065

尊者法相所示

尊者法相所现为漠然静坐，双手执锡杖，头顶凸起，面貌和乐，精神矍铄，神态端庄祥和。尊者具无量智慧和神通，不辞劳苦，救助众生。

身世清高品格淳，缘何遇事多危困。
奋蹄莫道非努力，君子不测小人心。

偈解

身世清高为人淳厚，却为何行事困扰重重？不是自身的努力不够，而是身边有小人作祟。

得此偈者，身边有小人坏事，使自己诸事不利。切记近君子远小人，否则自己的单纯与善良反而会被小人利用。

事迹

悲愿指佛和菩萨通过大慈悲心所发下的救度众生的誓愿，又称大悲愿力，《成唯识论》中有“悲愿相应善心”一说。据佛典记载，许多佛和菩萨都曾发过誓愿，比如，阿弥陀佛曾发二十四愿、三十六愿、四十八愿；药师如来曾发十二愿、四十四愿；文殊菩萨曾发十八愿；师子香曾发四十愿等。《大智度论卷七》认为，佛、菩萨的悲愿，犹如度人于生死之海的船筏，故又将悲愿称为悲愿船。

传说千劫悲愿尊者在很早以前就已经修炼出无上正等正觉，但由于他悲悯众生，于是发下千劫之中不离世间的宏愿，并以自身作大船筏，载众生脱离苦海。

066 千劫悲愿尊者

尊者法相所示

尊者法相所现为跏趺坐，右手执法器，左手覆于右臂置胸前，神态悲悯祥和，平易可亲。尊者曾发下千劫之中不离世间的宏愿，并以自身作为大船筏，誓载众生脱离苦海。

英雄反被英名系，性格刚强惹是非。
翅翼珍贵多保养，狂风暴雨莫乱飞。

偈解

英雄反被英名所累，并常因性格过于刚强而招惹是非。要保护好自己的翅翼，世逢险恶时不要到处出风头。

得此偈者，重名，且爱出风头，有因招惹是非而受损折之虞。切记收敛，看清局势，不妄动，不然会有大损伤。

事迹

尊者是古代中印度憍赏弥国的长者，优填王三大臣之一，俗名瞿师罗，意为美音、妙音声。尊者家中富有，皈依佛教后，他在自家园林中建造精舍奉施佛祖及其弟子居住，该精舍取名为“瞿师罗长者园”。

传说在瞿师罗园精舍中，曾爆发经师和戒师间的冲突。他们的争论由小事而起，却逐渐演变成为僧团内部的严重分歧。事情起因于一位经师没有清洗盥盆，戒师认为他触犯了戒律。经师是骄慢之人，认为自己不是故意而为，故不应受责。他们各自的学生纷纷支持自己的老师，以至争执加剧。这边谴责，那边毁谤，都斥责对方迂腐。可戒师最后仍当众宣布经师破戒，要求他正式在僧众前忏悔，否则不许他参加每两周一次的诵戒仪典。情形因此而恶化，以至双方互相中伤。此事终于惊动佛祖，并亲自出面调解，冲突才得以最终化解。

据《贤愚经》卷五载，尊者前世为狗，以吠声引导辟支佛到主人家中供养，所以世世转生，皆报得美妙嗓音。

瞿罗那含尊者 067

尊者法相所示

尊者法相所现为端然静坐，右手执拂子，左手捋拂须，眉清目秀，神态庄重肃穆。尊者前世为狗，以吠声引导辟支佛至主人家供养，所以世世转生，都报得美妙嗓音。

性格粗豪心胸广，少年得志美名扬。
加鞭快马更努力，春花秋月各擅场。

偈解

心胸宽广为人粗豪，年少时即已美名远扬。现在更要快马加鞭，更加努力，别人也有独特的技艺在增长提高。

得此偈者，已小有成就，对自己的技能有自满之态。须知你的对手也有独到技能，稍有松懈，就有被淘汰的危险。

事迹

尊者是中国东晋时期著名法师僧肇，俗姓张，京兆（今陕西西安）人。

出家前，尊者信奉老庄之学，后读《维摩经》，对之赞赏不已，于是拜入鸠摩罗什门下，成为鸠摩罗什的得意门徒，有“法中龙象”的美喻。尊者擅长般若学，曾与道融等讲习鸠摩罗什所译三论，时人称之为“解空第一”。尊者二十三岁时曾著《般若无知论》两千余字，鸠摩罗什看后赞道：“吾解不谢子，辞当相揖。”当时另一位佛学大师慧远对该文也赞叹不已。尊者另一部名作《宗本义》阐述了这样的佛学观点，即宇宙万法皆由因缘和合而生，未生就无有。因缘离散万法就破灭，可知并非真实有。由此可推，万法虽现有而性常自空，故称之为“性空”，性常自空即为“法性”，法性真实如是即为“实相”，称为“本无”。“本无”是缘生实相，超一切名言分别，故不能言之有，也不能言之无。弘始十六年，尊者英年早逝，享年三十一岁。尊者留有四部名论：《物不迁论》、《不真空论》、《般若无知论》和《涅槃无名论》。

068 解空定空尊者

尊者法相所示

尊者法相所现为跷腿而坐，双手抱膝，身披袈裟，双目紧闭；头顶上立有一小沙弥，表情生动，若在自省。尊者擅长般若学，时人称其为“解空第一”。

世事沧桑本无情，命运颠簸不由身。
若非从今勤刻苦，少小蹉跎老无成。

偈解

世事的沧桑和命运的颠簸都由不得自己。时光易逝，如果现在还不勤奋努力，老来必定是一事无成。

得此偈者，命运颠簸，已虚度了不少光阴，如果现在仍不静下心来勤奋努力，那么一生终会一事无成。

事 迹

佛教将事物生起、变化和坏灭的主要条件称为因，辅助条件称为缘。佛教将缘分为“亲因缘”、“等无间缘”、“所缘缘”、“增上缘”。小乘佛教认为，直接产生果的因，包括六因中的俱有因、相应因、同类因、遍行因、异熟因等五因。大乘佛教则认为，在产生果的众多缘中，因缘是主要的，不可或缺，如法相宗以第八识种子为一切事物的亲因缘，亦即真实的原因。

据《正法华经》卷四载，在过去很早之前，印度有十六个国家，名国的太子们也多行善事，供养无数僧众，并最终一起出家为僧，寻求无上正果。一次，这十六名僧人去求见佛祖，希望在佛理中找到解脱生死的方法，佛祖以法眼观其慧心诚意，然后才开讲佛法。太子们听完，满怀欣喜地入静室修习，最终获得菩萨果位。十六太子获佛果后，分别居住在世界八方。尊者得佛果后一直住在东方，致力于为众生说法超度。

成就因缘尊者 069

尊者法相所示

尊者法相所现为陶然静坐，双手持法器，前额高高隆起，目光敏锐，神态平和，有在笑中入定之相。尊者为众生说法超度，救护世人，成就诸多善因缘。

一人头顶一片天，星宿命运紧相连。
莫愁前途无成就，康健安乐度晚年。

偈 解

每个人都有属于自己的命运，这是上天所定的。不要担心这一生无所成就，晚年身体健康、生活安乐也不失为好归宿。

得此偈者，无大成就，而且深陷迷茫，其实大可不必为此忧愁，只要尽心做好眼前的事，即使无大的成就，晚年同样会得到幸福与安康。

事 迹

坚的意思是牢固不可破，通即通达明了，精进指不放逸。佛教常常将精进与三善根相结合，合称不放逸（放即放荡，逸即纵逸），通俗地说，就是过有规律的生活。佛教认为，如果人过于放逸，就无法对贪、瞋、痴三毒加以节制，三毒就会任意妄为，肆无忌惮。而不放逸，则是以三善根及精进为体，有止恶修善的功能。对一切善法认真修习，精诚集中，故名不放逸。佛教将精进程度分为三个层次，分别是擐甲精进，加行精进，不满精进。擐甲精进是说修佛法的人不能因为修行太艰苦而懒散懈怠，应当迎难而上，以求正果。加行精进指虽有求法修法的心愿，却明日复明日地消耗人生岁月，所以当生起修持正法的心时，应以无常激励自己，刹那也不被懈怠、懒惰控制，而应即刻修持正法。不满精进指自己无论在闭关还是观修本尊、诵经念咒、行持善法等方面稍有成就时，不可骄傲自满，而应当活到老修到老。

070 坚通精进尊者

尊者法相所示

尊者法相所现为跏趺坐，双手于胸前结印，体形丰隆，宽面大耳，神态高洁安详。尊者对佛法坚通精进，从不懈怠放逸。

一生路途多平坦，时随贵人助携攀。
左右逢源皆顺畅，轻舟飞过万重山。

偈 解

一生路途颇为平坦，是因为在关键的时候，总有贵人相助。若能左右逢源，万事都会比较顺畅，自己也会轻松自如地跨越一切障碍。

得此偈者，一生平顺，在关键时候总会遇贵人的指点和提携，如果能左右逢源、处理好人际关系，一生也不会有大的障碍。

事迹

尊者也称为常啼菩萨，其哭声具有非凡的力量，能使鬼怪闻风而逃，能使百姓喜笑颜开，病痛全消。

尊者在修行期间参修般若波罗蜜之法。传说他在求法时，曾有如来身相现于面前，如来连声赞叹尊者求法的功德，接着又告诉他说：“距离此地五百由旬之地，有一座香积城，四周环绕五百个七宝性质的林苑，一切功德吉祥圆满。法胜菩萨的七宝宫殿位于十字中央，方圆达一由旬，林苑等受用齐备。法胜大菩萨及其眷属六万八千女众齐聚一堂，五种欲妙应有尽有，他们尽情嬉戏游乐。法胜菩萨三时为众眷属宣讲智慧波罗蜜多，你前去他座下，可以听闻智慧波罗蜜多。” 尊者为供养法胜菩萨，毅然决定卖身。后来，一位商人感于他的虔诚，便出资帮助他前往香积城。当他来到香积城时，法胜菩萨正在为成百上千的眷属宣讲正法。观此情此景，尊者欣喜不已。经过七年修行，尊者最终获得般若波罗蜜的修行之法。

萨陀波仑尊者 071

尊者法相所示

尊者法相所现为安然静坐，面如满月，双目如炬，神情诚挚专注，面容慈和，开朗含笑。尊者精诚修法，其哭声具有非凡力量，能驱除鬼怪，使众生病痛全消，喜笑颜开。

心智计谋夺天工，难免机尽逢途穷。
而今正是奋发日，逆水行舟莫放松。

偈解

即使心智聪颖，计谋过人，也难免会有计穷才尽、遭逢末路的时候。人生好比逆水行舟，如今正当奋发努力之时，否则不进则退，再难有成。

得此偈者，多计谋，但目前却面临困窘。须知心计太重，总有用完或不灵的时候，人生处于逆境时，更应以勤奋为本，脚踏实地地向前奋进。

事迹

尊者又称乾陀诃提菩萨，据《翻译名义集》载："乾陀诃提，此去不休自，念念流入萨婆若海，初无休息。"乾陀诃提是永不休息的人。传说尊者愿行广大，常修六度万行，誓拔众生之苦，直至久远之未来，不休不息。古印度将一天分为六个时段，分别是昼三时、夜三时；昼三时分初日分、中日分、后日分，夜三时分初夜分、中夜分、后夜分。佛门弟子的休息时间是从中夜分到中日分，折算成现时间就是十六个小时，而尊者每天只从中夜分休息到后夜分，也就是四个小时，其他时间都在修行。

在密教中，尊者又被称为香象菩萨，据《玄应音义》载："乾陀诃提菩萨，新道称作香象菩萨是也。"尊者密号为大力金刚、护戒金刚，在金刚界曼荼罗排列中，位于外院方坛，是南方四尊中的第一位。所谓香，是指遍满无碍；所谓象，是指行足大力。二字合成，即诸行果满。尊者在密教中的法相是，皮肤呈白肉色，坐莲华上，右拳在心前，手上持莲，莲上有香器，左拳置于腰间。此处所绘尊者非密教中的形象。

072 乾陀诃利尊者

尊者法相所示

尊者法相所现为跏趺坐，双手笼于袖中，嘴唇紧闭，神情孤傲，神态悲苦。尊者愿行广大，常修六度万行，誓拔众生之苦。

春光明媚照四方，漫漫前途正康庄。
惜时犹如惜珠宝，莫教岁月顺水淌。

偈解

如明媚的春光普照四方，前途正一片大好。此时应爱惜时间就像爱惜珠宝一样，不要让时光在不经意间像水一样流失掉。

得此偈者，正是大好时机，万事顺当，却更应珍惜时光，抓住机遇，以成就大事业。

事迹

尊者梵文叫阿月佉跋折罗，汉语叫不空金刚，法号智藏，又称不空智。

尊者是师子国（今斯里兰卡）人，生于唐神龙元年，自幼孤苦伶仃，幼时便已出家。十四岁时，尊者在阇婆国（即今印尼爪哇）拜金刚智为师，并随其来华。开元十二年，二十岁的他在广福寺受具足戒，此后主要从事律仪、唐梵经论、《新瑜伽五部三密法》等密教要籍的翻译，对外宣传密教，并创立了中国佛教密宗。

据《贞元释教录》统计，尊者主持翻译经论、仪轨、陀罗尼以及其他著述共一百四十部一百四十三卷。尊者还搜集各种梵文经夹，以备翻译传授。尊者在宣传密教、扩大密教影响方面，贡献卓著。尊者晚年派弟子含光到五台山兴建金阁寺，继而又造玉华寺，密教也因此有了专寺。后来，尊者又奏请五台山清凉、华严、吴摩子、金阁、玉华等五寺各置定额僧二十一人，又于太原至德寺置文殊院，住十四名大德以为密教道场。从此，密教影响不断扩大，逐渐发展为唐代中国佛教六大宗派之一。

解空自在尊者 073

尊者法相所示

尊者法相所现为安然端坐，左手捧经卷，右手笼袖，面方发卷，环须盈面，神态聪慧。尊者才思敏捷，佛学渊博，悟解诸法毫无障碍。

时运于君独钟情，得天独厚享天伦。
名利事业成功早，尚留阴德庇后人。

偈解

你的时运旺盛，先天条件优越，能厚享天伦之乐。早年就能事业有成，名利双收，但还应注意积一些庇佑子孙的阴德。

得此偈者，时运好，家庭美满幸福，虽然事业早成，却更应积德行善，以庇佑后人。

事迹

摩诃注那，又称摩诃朱那，尊者是佛祖常随弟子之一。所谓常随弟子，是指一直在佛祖身边侍奉的弟子。这些弟子多半都甚得佛祖喜欢，品德高尚，修为精进。值得一提的是，这些常随弟子时常能得到佛祖的言传身教，修为进展也要比其他弟子快很多。关于尊者的记载很少，仅《四分律》第十二卷中说："尔时世尊在舍卫国祇树给孤独园，与大比丘五百人俱，与中夏安居，尽是众所知识，如舍利弗、大目犍连，尊者大迦叶、尊者大迦旃延、尊者劫宾那、尊者摩诃拘罗、尊者摩诃朱那、尊者阿那律、尊者离越、尊者阿难、尊者难陀、尊者那提，如是等五百人俱。"

074 摩诃注那尊者

尊者法相所示

尊者法相所现为端然静坐，左手笼袖下垂，右手结印，眉清目秀，神光内含，面容高洁沉静。尊者常随佛祖左右，得佛祖言传身教，品德高尚，修为精进，深得佛祖喜爱。

命本高贵理万机，春风得意不须归。
看取蟾宫折桂宝，冬夏春秋总相宜。

偈解

命格高贵而且日理万机，升迁顺利时更应继续前进。若想榜上有名，无论何时都不是难事。

得此偈者，虽然忙碌，却时运旺盛。遇此大好时机，更不可半途而废，要抓住机会以求大的发展。

事迹

尊者为唐代高僧仁俭，其得法于嵩山慧安禅师，因随性放旷，故人以“腾腾和尚”称之。

天册万岁年间，武则天请尊者入宫询问佛学奥义。《释氏通鉴》中如此载到：“仁俭至见。仰视帝良久道：‘这就是佛学的奥义，明白吗？’帝曰：‘不明白。’仁俭云：‘老僧持不语戒，只能意会，不可言传。’言讫而去。翌日进短歌十九首，简略阐述了佛学真谛，武后阅罢十分高兴，厚加褒奖。今只有《了元歌》一首，盛行于世。”《了元歌》的内容是：“修道道无可修，问法法无可问。迷人不了色空，悟者本无逆顺。八万四千法门，至理不离方寸。识取自家城郭，莫谩寻他乡郡。不用广学多闻，不要辩才聪俊。不知月之大小，不管岁之余闰。烦恼即是菩提，净华生于泥粪。人来问我若为，不能共伊谈论。寅朝用粥充饥，斋时更餐一顿。今日任运腾腾，明日腾腾任运。心中了了总知，且作佯痴缚钝。”武则天对尊者厚加褒奖，任命他为洛阳福先寺住持。可是，尊者不久就离开了福先寺。

见人飞腾尊者 075

尊者法相所示

尊者法相所现为傲然端坐，左手至胸前结印，右手轻拈衣襟，双目斜视，神情冷峻威严。尊者精修佛法，却随性放旷，淡然处世。

禀赋聪颖有心计，遇事沉稳善思虑。
从今修炼志果决，刚柔相济事无远。

偈解

人本聪颖，也颇有谋略，遇事能善加思考，沉稳对待。如果从现在开始修炼志性，让其更为坚决果断，如此刚柔相济，则成事之期便不远了。

得此偈者，沉稳有余，果敢不足，以致成事较难，如果意志更刚强一些，断事更果决一些，则诸事很快就会成功。

事迹

传说尊者经过长期修习佛法，参禅入定，领悟了空的真谛，达到“在有不有，在空不空”的大乘境界。与其说尊者是一个人，不如说他是佛教“中道观”的精神象征。佛教认为“夫法者，非空非有，难用诠叙”，一切事物迁流无常，而又相续不断，才是离开边见的中道。佛教“中道观”与儒家不偏不倚、调和折中的“中庸”之道有类似之处。佛祖和孔子都对人生高度重视，而佛祖关注的不是人和社会的关系，而是作为个体的人怎样解脱自己的烦恼与痛苦，以获得自身的内在和谐。在佛祖以前或当时，印度思想界有许多派别，大致可以分为纵欲与苦行两种。佛祖认为这两种方法均不可取，便提出了“苦乐中道”的观点。

《箭喻经》明确指出，佛祖对十四个形而上学的问题，如世界是否永恒、是否有限，理想人格死后是否尚存，灵魂与肉体的关系如何等都拒绝回答，并提出了“无记中道”，这说明佛祖在处理具体理论问题时的态度与方法，即对待有完全相反答案的一些问题，均不作明确的肯定或否定。

076 不空不有尊者

尊者法相所示

尊者法相所现为跷腿而坐，双手扶腿，面庞圆润，慈眉善目。尊者秉持不空不有的佛教“中道观”，达到了“在有不有，在空不空”的大乘境界。

性格粗豪丈夫色，意志坚毅好汉威。
遇事谨慎三遇过，海阔天空任腾飞。

偈解

性格粗豪是大丈夫的本色，意志坚强是好汉应有的气魄。但若遇事谨慎，凡事三思而决，则会海阔天空都任其翱翔。

得此偈者，处事莽撞，这也是导致不顺的重要原因。如果遇事谨慎，为人有进退，则一切都事成。

事 迹

周利盘特，俗名注荼半托迦，其意为小路、路边生。

尊者出生在舍卫城一个婆罗门家族，后来与兄摩诃盘特一起皈依佛教，成为了佛祖的弟子。尊者在初入佛门时，十分愚笨，做事常出错。一天，佛祖把尊者叫到跟前，说："从尘世解脱，从污浊不纯之中解脱！"尊者却根本记不住这两条戒语。佛祖明白，尊者前世作了恶业才报得今世愚笨，所以，必须修习佛法，除掉这些业果，才能消除愚笨。于是，他吩咐尊者为众比丘清洗穿脏的鞋，并让每位比丘在尊者洗鞋时教他反复背诵那两条戒语。尊者终牢牢地记住了这两条戒语，于是，佛祖又吩咐尊者去打扫寺院殿堂，一边打扫一边默念那两条戒语。尊者干得非常勤快，毫无怨言。靠佛祖的恩泽，尊者上世的恶业被今世善业全部抵消，他一再重复念着"从尘世解脱，从污浊不纯之中解脱"的戒语，慢慢明白了不洁的真正含义，并回忆起了以前背诵的所有经文。在参悟了这些经文的深意后，尊者最终证得阿罗汉果。

周利盘特尊者 077

尊者法相所示

尊者法相所现为愕然静坐，双手于胸前捧"天下太平"币，眼角下垂，睛明突现，神情郁郁寡欢。尊者精勤修佛，除掉恶业，消除愚笨，最终大彻大悟。

千年果树靠深根，百年人物靠真心。
挚诚待人如待己，换取人间暖似春。

偈解

千年果树参天耸立，依靠的是千尺深根；百年好友情谊深厚，是因为真心相待。待人要如同待己般真挚诚恳，这样才能换得别人的真心回报。

得此偈者，私心较重，不善真心交友。应学会真心待人，只有这样，别人才会以真心待你，给你以无穷呵护和关怀。

事 迹

相传，尊者前世为狗，曾用吠声将佛请到家中供食，因此善举，转世为人，且声音美妙。阿育王时，他住在善提树伽蓝中修行，后应阿育王之请，为太子拘浪拿治疗眼疾，使得太子重见光明。据《大庄严论经》卷八载：“外国有一比丘名曰瞿沙，唯彼能治。时王闻已即大资严，便送其子向竺叉尸罗国。到彼国已至尊者瞿沙所，而作是言，吾从远方故来疗目，唯愿哀愍为我治眼。尔时尊者许为治眼。多作铜盏赋与大众，语诸人言，闻我说法有流泪者置此碗中，因即为说十二缘经。众会闻已，啼泣流泪，以碗承取。聚集众泪向王子所，尊者瞿沙即取众泪置右掌中。……尔时尊者瞿沙以泪洗王子眼，得明净，已为欲增长大众信心。……是诸大众见是事已，合掌恭敬倍生信心，得未曾有身毛惊竖。……时诸比丘闻法情感悲泣雨泪，尊者瞿沙告诸众会，虽为是事此不为难，如来往昔亿千劫中修行苦行，以是功德集此十二因缘法药，能令闻者悲感垂泪。……彼时王子既得眼已欢喜踊跃。”

078 瞿沙比丘尊者

尊者法相所示

尊者法相所现为安然端正，浓眉浅须，颧骨突出，神态俊朗，神情淡漠。尊者虔心向佛，具无上妙音。

蝴蝶采花日日忙，换来百花异样香。
硕果甸甸属他人，缘何为人做嫁妆？

偈 解

蝴蝶采花日日忙碌不休，换来的却是花香遍地。硕果虽多，却都为他人所有，那么为什么还要替他人作嫁衣而空劳自身?

得此偈者，付出多却获得少，常为他人穿针引线，事成后自己却一无所获。乐于助人本无可厚非，但也不能一切都不计较，如果珍视自己的劳动所得，那么现在的境况很快就会明显改观。

事 迹

尊者出生在中印度，是一个国王的儿子。他博闻强记，聪慧过人，在父亲的影响下，尊者自幼立志学佛。后拜禅宗西天第二十三祖鹤勒那为师，并继承鹤勒那衣钵，被禅宗尊为西天二十八祖之第二十四祖。

据史书记载，尊者在王宫中听鹤勒那说法后，问道："我欲求道，当用何心？"鹤勒那说："你若真心求道，便什么心也不要用。无心就是道。"尊者没有听懂这个道理，于是又问："既然不用心，那么作佛事的又是谁呢？"鹤勒那说："你若有所用心，就有造作，没有到那无功用道上；你还是着相，有形有相，那都不是你自性里面的真正功德。假使你无所用心，扫一切法，离一切相，那就是大作佛事；不是念经、拜佛、礼忏等种种功课，才是佛事。一空一切空，一离一切离，一净一切净，一正一切正。"尊者听后立即开悟，顿入佛慧，并拜鹤勒那为师而出家修行。鹤勒那随即将正法眼藏传给尊者，并预示他后半生劫数所在，叮嘱他要善自护持，告诫完后，鹤勒那就圆寂了。

师子比丘尊者 079

尊者法相所示

尊者法相所现为陶然端坐，左手抚膝，右手捧寿桃，头形奇异，长耳垂肩，浅须盈面，笑容可掬。尊者自幼博闻强记，聪慧过人，且能言善辩。

有心都在肚皮内，自己之外谁得知？

逢人不说十分话，好防小人诡谋施。

偈 解

自古人心隔肚皮，自己的一切除了自己又有谁知？逢人不能都将实话和盘托出，要谨防小人因此而施诡计。

得此偈者，胸无城府，过于坦诚，以至灾从口出，被小人算计。宜谨言慎行，当说则说，不当说的则一字不提。

事迹

修是修正，行是行为，所谓修行就是修正自己错误的行为。著，指心中一直对某些事物牵挂，无法割舍，如爱著、执著、贪著等。据《法华经·方便品》载，佛曾对舍利弗说："诸佛智能甚深无量，其智能门难解难入，一切声闻、辟支佛所不能知。所以者何？佛曾亲近百千万亿无数诸佛，尽行诸佛无量道法，勇猛精进名称普闻，成就甚深未曾有法，随宜所说意趣难解。舍利弗，吾从成佛已来，种种因缘，种种譬喻，广演言教，无数方便引导众生，令离诸著。"可见，佛祖将"著"视作众生无法解脱的主要根源之一。《释门归敬仪》中更称"著是病本"。若想修行有成，首先就要破除著，否则将一事无成。所谓不著，指不执著于外部俗事的干扰，心胸开朗，一心行善。

五百罗汉均是通过戒、定、慧的实践，达到了不再执著于一物，且心如明镜止水的境界，因此，人们常常将五百罗汉称为修行不著者。可以说，尊者是五百罗汉的化身，每个罗汉都可被称为修行不著尊者。

080 修行不著尊者

尊者法相所示

尊者法相所现为坦然端坐，双手于胸前托盘，盘中盛珊瑚，长眉亮目，额头高耸，目光笑视四方。尊者虔心修佛，通过戒、定、慧而达到不执著于一物的心如明镜止水之境。

山高路滑实难行，性好登高历艰辛。
一朝尽览众山小，却笑山下蚁行人。

偈解

山高路滑，前行实在困难，所以爱好攀登者必定会历尽艰辛。但一当登达峰顶，就会心胸开阔，笑看山下行人如同蚂蚁。

得此偈者，事业心强，而且十分操劳。须知人生一世不可过于逞强，逞强即是自累，自累均因未悟，看起来你优于他人，其实在自然面前人人都平等而渺小。

事迹

毕陵伽蹉，又称毕陵伽、毕陵，其意为余习、恶口。尊者是佛祖的声闻弟子。所谓声闻，是指听闻佛祖声教而证悟的出家弟子。《大乘义章》卷十七对声闻曾作了三种解释，第一种就得道之因缘而释，闻佛之声教而悟解得道，称为声闻。第二种就所观之法门而释，如《十地经论》卷四说，我众生等，但有名故，说之为声，于声悟解，故称声闻。第三种就化他之记说而释，如《法华经》卷二《信解品》载，以佛道声，令一切闻，故称声闻。

据《增一阿含经》卷三《弟子品》载，尊者常常口出脏言，不避尊贵。据《大智度论》卷二载，有一次，尊者渡恒河乞食，因见河流湍急，便对恒河神说："小婢住莫流。"恒河之水随即断开，尊者得以渡河，但却因此得罪了恒河神。恒河神到佛祖处告状，佛祖命尊者向其道歉，于是，尊者便合掌向恒水神说："小婢莫嗔，今特向你表示忏悔和歉意。"自此，尊者的"口恶"也更加出名了。

毕陵伽蹉尊者 081

尊者法相所示

尊者法相所现为怒然而坐，右手扶膝，左手自然而置，卷发匝须，眉目粗豪刚健，面貌凶恶。尊者听闻佛祖的声教而证悟佛法，是佛祖的声闻弟子，却一直有"恶口"之余习。

长江后浪推前波，春花秋月等闲过。
岁月如流催人老，无须喟叹老蹉跎。

偈解

自古后人都会推动并超过前人，春花与秋月也都会成为过去。时光短暂，人生易老，老来不必感叹自己的无所事事。

得此偈者，遇事力不从心，总感到自己有被淘汰的危险。人不能沉溺于过去的成绩和辉煌中不能自拔，也不必因为被生活冷落而喟叹，宜心态平和，不苛求自己。

事 迹

摩利又称摩梨、摩罗耶、摩罗延，本是一座山的名字，该山位于南印度山脉的西南隅，以产牛头旃檀闻名，所以摩罗耶又有旃檀的意思。

在佛典中，摩罗耶指除垢。据《智度论》载：“如旃檀香出摩梨山，除摩梨山无出旃檀。”牛头旃檀极为珍贵，对此，民间也有许多神奇传说。《慈恩传》说：“树类白杨，其质凉冷，蛇多附之。”如果以牛头旃檀涂身，即使入于火坑，也能不被火烧伤。关于“牛头旃檀”的由来，是因为此处山峰形状似牛头，山上出产的旃檀便称为牛头旃檀。佛经中常以香味上妙的牛头旃檀比喻无上菩提，以具恶臭的伊兰比喻众生的无明烦恼。摩利不动就是指此尊者佛法芬芳，为众生所亲近。

传说尊者通过修行，已断除贪、瞋、痴等毒垢，心性洁净芳香，定于一境，毫不散乱，稳如泰山，不为外物所动，已达到无苦无乐的境界。

082 摩利不动尊者

尊者法相所示

尊者法相所现为欣然端坐，双手于胸前笼于袖中，圆面大耳，直眉亮目，面含微笑，神态安详。尊者已断除贪、瞋、痴等毒垢，心性洁净芳香，定力稳如泰山。

人不如故衣要新，千山万水觅知音。
堪幸处处有知己，不枉人世尝艰辛。

偈 解

衣服虽然是新的好，但朋友却是越老越好，纵然踏遍万水千山，也要觅得人生的知音。所幸的是知己颇多，也不枉在人世间辛苦了这一场。

得此偈者，不思进取，不愿面对全新的环境，依赖心理较强，很重感情，友情常常是你的精神支柱和前进动力，但你当切记，天下何处无知音。

事迹

三昧甘露尊者，又称军荼利明王，是密教五大明王第三位。尊者将有“不死妙药”之称的甘露洒向人间，降福于一切佛教修行者，因此，又被称为甘露军荼利明王。

军荼利在密教中意为盘绕的东西，明指智慧之光明，王指驾驭一切现象的人。在密教传说中，军荼利明王身体各处都戴着蛇的装饰物。另外，军荼有“拙火”的意思，“拙火”又叫拙火定，是西藏佛教密宗修炼法之一，即用类似气功原理的苦修苦练，以获得抗御饥寒的能力。

尊者常以虎皮为裙，身有威光焰鬘，一面八臂，左足稍稍上举，以踏空的姿态出现在世人面前。尊者的双手各自伸直食、中、无名指，然后再用大拇指掐住小指，两手于胸前交叉，以威吓邪魔外道，其余的手分别拿着金刚杵、宝轮、三叉戟等法器，以祛除种种障碍。尊者能同时出现在胎藏界曼荼罗的几个位置上，处于不同位置时，其称呼也各异，常见称呼还有金刚军荼利、莲花军荼利等。

三昧甘露尊者 083

尊者法相所示

尊者法相所现为陶然端坐，高架左腿，方面圆鼻，颧骨高高隆起，形貌奇异。尊者斩妖除魔，洒“甘露”妙药于人间，降福于一切修行者。

古有名姝号莫愁，载歌载舞度春秋。
劝君抛去心头隐，春花秋月足风流。

偈解

古代有位叫莫愁的美女，每天载歌载舞欢乐度日。劝你抛去心中烦闷忧愁，在春花秋月间快乐地生活。

得此偈者，内心有太多烦愁，情绪低落、悲观。须知人在困难和不顺时，更应洒脱，如果担心的事太多而不能自拔，则应换一种方式生活，寄情春花秋月也未尝不可。

事迹

解空，即悟解诸法之空相。佛典对空相的解释很多，比如“真空之相体，名曰空相”，“因缘生法，名曰空相”，“法空者，诸相自相空，如来告须菩提，色色相空，受想行识相空”，“万缘俱绝者，即一切法性空是也！法性空者，即一切处无心是，若得一切处无心时，即无一相可得，何以故？为自性空故无一相事得”，“过去法、过去法空，未来法、未来法空，现在法、现在法空。所以者何？空中过去法不可得，过去法即是空”等，而最常见的解空观点是《般若波罗蜜心经》中所说的：“舍利子，是诸法空相，不生不灭，不垢不净，不增不减。”

传说尊者一生都致力于研究佛教典籍，最终，他发现世间一切现象皆是因缘所生，或一期生灭，或刹那生灭，或大期生灭，世间的一切都是虚幻的、不实的，只有空性、明净才能解脱。尊者解悟世事空相而使自己从生灭中解脱出来。他非常关心芸芸众生，他以众生之苦痛为己身之苦痛，心存哀悯，尽一切可能帮助众生脱离苦海。

084 解空无名尊者

尊者法相所示

尊者法相所现为傲然静坐，身披袈裟，右脚着地，左腿架于座上，左手持如意，形貌极为睿智，似已了悟世间一切。尊者解悟世事空相而从生灭中解脱出来，心存哀悯，能助众生脱离苦海。

时运独钟无可非，功成名就莫迟疑。
今生修成罗汉果，桂子兰孙足欣慰。

偈解

眼下时运正好，成就功名的时机已到，所以不要迟疑。今生你若能修得罗汉正果而超然解脱，那么后世子孙也会欢欣满足。

得此偈者，时运大好，功名成就尽在眼前，应多思他人所思，心存慈悲，多帮助他人，如此自然会福及子孙。

事迹

七佛难提，又称佛陀难提，尊者是古印度北天竺人。所谓七佛，指释迦牟尼佛出世之前的七个佛。七佛在世时都以乞食度日，不避寒暑，在各地教化、救度众生，使其能超升佛土。

尊者被禅宗尊奉为西天第八祖。传说佛祖率众弟子云游至北印度时，对大弟子阿难说："在我涅槃三百年后，此地会诞生一个名叫佛陀难提的圣人，他会在这里将佛法发扬光大。"果然，在佛祖涅槃三百年后，尊者在此地降生。他自幼聪慧过人，善于理解一切道理，其辩才超群，当时许多著名的舌辩之士都在与尊者的辩论中败下阵来。后来，尊者忆起自己前世的经历，便告诉亲人，在过去劫中，曾亲自向如来敬献宝座，这一因缘使他在现在劫中担负起弘扬佛法的责任，随后便出家为僧。尊者出家后不久，六祖弥遮迦尊者游访北天竺，发现此地上空有金色祥云，大喜道："祥云之下必有大士，可嗣承佛法。"入城后六祖果然寻找到了佛陀难提。佛陀难提经过六祖指点，对佛法融会贯通。据《宝林传》载，后来，尊者从七祖婆须密多受法，成为西天禅宗的第八祖。

七佛难提尊者 085

尊者法相所示

尊者法相所现为结跏趺坐，双手托宝塔，颈佩法器，神态超然，面目清朗。尊者自幼聪慧过人，悟性出众，辩才超群，宣扬佛法，普度众生。

千年古树发新枝，当君否去泰来时。
乘风破浪风帆满，前程康庄不须疑。

偈解

千年的古树发出新芽，说明转机往往出现于绝望之际。如今万事具备，只须乘风破浪勇往直前，前程大好自不待言。

得此偈者，人生处于低谷，甚至绝望之时却出现转机，只要保持执著的追求精神，立即行动，未来必定会一帆风顺。

事迹

在佛教中，除帝释天和密迹力士所持的法器被称为金刚外，金刚石也被称为金刚。金刚石透明无色，能发出璀璨光芒，佛教也常以此比喻能清除一切疑浊的智慧。精是指精纯无杂质，进是进取不懈怠之意。

在一些佛经中，金刚石还被用以比喻菩萨所证得的金刚三昧，因此，金刚也有最胜之意。据《金刚顶疏》载，金刚有不可破坏、宝中之宝、战无不胜三种含义。另据《北本涅槃经》及《大乘义章》载，金刚有能破、清净、体坚、最胜、难测、难得、势力、能照、不定、主、能集、能益、庄严、无分别等十四德。

据《大藏法数》载，尊者自入佛门以来，一直勤奋修行，佛性坚定，有如金刚宝石一般，其佛法修为更是精纯无比。任何心魔都无法撼动尊者对佛教的信仰，所有垢都在如金刚般耀眼的智慧下被涤荡一空。

086 金刚精进尊者

尊者法相所示

尊者法相所现为傲然静坐，双手捧金刚石，头偏右侧，目向下视，浓眉匝须，额纹如日，神态威严勇猛。尊者佛性好似金刚坚固无比，能发出璀璨的光芒，使心中魔障尽除，功德与日俱增，永无休止。

千里迢迢为求财，宝山在望门难开。
靠人先须靠自己，勤奋努力最应该。

偈解

辛辛苦苦追求钱财，却不得门径。所以寄望于他人的帮助，还不如自己努力。

得此偈者，一心追求财富，财富虽在眼前，却总不能获得，原因只在太依赖他人。须知万事都只有自己努力，才能真正获得。

事 迹

尊者是中国唐代高僧法藏大师，他本是西域康居人，其祖父侨居长安，故以康为俗姓。尊者是华严宗的实际开创者，被尊为三祖。

尊者十七岁时，上太白山修习佛法，后拜云华寺智俨大师为师，成为俗家弟子，从师期间，尊者专一学习《华严经》。唐高宗咸亨元年，荣国夫人杨氏病故，武则天便将其宅院改为太原寺，度僧以树福田。尊者在同学道成、薄法及京城其他大德高僧的举荐下，剃度为僧，受沙弥戒。尊者先后在太原寺、云华寺讲授《华严经》，由于听众很多，尊者在很短的时间内便轰动京城。此后，武后命京城十大德为其授具足戒，并赐以贤首之名，人称“贤首国师”。为使武则天契入华严境界，尊者以殿前的金狮作比喻，深入浅出广阐妙义，其文字记录便是著名的《金狮子章》。

方便法藏尊者 087

尊者法相所示

尊者法相所现为赤足而坐，右手露臂，左手掀右手衣袖，眉飞色舞，神情冷峻。尊者弘扬佛法，积下无量功德，被赐予贤首之名，人称“贤首国师”。

车行大道船行河，各人因缘各人遇。
冰山朽木靠不住，自己双手能耐多。

偈解

车在马路上行驶，船在河道中行驶，人也各有各的因缘。冰山易融化，朽木不可雕，这两者都是靠不住的，只有靠自己的双手才能具备各种能耐。

得此偈者，寄生于他人，以致毫无技能和特长。须知人各有因缘，只有走自己的路，依靠自身的双手，抓住自己的机会，才能在收获的同时磨炼自己的生存能力。

事迹

佛教常以月轮形容人心中佛性的清净明亮，尊者之所以被尊称为观行月轮，是因为他的德行如既冰清又明亮的月亮一般，没有一点瑕垢。佛教将修行心的月轮之法看做是一种重要的修行方法，《摩诃般若经》说：“一切有情于心质中有一分净性，众行皆备，其体极微妙皎然明白，乃至轮回六趣都不变易，如月十六分之一。凡月其一分明相若当合宿际，但为日光夺其明性，所以不现。后起月初，日日渐加，至十五日圆满无碍。”另外，在《秘藏记本》中也提到：“唯一向观月轮周遍良久以后，月轮周遍法界，俄须忘身与月轮，专注无分别智。然后为利众生，住大悲门出观，卷缩月轮，收剑自心？”尊者按佛经所讲述的心之月轮修行法修行，同时，又时常以佛法的原理原则对比并反思自己的行为，最终，尊者的心性修为达到了“月即是心，心即是月，尘翳无染，妄想不生”的境界。《证道歌》对这种心境有明确的记载，即：“心镜明，鉴无碍，廓然莹彻周沙界，万象森罗影现中，一颗圆光非内外。”

088 观行月轮尊者

尊者法相所示

尊者法相所现为超然静坐，双手于胸前合抱法轮，浓眉浅须，神态慈悲傲然。尊者以佛法的原理，对照反思，知过能改，德行如冰清明月光般没有一点瑕垢。

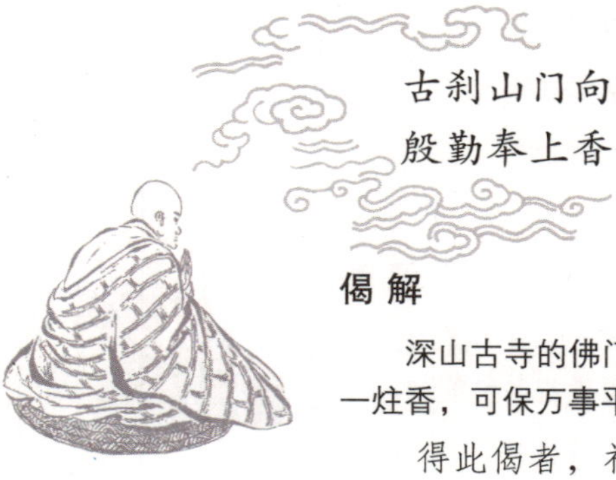

古刹山门向南开，心不虔诚莫进来。
殷勤奉上香一炷，万事平安无祸灾。

偈解

深山古寺的佛门向南而开，心若不虔诚不必入内参拜。经常诚心地奉上一炷香，可保万事平安，无灾无祸。

得此偈者，礼佛、敬佛太少，即使拜佛也没有诚心。须知心诚则处处是佛，与人为善，多慈悲心，多结佛缘，也是拜佛，如此也才能保你万事平安、无灾无祸。

事 迹

尊者又称须达多长者、须达阿那邠提。

在佛祖生活的时代，布施是件很平常的事，当时一位叫须达多的婆罗门布施者，善行更是超越众人。由于布施慷慨，人们便尊须达多为“给孤独长者”，意为 “举世无比的施主”。尊者和妻子普娜拉卡娜以及孩子住在舍卫国。佛祖住世时，舍卫国是恒河平原上最大的城市。有一次尊者例行到王城做买卖，正好遇到佛祖说法。在听完佛祖说法之后，他立刻皈依佛门，并于佛祖足下行顶礼膜拜之礼，拜佛祖为师。尽管尊者对佛法无比虔诚，但同时内心也难以抉择。他不知道自己是否真的应该出家，因为这需要割舍对家人的爱，于是，他向佛祖求教。佛祖告诉他，应该继续维持丈夫的身份，维持以往的生活方式，但要同时放下对世法的执著，一切应依佛法而行。

随后，尊者便四处寻找合适的地方兴建佛寺。当时，舍卫国最优美的地方是波斯匿王的祇多太子所拥有的一座林园。祇多太子对尊者说：“只要你能将整片林园用金币铺满，我就同意把林园卖给你。”最终，尊者满足了太子的要求，买下了林园，并将此园改名为“祇园”。

阿那邠提尊者 089

尊者法相所示

尊者法相所现为盘右腿而坐，胸腹袒露，左手捧寿桃，右手于胸前结印，神态安静端详。尊者乐善好施，扶弱济贫，为“举世无比的施主”。

藤缠树木树缠藤，知己相扶度年华。
独木安支三尺桥，结友交朋莫迟延。

偈 解

朋友知己相知相伴，犹如藤蔓和树枝，互相缠绕扶持。人没有朋友而独行路上，就像独木不能支起三尺桥梁。

得此偈者，事业发展受限，成事较难，全因无知己好友相帮，因此应多结交朋友，特别是彼此信赖的朋友。

事迹

尊者是中国唐朝时北宗禅的创始人神秀大师，俗姓李，汴州尉氏（今属河南）人，自幼熟通经史，博学多闻。五十岁时，尊者到蕲州双峰山东山寺拜谒禅宗五祖弘忍求法，后出家受具足戒。六年里，尊者一直做着打柴汲水的杂役，深受弘忍器重，称其为“悬解圆照第一”、“神秀上座”，任命为“教授师”。

相传，弘忍为寻求付衣法的人，命弟子们各作一偈呈上，神秀作偈道：“身是菩提树，心如明镜台，时时勤拂拭，莫使惹尘埃。”弘忍认为该偈未见本性，未付衣法于神秀。弘忍死后，尊者在江陵当阳山玉泉寺大开禅法，声名远播。各地僧人和俗家弟子闻名而来，听其讲法。武则天也听闻尊者声誉甚高，于久视元年派人迎接他到洛阳，后召到长安内道场，那时尊者已近九十岁。

090 拂尘三昧尊者

尊者法相所示

尊者法相所现为陶然静坐，右手握拂子，左手捋须，神态祥和愉悦。尊者熟通经史，博学多闻，名震四海，有无尽威德。

织女牵牛隔河望，人间自古有天堂。
珍惜平安天伦乐，莫抛家小走异乡。

偈解

虽然织女和牛郎贵为神仙，却只能隔河相望，还不如凡人平淡幸福的生活。所以与其抛弃家小远走他乡，还不如安贫乐穷享受天伦之乐。

得此偈者，有欲外出发展之念。须知已拥有的最值得珍惜，不要太不甘现状，不要认为他乡定是天堂，其实，即使不太富裕，只要能独享天伦，总比远走他乡作无谓的冒险要好。

事迹

尊者是中国唐朝婺州金华山俱胝和尚。尊者虽是杭州天龙禅师的法嗣，但在刚开始修行时却住在尼姑庵中。有一位比丘尼师父，名叫实际，前来参礼，她戴着斗笠，手执锡杖，围着尊者绕了三匝，说："道得即下笠子。"如是问了三遍，尊者均无言以对，实际便要离开。尊者道："日势稍晚，何不且住？"实际道："道得即住。"尊者又无言以对。实际走后，尊者慨叹道："我虽处丈夫之形，而无丈夫之气。不如弃庵，往诸方参寻知识去。"当天晚上，山神告诉他："不须离此。将有肉身菩萨来为和尚说法。"过了十多天，杭州天龙禅师果然到此。尊者连忙顶礼迎请，并把实际前来问难之事详细地告诉了天龙禅师。天龙禅师听后，随即向尊者竖起一个指头。尊者当下大彻大悟。此后，凡有人前来参学提问，尊者都竖起一个指头来接引，没有什么其他言语。

摩诃俱郗尊者 091

尊者法相所示

尊者法相所现为安然静坐，右手握法器，左手枕经册，翘眉亮目，体态健朗，神态刚中带柔，极为宽厚。尊者法相庄严，志坚心诚，善思多智，修行悟道。

黄鹤楼头望长江，天地远近皆渺茫。
人生百年亦如此，逆水行舟赖刚强。

偈解

黄鹤楼上登高远眺，天下万物看起来都很渺茫。逆水行船需要坚强的意志，人一辈子都是这样。

得此偈者，身处逆境，而且已有退缩之心。须知要过此逆境，须得有刚强的意志，切不可软弱、退缩，这才是化解困厄的关键。

事迹

辟支又称缘觉、独觉，指未经佛指导就独自觉悟，却又不对人说或教化的圣者。但汉传佛教天台宗把“独觉”和“缘觉”另作区分：生于无佛之世的开悟得道者，称为独觉；而生于有佛之世，观察思惟十二因缘得道证悟者，称为缘觉。辟支佛是缘觉乘（即中乘，乘是载运的意思，载运修行的人，从迷到悟的方法与过程）的最高果位，但并不完全等于觉行圆满、无上正等正觉的佛祖，缘觉乘和声闻乘，合称“二乘”，加上大乘佛教的菩萨乘，总称为“三乘佛教”。另外，一般世间的善法善行，统称为“五乘共法”，是载运众生到善趣的共同方法，五乘是指人乘、天乘、声闻乘、缘觉乘、菩萨乘。缘觉乘所修法门为十二因缘，即无明缘行、行缘识、识缘名色、名色缘六入、六入缘触、触缘受、受缘爱、爱缘取、取缘有、有缘生、生缘老死等，十二因缘包括过去、现在、未来，是三世循环不息的因果。

传说尊者出生在无佛之世，在无师友教导的情况下，自己感悟得道，最终获得阿罗汉果位。

092 辟支转智尊者

尊者法相所示

尊者法相所现为超然静坐，身披袈裟，双手合执锡杖，面如槁木，神态悲怜，目光深邃。尊者性情寂静，悟性高，依靠自己的智慧感悟得道。

莫让年华似水流，轻舟拍浪过中游。
三峡虽险风光美，清风皓月留心头。

偈解

不要让年华像流水飞逝，如轻舟匆匆而过。三峡虽然险峻，但风景却很美好，清风皓月也会常留心底。

得此偈者，恐功名、钱财不能保全，但人生的经历本也是一笔大财富，于中所得，也能如清风皓月般值得人百般回味。

事迹

相传，在印度有个名叫殑只的修行者，他精通咒语法术，能够随意指挥恶龙。他禁止恶龙滥施暴雨，因此，当地一直风调雨顺，年年丰收。百姓为感激殑只恩德，每年每家都主动送一石谷子给他。然而，随着时间流逝，当地人逐渐淡忘了对殑只的感激之情，认为粮食丰收是因为当地气候本就适合种植粮食，于是不再向殑只送谷子。殑只对此非常愤怒，他发愿化作恶龙，毁坏禾苗，使人们再也无法从田地中获得粮食。殑只死后转生成地龙，潜伏在山顶的泉底。每逢雨季，山泉便流出白水，禾苗一接触到白水就会枯萎。恶龙为害，使当地百姓缺衣少食，苦不堪言。佛祖得道后，怜悯这里的百姓的苦难，降临世间，教化恶龙。佛祖先命随行力士用金刚杵敲击山崖。恶龙因畏惧佛祖，便浮出水面请求佛祖原谅，并皈依佛教，静听佛祖讲法。在听完佛祖讲法后，恶龙恶念全消，不再毁坏庄稼。从此，当地百姓又过上了丰衣足食的生活，恶龙也因此功德证得罗汉果位。

山顶龙众尊者 093

尊者法相所示

尊者法相所现为静心而坐，左手抚膝，右手抬至胸前结印，体态丰隆，面貌慈和，凝神静思。尊者曾为恶龙，荼毒百姓，肆虐人间，因得到佛祖教化，恶念全消，转身成佛。

乍看湖面静无波，细看水底起旋涡。
君是蛟龙深藏潜，一朝出水冲天过。

偈解

乍一看湖面风平浪静，细看就会发现水底激流暗涌。君本是蛟龙潜伏于水底，时机一到便会浮出水面，一飞冲天。

得此偈者，有雄心壮志，现在却一事无成。须知若谋求大的发展，理应韬光养晦，择机而动。

事迹

尊者法号阿你真那，中文名为宝思惟，出生在北印度迦湿弥罗国的一个刹帝利种姓家庭，后来到唐朝，从事译经工作。思惟就是思考之意。《无量寿经》上曰："具足五劫，思惟摄取庄严佛国清净之行。"又对于定心之无思无想而定前一心之思想，谓之思惟。《观无量寿经》说："教我思惟，教我正受。"《善导序分义》也说："言我思惟者，即是定前方便，思想忆念彼国依正二报四种庄严也。"尊者一生共翻译佛经九部，分别是《佛说浴像功德经》、《佛说校量数珠功德经》、《大陀罗尼末法中一字心咒经》、《观世音菩萨如意摩尼陀罗尼经》、《观世音菩萨如意摩尼轮陀罗尼念诵法》、《不空罥索陀罗尼自在王咒经》、《佛说随求即得大自在陀罗尼神咒经》、《大方广菩萨藏经中文殊师利根本一字陀罗尼经》、《那罗延天共阿修罗王斗战法》等。

094 罗网思惟尊者

尊者法相所示

尊者法相所现为傲然端坐，双手笼袖，面庞方正，飞眉美须，神态威严刚直。尊者智慧超群，学兼真俗，崇信佛法，随时随地以佛法来检验自己的行为。

鹦鹉洲畔风帆过，追名逐利旅人多。
何时方能心收歇，尽享天伦唱浩歌。

偈解

大好风景当前，追名逐利者众多，劳苦心智。争权夺势实在累心，何时才能收束功利之心，尽享天伦之乐。

得此偈者，热衷于追名逐利，整日谨小慎微，劳心费力，苦多乐少，宜放下执念，尽情享受轻松的生活。

事迹

劫宾覆藏，又称摩诃劫宾宁、摩诃劫比拿、称大劫宾那、劫宾那等，意为黄色、房宿、大分别时。尊者是佛祖的亲传弟子，在众僧中，以熟知星宿闻名，故又被称为“知星宿第一”。

据《光宅法华义疏》、《法华玄赞》载，尊者父母年老仍膝下无子，便向房星祈祷，房星有感，降落凡间投胎为人。尊者父母老年得子感激上苍，取名劫宾那，意译为房星。劫宾那成年后出家为僧，聪慧过人，入寺不久便精通佛典，尤其对天上星宿十分熟悉。佛祖鉴知劫宾那道根将熟，便化成一位老僧与他住在一起，为他讲法。劫宾那经佛祖点化，很快领悟了佛学真谛，得道后获罗汉果位。

在《贤愚经》卷七《大劫宾宁品》中，尊者为金地国劫宾宁王之子，天性聪颖，勇猛无比，即位后，使该国兵强国富，威震四方，欲压制中印度，便派遣使者到舍卫国向波斯匿王索要贡品。当时佛祖正在祇洹精舍，便化为转轮圣王，以神通变化使劫宾那折服。劫宾那遂远离尘垢，出家修持，常勇猛精进，端住三昧中。后得法眼净，证得阿罗汉果。

劫宾覆藏尊者 095

尊者法相所示

尊者法相所现为欢然静坐，右腿蹬宝狮，左手持法器，相貌僻奇，笑逐颜开。尊者为天上房星转世，聪慧过人，精通佛典，尤其熟识天上星宿。

莫叹命蹇不逢时，冬去春来柳发枝。
阳春三月春光好，正当振翅向高飞。

偈解

不必感叹命运坎坷、生不逢时，严冬将尽、春将不远，杨柳也即将吐露新芽。待到阳春三月好风光，你尽可振翅高飞不要迟疑。

得此偈者，能力强，却无用武之地，但切不可自暴自弃。须知你一遇机缘，不仅能脱颖而出，还必将振翅高飞。

事 迹

尊者即目犍连（又称目连），为佛祖十大弟子之一，人称"神通第一"。据《佛本行集经·舍利目连因缘品》、《增一阿含经》等书载，尊者是古印度摩揭陀国王舍城郊人，属婆罗门种姓。

据佛典记载，佛祖涅槃之前，尊者至世尊处请辞，去而至本生处说法，取灭度。时阿阇世王闻外道要杀尊者，极瞋怒，告大臣道："索彼外道焚杀之。"尊者听说后，道："大王不可作是事，我先作业，注来于身，非可代受。"国王说："尊命难违，若捉得当但使出国。"尊者弟子马宿和满宿两人，听说师父被杀，都很愤怒，他们亲自出动，将那些杀尊者的外道都抓来杀掉。有人问佛祖："圣者目连有何业，而外道粉碎其身？"佛祖说："往古为婆罗门子，淫溺其妇，于母不孝。一日怒母，发恶语曰，如何得勇力人，打彼身形。依此粗恶语，于五百生中，常被打碎。今日虽证圣道为神通第一，然犹受此报。"佛祖又说："彼昔为弊魔时，数数阻挠拘楼孙佛上足弟于尊者毗楼，化作小儿以大杖击彼首，使之流血。即时堕大地狱，以斯宿业，今日为释迦文佛上足，为外道所打杀。"

096 神通亿具尊者

尊者法相所示

尊者法相所现为静坐，右手持如意，左手至胸前结印，隆额长眉，神态悲悯。尊者虔心修佛，人称"神通第一"，可飞达十方，上至兜率天。

少年得志早发科，明月清风奏凯歌。
百尺竿头再进步，长江后浪逐前浪。

偈 解

少年得志榜上有名，明月清风也为之奏响凯歌。即使功名事业已有成就，也仍需努力，百尺竿头理当更进一步。

得此偈者，正是春风得意之时，无论做什么都十分顺利，但切莫因此自满，应百尺竿头再进一步，不然很快会被生活淘汰。

事 迹

尊者是佛祖的声闻弟子，又称沙门十二亿。沙门意为勤息、息心、净志，它是对非婆罗门教的宗教教派和思想流派的总称。据《长阿含经》卷三《游行经》、《大毗婆沙论》卷六十六载，沙门可分类为四种，一为胜道沙门，又名行道殊胜，如佛或独觉，以能自觉之故；二为示道沙门，又名说道沙门、善说道义，指说道无误者，如舍利弗等；三为命道沙门，又名活道沙门、依道生活，指依道而生者，如阿难等，以虽居“学位”然同于“无学”，多闻善持，具净戒禁，传法身慧命于世之故；四为污道沙门，又名坏道沙门、为道作秽，指污染圣道而伪善者，如莫喝落迦比丘，以盗他人财物之故。

据《贤愚经》载，佛祖曾率众弟子去婆罗门眷属羡那家说佛法，众弟子各施神通先于佛祖而行。尊者在空中幻化出一条大道，道路上铺满琉璃，点缀七宝，两旁高树悬挂各种珍宝，绚丽夺目，尊者凌空而降，羡那遥遥望去，为其佛法威德而惊叹不已。

尊者自学习佛法以来，一直勤奋精进，未敢懈怠，人称“精进第一”，并因此获得阿罗汉果位。

具寿具提尊者 097

尊者法相所示

尊者法相所现为欣然而坐，左手抚膝，右臂朝天高举，神情开朗滑稽，神态豁达无忧。尊者虔心修佛，积极行善，求精纯之法，修养通达心性，人称“精进第一”。

性本机智形滑稽，怒骂嘻笑含玄机。
粲然一笑泯恩怨，天下太平少是非。

偈 解

虽外形滑稽却内藏智慧，嬉笑怒骂皆含有玄机。性格开朗大度，不计个人恩怨，只有在天下太平时才会少有是非。

得此偈者，谈吐尖锐，却为人豁达，常将矛盾化解在萌芽阶段，能安享清雅悠闲。

事迹

法王原是对佛陀的尊称，后来也引申为对菩萨、阎王及西藏、日本的某些佛教领袖的称呼。在佛教中，“王”有“最胜”及“自在”之义，且佛为法门之主，以自在化众生，故称法王。据《无量寿经》卷下载：“佛为法王，尊超众圣，普为一切天人之师，随心所愿皆令得道。”此外，法王也用来称呼菩萨，据《大宝积经·密迹力士会》载：“菩萨有四事名曰法王。何谓为四？一曰不舍道心；二曰亦复劝化他人发意；三曰以诸德本劝助道心，所可闻者意广无极；四曰一切释梵及四天王，其诸声闻并缘觉地，至于无极无坏，弘广无穷之业。”而菩提意为觉、智、知、道。就广义而言，菩提指断绝世间烦恼而成就涅槃的智慧，分为佛、缘觉、声闻三种菩提，其中以佛之菩提为无上究竟，故称阿耨多罗三藐三菩提，译作无上正等正觉、无上正遍智、无上正真道、无上菩提。

传说尊者勤奋修行，已获佛祖般的觉悟和智慧。

098 法王菩提尊者

尊者法相所示

尊者法相所现为赤足而坐，身披袈裟，右脚踏于座上，左手笼于袖中置腿上，右手于膝上竖立。尊者面含慈悲，皱纹密布，启唇微笑，有随性喜乐之貌。尊者勤奋修行，能以自在化众生。

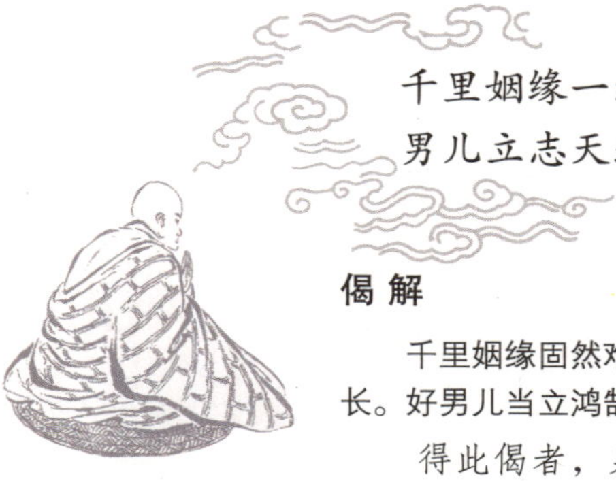

千里姻缘一线牵，丈夫意气休缠绵。
男儿立志天地大，青春快马更扬鞭。

偈解

千里姻缘固然难得，但大丈夫毕竟应当志在四方，切不可缠绵于儿女情长。好男儿当立鸿鹄之志，乘着青春年少，快马加鞭奋发向前。

得此偈者，身陷儿女情长而不能自拔。须知好姻缘固然难得，但大丈夫不可一味地沉醉其间而难以脱身，反而应当心存大志，用更多的时间和精力以图干一番大事业。

事迹

尊者即禅宗初祖摩诃迦叶。尊者是佛祖十大弟子之一，又称摩诃迦叶波、摩诃罽叶、大迦叶、大迦叶波等，其意为大饮光、大龟。在佛门弟子中，尊者有“头陀第一”、“上行第一”的称号。

据《佛本行集经》卷四十五《大迦叶因缘品》、《杂阿含经》卷四十一等载，尊者为王舍城摩诃娑陀罗村人，是大富婆罗门尼拘卢陀羯波之子。因诞生在毕钵罗树下，故取名毕钵罗耶那，同时，尊者又因出自大迦叶种姓，而称为大迦叶。尊者成年后，娶毗耶离城迦罗毗迦村迦毗罗婆罗门之女为妻。成婚后，夫妇二人相约不沉溺于五欲之乐，不同室而眠。夫妻二人如是度过十二年，双方父母都过世后，尊者耗尽家财，做成一件价值连城的僧伽梨衣，带着妻子一起剃发出家。尊者出家不久，就在多子神处（在王舍城至那荼陀村之间）遇到佛祖。经佛祖八日教化，尊者终于发正智，而脱却自身之僧伽梨衣以奉佛，并穿着佛祖所授的粪扫衣。在穿上粪扫衣时，尊者也同时证得阿罗汉果。

法藏永劫尊者 099

尊者法相所示

尊者法相所现为安然端坐，身披云肩，体态健硕，目光慈善，平易近人。尊者精通佛法，熟读佛经，有无量功德，其学识和德行受佛祖器重。

凭君高擎一明灯，照破邪暗见晴天。
三岔路口急停步，三思而进定安然。

偈解

凭借一盏指路明灯，穿破邪恶的黑暗才能再现光明。每到三岔路口都应立即停步，三思而行、谨慎选择才能安然无事。

得此偈者，面临选择，应谨慎思量，擦亮眼睛，看清形势，切不可莽撞前行，否则会有大麻烦。

事迹

善，即善行、善法。佛教认为善行不仅是对自己有益，而且也是对他人有益的行为；是在今世好的，在来生也是好的行为。这四个条件具备，才能算是纯善的行为。善行种类繁多，最基本的善法，不出十种，叫做“十善”。这十善法，即是十恶法的反面，为身不杀生，不偷盗，不邪淫；口不妄言，不绮语，不两舌，不恶口；意不贪，不瞋，不痴。在唯识学上，善法又被称为“善心所法”。善行是善意、善心的存在和表现形式，善意、善心是善行的内容和本质。而注，即注解、注入。

传说，尊者佛学功底深厚，精通各种佛典，对佛法的奥义融会贯通，能够作出非常精确的解释。所有听他说法的人，都能够感受到一股清凉无比的佛法之水，缓缓注入心田，心中一切烦恼、忧愁和尘垢顿时被涤荡干净。

100 善注尊者

尊者法相所示

尊者法相所现为怒然而坐，双手捧花钵盛莲花，身披挂络，头戴僧帽，环须盈面，神情威猛庄严。尊者精通佛典，佛学深厚，传法独特，能将善法注入心田，使众生心中的一切尘垢被涤荡干净。

十尺树木百尺根，根深树大硕果甜。
粗浅轻浮人生忌，安身固基享万年。

偈解

十尺高的树往往根深百尺，树根越深，果实也越大越甘甜。人生道理亦是如此，学识粗浅、行事轻浮是成功的大忌，要打好基础才能安身立命。

得此偈者，心浮气躁，自以为是，急进而不计后果。须知凡事都要先打好基础，多行善事，多结人缘，提高自身的能力，稳中求进，这样才能永保平安。

事迹

除忧尊者，又称除一切藏冥菩萨、除一切忧恼菩萨、除众忧冥菩萨、除一切忧冥菩萨。尊者密号大救金刚、大赦金刚，在密教金刚界则被称为净智金刚、解脱金刚。

据《佛说离垢施女经》载，尊者曾参加佛祖在舍卫国祇树给孤独园的法会，并在法会中得到佛祖教诲。从此，尊者彻底洗净世俗尘垢，抛开人生的烦恼忧愁，脱离因果转世的束缚，成为一个聪慧、通达、明智的仁人。

尊者在胎藏界曼荼罗中的形象是，身呈白黄色，右肘竖立，掌稍仰向右，左掌竖起，执树枝，趺坐于赤莲花上；在金刚界曼荼罗中的形象是，左拳置于腰，右手执树枝。据密教典籍记载，作为密教本尊之一的除忧尊者在释迦牟尼佛涅槃后，开始居住在胎藏界曼荼罗地藏院，并成为胎藏界曼荼罗地藏院最上端的尊者。尊者曾发愿要消除众生的所有忧愁以及所有无益冥想。

除忧尊者 101

尊者法相所示

尊者法相所现为结跏趺坐，双手于胸前合掌作揖，眉清目秀，神情高贵宁静，神态慈悲含笑。尊者自性清净，谦逊恭谨，平易近人。

古琴台畔识古琴，自古难得是知音。
肉朋酒友数不尽，排扰解难有几人。

偈解

自古知音最难寻，酒肉朋友却易得，那么能排忧解难的朋友更是寥寥无几。

得此偈者，有忧难之事，却无患难朋友相助。须知你朋友虽多，却少有知音。所以，平常交友应慎重，在欢场酒肆肆意交友，其中损友较多，终是有百害而无一益。

事迹

大忍尊者是中国古代著名僧人，人如其名，以其刻苦忍耐的性格而闻名于世。

尊者出家于南北朝时期的梁朝，于隋朝圆寂。尊者德高望重，一生都在钟山开善寺虔心修道，不与世俗之人来往。据《智者大师别传注》载："大忍法师，僧史无传，附于隋杭州灵隐天竺寺真观法师传中……大忍法师匿影钟山，游心方等，将欲试瞻高士，问津于观，因操桴扣寂用呈玄妙。忍乃叹曰：'龙树之道方兴东矣。'"

尊者曾听过被后世尊为天台宗四祖，实为天台宗创始人"天台大师"智顗的法会。听了智顗讲辩论，尊者称赞道："此非文疏所出，乃是观机纵辩。般若非钝非利，利钝由缘，丰富适时，是其利相，池深华大，钝可意得。庆余晖之有幸，使老疾而望疲。"智顗得到尊者称赞后，更加颂声说道。

102 大忍尊者

尊者法相所示

尊者法相所现为静坐，左手执宝瓶，右手结印，眉目慈祥，笑容满面。尊者虔心修佛，刻苦忍耐，终得正果。

柴米油盐七件事，开门化钱事事难。
节流当从开源起，丰衣足食过年关。

偈解

柴米油盐酱醋茶，样样花钱，所以人如果想富足，不仅要节流，更要开源，如此才不至于在关键时候捉襟见肘。

得此偈者，正处困境之中，生活乏钱，须知若平常一味节俭，希望以节俭而致富，反而会更贫困。欲得富贵，全在开动脑筋，多寻路子，努力创造，收入多了，才能永保丰衣足食。

事 迹

无忧自在尊者是毗婆尸佛的弟子，据说其出世时间距今有九十一劫（一劫为十三亿四千万年）之久。当佛祖释迦牟尼还在修“菩萨行”（菩萨行又称“菩萨正行”，泛指与菩萨观念相应的一切思想行为，凡是以成佛为目的的修行都是菩萨行）时，就曾经向毗婆尸佛请教过。

尊者虔心向佛，勤于修习，精通佛理，于佛教的各种三昧耶都通达明了，远离世俗烦恼，心性清净，自在无忧。

三昧是佛教修行方法之一，意为排除一切杂念，使心神平静。如何集中精神，可分为两种，一是与生俱来的能力，即“生得定”；另一种是因后天的努力而使集中力增加，即“后得定”。前者靠积德而得，后者靠修行而得。

无忧自在尊者 103

尊者法相所示

尊者法相所现为跷腿而坐，左腿跷于右腿上，双手合抱左膝，双目前视，容颜端庄，自在无忧。尊者虔心向佛，勤于修习，精通佛理，心性清净，自在无忧。

性情高傲自恃才，单枪匹马走高台。
尘世纵有千条路，进退维谷难下来。

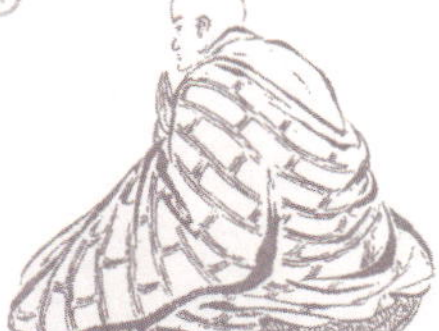

偈 解

性情孤高傲气，自持有才，独身一人敢做大事。世间之路虽多不胜数，你却进退维谷，无台阶可下。

得此偈者，身居高位，却骑虎难下，全因恃才自傲，身边无辅助之人，以至进退为难。应清净心性，待人谦和豁达，予以补救，以期一切都能自在无忧。

事 迹

妙惧尊者，又称“妙幢菩萨”。“惧”指惧怕。有时惧怕并非坏事，它能使人免于走上邪路，所以，这种惧怕也被称为“妙惧”。

在《金光明最胜王经》第二卷，以及《最胜王经·梦见金鼓忏悔品》中都记载有“金鼓说法”的故事。据说，尊者曾在梦中拜见佛祖，并看到光明晃耀的大金鼓正在宣说“忏悔品”。于是，尊者对佛祖说：“世尊，我梦中见婆罗门南妙金鼓，声中演说微妙伽陀，明忏悔法。我皆忆持，愿世尊听我所说。”佛祖听完后，对妙惧尊者说：“善哉！善男子，如汝所梦，金鼓出声，赞叹如来真实功德并忏悔法，若有闻者，获福甚多。”尊者在听佛祖讲授完《金光明最胜王经》后，作《妙幢菩萨赞叹品》，佛祖听完尊者的赞叹后，对尊者敬佛之心大加赞赏。

104 妙惧尊者

尊者法相所示

尊者法相所现为静坐，左手执念珠，右手于身侧结印，目光悲悯恐惧。尊者颇具睿智，虔心修习，对世间万事都有惧怕之心。

狼虫虎豹虽吃人，难比世上小人心，
谦恭谨慎不为过，豨心康健保太平。

偈 解

狼虫虎豹虽然吃人，却不及小人之心可怕。为人处事要谦恭谨慎，这样才能保得自身安稳太平。

得此偈者，有小人欲加害自己，在你前进的路上制造障碍，所以应百般谨慎，谦恭待人，如此小人才会无隙可乘。

事迹

严土尊者是佛祖声闻弟子之一，同时也是十方世界大菩萨之一。所谓十方，是指东南西北以及四维上下。据《无量寿经》载："佛告阿难，无量寿佛，威神无极，十方世界无量无边不可思议，诸佛如来莫不称叹。"在佛教中，十方世界是指东方密洲，西方离垢，南方丰溢，北方丰乐，东南方饶益，西南方鲜少，东北方摄取，西北方欢喜，上方振音，下方关龠。佛教认为，地上有八方，再加上地面上下的延伸，共为十方。

当佛祖在毗耶杂罗园说法时，尊者曾前往听法。传说，尊者当时就已获得菩萨果位。据《维摩诘所说经·佛国品》载，尊者禅功深厚，心地慈善清净，从修禅中获得无量智慧，从而永远地脱离世俗的一切烦恼。尊者佛学理论宏富而博达，宣讲佛法时如雄狮怒吼，声闻十方。尊者辩才更是首屈一指，能使所有佛教徒心悦诚服，也能使所有外道屈服皈依佛教。同时，尊者还善解法相，能知人前世的善恶，引导众生放下烦恼，尽除罪障，获得平安吉祥。

严土尊者 105

尊者法相所示

尊者法相所现为漠然静坐，双手笼袖，置于腹前，神态审慎，目光内敛。尊者禅功深厚，心地慈善清净，远离世俗的一切烦恼，在说法时声如狮吼，声闻十方。

千金一掷少年游，天苍云淡已深秋。
回首当年唯有怨，赢得白发泪横流。

偈解

年轻时与人往来用钱无度，生活奢华，老来自然生活凄苦，回首当年不免自责，唯剩老泪两行徒生伤悲。

得此偈者，挥霍无度，用钱没有节制。须知凡事要做长远计，不要只图一时之欢，否则老来会十分拮据，到时追悔便来不及了。

事迹

金髻尊者，又称金髻菩萨。挽发于头顶称髻，由于尊者功德庄严，如金饰之髻，故被称为金髻菩萨。

在佛经中，关于金髻菩萨名字的由来，有三种不同的说法。据《注维摩诘经》卷一载："金髻菩萨，金在髻也。""金髻菩萨，阎浮檀金在髻。"《说无垢称疏》又载道："观无为法，不离心首，如以金为髻，故名金髻。"《维摩经略疏》又说："金髻者，实相慧明如金，髻者即权智也，以严心首，故云金髻。"

尊者慧明如金，佛法深厚，并善用妙法教化众生，严心定性。

106 金髻尊者

尊者法相所示

尊者法相所现为瞪目而坐，衣襟敞开，袒露胸怀，左脚架于座上，左手抚膝，右手结印，神态凛然，极富威严。尊者慧明如金，佛法深厚，善用妙法教化众生。

月在西山日在东，好花难得百日红。
青春年华当珍惜，莫叹终生一场空。

偈解

太阳东升西落，日夜交替，如此循环往复，匆匆光景总不待人，就好似花开正茂却终将慢慢凋零。所以人在年轻时就应珍惜时光，不要虚度年华，否则一生都将无所作为。

得此偈者，浑浑噩噩，不思进取，而且一事无成。须知人生一世，最当珍惜的是青春时光，心中所思一定要趁早付诸行动，不要总以为自己还有时间，否则一生终将一事无成。

事迹

雷德尊者，即东方光明电王阿揭多，掌管雷电，能制止一切因雷霆闪电所引起的灾难。

据《最胜王经·如意宝珠品》第十四卷记载："世尊于大众中告阿难陀曰：汝等当知，有陀罗尼名如意宝珠，远离一切灾厄，亦能遮止诸恶雷电。于此东方有光明电王，名阿揭多；南方有光明电王，名设羝噜；西方有光明电王，名主多光；北方有光明电王，名苏多末尼。若有善男子善女人，得闻如是电王名字及知方处者，此人即便远离一切怖畏之事，及诸灾横悉皆消殄。若于住处书此四方电王名者，于所住处无雷电怖。亦无灾厄及诸障恼，非时枉死悉皆远离。"据载，元代时，但凡皇帝或贵族宴会，人们都会在房间一角供奉尊者，并由僧人诵念避雷咒，以此消除灾厄，保平安吉祥。

雷德尊者 107

尊者法相所示

尊者法相所现为陶然静坐，双手笼袖而托法器，面容饱满，耳垂及肩，眉目清秀，满面笑意。尊者神通广大，掌管雷电，能庇佑众生，以使众生免除雷电之灾。

时人爱财又贪名，披星戴月苦经营。
身外之物休留恋，诗书礼乐值千金。

偈解

世人都贪名图利，整日为了功名利禄奔波忙碌。而名利不过是身外之物，生不带来，死不带去，只有诗书礼乐才贵比千金。

得此偈者，忙于生计，虽然拥有一些财富，却内心空虚，行尸走肉。应多阅读，坚持不懈地用知识充实自己，以丰富自己的内心，否则不仅内心生活贫乏，而且所获之物也必将失去。

事 迹

雷音尊者，又称雷音菩萨，是十八伽蓝神中第七位。伽蓝神是佛教寺院守护神的通称。

另据《敕修百丈清规·沙弥得度》载："有伽蓝土地（即由伽蓝神守护的寺院），增益威光，护法护人，无诸难事。"历史上最著名的有关伽蓝神正史记载的是明朝《帝京景物略·略例》，其载道："英宗周后弟吉祥，幼祝发，昼游市陌，夜宿报国寺伽蓝殿中。英宗忽夜梦伽蓝神来告，后弟今在某所，后梦亦同。即日求得之。然吉祥愿为僧，不可强。乃改报国寺曰大慈仁寺。今西之伽蓝殿，梦所告处也。"

据《大宝积经》载，尊者原为雷音王如来佛国菩萨。一次，他去雷音王如来处听法，为表示对雷音王如来的敬意，便在虚空中作法，使鲜花像雨一样飘下，空中还奏起了美妙的音乐。雷音王如来因感其诚意，便让密迹金刚力士代表自己向尊者及其他菩萨宣讲佛法秘旨。

108 雷音尊者

尊者法相所示

尊者法相所现为半跏趺坐，左手托宝瓶，右手上举结印，面容慈悲，目光悲悯。尊者护法护人，解众生之难，达众生之愿。

待人万般要真心，心心相印值黄金。
客套敷衍难成事，英雄自古义千云。

偈 解

待人无论如何都应该真心，与人心灵相通比黄金还要贵重。客套敷衍必定事事难成，而英雄的高义自古都被人赞叹。

得此偈者，做事少有成功，均因不善与人真诚交流。须知能成大事者，身边必定有心心相印的朋友，为人诚恳，很少客套敷衍，所以应深思自己的得人之道。

事迹

香象尊者，又称香象菩萨、香惠菩萨、赤色菩萨、不可息菩萨，与佛祖同属贤劫十六尊之一。尊者居于密教金刚界曼荼罗的外院方坛，是南方四尊中第一位菩萨，密号大力金刚、护戒金刚。香象尊者，“香”有遍满无碍之义，“象”是行足大力之义，“香象”是指诸行果满。罗什《维摩经》注道，云：“香象菩萨之名曰‘青香象也，身出香风’。”

香象尊者顾名思义是以香教化众生，香气喻为佛法，使众生嗅此法香皆发菩提心。据《最胜问菩萨十住除垢断结经》载“香首菩萨曰，孔出无量香，香者出无量教，济度众生无有穷极，神足威神巍巍无量，皆使众生发无量道意。”

据《佛说大乘观想曼拿罗净诸恶趣经》载，尊者身相为，身呈白肉色，坐莲华上，右拳在心前，手上持莲，莲上有香器，右拳置于腰上。

香象尊者 109

尊者法相所示

尊者法相所现为安然静坐，双手于身前托香钵，双目炯炯，面容威严端秀。尊者佛法精深，以香教化众生，众生嗅此法香皆发菩提心。

大雁北往又南归，人向高处水向低。
临歧劝君多斟酌，千里之差在毫厘。

偈解

大雁迁徙北飞复又南归，人往高处走，水向低处流。在遇到不同选择的时候，劝你多多思考，千里之遥往往是一念一差所造成。

得此偈者，正身处人生的十字路口，究竟该走哪条路，应谨慎斟酌，须知选择时的一念之别，必然会导致结果的千里之遥。

事迹

马头尊者梵名何耶揭梨婆，是五部明王中莲花部之愤怒持明王，也是密宗胎藏界观音院六观音之一，因将马置于头部，故得此名。

尊者原是印度神活中毗湿奴神的化身之一。据印度教传，当恶魔抢去圣典时，尊者便化身为何耶揭梨婆，夺回圣典。据《马头观音咒颂》载，尊者能攘灾镇邪，解救众生，使众生摆脱厄难，安住清净。

尊者明王相为一面二臂，身红色，三目圆睁，獠牙外露，发须皆红黄上竖，头顶有绿色马首。一面表示空性，二臂表示智悲双运，三目圆睁表示降伏三界恶魔，獠牙可怖表示具有众生无明业障，摧破诸恐怖而现形。右手持骷髅宝杖表示灭伏一切魑魅之恶业，左手以期克印表示除断一切恶障。头戴五骷髅冠表示五佛性能，双足右屈左伸表示降伏烦恼、蕴、天子、死等。而在寺院塑像中，尊者也有其他诸多相貌。

110 马头尊者

尊者法相所示

尊者法相所现为寂然静坐，身披袈裟，双手笼于袖中执拂子，神态沉厚愁苦。尊者神通广大，能攘灾镇邪，解救众生，使众生安住清净。

人云师父领进门，修行求道在各人。
逆水行舟毋疏忽，功名事业可期成。

偈解

世人都说，师傅领进门，修行在个人，逆水行舟时不进则退，明白了这一点，功成名就便会指日可待。

得此偈者，正处逆境，须知做事有人带领是好事，但能否成事全赖自己的努力程度，在不顺时谨慎努力，竭力前行，如此做事，成功仍然很有希望。

事 迹

明首尊者，又称明首菩萨，为佛祖弟子，也是十方净土中的西南大菩萨。据《佛说菩萨本业经》载："西南无极，有宝林刹，佛名上精进，菩萨字明首。"尊者通晓大乘学说，熟悉一切佛法戒律。

尊者长期随佛祖学习佛法，因此与佛祖具有相同的智慧，其佛学理论渊博如浩瀚宇宙一般。在向大众宣讲佛教教义时，尊者很注重随缘，能做到不墨守成规，入乡随俗，循循顺导，普度众生。尊者辩才无碍，能灵机应变，常使诸外道拜服。据《佛说濡首联无上清净分卫经》载，尊者曾在舍卫国祇树给孤独园听佛祖讲法，并与佛祖的弟子大比丘五百人、菩萨千人共同研讨佛学真谛。

明首尊者 111

尊者法相所示

尊者法相所现为安然端坐，身披袈裟，头顶慧轮，左手于腹前结印，右手托灵猫于右膝，浓眉大耳，神态祥和亲近。尊者通晓大乘学说，熟悉一切佛法戒律，在弘佛时注重随缘。

莫道人生多辛苦，高山流水有知音。
心胸宽广天地大，极乐西方可成名。

偈解

不要认为人生很辛苦，因为只有努力提高了才能找到更好的知音。也只有心胸宽广的人面对的天地才会更宽广，身后也才会留下不朽的美名。

得此偈者，目光还不够高远，心胸也不够博大。虽是才智出众、灵活变通之人，如果遇事想得更远，一旦身处高位，才能找到好的知音和不朽的功名。

事迹

金首尊者，又名金头仙人，因面色呈黄赤色，故又名黄赤色仙人。据《成唯识论述记》载："谓有外道，名劫比罗。古云：'释毗罗。'讹也。此云黄赤。鬓发面色，并黄赤故。今西方贵婆罗门种，皆黄赤色也。时世号为黄赤色仙人。"尊者俗名迦毗罗大仙，意为黄头仙、龟种仙、金头仙、赤色仙。

据佛典记载，尊者本为外道，在与佛教辩论中因理屈词穷而被折服，最终皈依佛教获得正果，后创"数论部"，为数论部外道之祖。尊者认为众生生而具备法、智、离欲、自在等四德，因此在见到世间盲暗、沉迷时，便生起大悲心。尊者先为婆罗门阿修利说二十五谛之义，次为般遮尸诃说法，所说之法达十万偈之多，名为"僧法论"。

112 金首尊者

尊者法相所示

尊者法相所现为左侧坐，双手笼袖，置于膝上，身体曲躬，目光下视，神情亲切随和。尊者普度众生，消除世间之盲暗、沉迷。

少小立志望远行，迢迢万里盼音讯。
名山事业当有望，乡音一纸值千金。

偈解

少年时代便立志去远方成就自己，但对故乡的思念之情却一直没有减少。功名事业都有可能得到，而一纸乡音却永远胜过千金。

得此偈者，功名在远方可以成就，却总被怀乡之情所绊，如果让其在故乡和功名间作出选择，会毫不犹豫地放弃功名而选择乡情。

事迹

敬首尊者是十方净土中的东方大菩萨。尊者为拯救众生，做过无数善事，终得无尚极果位，一旦前佛灭度，便可成佛。

相传尊者熟知大小乘教义，能随时随地向信众宣讲佛法，引导众生脱离苦海，获得解脱。尊者曾发下宏愿，要使世间众生摆脱火途、血途、刀途三苦。此三苦属佛法所称“八难”中的三难。火途之苦又称地狱难。地狱难是三界六道中最苦的，受苦没有停止的时候，千万亿劫都必须在那里受。人间最苦之事，都无法与最轻的地狱难相比。佛教认为，地狱里面是一片火海，这种火是由瞋恨心演变而成的。血途又称畜生难，这是因为畜生都是流血而死，要么被人杀来吃，如家禽、家畜等；要么在畜生之间弱肉强食，反正都是因流血而死，而且不得好死。刀途又称饿鬼难，这是因为饿鬼常常觉得有人拿着刀追赶自己，因此心中一直充满恐惧。尊者以其神通，引导众生摆脱此三苦，积下无量功德，证得阿罗汉果位。

敬首尊者 113

尊者法相所示

尊者法相所现为傲然静坐，左手置于膝上，右手于胸前托灵鸟，神情高贵，神形超然。尊者独具神通，做无数善事，引导众生脱离苦海。

种豆得豆瓜得瓜，汗花多时换鲜花。
安逸赋闲无成事，只留幻梦伴晚霞。

偈解

种瓜得瓜，种豆得豆，付出越多，收获的果实才会越丰硕。安逸赋闲必定一事无成，老来也只有幻梦相伴。

得此偈者，不愿付出，却贪图享受。须知百事皆有因果，只有付出了才可能获得，付出越多获得也会越多。所以，宜端正心态，精勤努力，如此才能老来富足幸福。

事 迹

众首尊者，又称众首佛。

据《现在贤劫千佛名经》载，佛祖提到的贤劫千佛名中，尊者位列第二百三十四位。

尊者具大慈悲之心，护持世间众生，引导众生行正规。尊者也拥有无量智慧，神通广大，可以降伏各种魔众，使众生远离侵扰，安住清净。

《慈悲莲场忏法》敦劝众生时常念诵南无众首佛名号，以趋吉避凶。众生只要虔心归命于尊者，心无邪念，并向其忏悔，就可化解无量罪过，并得无量福根尽皆生芽，生菩提心，往生净土。

114 众首尊者

尊者法相所示

尊者法相所现为安然端坐，身披华丽袈裟，左手笼袖，右手结印抚膝，神态祥和清净。尊者智慧无量，神通广大，能降伏邪魔，使众生安住清净。

草船借箭赖东风，谋事成事有天功。
机关处处有着落，功败垂成为放松。

偈 解

草船借箭能成功，是因为有东风相助；这就是所谓的谋事在人，成事在天。所以人即使每一次算计都能成功，但终归还会功败垂成。

得此偈者，心机太重，精神困倦。须知谋事在人，而成事却在天。处处算计毕竟太累，而且天意已定，你处处用尽心机的结果仍会功败垂成，还不如少用心机，反倒会落得个轻松自如。

事 迹

辨德尊者是古印度神话中的乐乾闼婆王。

乾闼婆王有四种：乐乾闼婆王、乐音乾闼婆王、美乾闼婆王、美音乾闼婆王。在印度神话中，乾闼婆是半神半人的天上乐师，是东方持国天的眷属，为守护东方的神，也是帝释天属下职司雅乐的男性天神。他们不食酒肉，只以香气作为食物，他们自身也会散发香气。传说，乾闼婆通常都住在地上的宝山之中，他们善于弹琴，并能演奏种种奇妙的雅乐，还能升至忉利天演奏天乐。

据佛经记载，尊者一直居住在山林之中，因能弹奏天乐，十分受狮、虎、狼、豹、牛、羊、鸡、雀等鸟兽拥戴。尊者外出游历时，百兽簇拥，群鸟回翔。当天神们需要尊者前往演奏乐曲时，不需使者通报，尊者就能感知，随后便率乐工共同升天演奏。

辨德尊者 115

尊者法相所示

尊者法相所现为傲然静坐，右手高举宝瓶，幻化出一童子，左手于胸前结印，神态严肃，极富威严。尊者身心安稳，神通广大，能演奏各种奇妙雅乐。

自古人生是战场，你争我夺剑弩张。
而今万般可放下，星辉月色任倘佯。

偈 解

人生有如战场，双方你争我夺，互不相让。如今什么都可放下，即使只欣赏美景，也可以过得安闲自在。

得此偈者，身陷名利争夺之中，身心俱疲。此时须谨记“放下”二字，在身心疲惫时就当抽身而出，在功名之外，人间其实还有很多雅乐可以静听。

事迹

羼提尊者，又称羼提仙人，羼提在梵文中意为忍辱。在《佛名经》所列举的应当礼敬的十方大善萨中，尊者居首位。

据《贤愚经·羼提波梨品》载，从前有波罗捺国，国王名叫迦梨，国中有一大仙名羼提波梨，与五百弟子共处于山林，修忍辱行。一天，国王与四大臣及夫人婇女等游观山林。国王因疲累而小睡，而婇女们则自行在林中游玩。此时，尊者正好在林中端坐思索，婇女们见到尊者后心生崇敬，随即散花于其身，坐于前，听其说法。国王醒后得知此事，便怀疑尊者调戏婇女，因此怒责尊者："所修为何事？"尊者回答："修行忍辱。"于是国王拔剑截下尊者的手、足、耳，尊者却面不改色，依旧称忍辱。国王大惊道："汝云忍辱，以何为证？"尊者回答："我若至诚无虚，血当变为乳，身当还复。"言毕，血果成乳，身体恢复如初。尊者告诉国王："汝以女色，刀截我形，我后若成佛，当以慧刀断汝三毒。"国王当下忏悔，并常请尊者至宫中供养。

116 羼提尊者

尊者法相所示

尊者法相所现为端然静坐，身披挂络，右手执幡，左手结印，慈眉善目，神气清净大气。尊者大慈大悲，能忍受屈辱以感化众生。

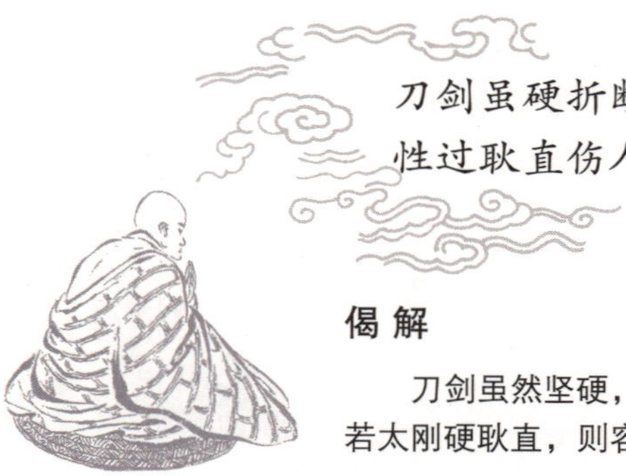

刀剑虽硬折断头，丝弦虽软可缠绕。
性过耿直伤人面，深知人生济刚柔。

偈解

刀剑虽然坚硬，却容易被折断；丝线虽然柔软，却可以缠绕住东西。人若太刚硬耿直，则容易伤人情面，刚柔并济才是为人处事的大原则。

得此偈者，过于耿直，说话做事不顾及他人情面，易得罪人。切记应化刚为柔，刚柔并济，以利于更多人亲近。

事迹

悟达尊者即唐朝末期高僧知玄法师，俗姓陈，字后觉，眉州洪雅（即今四川洪雅县）人。

尊者自幼喜见佛像、僧形。七岁曾在宁夷寺听法泰讲《涅槃经》。十一岁出家，学习《涅槃经》。十四岁奉丞相杜元颖之命，于大慈寺升堂说法，倾心听者无以计数，从此蜀人称他为“陈菩萨”。十八岁随净众寺辩贞律师受戒，学习戒律及《俱舍论》。后尊者在资圣寺敷演经论，受僧俗崇仰，唐文宗闻名，曾诏令入宫咨益。唐宣宗大中元年，朝廷下令恢复佛教。大中三年六月，尊者向朝廷请愿，希望能大规模重建佛教寺院。广明二年春，唐僖宗到四川避难，赐尊者“悟达国师”号。据《宋高僧传·知玄传》载，士大夫多喜与其交游，李商隐归田后，与尊者共住最久。尊者于中和三年圆寂，世寿七十三，僧腊五十四。

尊者平生善于著述，著有《慈悲水忏法》三卷、《般若心经疏》、《金刚经疏》等二十余卷二十万言，三学洞贯，名噪一时。其弟子僧彻也为名贵一时的高僧。

悟达尊者 117

尊者法相所示

尊者法相所现为威然而坐，左手持法器，右手结印，怀中有一灵狮。尊者扬眉环须，双目下视，神态威猛。尊者天资聪颖，自幼喜见佛像，通达佛理。

火要空心人实心，虚浮之人难亲近。
双手栽出长生果，浇水浇汗浇真诚。

偈解

火堆要空心才容易燃烧，而做人却要实诚才受欢迎，人若虚浮则难以得到别人的信任。长生果要靠双手慢慢栽培，付出的不仅是辛劳，更应该有真诚。

得此偈者，自卑、浮躁不实，待人待物缺乏诚意。须知为人虚浮便很少有人与你相交；事业要稳定发展，也应真诚付出，否则一切获得都会极为短暂。

事迹

法灯尊者，又称法灯菩萨。在佛教中，法灯被喻为能照破世间迷暗的佛法，法灯不熄，佛法不止。《心地观经》云："法宝犹如一切明灯。"

相传，尊者的本尊住在一个叫德处的地方，在那里他被称为娑诃立佛，法灯尊者只是他的现世化身而已，因此《华严经》云："能燃照世妙法灯。燃此法灯者为佛祖，故指佛祖云法灯，传法者云传灯。"

佛教认为，佛法广大，如天上光明，普照世间万物，故譬之以灯。尊者得此名号是因其具有渊深精妙的法力及道行，如同大放光明的智慧之灯，照亮众生走出迷途，引导众生步入正道，清净心性，通往极乐净土。

118 法灯尊者

尊者法相所示

尊者法相所现为漠然静坐，左手托作揖童子，右手于胸前持如意，长眉垂耳，神态祥和清净。尊者法力精妙道行深厚，如光明的智慧之灯，能为迷惘者指点迷津，步入正道，清净心性。

针如穿梭线如飞，辛勤劳作徒增悲。
粗茶淡饭空寂寞，犹为他人缝嫁衣。

偈解

辛勤劳作的结果是徒然增加了你的悲苦，反而落得个粗茶淡饭、人生寂寞。忙来忙去，促成了别人的好事，自己却一无所有。

得此偈者，辛劳而一无所获，虽能成就他人，而自己所得却徒有寂寞、悲苦。因此，你需在做事时看清对象，把握好方向，冷静应对，保护自己，才不至于劳而无获。

事迹

离垢尊者是一位天神。

据《佛本行集经》载，尊者是第一位预示悉达多太子将成为佛祖的人。关于尊者的出现，《佛本行集经》是这样描述的，在悉达多太子出生后的几年内，整个国家都风调雨顺，冰雹、干旱、狂风、暴雨等自然灾害出现次数大大减少；粮食年年大获丰收，果树年年花开果熟，草药年年生长繁茂；国内民众和睦相处，边患逐年减少；孕妇都能平安分娩，生的小孩也很少夭折，各种流行疾病也逐渐消失。全国上下把这一切都归功于悉达多太子的福德恩泽，于是百姓礼请净饭王及悉达多太子，一起莅临一座美丽的花园，受他们供奉礼拜。花园中放满了百姓献上的璎珞、金银、饭食和衣服。此时，尊者以天神的身份出现在虚空，对百姓道：“即使大地及其城邑都变成金子，也不能与悉达多太子的一根毫毛相比；再珍贵的璎珞在悉达多太子面前也会失去光辉，因为太子将成为佛祖，功德无与量比！”说完，尊者便返回了天宫。

离垢尊者 119

尊者法相所示

尊者法相所现为欣然而坐，左手抚膝，右手结印，慈眉善目，神态通达随和。尊者虔心向佛，六根清净，无欲无求，常以天神的身份出现在虚空。

刚刀易折绫易污，盛名之下恐难副。
劝君从今改心性，远离尘嚣读诗书。

偈解

钢刀坚硬却容易被折断，绫类织物色泽美丽却容易染上污点。名望很高的人，本身的才德通常很难与名声相符。劝你从今天开始改变心性，远离世间的纷扰喧嚣，多读诗书。

得此偈者，声名远扬，却更应当远离喧闹，静下心来修养身心，读书养性，不断充实自己。

事 迹

境界尊者，又称具境界菩萨。

据《奋迅王问经》载，尊者曾在法会上向普无垢净光明王佛请教狮子奋迅三昧，佛当下就为尊者说此法门。由于佛力所至，天空随即响起优美的天乐。佛告诉尊者："若有众生胜信，解心诸根猛利，信解佛法慧行成就，善知识，摄宿种善根，大悲怜悯一切众生。"所谓奋迅，即狮子奋迅三昧，这是一种比喻：即狮子和诸根，身毛皆竖，现威怒哮吼之相，是为奋迅；佛开大慈之根门，奋大悲法界之身，现应机之威，正如狮子奋迅，所以叫狮子奋迅三昧。传说当时还有八千众生也闻得此法门，并得此奋迅，更得无生法忍；参加法会的众生尽皆发阿耨多罗三藐三菩提心。

尊者已修得无上正等正觉，具大慈大悲之心，能摧破众生诸多烦恼忧愁。

120 境界尊者

尊者法相所示

尊者法相所现为悠然而坐，捉巾缝补，左腿赤脚盘曲于座上，左手执巾于嘴，右手执针外拉，正欲咬断线。尊者修得无上正等正觉，具大慈大悲之心。

君乃南山不老松，狂风暴雨推不动。
铁打心肠磐石志，待时而至运必通。

偈 解

你就像山上的不老松，挺拔坚毅，狂风暴雨也无法动摇其志，心志犹如铁打一般坚毅不改，那么时机到时你必定亨通有为。

得此偈者，目前仍时运不济，行事往往颇费周折，但你天生坚毅，能亲力亲为，所以必定有运顺命通之时。

事迹

马胜，又称马师，梵名阿湿缚伐多。尊者是佛祖最早度化的五比丘之一，是声闻比丘中的第一比丘，也是佛祖的父系族人。

尊者很早就跟随佛祖学习佛法，因其勤学好问，精勤不懈，故佛学渊博，很早就证得罗汉果位。

尊者为舍利弗之师。据佛经记载，一天，舍利弗途遇世尊弟子马胜比丘。他见马胜比丘威仪殊胜，举止安祥，心中颇为敬羡，便问马胜比丘说："请问令师是谁，他平常说什么教法？"马胜比丘说："我师释迦世尊，他智慧神通，无人可比。我受学日浅，尚领会不了我师妙法。"舍利弗一再要求说："请慈悲方便，略说一点概要。"马胜比丘说偈道："诸法因缘生，诸法因缘灭，我师大沙门，常作如是说。"尊者所概括的正是佛教的中心思想，即缘起法。舍利弗听完后，顿开心眼。于是，他随尊者至竹林精舍，听佛说法，尽除尘垢，得法眼净。

马胜尊者 121

尊者法相所示

尊者法相所现为结跏趺坐，身披挂络，左手执念珠，右手于膝上结印，神态孤傲，神情急切，如在闻声。尊者勤学好问，精勤不懈，佛学渊博。

时运如鸟有翅飞，成败关头莫迟疑。
古云打铁应趁热，机会一去不复回。

偈解

时运就像鸟展开了双翅，随时都可能飞走，在此成败择选的紧要关头，千万不要迟疑，应趁热打铁，好机会一旦失去就将永不再来。

得此偈者，大运当前，正处成败抉择的关键时期，应懂得珍惜机会，乘势而上，否则必定后悔莫及。

事迹

天王尊者，又称天王菩萨。

尊者身具五大神通，即神足通、天眼通、天耳通、他心通、宿命通，其中尤具他心通。据《放光般若经》载，当佛祖还在罗阅只耆阇崛山中说法时，尊者已道行广大，修得他心通。他心通，全称是他心智证通，又称智心差别智作证通、观心心数法智证通、知他心通、心差别通。佛教认为，只要证得他心通，就具有如实了解他人心中差别相的神通力。《集异门足论卷》对此有详细解释，并载：“问：‘云何他心智证通？’答：‘于他有情补特伽罗寻伺心等，皆如实知；谓有贪心如实知，有贪心、离贪心如实知。不解脱心、解脱心皆如实知，是名他心智证通。’”又据《俱舍论卷二十七》载，所有想修得他心通的人，都必须以色界四根本静虑为基，先审查自己身心二相之前后变异辗转相随，然后观察他人身心，如此加行成就，才能如实知悉他人的种种心相。

122 天王尊者

尊者法相所示

尊者法相所现为安然端坐，左手自然垂放，右手执金刚铃，面容慈和，神情端肃。尊者神通广大、修得他心通。

勉强之事不可为，坐享其成惹是非。
大事抓紧小事放，和气生财总不亏。

偈 解

勉强的事情不要做，坐享其成往往也会招惹是非。做任何事情都应取舍有度，大事当抓小事应放，和气生财总不会吃亏。

得此偈者，身处人际困境，无法与人很好地相处，大小事情都贪图坐享其成，以至受众人非议，身边是非不断。只有与人为善，多为别人着想，抓大放小，才能减少亏损而获大利。

事 迹

无胜尊者，又称无胜菩萨。

关于尊者的记载仅在《佛说维摩诘经·佛国品第一》中出现过。据该经记载，当时佛祖住在毗耶离城的庵罗树园，有一天，八千大比丘和三万二千位菩萨前来听佛说法。佛祖点出了包括尊者在内的数十位菩萨，并称赞以他们为代表的三万二千位菩萨具备所有功德，已经功德圆满。

尊者不仅自身受持佛法，而且如坚固的城池般护持佛法，他的智慧和德行完全可使佛法永远流传世间。尊者自身获得了解脱，清净安住而不受世间污垢干扰；同时广施慈悲，引导众生获得解脱，使众生脱离生死轮回的痛苦与畏惧。尊者是世间众生亲善的朋友，不需邀请也会前来相助，使众生平安幸福。尊者为众生说法言微意妙，可斩断众生心中邪念，引其归向正途，使域内百姓安居乐业，杜绝赌博、酗酒、偷盗、淫邪之事。

无胜尊者 123

尊者法相所示

尊者法相所现为傲然侧坐，右手护膝，左手幻化出一座庙宇，双目上视，神态焦虑，如有所思。尊者为众生说法言微意妙，求助众生也不请自来。

高贵贫贱莫乱分，罗汉面前无卑尊。
与人为善多积德，子孙后代得余荫。

偈解

在佛前，人生而平等，不因其身份、地位和财富的多寡，有高低贵贱之分。广行善举，便能积下无量功德，自己受益，子孙后代也能得此余荫。

得此偈者，过于势利，有攀附权贵、欺辱贫贱之嫌。切记与人为善，不然不仅自己，而且子孙也会遭到报应。

事迹

自净尊者，又称净心菩萨。尊者住于清净心地，其法号之意为自性清净、远离一切尘染与妄想。

关于尊者地位，有三种说法。第一种出自《地持论》，该经认为，由因位至果位，立有七住，而净心菩萨位于第三住，因此，应该是初地菩萨。第二种说法出自《金刚般若论》，该经认为，尊者所在的净心之地位在信心之地与如来之地间，因此，他的位置应该是在初地以上，十地以下（佛教将菩萨的修行境界分为十个等级，第一级叫初地，最高级叫十地）。这两种说法都认为，尊者住于初地之上，十地之下，只证得部分真如之理，故称为净心。第三种说法出自《往生论注》，该经认为，"从初地至七地已还，为未证净心之菩萨，八地以上始为净心菩萨。此乃因七地已还为有功用地，八地以上为无功用地，得以任运无作而作，故称净心菩萨。"《大智度论》也持第三种观点，认为，七地已还为肉身之分段身，八地以上则是法性生身之变易身，法性生身即安住法性平等之理的净心菩萨。

124 自净尊者

尊者法相所示

尊者法相所现为陶然静坐，双手执如意，慈眉善目，笑逐颜开。尊者自性清净，普度众生，引导众生了却尘念，无所挂碍。

富莫富于蓄道德，贪莫贪于未闻道。
几经琢磨成大器，平步青云日中天。

偈解

财富殷实的人，远不及道德修养高的人内心富贵。人都有贪欲，但在道德修养不具备时勿生妄想。人要不断地磨砺自己，提高德行修养，这样才能平步青云成就大器。

得此偈者，贪欲强，却不重修德。须知人若想有所得，或欲成就大事业，必须首先雕琢完美人性，不然必将一事无成。

事迹

不动尊者，又称不动明王、不动尊菩萨。“不动”指慈悲心坚固，无可撼动。

不动明王的身相有二臂、四臂、六臂三种，藏传佛教崇奉二臂像。尊者身相一般是全身青蓝色，表示法性不变。腰围虎皮裙。三眼红圆，右眼仰视，表示能捆住天子魔；左眼俯视，表示烧毁龙魔和非天；额眼平视，表示降伏夜叉和罗刹。脖子上挂着一条蛇，表示除根本烦恼之“瞠心”。右手持智慧之剑，能断烦恼之根，左手绳索能捆绑一切恶魔。右腿弓，左屈膝于莲花月轮宝座上。五骷髅及不动佛为饰品，表示消除一切恶障。其忿怒相，是大慈悲的显现，如同父母对其顽劣不化的子女，以忿怒的方法予以调教，其动机是“慈爱”而非毁灭，因此可以说成是祥和寂静之示现，更具慈悲力。

尊者曾发下誓愿，说：“见我身者发菩提心，闻我名者断恶修善，闻我法者得大智能，知我心者即身成佛。”由于此誓愿威力巨大，不论是汉地佛教还是藏传佛教，都很重视修习不动明王法门。”

不动尊者 125

尊者法相所示

尊者法相所现为半跏趺坐，左手执法器，右手笼袖，双目微闭，神态宁静慈祥。尊者慈悲心坚固，能以智慧断除众生一切恶障。

自身之明人皆有，不实之情不可留。
返朴归真属大道，莫教时人笑沐猴。

偈解

自知之明每个人都应该具有，矫揉造作的情态应尽力去除，返朴归真才是正理，这样才不会让人嘲笑自己虚有其表。

得此偈者，虽然有自知之明，却多了些虚荣与矫揉造作。切记为人要纯朴、实在，只有这样才能得到他人的更多尊重。

事迹

休息尊者，又称多睡贤者。所谓休息多睡，并不是说该尊者懒惰，而是言其经常在刻苦地修行，善于调息，形志如入睡一般。因此，尽管禅定修行十分艰苦，但是尊者总能使思维集于一处而不散乱。

佛祖在王舍国灵鹫山说法时，尊者曾恭聆法教。参与这次法会的人很多，据《佛说无量清洁平等经》载："佛在王舍国灵鹫山中，与大弟子众千二百五十人，菩萨七十二那术，比丘尼五百人，清信士七千人，清信女五百人，欲天子八十万，色天子七十万，遍净天子六十那术，梵天一亿，皆随佛住。神通飞化弟子，名曰知本际贤者、马师贤者、大力贤者、安详贤者、能赞贤者、满愿臂贤者、无尘贤者、氏聚迦叶贤者、牛龄贤者、上时迦叶贤者、治恒迦叶贤者、金杵坦迦叶贤者、舍利弗贤者、大目犍连贤者、大迦叶贤者、大迦旃延贤者、多睡贤者……如此之人皆一种类，消尽诸垢勇净者也。无数之众悉共大会。"

126 休息尊者

尊者法相所示

尊者法相所现为结跏趺坐，肩披挂络，双手捧书，专心阅读，神情专注，神态安静祥和。尊者心神宁静，精进修行，能使思维集于一处而不散乱。

欲速不达事可哀，平心定性从头来。
凭君能耐千般苦，水到渠成乐悠哉。

偈解

性急图快，反而欲速不达，前功尽弃令人悲哀。应平心静气，心性专注，从头再来。凭借你超强的忍耐力，终会水到渠成悠哉快乐。

得此偈者，正面临挫折，均因过于急于求成所至。你本是能力超群的人，只要能脚踏实地，勤奋努力，专心执著，早晚都会水到渠成而万事大吉。

事迹

调达尊者，又称提婆达多，是斛饭王之子，阿难之兄，佛祖的从弟。

佛祖成道后，尊者随其出家，在之前的十二年里，他专心修行行善，精勤不懈。尊者后因未能证得正果，心态发生逆转，逐渐生出恶念，欲学神通而得利养，佛祖不许，遂至十力迦叶处习得神通力，受摩揭陀国阿阇世太子的供养。此后，尊者更加傲慢，甚至想代替佛祖领导僧团，遭到佛祖拒绝。尊者遂率五百徒众脱离僧团，自称大师，制定五法，并将此奉为速得涅槃的捷径。关于尊者所立五法，经书的记载各有不同，据《部毗奈耶破僧事》载，五法为不食乳酪、不食鱼肉、不食盐、受用衣时不截其缕绩（即长布）、住村舍而不住阿兰若处。《十诵律》则载为，五法为尽形寿受着衲衣、尽形寿受乞食之法、尽形寿受一食之法、尽形寿受露地坐法、尽形寿受断肉法。后来，尊者欲加害佛祖，反自损其命。传说，尊者死后堕入地狱，在地狱中念“南无”，声称佛号，经日不倦，虔心修习，最终功德圆满，获得解脱，转世为佛。

调达尊者 127

尊者法相所示

尊者法相所现为陶然端坐，双手扶冠，面容祥和，神态清净，颇为自得。尊者知错能改，修佛行善，终得解脱。

三教九流都是人，虫鼠蝼蚁都是命。
劝君常怀悲悯心，乐施好善福临门。

偈解

人不分高低，命不分贵贱，即使虫鼠蝼蚁也都有生命。奉劝你常怀悲悯之心，乐善好施，多结善缘，如此自会福喜临门。

得此偈者，为人刻薄少恩，恐难有福报。须知待人应不分高低贵贱，少杀生，多助人，广积德，如此才能获得福报。

事 迹

普光尊者，又称普光菩萨，为唐代高僧。

尊者自幼资质极高，在慈恩寺修行时，曾拜三藏法师玄奘为师，时人尊称他为大乘光。从唐贞观二十一年开始，尊者参加玄奘的译经事业，任笔受。先是在弘福寺译《解深密经》和《大乘五蕴论》，此后又在玉华宫译《大般若经》。宋赞宁评价尊者“末参传译，头角特高，左右三藏之美，光有功焉。” 玄奘所译经论，大部分都是由他笔受。关于这一点，宋《高僧传》有明确记载，说玄奘译“出大小乘经律论七十五部，一千三百三十五卷，十之七八，是光笔受。”由此可见尊者对于玄奘的译经事业，贡献巨大。尊者除在译场任笔受之外，其他时间则从事著述。据有关史书记载，尊者著述有《俱舍论记》三十卷、《俱舍论法宝宗原》一卷、《百法明门论疏》二卷、《婆娑论钞》、《大因明记》二卷。尊者弟子众多，其中最著名者为圆晖，他秉承师学，著有《俱舍论颂释疏》。

128 普光尊者

尊者法相所示

尊者法相所现为悯然静坐，左手自然下垂，右手握宝珠横置胸前，眉发稀疏，神情凝重哀怜。尊者资质极高，思维敏捷，佛法精深。

问君何因开口笑，心境清平尘垢少。
沉浮宠辱皆忘却，我行我素乐悠悠。

偈 解

心境清平、纯洁的人往往心志正常，笑口常开，能将沉浮荣辱统统忘掉，我行我素而自得其乐。

得此偈者，遭变故而不忧虑、悲伤，心境平和，不在乎沉浮宠辱。

事 迹

智积尊者原为王子，为大通智胜佛未出家时之子。在密教金刚界曼荼罗的三昧耶会、微细会、供养会中，尊者位列外院方坛北方四尊中的第四位，密号巧辩金刚、定慧金刚。

在过去三千尘点劫时，有一位大通智胜佛。他出家前是一个国王，生有一子，后来王子也出家修行，并在东方世界成佛，称阿闳佛，又称智积尊者。阿闳意为不嗔恚。尊者在因地时，受大日如来的开示而萌发“对众生不起嗔恚”的誓愿，经过累劫修行，终于在东方阿比罗提（即妙喜）世界七宝树下成佛，其所住的佛刹名为“善快”。由于被他的愿力所感，这一佛刹中没有三恶道，大地平正柔软，所有人都行善事，环境极其殊胜。据《大宝积经》载：“往生妙喜世界的因缘有多种，但是最根本的因缘，是学不动如来往昔行菩萨行，发弘誓心愿生其国。”佛祖释迦摩尼时代的著名居士维摩诘就是从阿闳佛的妙喜世界转生来到现世的。

智积尊者 129

尊者法相所示

尊者法相所现为右侧坐，身披袈裟，头戴毗卢帽，双手合掌，神情慈悲。尊者智慧无量，对众生不起瞋恚。

做人最要通情理，损人利己不可为。
心底无私天地大，正直无私万事利。

偈解

做人首先要通情达理，损人利己的事万不可为。心地无私，则看到的天地就会开阔无垠；正直大度，则万事都会朝着有利于自己的方向发展。

得此偈者，自私心稍重，做事不太通情达理。须知心底无私才能广交朋友，为人正直做事才会通达顺利。

事 迹

宝幢尊者，又称宝幢菩萨、宝幢佛、宝星佛。尊者位在密教胎藏界曼荼罗中台八叶院东方，密号福寿金刚、福聚金刚。

在密教中，尊者与金刚界的阿闳如来、《阿弥陀经》中的西方宝相佛、《称赞净土佛摄受经》中的西方宝幢如来为同一人。据《大日经疏》卷四载："次于四方八叶上观四方佛，东方观宝幢如来，如朝日初现，赤白相辉之色，宝幢是发菩提心义也。譬如军将统御大众，要得幢旗，然后部分齐一，能破敌国，成大功名。如来万行亦复如是，以一切智愿为幢旗，于菩提树下降伏四魔军众，故以为名也。"据《胜天王般若波罗蜜经》载，尊者曾是娑婆世界上方不动佛国金刚相佛座下的菩萨，当佛祖在王舍大城说法时，金刚相佛曾准许尊者前往聆听法教。此外，尊者还出现在了《佛说观想佛母般若波罗密多菩萨经》中，成为被信众所诵念的菩萨之一。

130 宝幢尊者

尊者法相所示

尊者法相所现为愤然而坐，左脚跷于右腿上，左手执念珠，右手放脚踝处，目光如炬，神态威猛庄严。尊者法力无边，神通广大，能降伏邪魔，发菩提之心。

外魔易除心魔难，克敌制胜破难关。
讨得心清淡如水，平步直上须弥山。

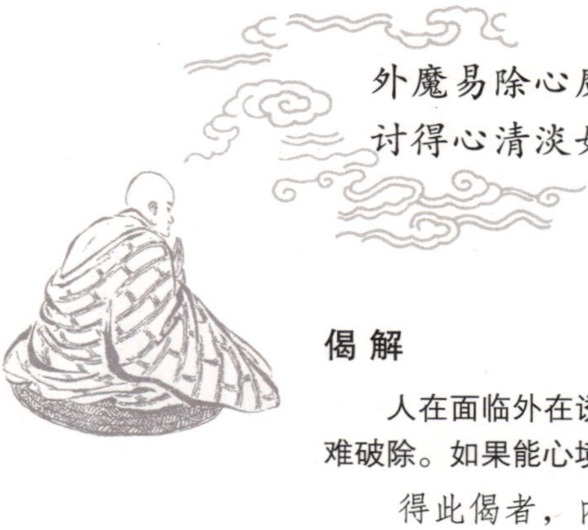

偈 解

人在面临外在诱惑时容易找到化解的方法，可自己心中过多的欲念却很难破除。如果能心境平淡，除去心魔，便可直达幸福人生。

得此偈者，内心的欲望过多、过强。欲求气静心清，应首先将万般贪欲都放下，只要这样，才能外不为他物诱惑，内不为嗜欲引动。

事 迹

善慧尊者是南北朝时期著名居士傅翕，号东阳鸟伤，南齐双林乡人。尊者俗姓陈，名翕，自号当来解脱善慧大士、善慧大士。

尊者二十四岁时得西域沙门嵩头陀指点，躬耕于松山，白天劳作，夜间修行。如此苦修七年，尊者通《首楞严经》，儒、道典籍，从此名满天下，慕名前来拜师者不计其数。

梁武帝大同元年，尊者曾受命于重云殿讲经。武帝亲临听经，群臣离座恭迎，独尊者安坐不动，众人问他为何不起身恭迎圣驾？尊者答："法地若动，一切不安。"由此为梁武帝所敬重。后梁陈递嬗，战乱四起，尊者仍讲经不辍，常广集弟子燃指焚臂以供佛。尊者著有《心王铭》，书中把佛教的彼岸世界和世间的此岸世界统一起来，认为佛就在眼前，就在人心，而不是遥远的西天。书中还提出"离心非佛，离佛非心"、"心即是佛"、"除此心王，更无别佛"等说法，这些说法都有明显的中国化、世俗化倾向。

善慧尊者131

尊者法相所示

尊者法相所现为欣然端坐，双手执念珠，眉目慈祥，神情和善，面带笑意。尊者富于智慧，不畏清苦，潜心修行，广布佛坛，认为人人心中皆有佛。

心诚则灵不为虚，劝君到此展须眉。
事业功名能成就，乘兴而来乘兴归。

偈解

心诚则灵不是虚言，人到这种分上应该高兴。事业功成名不难成就，高高兴兴来去无阻碍。

得此偈者，能功成名就，进退自如，这都因自己内心有佛，所以总是心情欢愉，无阻无碍。

事迹

善眼尊者，又称善眼菩萨。

据《维摩诘所说经·入不二法门品第九》载："尔时，维摩诘谓众菩萨言：'诸仁者！云何菩萨入不二法门？各随所乐说之。'善眼菩萨曰：'一相、无相为二。若知一相即是无相，亦不取无相，入于平等，是为入不二法门。'"尊者认为，不二法门中的二即"一相"（即有相）和"无相"，两者是平等的，这一观点又被称为善眼平等门。

据《大宝积经》卷九十载，佛祖在舍卫国祇树给孤独园向大比丘众和诸菩萨说法，曰："善男子，汝等谁能于后末世护持正法，摄受如来百千万亿那由他阿僧祇动所集阿耨多罗三藐三菩提法，安住秘密种种方便成熟众生？"尊者回答："我能堪任，与诸众生自性安乐。"尊者心无欲念，不被外欲蒙蔽，且目光敏锐，善于察言观色，引导众生摆脱欲望魔障的缠绕，明心见性，自性清净，往生极乐净土。

132 善眼尊者

尊者法相所示

尊者法相所现为结跏趺坐，双手笼袖，置于腹前，双目下视，神情专注、悲悯，嘴唇紧闭，嘴角下沉。尊者心无贪念，明心见性，能引导众生摆脱各种魔障。

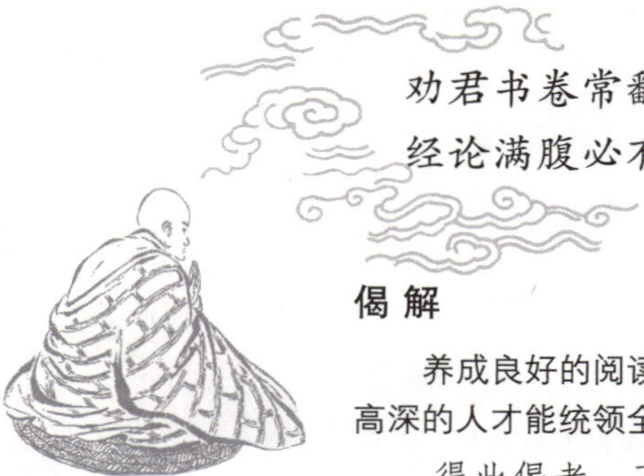

劝君书卷常翻开，人不向学不成材。
经论满腹必有用，运筹帷幄终可待。

偈解

养成良好的阅读习惯，人不好学很难成材。知识越多越有用，只有学问高深的人才能统领全局。

得此偈者，不好阅读，学问也亟待提高。须知一味涉足社会，没有很好的学识修养为指导，对社会和人世的认识必定肤浅，再多的社会经验也不能得以深化；学识多会让自己具有更宽广的眼界，也能有更博大的襟怀和人生定位，如此也更能把握全局。

事迹

勇宝尊者，又称勇宝菩萨。关于尊者名字的由来，通常都认为，尊者“精进勇猛，自利利他。”因此，有勇宝、宝勇、宝吉祥之称。还有一种观点则认为，尊者拥有一件名为宝如金刚的法宝，此宝攻坚破锐，破烦恼障，自行与化他，无所障碍，故称宝勇菩萨。

据《最胜问菩萨十住除垢断结经 · 灭心品》载，尊者曾作偈称赞佛祖：“和颜色殊特，人中尊第一。尘劳无垢秽，施以无量德。其明照百亿，鲜洁知无涯。慈悲一切人，独步王三千。我等今日来，欲闻甘露慧。愿演时得济，如渴奔流泉。导师时乃至，如彼优昙钵。我等病根人，为救为作护。今我从来处，去此无数土。饥虚甚积久，愿为宣示之。”佛祖听后，向尊者讲《菩萨无生灭行》以作回赠。

据佛典记载，尊者在为信众讲授佛法时，声如狮子怒吼一般，一切外道都被降服，一切邪见都被断除。尊者深信佛法，视佛德、佛性为宝，其信念如金刚一般坚固，经过长期的精进修习，最终脱离世俗的轮回生死，证得阿罗汉果位。

勇宝尊者 133

尊者法相所示

尊者法相所现为陶然而坐，右手托法轮，左手于膝上结印，长眉慈目,俯身下视，笑逐颜开。尊者勇猛精进，自利利他，为信众授法时声如狮吼，能使信众断除邪见。

山不在高水无深，山水虎啸又龙吟。
天生君才必有用，待时而起上青云。

偈解

山无论高低，只要有虎啸则为高山，水无论深浅，只要有龙吟则为深渊。天生我材必有用，时机成熟时，无论多大的抱负都能实现。

得此偈者，对现状极不满足，常自觉所处环境与自己的能力不能匹配。须知，如自己真是能力很强，则应如龙虎一般能使环境风生水起，不然则静待机遇。

事 迹

宝见尊者，又称宝见菩萨。关于尊者名字由来，人们普遍认为，尊者“自己见性，亦见人性，如世间所谓的真知灼见”，因此，有宝见之称。另一种观点则认为，尊者以般若之法宝，破邪见网，照见一切法本来具足涅槃，可见一切众生本来具足不思议定，所以称宝见菩萨。

尊者在修行期间，已除去人世间一切嗜好，只有修功德和智慧。尊者在向信众传授佛法时，善于洞察众生心意，巧妙地将诸法妙义传授给他们。在引导众生解脱时，尊者也教导有方，积下无量功德。他对信众的教化如甘露般滋润，说法时声音如音乐般美妙。为弘扬佛法，使信众顿悟，他的声音时如狮吼，时如雷鸣，常达到发聋振聩的效果。在与外道辩论中，尊者常能敏锐挑出对方的邪见，使外道输得心服口服，从而皈依佛教。尊者对佛教的信仰如磐石般坚固，任何因素都无法撼动。

134 宝见尊者

尊者法相所示

尊者法相所现为愤然而坐，双手托佛像于胸前，左脚着地，右脚盘于坐凳之上，侧目凝视，神态慈悲。尊者自己见性，亦见人性，在授法时声音如妙乐，能巧妙地将诸法妙义传给众生。

运主静时莫惊慌，动则得咎更荒唐。
他方难求心中宝，运来时至从天降。

偈 解

该闲淡时，不必惊慌，此时若想做事以改变境遇，会得不偿失。在别处难以找到心中的至宝，机遇到来时同样也很突然。

得此偈者，急于求成，不识时务反而招来麻烦。所以在你无所事事时不必心慌，应调理心性，切不可没事找事惹麻烦。把握好进退之道，你的好时运早晚都会找上门来。

事迹

慧积尊者，又称慧积菩萨。

据《海意菩萨所问净印法门经》载："尔时会中有一菩萨，名曰慧积，前白佛言：'世尊，如我解佛所说义者，以有身见生故。佛出世，以无明有爱生故；佛出世，贪瞋痴生故；佛出世，四颠倒生五盖六入七识处，八邪法九恼处，十不善业生故；佛出世，何以故？为断一切众生诸不善业故；佛出世，然佛世尊，亦无对治及增胜力，以无所对治故；佛出世，世尊，若诸菩萨欲知诸佛出世因者，应如是知如是修学'。佛言：'善男子，如是如是。如汝所说如佛出世应如是知如是修学。以佛出世如是因故。诸法出世亦如是知。'"尊者所讲的一番话，正是佛理真谛所在。

尊者大慈大悲之心，不需被邀请便会相助众生，引导众生摆脱世俗缠绕，除去烦恼与畏惧。

慧积尊者 135

尊者法相所示

尊者法相所现为半跏坐，左手护膝，右手执经卷，身披云肩，神态威严。尊者积无量智慧，能照破无明，为众生除去烦恼与畏惧。

问君时运今何如，功名利禄各参差。
浪子回头金不换，信有否去泰来时。

偈解

若问时运的好与坏，功名利禄人各不相同。人做错事若能痛改前非，那么在不幸中便会获得幸运。

得此偈者，时运不济，甚至已至人生的最低谷。须知，如果自己认真反省，痛改前非，必然会有转运的那一天。

事迹

慧持尊者是中国东晋时名僧，著名法师慧远之弟，俗姓贾，雁门楼烦人。

尊者十四岁时开始读书，一天所学，抵别人十天。后来，尊者随慧远一起拜入道安门下。慧远东下时，尊者也同行。初到荆州，住长明寺，后到庐山。尊者身高八尺，风神俊爽。庐山上三千余佛门弟子，不乏英秀之人，但都不如尊者。后来，尊者听说蜀中土地肥沃，人民富裕，有志前往传扬教化。于东晋隆安三年，辞别慧远到蜀中。慧远苦留不住，叹道："人们都喜爱欢聚，唯有你却乐于分离，这是为什么？"尊者也很悲伤，说："若是滞情爱聚之人，就不应该出家。现在我们既已割舍己欲而求道，就应以西方极乐国为期。"于是兄弟两人悯默而别。慧持到蜀地后，住于龙渊寺。此后，大力弘扬佛法，受到四方人士钦慕。由于求法之人太多，以致于来到尊者僧堂的人，都被称作"登龙门"。

东晋义熙八年，尊者病逝，终年七十六。

136 慧持尊者

尊者法相所示

尊者法相所现为坦然而坐，脚踏神鱼，右手执拂子，左手笼袖，体形丰隆，面目俊朗，神态慈爱。尊者敏慧多智，清净修行，能远离世俗情障的缠绕。

车马萧萧走轮台，明主贤良重英才。
一朝伸展凌云志，金堂玉马迎面来。

偈解

车马凄清，远走边塞，但贤明的君主和有德行的人终归看重英才，所以不要灰心，一朝得到赏识，功名富贵都会蜂拥而至。

得此偈者，被人排挤，境况凄凉，尚有一段艰难曲折的路要走。但要坚定已有信念，暗自积蓄能量，一当有贤能之士赏识你，那时，功名富贵便会俯身皆拾。

事迹

宝胜尊者，又称宝胜菩萨。关于尊者名字的由来，一种观点认为，尊者“出世间之无上法宝，超胜世间之七宝”，因此，有宝胜之称。另一种观点则认为，“诸供养中，法供养胜”，尊者又时常以法宝施与众生，故有此名。

据《大方广佛华严经·入法界品》载，包括尊者在内一共五百名菩萨，参加了佛祖在室罗筏国逝多林给孤独园大庄严阁举行的法会。尊者当时已经成就十种“境界无碍用”。

尊者得到佛法的真谛后，自身法性淳厚，永远脱离了世俗尘垢，法眼清净而无障碍，能看到世间一切。尊者具慈悲之心，利益众生，使众生悉得清净，并以其智慧获得无穷的神通力，随时可以满足众生的心愿，解救众生于苦难之中。

宝胜尊者 137

尊者法相所示

尊者法相所现为跏趺坐，右手持法器，左手结印，双眼圆睁，神志威猛。尊者法性淳厚，其法眼能洞悉世间一切，能随时满足众生心愿。

大病初愈一无思，历尽磨难未心沮。
前度刘郎奋臂起，元气须得本人扶。

偈解

经历了诸多磨难而不沮丧，如果只要自己能振作起来，那么元气缓缓便可以恢复。

得此偈者，刚经受重创，却没有一味地沮丧。须知上天只拯救自救的人，所以如果不自我放弃，振作精神，被伤损的元气缓缓也可恢复如初。

事 迹

道仙尊者，西域康居国人，又名僧仙。

据《续高僧传》和《释氏通鉴》载，尊者本是西域康居国贩卖珠宝的商人，常往来于蜀地和江南，赚了许多钱。有一年，他到梓州牛头山做生意，听了僧人讲法，内心豁然醒悟，将两船财货沉于江中，然后到灌县竹林寺出家，发誓“不得道者，终不出山”。有佛经记载，尊者得道后一直隐居山中，蜀人敬之若天神。隋蜀王杨秀听说了尊者的事迹，下文召见他，尊者却置之不理。杨秀大怒，带领人马前去捉拿他。当来到山脚，突遇暴雨加冰雹，杨秀深感尊者确有神异之处，于是独自上山拜谒，忏悔皈依，还邀请尊者到静众寺住持讲法。当时全城民众及官吏都非常崇敬尊者，称他为“仙阇梨”。开皇年间，尊者端坐圆寂，人们将他葬于青溪山。

138 道仙尊者

尊者法相所示

尊者法相所现为端然静坐，双手于胸前结印，两眼笑意，面目慈祥、超脱。尊者悟性极高，神通广大，能放下世俗尘念虔心修佛。

君是彬彬读书人，不上文场上战场。
英雄用武非其地，改弦更张切莫忘。

偈 解

你本是文雅有礼的读书人，如今却不在文场而是去了战场。英雄无用武之地，便应改弦更张另作选择。

得此偈者，用非所能，无法展示自己的优势。因此，你应作别样选择，不然终将一事无成。

事迹

帝网尊者，又称帝网菩萨。

据《大方等大集经》载，大魔王魔波旬化身成一个长者前来礼佛，其真正目的是要扰乱佛祖及其弟子们的修行。佛祖怜悯魔波旬，便命菩萨们各自说一说菩萨能从魔界中解脱的原因。于是，尊者对佛祖说："世尊，若有恃有动则是魔界，若菩萨善相顺精进，知一切法究竟，无成就相故不恃不动，是为菩萨能过魔界。"佛祖对于尊者的回答十分满意，遂大加赞赏。

尊者德高望重，神通广大，广施慈悲于世间，引导众生脱离生死轮回的痛苦，关闭一切通往罪恶的道路，转而奔向极乐世界。他就像一位精通医术的医王，辩证施治，使大众都能断除烦恼而获解脱。他说法时言微意妙，能引导众生放弃尘念，安住清净；对于外道，也能使他们受到震慑而皈依。

帝网尊者 139

尊者法相所示

尊者法相所现为陶然静坐，右手扶座，左手执拂子，面如满月，慈和安详，满面含笑。尊者神通广大，说法时言微意妙，能广施慈悲于世间。

金银珠宝人人爱，种瓜种豆各应该。
坐享其成有殃祸，不如清风两袖来。

偈解

功名利禄荣华富贵，人人向往，但人的命数因果前定，并非人人向往都能如愿。如果一味坐享其成，必定招致灾祸，还不如乐安天命、两袖清风。

得此偈者，若坐享其成，贪图不义之财，还不如安贫乐道，两袖清风。

事迹

据《明网菩萨光品》载，一天，佛祖在王舍城迦邻竹园中举行法会，尊者对佛祖说："唯然世尊，如来仪像光曜难当，超于日明亿百千倍，姿颜威严而不可逮，极上穷下无能谛瞻，遵建所修莫能计量。又我自念。其有得见至真容体，思察所行，皆佛大圣威神所接，有所兴发辄到永安。"佛祖说："明网菩萨，诚如所云，见如来身，必获志愿不失所侥，若有所问亦复如是，则谓明网。……"随后，尊者对佛祖说："至未曾有天中之天，如来之身不可限量，巍巍之德不可思议，随宜方便敷演经法，昔所未闻今乃被蒙。其有菩萨闻说斯光名号欢喜而信乐者，皆当逮得如如来身，巍巍具足。又闻世尊演出如来佛所有光名曰劝化，诸所游在他方异国，菩萨大士转相诱进，相诱进已尽令来会于斯忍界，其有菩萨欲所谘启，便诣如来讲问经疑。"佛祖便从身上放出万道光明，普照无量佛土以作答。

尊者能降伏众魔，制服外道。善于洞察众生心意，因材施教，使众生了悟佛法，虔诚皈依。

140 明罗尊者

尊者法相所示

尊者法相所现为赤然而坐，双手执如意，体形丰隆，神态威猛。尊者道行高妙，能降伏众魔，使众生了悟佛法。

古今圣贤有遗文，功名富贵似浮云。
舞如戏文一场场，锣停鼓歇无踪影。

偈解

古今圣贤都认为，功名富贵犹如天上浮云，风吹即散；又好比舞台戏剧，锣鼓一停就结束。

得此偈者，为名利所累。须知功名富贵对人生而言总是过眼云烟，锣停鼓歇，生活的舞台总会冷清下来。因此，对名利切不可过于执著，只有这样方能活得自在快乐。

事迹

宝光尊者，又称宝光菩萨。宝光即佛光，它能引导众生走出黑暗。

据《大方广佛华严经》卷第六十载，尊者具备普贤菩萨的一切品行与功德，获得佛法真谛，对于佛教的一切奥义十分通晓；尊者深信佛法，曾发下大誓愿，要保护佛法，使其永远流传；尊者佛性深固，不受烦恼与忧愁缠绕，永离世俗世界，安住清净；尊者神通自在，能随心所欲地往来于世界各地，变化出无数化身，同时化现各地，护持众生；尊者法眼清净而无障碍，洞悉世间一切善恶诸事，除恶扬善；尊者不需被邀请，就可以与众生做朋友，并保护他们平安吉祥。

宝光尊者 141

尊者法相所示

尊者法相所现为结跏趺坐，右手执念珠，左手结印，粗眉亮目，神光内含，面有喜色。尊者佛法高深，佛性坚固，神通广大，洞悉世间善恶，庇佑众生平安吉祥。

春蚕到死丝方尽，一片坚贞动人心。
舍生取义君高尚，留作圭臬照后昆。

偈解

为了他人，舍生取义，贡献自己的高尚行为，不仅能得到众人的敬佩，也能作为后世表率，供人学习。

得此偈者，工作努力，服务于人却不计回报；在关键时刻可以舍生取义，其高尚品格可为后世楷模。

事 迹

善调尊者，又称日藏菩萨、善调如来。

据《法苑珠林》载，在过去劫中，曾有五百人供养诸佛，学菩萨乘。后因亲近恶知识做下恶业，堕入畜生道中沦为马。尊者为了超度他们，也以马的形态出现在他们当中，借此唤醒他们的修道之心。恰好，佛祖云游至此，一婆罗门请佛祖接受供养，佛祖欲超度这五百人，于是来到他家。尽管婆罗门答应供奉佛祖，但却不肯供奉佛祖饮食。于是，尊者便以马声为诸马说法，让他们分出自己所食的麦子施与佛祖，而他自己也以一半所食之物供奉佛祖。如此过了三月，尊者和这五百人尽皆命终，往生兜率天为天子。随后，他们来到佛祖住所，修习佛法。佛祖预言，在未来世，此五百天子都能成为辟支佛，尊者也因其无量功德，成为善调如来佛。

142 善调尊者

尊者法相所示

尊者法相所现为漠然静坐，右手执如意，左手护膝，耳大及肩，神态悲悯。尊者虔心供佛，慈悲助人，积下无量功德，为善调如来。

为人粗豪性纯良，勇志从佛赛金刚。
千魔万劫心不动，功德圆满住西方。

偈解

为人豪爽，本性纯善，有勇有谋，即使千魔干扰、万劫磨难，也不能扰乱其心志，最终功德圆满，升往西方极乐净土。

得此偈者，面对的诱惑、以及历经的磨难较多，若能坚定心性，耐住寂寞，终可大功告成。

事迹

奋迅尊者，又称奋迅王菩萨。

据《奋迅王问经》载：“佛言，‘奋迅王，皆以色相分别而见，非见法身。奋迅王，我为汝说，汝今应知，我从初发菩提心来更不见佛，惟除燃灯，何以故？非见色相净见如来。奋迅王，菩萨如是欲见佛者，应如我见燃灯如来，以一法故，云何一法，如我之身，彼燃灯身亦复如是，如燃灯身我身亦尔。一身一法证法不二不分别证，是因缘智。若见因缘彼则见法，以见法故则见如来。若于一切有心生处，皆悉证灭不入涅槃，不得生死方便智说，此是奋迅。”之后，尊者向佛祖请教四奋迅神通法门。佛祖告诉他，奋迅法有四种，分别是智奋迅、慧奋迅、戒奋迅、通奋迅。智奋迅，指能够把握事情的来龙去脉，有明确的是非判断；慧奋迅，指内心要明朗，对事物的发展规律有明确认知；戒奋迅，指严格遵守戒律，不让自己犯下任何过错；通奋迅，指通过修练佛法，获得各种神通，使身体能随心所欲地变化。尊者精进修行，终证得奋迅法门而神通自在。

奋迅尊者 143

尊者法相所示

尊者法相所现为奋然而坐，左腿架于座上，右手捻念珠，左手护膝，脸阔睛明，头戴日轮，神情奋迅。尊者佛法深厚，明心见性，善辨是非，通达自在。

日如车轮月如钩，骄光淡晖照九洲。
心中纤尘留不得，败事十九是粗浮。

偈解

太阳如车轮一样圆，月亮如钩一样弯，太阳和月亮的光辉永远照耀着大地。因此，你心中不要留一点点污垢，不然行事鲁莽浮躁必定败事。

得此偈者，心浮气躁，内心不够清净。应当心如明镜，明辨是非，否则容易作出错误决定，最终导致无法挽回的损失。

事迹

道，即游履、通入之义。梵语修道又作有学道。

在佛教中，修道就是修炼菩萨乘的过程。这个过程共分为十个阶段，也称十地、十住，分别是发心住、治地住、修行住、生贵住、方便具足住、正心住、不退住、童真住、法王子住、灌顶住。其中，从第一住到第四住，称为“入圣胎”，从第五住到第八住，称为“长养圣胎”。修到第九住时，法相形成，当出胎后，又经过第十住的智水灌顶，即成菩萨。

尊者精通佛典，学识博洽，才智敏捷，志性坚定，并且不畏清苦，精勤不懈，并严格按照以上修道顺序修行，终成正果。

144 修道尊者

尊者法相所示

尊者法相所现为结跏趺坐，右手执挂珠，左手笼袖，自然垂放，双目微闭，静心修定，神态安详。尊者才智敏捷，志行坚定，习得深厚佛法。

心坚志毅性刚强，摧枯拉朽无阻挡。
门前繁花行结果，何苦奔波走异乡。

偈解

心性坚毅且性格刚强，必定具备摧毁腐朽之力。门前就是繁花似锦，即将结为果实，又何必劳苦奔波，远走他乡。

得此偈者，欲远走他乡谋发展，须知只要意志坚毅，有成事的决心，即使不去异乡奔波操劳，就在此地，你也命中注定能收获到累累硕果。

事迹

大相尊者乃文殊菩萨的前世身。据载，文殊菩萨前世为一个外道小童子，名叫“欢喜”。

在《菩萨行方便境界神通变化经》中有关于尊者的记载。尊者原为外道，天资聪颖，智慧无量，后皈依佛教，获功德圆满，品性具足，得菩萨果位，名号大相。在过去世，佛祖尚未获得佛的果位。当时世尊佛为众徒授记，即预示佛祖将于何时何地成佛。尊者将在佛祖成佛时再次降临世间，名号文殊菩萨。佛祖涅槃后，文殊菩萨（即大相菩萨的后世身）当获得佛的果位，号“大庄严如来”。

大相尊者 145

尊者法相所示

尊者法相所现为赤脚而坐，左腿盘于座上，手开肚腹，现出佛像，象征佛驻心中。尊者智慧无量，品性具足，号“大庄严如来”。

君乃转凡智多星，凡事三思心有成。
金堂玉马指时待，人间沧桑何须问。

偈解

你本是智多星转世下凡，遇事只要三思，心里就能有很好的主意。荣华富贵指日可待，人世间的沧桑变化你也可以置之不理。

得此偈者，只要品性具足，则万事可为，且必能成功。

事 迹

善住尊者，又称善住天子。

据《佛顶尊胜陀罗尼经》载，一天，名叫善住天子的天人，与其他一些大天人游园玩乐，他们玩着各种游戏，听着美妙音乐，享受着无尽的快乐。但是，当天晚上，天空中传来一道声音，说："善住天子却后七日，命将欲尽，命终之后生赡部洲，受七返畜生身，即受地狱苦，从地狱出，希得人身，生于贫贱，处于母胎即无两目。"善住天子听后，十分恐慌，向帝释天求救。帝释天确认那道声音所说正确，便以种种花鬘涂香抹香，以天衣为供奉，前往誓多林园向佛祖寻求帮助。佛祖却微笑着告诉帝释天："天帝有陀罗尼名为如来佛顶尊胜，能净一切恶道，能净除一切生死苦恼，又能净除诸地狱，阎罗王界，畜生之苦，又破一切地狱，能回向善道。"于是，帝释天当即让善住天子诵读《尊胜陀罗尼经》。果然，在诵读后，善住天子一切恶道，皆得清净，一切地狱苦恼，悉皆消灭。从此，善住天子时常诵念此经，终得阿罗汉果位。

146 善住尊者

尊者法相所示

尊者法相所现为安然静坐，双手于胸前捧宝珠。尊者丰面大耳，目光深邃，神态凝定。尊者专心修行，广为行善，远离诸多世间烦恼。

莫叹虚度好年华，浪子回头金不换。
脱胎换骨有新貌，极乐净土到西天。

偈 解

不必感叹大好年华已被虚度，知错就改是你人生的最大收获。彻底改变后获得全新的面貌，这样才能真正开心快乐地生活。

得此偈者，纵情享乐，不计后果，以至虚度年华。但浪子回头金不换，脱胎换骨后必定会逃过劫难，获得安静的自在生活。

事 迹

持世尊者，又称持世菩萨。

据《维摩诘所说经》载，一天，尊者正在山林静室中打坐，万念放下、身心轻安禅乐之时，魔波旬化成帝释天的样子，在悠扬的天乐中率领一万两千天女来到尊者面前。尊者以为是帝释天及其随从来此放纵，就对他们说："帝释天，你们虽然已得福报，却不该如此放纵自己，你应当观照五欲无常速朽之法，寻找一个妥善归宿，就自己的身命财宝放下执著，即是坚固身命财。"魔波旬听后，面露欣喜之情，对尊者说："大菩萨，请接受这一万二千天女供养您以作洒扫之用。"尊者正色说道："不要把这些不合佛法的作法强迫我一个出家人接受，这不适合我。"尊者话尚未说完，维摩诘突然出现，对尊者说："持世，不要上当，此是魔波旬的伪装，他妄图用女色来迷惑你坚固的心志。"随后，维摩诘对魔波旬说："你可以把这些天女送给我，虽然出家人不能要，但我这个在家人却可以接受。"魔波旬听后，大为惊恐，转身便逃跑了。

持世尊者 147

尊者法相所示

尊者法相所现为结跏趺坐，右手执拂子，左手捋拂须，头戴风巾，目光慈祥，神态安乐。尊者持戒严谨，心性坚定，精勤修行。

脚踏金狮手执扇，人间魔雾化轻烟。
安邦定国足可赖，英名传留万千年。

偈解

凭借其卓越能力，便可化解人间的一切邪恶，为众生谋福利，并且英名也能万年流传。

得此偈者，极富领导才能，行事公正，能化解一切危厄。

事迹

光英尊者，又称光英菩萨。尊者以智慧为光，以福德为英，福慧双修，圆成佛果。

据《幻士仁贤经》载，佛祖曾说过一个名叫仁贤的幻术士的故事。仁贤才智很高，通经解术，善于幻化之术。其所行幻术，非常巧妙，如意施为，名声远闻。仁贤所到之处，最为第一，最受欢迎，当时许多人对他都佩服得五体投地。后来仁贤起了不良之心，欲仗其幻术愚弄佛祖，最后，在与佛祖的斗法中，败下阵来。事后，尊者作偈语说："譬如彼幻士，仁贤现此化，一切世亦然，愚者不及解。"这番话的意思是，如同仁贤这些幻化一般，世间一切诸法，皆是幻化。只是愚痴的众生，不知道而已。如果知道世间一切，皆是如幻，其人便觉悟了。

据《大宝积经》、《佛说纯真陀罗尼所问如来三映经》等载，尊者之心如金刚一般坚固，无能断截者，又如地水风火一般平等，既无所爱，亦无所憎，以一颗慈心济度世人。尊者能以法力洞晓众生心思，随人心所喜，以法教习。

148 光英尊者

尊者法相所示

尊者法相所现为肃然端坐，左手于胸前执如意，右手护神兔于膝，大耳垂肩，神态宁静。尊者福慧双修，以其法力洞晓众生心思，随人心所喜，以法教习。

尊者大号称光英，光泽普惠享英名。
知君性诚亦如此，自古有志事竟成。

偈解

光英尊者信念坚定，以一颗慈悲之心济度世人，恩惠普及众生，英名百世流芳。你的心性如尊者一样，所以，只要你有远大志向，而且坚持不懈怠，便必能成功。

得此偈者，恒心不足，这正是导致你难以成事的重要原因，宜反思。

事迹

权教尊者，又称权教菩萨。权，即权宜；教，即教法。佛法有权、实二教，如果以华严天台等一乘家的观点为根据，则权教是法相三论之三乘教，实教是自宗之一乘教；如果以天台宗所立的四教（即藏教、通教、别教、圆教）的观点为根据，则权教是藏、通、别三教，实教是圆教。值得一提的是，观音菩萨也属于权教菩萨，但和其他权教菩萨不同，观音菩萨会所有的神通，而其他权教菩萨则并非如此。

尊者因怜悯众生为痛苦所困惑，所以用权宜之法，解众生之苦。世间芸芸众生贪恋富贵利禄，为此陷入了无穷的烦恼之中，难以解脱。虽然有人心向佛教，但却法性不坚，即使其行为不违背佛教教义与戒律，但如此修行，终难成正果。尊者心系众生，只要众生有一分脱离苦难的可能，他便以十分的慈悲心，运用巧妙方法使众生脱离苦难，获得安稳。

尊者聪慧善良，颖悟明达，善于因人施教，方便说法。

权教尊者 149

尊者法相所示

尊者法相所现为盘腿而坐，左手于膝上结印，右手托神鸟，宽额亮目，神光内含，体形健硕。尊者聪慧善良，颖悟明达，善用权宜之法使众生脱离苦难。

菩萨从来最慈悲，铁石心肠奚可为？
愿君今生多积德，子孙万代有依归。

偈解

菩萨心地最为慈悲，所以做事切不可铁石心肠。希望你也能心怀仁慈，多行善积德，修得善果荫及子孙。

得此偈者，情冷心硬，切记常怀仁爱之心，尤其是对于弱者的同情救助，只有这样才能给自己带来好运，也会给子孙带来福报。

事迹

传说尊者出生不久，即开始礼佛，佛为其说法，使之证无生忍。《善思童子经》这样记载到："尔时世尊，入毗耶离大城之中次第乞食。渐渐行至毗摩罗诘离车之家，当于是时毗摩罗诘离车家内，有一童子名曰善思。是时奶母抱持，时彼童子手中秉执一茎莲花玩弄嬉戏，而彼童子以其宿植众善所熏，又佛世尊神通力故，令此童子忽然以偈白其奶母。奶母闻其童子自口所说如此偈已，心生恐怖，支节战抖不能自持，安彼童子于楼阁上置已，即作如是思惟，此子何也？为天为龙为是夜叉，为是罗刹为鸠槃茶，为毗舍遮为紧陀罗，或复为是摩睺罗伽。如此之言非是世间婴孩所说，时彼奶母不敢动移，亦不起行大语，细喘低头默然察听……尔时世尊说是法已，是时善思离车童子，于诸法中即便证得无生顺忍，既得证彼无生忍已，远离一切世间忧喜得大欢乐，即更飞腾上虚空中，离地高于七多罗树。"

尊者颖悟明达，精进修为，悉已清净，永离盖缠，证阿罗汉果位。

150 善思尊者

尊者法相所示

尊者法相所现为陶然静坐，左手抚膝，右手执扇，右脚踏金狮；脸庞丰润,长眉大耳，额头饱满，笑口常开。尊者颖悟明达，佛法高深，不会被凡尘俗事扰乱其清净之心。

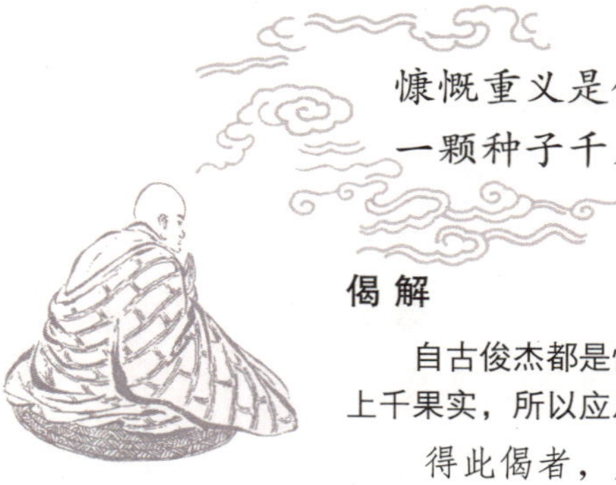

慷慨重义是俊英，悭吝自利是小人。
一颗种子千只果，劝君此后发慈心。

偈解

自古俊杰都是慷慨重义之人，小人通常悭吝自私。小小的种子也能结出上千果实，所以应从小事做起，积多种善因。

得此偈者，为人悭吝，目光短浅，常因善小而不为。切记多发慈悲之心，行事不能太自私，多为他人着想，多积小善日后也必定广有收获。

事迹

法眼尊者，即中国五代十国时期南唐金陵清凉院住持法眼文益禅师，是南禅法眼宗鼻祖，俗姓鲁，浙江余杭人。

尊者刚出家时，在很长一段时间内都没能开悟，直到参拜了高僧罗汉桂琛禅师后，才豁然开悟。据史料载，尊者到南方去行脚参学，途中遇大雨，只好到一寺院避雨，住在该寺的地藏院。这个寺的住持正是罗汉桂琛禅师，他听说有行脚僧在地藏院避雨，便前往探视。两人见面后，桂琛禅师问尊者："你要去哪里呢？"尊者说："我只是四处行脚罢了。"桂琛又问："行脚是什么意思？"尊者回答："不知。"桂琛禅师听后，说："不知最亲切！"尊者听了豁然开悟，便请求留下来做桂琛禅师的侍者，不再行脚。

尊者晚年住持金陵清凉院，当时，四方慕名前来学习佛法之人不下千人，一时间，整个南唐禅风大振。尊者去世后，南唐中主李璟谥尊者为"大法眼禅师"，因此后人称他为"法眼文益"。

法眼尊者 151

尊者法相所示

尊者法相所现为安然静坐，左腿盘于座上，左手托童子，右手执叶，眉目俊秀，慈祥和善，体形丰隆。尊者是南禅法眼宗鼻祖，且使南唐禅风大振，被人称为"法眼文益"。

莫辞万苦与千辛，朽木枯株休依凭。
性孤才异能结果，山深林密少行人。

偈解

不要回避辛苦的生活而不思进取，没有生气的人更不要去倚靠。你性格孤高，才能出众，所走之路同路人很少。

得此偈者，所追随的人能力欠佳，而自己因畏难又懒于改换门庭，以致一直没有大的发展。须知你本是性情孤傲的奇才，你应当独自走自己该走的路，会面临较多磨难，并且在这个艰辛的过程中，能帮助你的人很少，你只能靠自己努力，才能得偿所愿。

事迹

梵胜尊者，梵，即梵天，意为清净、离欲。《智度论》卷十说："梵名离欲清净。"《玄应音义》卷六也说："梵言梵摩，此译云寂静，或清净，或净结。"胜，即胜因，胜因生善道，恶业堕泥犁。

相传，尊者自幼出家，刻苦修习梵行。梵行就是僧俗二众共修的清净行为，由于梵天有断淫欲、离淫欲之意，所以后人将这种修行称为梵行，又称清净梵行。反之，行淫欲之法，即称非梵行。在佛教中，以不淫，受持诸戒，称之为梵行。修梵行时，应以身、身业、语、语业、意、意业、佛、法、僧、戒等十法为缘。

尊者彻底断除情欲，恪遵一切戒律，成就具足清白之相，终得阿罗汉果位。

152 梵胜尊者

尊者法相所示

尊者法相所现为欣然而坐，左腿屈起置于座上，双手交叉抱膝，广额长眉，神清气静。尊者刻苦修行，远离情欲，具足清净之身心。

人生道路本康庄，唯有小人倍跳梁。
功成名就终有日，甜酸苦辣味味尝。

偈 解

你人生的道路本应宽阔平坦、四通八达，却总有小人兴风作浪。待尝遍人生百味，你仍然会功成名就。

得此偈者，有小人作祟，以致生活工作有太多本不该有的苦辣酸甜，只须略加防范，固守本分，虽然有些影响，但功名利禄迟早也会为你所得。

事　迹

光耀尊者又称光耀网菩萨，是北方佛土离暗冥世界的大菩萨。

尊者认为，世间万物的生死，与幻师所表演的戏法一样，是不真实的。众生心中各种杂念，是因为看到幻师所制造的各种幻象才产生的。如果幻师不再制造这些幻象愚弄众生，那么世间一切都会变得静止不动，众生心中的杂念也会随之烟消云散。尊者还认为，佛祖已经给众生指明了解脱之路，即不执著于世间这些虚无之物，不执著于各种情欲。在解脱后，只要能坚守佛法，不被各种幻象困惑，就能获得正果。

据《大哀经》载，尊者在离暗冥世界向众菩萨讲法论道时，忽然消失；顷刻之间，他就来到佛祖的居所，将珠宝编制的璎珞覆盖在佛祖身上，并向佛祖顶礼膜拜，颂赞佛祖的功德。其颂词是："身觉了生死，犹如幻师化。示现所感动，如幻无所有。假如师幻化，众生皆如兹。其界不可动，众生无自然。如人卧寐梦，睹见若干形。寤则无所见，诸色想无为。圣说法如梦，有为从念生。见有所退转，不退不回还。"

光耀尊者 153

尊者法相所示

尊者法相所现为漠然而坐，双手托寿桃，额头饱满，寿眉下垂，嘴唇紧闭，神态冷漠沉重。尊者坚守佛法，不为各种幻象所惑，并由此得证正果。

君本谪星多艺才，时运享通春风来。
青春年华当珍惜，好看繁花似锦开。

偈解

你本是天上文曲星下凡，多才多艺，而眼下正时运亨通，如沐春风。所以更应抓住机遇，珍惜时光，以使生活繁花似锦。

得此偈者，时运大好，正是春风得意之际。但切记珍惜时光，切不可陶醉自满，应乘着大好时机，不懈努力，为以后更美好的生活多做铺垫。

事 迹

直意尊者秉性耿直，凡事皆以直心行之。直心，即正直而无谄曲之心，乃是修习佛法的根本。《维摩经·菩萨品》云：“十方如来同一道故，出离生死，皆以直心。”

佛教认为，菩萨以直心度化众生而成就净土佛国，所以受菩萨教化的众生都无虚假，有正直心的人才能成为净土佛国的眷属。只要保持直心，在任何地方都可以修行，若无直心就是在最清静的深山古刹中也不能修成正果。《维摩经·佛国品》说：“直心是菩萨净土，深心是菩萨净土，菩提心是菩萨净土，布施是菩萨净土，持戒，忍辱，精进，禅定，智慧，四无量心，四摄法，甚至三十七道品，十善法皆是菩萨净土。”直心也是菩提心，通俗说，直心就是真诚心。

相传，尊者一直以最虔诚、最纯直的心修习佛法，从不做顺形违心、虚伪谄曲之事。在为人处世上，也一直秉持正直、诚实的信念，从不自欺欺人、心怀不轨，最终证得阿罗汉果位。

154 直意尊者

尊者法相所示

尊者法相所现为半跏趺坐，左手扶座，右手捋须，神态安详庄重，满面笑容。尊者为人正直，在修习佛法中，持虔诚、直心态度，做到不违心，不谄曲。

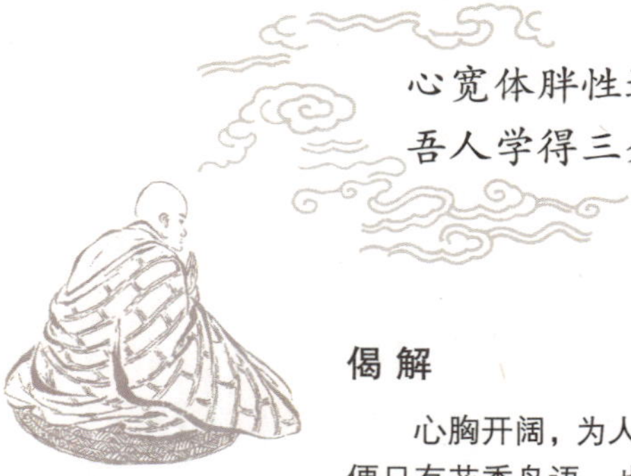

心宽体胖性逍遥，未知人间有忧愁。
吾人学得三分像，花香鸟语慰寂寥。

偈 解

心胸开阔，为人旷达，便会乐得逍遥自在；如果我们能学得其中三分，即便只有花香鸟语，也不会觉得寂寞空虚。

得此偈者，烦恼缠身，忧愁无计；不妨放开心怀，不过分在意，自然也会变得快乐、充实。

事 迹

摩帝尊者又称摩帝菩萨，摩帝是大慧的梵文音译。

据《楞伽经》载，尊者曾向佛祖提出一百零八个问题，其中最著名的是关于吃肉的问题。佛祖告诉尊者，有数不清的理由不该吃肉。吃肉的人没有慈悲心，不会有善终，更有无量的过患。

据《楞伽阿跋多罗宝经》卷一载，尊者曾与大慧菩萨游访参拜世间诸佛，恰逢佛祖与诸佛在南海滨楞伽山顶聚会，二菩萨便来到此山。佛祖与诸佛为二菩萨灌顶加持，给他们讲解佛法。尊者擅长修定，息虑凝心，听了佛祖和诸佛讲法后，神通、智慧皆有增长。尊者功德无量，救护众生不分贫富贵贱，一律平等对待，使受难者都能得到护持。

尊者友好可亲，智慧超卓，待人真诚，律己修身，脚踏实地。

摩帝尊者 155

尊者法相所示

尊者法相所现为陶然静坐，左手抚膝，右手于胸前执笔；体宽神静，气质高贵端庄，神态祥和宁静。尊者擅长修定，功德无量，救护众生不分贫富贵贱。

大道羊肠各万千，兴亡成败各因缘。
三岔路口当抉择，青山绿水莫流连。

偈解

人生道路有成千上万条，选择不同，兴亡成败也各不相同。所以面临选择时应当慎重，切不可沉迷于一时的舒适与快乐。

得此偈者，正面临重要抉择，应从长远计，不能轻率决定，更不能被眼前的小有所得所误导。

事 迹

慧宽尊者乃唐代高僧慧宽。

尊者幼时即颖悟不凡，颇具神异，常和姐姐在一起坐禅，讨论佛事。父母很奇怪，问他们在做什么。他们回答："佛前来给我们说般若圣智，界入法门。"接着，他们便一起谈论修持法相之事。尊者父亲把姐弟二人所说的话记录下来，共二百多页纸。龙怀寺的会法师听说此事后亲到其家察视，在看过姐弟俩的谈话记录后，会法师惊叹道："这些都妙合佛经大义，没有一点错误。"尊者年纪稍大，便在龙怀寺出家，修习佛法。当时龙怀寺有二百多个僧人，会法师让其他僧人干活，唯独不许尊者干活。有僧人对此很抱怨，会法师说："慧宽原来是我的老师，我怎么能让他干活儿呢？当年周灭佛教，我投奔相禅师，隐居南山中。隋初佛法再盛，我辞别恩师而至蜀中。临走时，师傅嘱咐我：'你到蜀地，会有许多弟子，有个叫慧宽的，要好好管教他。'我算一下恩师的死日，正是慧宽出生的日子。因此慧宽的前世是我的恩师。"尊者三十岁时，回家乡弘传佛法，于唐高宗永徽四年圆寂。

156 慧宽尊者

尊者法相所示

尊者法相所现为安然端坐，双手于腹前相握结印，面目正直慈祥，神态高贵宁静，抿嘴而带笑意。尊者天资聪颖，颇具神异，修习佛法专注一境，佛法造诣颇为深厚。

身心康健神无恙，家运兴隆人运昌。
清净无争正福分，平安自享寿绵长。

偈解

福缘深厚，身心健康，家和人睦，时运昌盛，能得此厚缘，关键在于你能做到"清净无争"。

得此偈者，大富大贵，虽然眼下正面临名利的诱惑，但只要保持内心清净，不与人争，最后必会获得平安与高寿。

事迹

无胜尊者，为佛祖前世身。佛祖是北印度迦毗罗卫国净饭王之子。

据《修行本起经·游观品》载，佛祖为太子时曾多次出游，见老、病、死、沙门等，深感人生的苦痛与无常，遂萌生出家修道之志。十九岁时，他夜出王宫，自脱衣冠为沙门。随后，他先往毗舍离国跋伽婆求道，后又到王舍城拜访贤者阿逻逻迦罗摩、郁陀迦罗摩子。之后，他发现自己所学之法难以到达解脱之境，又前往摩揭陀国伽耶城的苦行林，苦修六年。六年中，净饭王派给他的五位侍者一直陪伴着他。佛祖每天只吃一麻一米，以致形体枯瘦，身心衰竭，但始终未能成道。最后，他发现苦行也不能成道，便离开苦行林。这时，一直侍奉佛祖的五侍者以为他退失道心，舍他而去。佛祖放弃苦行后，到尼连禅河沐浴，并接受牧女乳糜之供养。恢复体力后，前往伽耶村毕钵罗树下，以吉祥草敷金刚座，东向跏趺而坐，端身正念，静心默照，思惟解脱之道。四十九日后，于十二月八日破晓时分豁然大悟，时年三十五岁。

无胜尊者 157

尊者法相所示

尊者法相所现为欢然而坐，右手置于腹前，左手抚仙鹤，脸庞丰润，长眉亮目，开口大笑。尊者乃佛祖前世身，具大智慧与大慈悲，能断除世间欲念，脱离情障困扰。

心直口快性和顺，心宽体胖无纤尘。
心安理得修道法，心身如一享太平。

偈解

心直口快，性情温和，胸怀坦荡，毫无杂念。如果能虔心修得如此妙道，你必定可以安享一生太平。

得此偈者，修炼不够，心中杂念太多，应端正心态，把前期工作做到位，如此方能行事成功。

事 迹

昙摩尊者又称昙摩菩萨。所谓昙摩，就是保持自性而不改变。《成唯识论述记》中称尊者："法谓轨持，轨谓轨范，可生物解，持谓住持，不舍自相。"

据《无极宝三昧经》载，佛祖在罗阅祇竹园中举行法会，尊者曾向佛祖询问："菩萨已得宝如来三昧，自在所为，众慧已具，便得三宝。"佛祖告诉他："已得陀罗尼门，譬如持弓弩布矢，在欲所射，无所不到；菩萨持一慧已具入万亿慧，已具靡所不至如是也。"尊者闻佛祖妙解，于佛法已然有了很深的领悟。从此，更加精进修行，断除一切尘俗杂念，无所挂碍，甘于平淡，不畏清苦，终证得阿罗汉果位。

158 昙摩尊者

尊者法相所示

尊者法相所现为陶然而坐，双手合拢接灵猴供桃，眉目清瘦，天真宁静，笑逐颜开。尊者自性清净，无所挂碍，甘于平淡，不畏清苦。

白鹤冲天云里飞，久离家园何时归。
他乡纵有千般好，不如乡梓忆儿时。

偈 解

白鹤在云里飞翔，是南下过冬后正返回故园；而你久别家乡，不知道何时才能回来。他乡纵然有千般好，也不如回家追忆儿时的时光更幸福。

得此偈者，背井离乡，事业有成，却不必乐此不疲。须知在老家故园里，你幸福的童年也很值得你去追忆。

事迹

欢喜尊者即佛祖堂弟阿难陀。尊者生性博闻强记，闻一知十，故称为“多闻第一”。

据载，佛祖年老时，需要一个常随侍者，因此把弟子集合起来，要大家推选一人。舍利弗、目犍连认为阿难陀年轻、记忆力强，担任此职最为合适，得所有人认同，于是就推举了阿难陀。阿难陀提出三个条件，“第一是佛祖之衣，无论新旧，我不要穿。第二是如有信众请佛应供，我不前去侍奉。第三是不该见佛祖的时候，我不去见。”舍利弗、目犍连将阿难陀的条件告诉佛祖。佛祖非常欢喜，叹说：“阿难是一位品格优秀的人，他提出的条件是为了避免讥嫌，怕别人批评说是为了衣食，才侍奉佛祖。”尊者侍奉佛祖二十七年，跟随佛祖到各地弘化，在僧团中深受敬重，但他非但不自大，反而更加谦逊诚恳地待人。尊者与人相处时，从不扬己之长，显人之短，总是尽力帮助别人，提供方便。在二十七年的侍者生活中，当有比丘、比丘尼以及在家信众前来参拜佛祖时，他总是安排适当的时间，满足所有人的愿望。

欢喜尊者 159

尊者法相所示

尊者法相所现为结跏趺坐，双手于胸前结印，指端幻化一缕青烟，烟中现有佛像。尊者长眉大耳，法喜充盈，博闻强记，闻一知十，故称“多闻第一”。

含辛茹苦不计年，修成正果住西天。
你我虔诚从效法，名利双收福寿全。

偈解

不计辛苦，虔心修行，方能成正果；如果我们效仿此尊的虔诚德行，也能获得名利与福寿。

得此偈者，不能吃苦耐劳，也差持恒之志。须知只有脚踏实地，勤奋务实，你才能福寿双收，得随所愿。

事迹

游戏尊者，又称大游戏菩萨。“戏”意为“自在”，“游”与“戏”意思相同。因此，也可称为“游戏自在”。

佛教中“游戏”是指，佛和菩萨随心所欲度化众生而无障碍的能力。《除盖障菩萨所问经》卷九说：“常所游戏胜妙法乐，不贪世间诸欲境界，是为菩萨游戏法乐。”又有宋代《武林旧事·张约斋赏心乐事》说：“不为俗情所染，方能说法度人。盖光明藏中，孰非游戏。”

据《佛华严如来德智不思》载，尊者曾到摩揭陀国法阿兰那菩提道场听佛祖说法。尊者有大平等大慈悲心，教化一切众生皆发心证觉菩提。他神通广大，通达自在，善于在入、出世间行无边法行，普度众生，使众生获得解脱。

160 游戏尊者

尊者法相所示

尊者法相所现为陶然静坐，左手执念珠，右手执经卷，寿眉下垂，体态丰硕，情态自在随和。尊者神通自在，以其智慧帮助众生脱离苦海，断除烦扰。

时涨时落钱塘潮，时盛时衰命蹊跷。
半生蹉跎浑忘却，春风化雨在今朝。

偈解

人的命运犹如钱塘江潮水，起伏不定，时运的好坏也变化多端。前半生虚度的光阴应当浑然忘却，因为好转的迹象已经来到眼前。

得此偈者，半生蹉跎，虚度了无数时光，而今正面临转运，所以应好好把握。

事迹

道世尊者是中国唐代高僧，十二岁时在青龙寺出家。修行期间，深研律学，博闻强记，最擅长写文章。唐高宗显庆年间，奉朝廷旨意帮助玄奘大师翻译佛经。

尊者一生著述颇多，最著名的当属《法苑珠林》。这是一部汇集了佛法所有教义精华的重要典籍。“法苑”指佛法的荟萃；“珠”指精美的玉石，佛教常以此物比喻佛祖的教法融通无碍；“林”意为众多，佛教常以林比喻佛法广大无边犹如森林一般。《法苑珠林》全书约百万余字，其中引用经、律、论、传等多达四百多部。该书对每一个事例都注明了出处，如果是当时所发生的，也会注明出自何人之口。由于引用的经论众多，该书因此成为检寻一切经典的工具书，有“佛经索引”的美誉。同时，《法苑珠林》也被历代佛教学者和佛教徒奉为研究佛学、弘法布教的宝典。

道世尊者 161

尊者法相所示

尊者法相所现为安然静坐，左手于胸前托宝珠，右手结印，面带笑意，神态慈祥宁静。尊者学识广博，佛学深厚，勤于著述。

行事处世有妙方，开口一笑烦恼光。
莫看落拓罗汉样，万点机杼腹中藏。

偈解

豁然大度、笑口常开少烦恼，这也是行事处世的好方法，罗汉外表虽放浪不羁，内心却有缜密的条理。

得此偈者，做事没有条理，却刻板而不灵活。没有条理的人，必然遇事抓不住重点，必然忙碌而不见成效；而刻板者，往往不被人接受，会少有朋友交往，所以行事处世，最好的方法是既有条理，又能变通，如此方能开口一笑少烦恼。

事 迹

明照尊者，又称照明菩萨。

据《佛名经》载，尊者属“敬礼十方诸大菩萨摩诃萨”中的“南无智慧照明藏菩萨”。

尊者佛法深厚，犹如明灯，可以驱散黑暗，将众生引至光明佛土。佛教认为，能够获得“照明”佛法的菩萨必须是“智摄受者”，这种佛法本身又有四种，《佛说海意菩萨所问净印法门经》说：“一者照明一切众生根性，如其所应即为说法；二者照明一切烦恼之病，积集法药随为治疗；三者神力照明，于佛刹中悉能遍往；四者法界照明，于一切法如实了知。诸有菩萨为智摄受者，获得如是四种照明，以是缘故。菩萨摩诃萨欲得如是摄受称赞功德法者，应当勤行护持正法。若诸菩萨而能勤行护正法者，当获无量最胜功德。”

传说尊者一心向佛，经过长久修炼，脱离了一切业障，得无量功德。他内心如同纯净的月轮一般，永远将智慧之光照耀在众生身上，使众生有所悟解，得身心清净。

162 明照尊者

尊者法相所示

尊者发相所现为怡然而坐，双手抚抱灵鸽，天庭饱满，长眉亮目，神态慈祥沉静。尊者内心犹如纯洁的月轮，以智慧之光照耀众生，使众生远离业障困扰。

沉沉黑夜灯烛明，照亮世界照亮心，
常存济世利人志，南山东海福寿臻。

偈 解

尊者如漫长黑夜的烛火通明，照亮世界温暖人心。人心中只要一直有帮助他人的善念，福缘寿禄自然都会来到。

得此偈者，应多做善事，如此才会成为有福之人，而且还能长命百岁。

事迹

普，即普遍、众生；等，即平等。在尊者心中，众生没有尊卑之分，无所差别，一律平等。

五百罗汉中，尊者最擅长的是佛教徒的基础修行，即禅定。尊者常常在禅定中神游天外，参见世间诸佛，聆听他们的教诲。在诸佛教导下，尊者感悟到世间所有苦难都源于人的贪欲，只有彻底斩断七情六欲，才能永远脱离生死轮回之苦，使自己身心安宁。在修禅定的过程中，尊者获得了诸佛智慧，并从无量智慧中生出无量方法，他运用这些方法帮助自己脱离生死轮回之苦。不仅如此，尊者还获得了诸佛的慈悲心性，在摆脱自身苦难的同时，也不辞辛苦地为众生说法。

尊者曾发下宏愿，要关闭一切通往罪恶的门户，不让众生再次堕入苦难的地狱，引导大众脱离苦海，升入净土。

普等尊者 163

尊者法相所示

尊者法相所现为安然端坐，双手于胸前开卷诵读，面如满月，目光祥和，体形丰隆，神情慈爱。尊者没有尊卑之分，在修禅中获得无量智慧，又从无量智慧中生出无量方法。

堪笑世人多忧烦，柴米油盐存心间。
愿君抛开繁冗事，随我清净住林峦。

偈解

世人常为柴米油盐等生活琐事烦忧，这是多么可笑的事啊！但愿你能抛开尘世的繁杂细琐，跟我一起到山林清静的地方逍遥自在。

得此偈者，为日常生活愁苦，被一切琐事困扰。其实，只要方法得当，人便能从日常琐事中得到解脱，而人一旦从繁冗琐事中解脱了，其心必然开朗清净，这样的人生也许才会有更多成就。

事 迹

慧作尊者是佛祖在世时的一个明士。

据《佛说成具光明定义意经》载，尊者曾赴迦毗罗卫国听佛祖说法。佛祖住在迦毗罗卫国精舍，某日早上预知有人将前来请教佛法精要，便命阿难邀请明士、除恶众、无著、履迹四类人前来，慧作便是前来听讲的诸明士中的一员。尊者依照佛祖的教导，严持净戒，勤勉律仪，正观心性，破除了贪、瞋、痴三毒，清除了诳、谄、瞋、恼、恨、害六惑，摒弃了色、受、想、行、识五蕴魔，终得阿罗汉果位。

164 慧作尊者

尊者法相所示

尊者法相所现为陶然静坐，上衣散开袒露乳腹，浓眉亮目，长耳垂肩，面露喜色。尊者恪守戒律，心清口净，其净如花如月，明亮香醇。

心高气傲不胜才，君本星宿下凡来。
人间游戏有时尽，衣锦还乡何悠哉。

偈解

你本是天上星宿下凡，因此心性高傲，才华横溢。但世间荣耀总是盛衰不定，不如急流勇退，衣锦还乡，活得清闲舒适。

得此偈者，正值人生得意之际，切不可再参与对功名利禄的游戏追逐，保持低调，多留后路，以利适当时急流勇退，如此所归才能平安清闲。

事迹

助欢尊者，因誓愿用佛法使佛身永远安乐而得此名。

佛祖的一切作为只有一个目的，即普度众生，使众生脱离苦海，到达西方极乐世界、佛国净土。因此，佛门弟子一直不知疲倦、不计酬劳地帮助众生。同时，佛门弟子的肉身也会得到佛法加持，修成法自身（即法身、佛身）。

佛门弟子的法身是从自己所造就的无量功德中生出来的，是从修习禅定及诵念真言中生出来的，是从心性慈悲施舍济度中生出来的，是从三十七助菩提法中生出来的，因此，法自身与世俗肉身是两个不同的身体。前者充满了佛法和佛性，后者则包含着世俗中的诸多丑恶。当修行者的功德日益深厚，并最终达到圆满时，法身就会替代肉身，并能如肉身一般在世间行走。

尊者正是遵循上述规律，最终修成正果，功德圆满。尊者在获得法身之后，仍然不忘施恩于众生，清净佛土，使法身欢乐，弘扬佛法，利益众生。

助欢尊者 165

尊者法相所示

尊者法相所现为淡然而坐，寿眉下垂，面如槁木，神态安详宁静。尊者功德圆满，佛性深厚，自身充斥佛法佛性，清净佛土，以使佛欢乐。

拆壁补壁事荒唐，碌碌奔波为那桩。
前世已余功得份，家道小康不须忙。

偈解

拆东墙补西墙，这样做事本就十分荒唐，如此忙碌是为了什么呀。须知你前世福缘已修得很好了，今生没必要如此辛苦劳碌，最终也会安享富足。

得此偈者，功名心过重，忙忙碌碌却一无所获。须知人一生的富贵全由命定，即使生活小康你也该满足了。

事 迹

难胜尊者，又称难胜菩萨。

尊者俗名阿逸多，是佛祖的弟子之一。阿逸多梵文意为难胜、无胜、无能胜、无三毒。据载，尊者生于古印度波罗奈国一个婆罗门家庭，与佛祖为同时代的人。后随佛祖出家，修习佛法，成为佛祖弟子，他在佛祖入灭之前就先行去世。据说佛祖曾预言，尊者离开世间后，将上生兜率天宫，在那里与诸天演说佛法，直到佛灭度后五十六亿七千万年时，才从兜率天宫下生，来到人间。

自古以来，人们多认为尊者和弥勒佛为同一人，但事实并非如此。据《巴利大藏经·彼岸道品序偈》载，尊者与弥勒佛仅是同名而已。佛经中有记载，尊者在人寿达到八万岁时，成为转轮王，法名为螺；而弥勒佛也是在人寿达到八万岁时，成为佛，法号弥勒如来。由此可见，尊者与弥勒佛其实是两个人，只不过他们同为受佛祖教化的弟子而已。

166 难胜尊者

尊者法相所示

尊者法相所现为恚然而坐，右腿跷于左腿之上，左手持经卷，右手结印，浓眉长须，双目如炬，神态威严。尊者慎摄戒行，勤勉律仪，佛法深厚，深得众生敬仰。

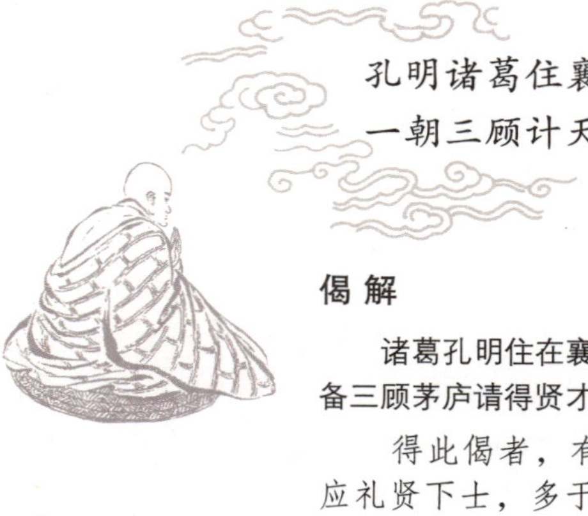

孔明诸葛住襄阳，谁知卧龙林间藏。
一朝三顾计天下，腾云驾雾掀长江。

偈解

诸葛孔明住在襄阳时，谁又能知道有这样的济世贤才藏于山野之中。刘备三顾茅庐请得贤才，从此计定天下，三国鼎立，终成霸业。

得此偈者，有大谋略，却苦于无人辅助，计划难以顺利实施。应礼贤下士，多于别人不经意处寻找人才，也许遇此一人，便可助你功成名就。

事 迹

善德尊者，乃佛祖在世时的居士。

据史料记载，尊者在世时并未出家为僧，但却比很多僧侣更加遵从戒律。尽管生在红尘之中，也能斩断一切烦恼，清除一切世俗私欲。尊者一生视名利如粪土，虔心修行，并从修行中获得了无上大智慧，从此更是一心一意致力于传播佛教，并时常与外道论战。不仅如此，尊者在修行中还获得了无穷慈悲心，他曾发下宏愿，要济度一切未度者，解救一切未解脱者。尊者常常前往佛祖处求法听法，听完之后，会将佛祖的微言妙义传播给别人，若有人不懂，便会尽心详细地向其讲解。

据《大般涅槃经》载，佛祖即将涅槃时，眉间放出万道光芒，此光普照三千大千世界。众生也从此光中得知佛祖即将灭度的消息，一时间都放声哀号，其忧伤之情使天地为之变色。这时，尊者及佛祖弟子都围绕在佛祖身旁，向佛祖磕头致礼，请求他留在人间，不要涅槃 。佛祖鉴知尊者在未来世将获得佛的果位，能使佛法流传世间，便安然入灭，升往天国。

善德尊者 167

尊者法相所示

尊者法相所现为陶然静坐，双手结印，右手执念珠，浓眉大耳，神情欢愉。尊者视名利如粪土，能斩断一切烦恼，清除一切世俗私欲。

欲靠冰山冰已融，欲靠雪山雪已崩。
千辛万苦成家业，一朝亡灭成幻梦。

偈 解

想要倚靠冰山，冰却已融化；想要倚靠雪山，而雪却已崩塌。千辛万苦创下家业，却在顷刻间崩溃瓦解，最终都化成了一场幻梦。

得此偈者，人生将临危局，先前所依仗的方法或背景并不实在，在阳光下极易消融。遇此境况，若能淡然面对，端正心性，依靠自己，也可能东山再起。

事迹

宝，即宝珠，佛教常以宝珠比喻功德，一件功德就是一颗宝珠，宝珠可大可小，功德大则宝珠大，反之则小。佛教认为，不管功德是大是小，都会抵消人们前世所犯下的一部分罪业。因此，佛教常常劝导世人“不以恶小而为之，不以善小而不为”。涯，即无边无际的海洋。宝涯二字合起来是指宝珠如同无边无际的海洋，不可胜数。《净土论》偈中也有“功德大宝海”一说。

佛教谓世间和佛国之间有一大海，佛法为渡海的宝筏。尊者虔心向佛，广行善事，诸如施舍、斋僧、修桥、补路、恤贫、抚孤等，平生善行无数，功德无量。同时，尊者精研佛理，勤于禅定，精勤不懈，刻苦修行，终证阿罗汉果位。

168 宝涯尊者

尊者法相所示

尊者法相所现为寂然静坐，右脚高架于座上，双手合抱右膝，圆头圆脸，神态纯真，目视神蛙。尊者精研佛法，勤于禅定，慈悲助人，行善无数，功德无量。

早春三月杜鹃花，综纷烂漫满山涯。
功名事业亦如此，花团锦簇令人夸。

偈解

早春三月，杜鹃花开得缤纷烂漫，遍及山崖。功名事业也应这样，绚烂多姿，令人赞叹。

得此偈者，已走出低谷，正值得意之际。但鲜花易败，凡事都应未雨绸缪，低调为人，谨慎做事，多行善积德，如此方能让事业永驻，功名长存。

事迹

观身尊者，乃佛祖释迦牟尼的弟子。

据佛经记载，尊者天资聪颖，悟性超群，文墨出众，博闻强记，世间诸业，欲学无难。其性格严谨持重，注重自身修养，道行甚为卓越。但尊者在皈依佛门之初，却很难斩断与世俗的联系，常常被烦恼忧愁所困扰，始终无法领悟佛法的奥义。于是尊者独居反省，寻找无法解脱的原因，发现不是智力不及，也不是信仰不诚，而是没能彻底割断与世俗无明的重重联系，自身仍处在生死轮回的苦海之中。于是痛下决心，割断一切尘障，排除自我，求得佛教真谛，成就阿罗汉果位。

佛教有“观身空寂，明见佛性”之说。所谓“观身空寂”是指内外通同，入身于法界之中，没有什么阻碍。人有六根，即内六根与外六尘相结合，中间产生六识的不同作用，然后由六识的不同，引生种种烦恼障与所知障。如果能够“观身空寂”，不生六识的不同，即六根在接触六尘时不起分别心，就能直接接触到诸法的实相。

观身尊者 169

尊者法相所示

尊者法相所现为陶然静坐，左手于胸前结印，右手执如意，秀眉大耳，开口而笑。尊者天资聪颖，文墨出众，严谨持重，观身空寂，明见佛性，内外兼修。

日有所思夜难眠，辗转周折受磨煎。
劝君抛弃心头事，昂首迈步新洞天。

偈解

日思夜想难以成眠，辗转反侧备受煎熬。还不如抛开心头的烦忧之事，身心自在快乐地生活。

得此偈者，遇事钻牛角尖，不能退一步来面对身前事。人不可沉溺于不如意的事情中难以自拔，应学会舍弃，如此方能重开一片新天地。

170 华王尊者

尊者法相所示

尊者法相所现为半跏趺坐，双手于胸前虚心合掌，头上鲜花环绕，宽额亮目，笑容可掬。尊者佛法精深，道行高妙，断除众生烦恼，使众生远离诸难。

事迹

华王尊者又称大宝华王菩萨。

有一种观点认为，尊者就是普贤菩萨。因为在佛教中，华代表因行，王代表自在。在佛教人物中唯一配得上这个称号的只有普贤菩萨。普贤菩萨在因地修行，是第一个达到圆满的菩萨。普贤菩萨的全称是“南无大行普贤王菩萨摩诃萨”。所谓大行，是说普贤菩萨代表了行门，代表了圆满。佛祖所说的四摄六度，普贤菩萨全部做到了，因此，在行门中，普贤菩萨也是第一，而行门第一之人也被称为“华王”。

据《佛名经》卷二十一载，比丘和众生犯下罪恶，要至地狱受苦，若念诵包括尊者在内的诸佛名号而思惟赞叹者，能远离诸难，消灭诸罪，得现世安稳，于来世得无上菩提。有罪过者也可清洗罪过，免堕地狱。

长夜漫漫风兼雨，大海行船如何去。
但求明灯一亮盏，照见彼岸得依归。

偈解

漫漫长夜风雨交加，在大海中行驶的船迷失了方向。如果能求得一盏明灯指引，就能看见彼岸，并得以依归。

得此偈者，人生正处于迷茫和困境中，此时需要的是找到自己的人生目标，如此便能摆脱困境，走向新的彼岸。

事迹

德首尊者，又称德首菩萨，是十方诸大菩萨之一，据《佛说菩萨本业经》载：“东北无极，有青莲刹，佛名悲精进，菩萨字德首。”在《十方千五百佛名经》的记载中，尊者位列东北方一百五十佛的第五位。

尊者神通妙达，佛法高深，精通大、小乘，训导大众皈依佛法时方法巧妙，循序渐进。传说李白童年极为贪耍，一次，他在眉州象耳山中读书，读到一半就丢下课本走了。半路，看见一位老婆婆（传说为尊者所化，专为教导李白而来）正在磨铁杵，李白便问她在做什么，老婆婆回答说：“我想要做针。”李白从中得到启发——只要功夫深，铁杵磨成针。凡事持之以恒，即使是再大的困难也能解决，阻碍再多都能冲破。于是，李白回山继续学业。

德首尊者 171

尊者法相所示

尊者法相所现为坦然而坐，左脚跷于右腿上，左手执念珠，右手扶左脚踝，神态和乐，双眼圆睁。尊者神通妙达，佛法高深，引导众生开空慧道。

黑夜沉沉意珊珊，旅人远去久未还。
青鸟红鲤传信字，故园亲友长相盼。

偈解

夜幕低沉人意阑珊，外出远游已是很久没有回家。快用青鸟红鲤传信，因为家里人已是盼了很久。

得此偈者，离家远游已是很久，须知家人朋友都很牵挂你，别忘了时常去信报平安。

事迹

喜见尊者，又称喜见菩萨，是护持《法华经》的诸大菩萨之一。

据《佛说月上女经》载，尊者曾参加佛祖在毗离国大树林中草茅精舍举行的法会。在法会上，尊者领悟了佛法的奥义，佛祖当时就断言尊者将在他涅槃后成佛。另据《妙法莲华经·药王菩萨本事品》载，尊者曾以香油涂身，燃臂供佛，燃臂之时光明遍照恒河沙世界。

《心经》则记载了尊者对“色”与“空”的认知，即“色、空为二。色即是空，非色灭空，色性自空，如是受想行识。识、空为二。识即是空，非识灭空，识性自空。于其中而通达者，是为入不二法门”。密宗认为，尊者对色空的理解已经达到了喜乐金刚的境界。

172 喜见尊者

尊者法相所示

尊者法相所现为欢然而坐，左手执经书，右手戏蜘蛛，神情和乐，笑逐颜开。尊者佛心坚定，慎摄戒行，态度严谨，智慧高深，对色空的理解已达到喜乐金刚的境界。

人生伴侣欲何求，夫妻恩爱到白头。
桂子兰孙登科早，天伦和乐度春秋。

偈解

夫妻之间不应有太多期求，能恩爱到老就是最好。外加子孙都能有所成就，这样美满的家庭生活过起来已是足够幸福。

得此偈者，男女双方相处不太称心，均因其各自对对方要求太多。须知恩爱已是十分可贵，如果能白头到老，子孙敬孝，这样的日子值得百倍珍惜。

事迹

善宿尊者是十方诸大菩萨之一。

相传，尊者曾是印度的一个国王，其邻国被一个魔王统治，魔王不仅吃人，还酷好战争。尊者曾被魔王抓回宫殿，他被抓后，不住地四下张望流泪，魔王很奇怪，问他为什么哭泣。尊者告诉魔王，在被抓前有个僧人向他行乞，已答应向其布施，但被魔王抓来了，诺言未能兑现，心中难过。魔王听后大受感动，便放回了尊者。尊者在布施后，将国内政事略作交代，又回到魔王的宫殿坦然等死，并写下“作福不作恶，皆由宿行法，终不畏死径，如船截流渡”的偈语。魔王听后顿然醒悟，一改凶恶残暴的本性，开始行善积德。

尊者认为众生不能脱离苦海的根源在于世俗的情爱。因此每半月集众僧说戒经，使比丘住于净戒中，不受世俗情欲的困扰，长养善法。尊者如此力行，终证得阿罗汉果位。

善宿尊者 173

尊者法相所示

尊者法相所现为漠然静坐，右手持如意，左手笼袖中，浓眉长须，神情宁静而悲悯。尊者宅心仁厚，尽除世间一切痛苦，以慈悲之心引导众生，脱离世间情爱苦海。

尘嚣嘈杂喧难耐，我性孤洁住山崖。
岂同牡丹共芍药，暖房温室次第开。

偈解

尘世的喧嚣让人难以忍耐，生性孤傲高洁的人，宁愿住在清静的山崖之上。不同于牡丹跟芍药，生活在暖房中，一见阳光就相继盛开。

得此偈者，不合时宜，不愿与大众为伍，在所处的环境中也不够突出。性格孤洁的人更能特立独行，但也应珍惜机会，适应环境。

事迹

善意尊者，梵文名弥栗头支多那。善意在梵文中的意思是指在济世度人时，总是殚精竭虑、无私奉献。

尊者是三十六部守护善神中的第十八部神。三十六部守护善神由帝释天所遣，以保护受三皈依者为职责。据《佛说大灌顶神咒经》载，凡皈依佛、法、僧的人，只要书写三十六部神王的名号并随身携带，便可以获得神王及其眷属的庇护。

尊者主疫毒，只要将其名号带在身上，便可以防止各种毒疫的侵袭。

174 善意尊者

尊者法相所示

尊者法相所现为半跏趺坐，右手执经卷，左手抚膝，面目慈祥，神态欢乐。尊者济世度人，在三十六部守护善神中，主疫毒，将其名号带在身上，可以防止各种毒疫侵袭。

人生欢少苦恼多，对酒当歌意如何。
推心置腹谁领会，壮盛年华尽蹉跎。

偈解

人生在世总是少欢乐多苦恼，对酒当歌也只是暂时释放而已。无奈推心置腹却无人能够领会，身体壮盛的岁月就这样虚度了。

得此偈者，正为无所作为而苦恼，即使对人推心置腹，也无人理解，很多美好的时光就这样白白流逝了。但人只要身体健康，勤劳做事，老来也定能富足安康，尽享天伦之乐。

事迹

爱光尊者，是光明王如来之子。光，指佛光。爱光即爱化之意。

尊者祖父名爱敬，祖母名意乐，居于琉璃光城。尊者之父出家为僧，因功德无量，且虔心修行，精通佛法，对众生充满慈悲，最终得道成佛，号无量寿决定光明王如来，简称光明如来。

光明如来法力无边，遍身发光，照耀三千三百二十里，光明照耀之处，众生平安。据《佛说大乘圣无量寿决定光明王如来陀罗尼经》载，常念诵光明如来的名号，短命之人，复得长寿，满足百岁。另据《贤劫经》卷八载，尊者受光明如来的影响，也出家为僧，尊奉三宝，正观心性，勤学善思，乐善好施，积无量功德而获得罗汉果位。

爱光尊者 175

尊者法相所示

尊者法相所现为安然静坐，双手执太极画卷，天庭饱满，大耳垂肩，神态祥和宁静。尊者敬奉三宝，正观心性，乐善好施。

拱手顶礼智慧僧，保君平安寿延长。
多种慈悲结福天，来生定生兜率天。

偈解

恭敬礼拜爱光尊者，便可得其护佑而使寿命增至百岁。多行善积德必定广结福缘，来生升往兜率天。

得此偈者，应礼敬他人，诚心诚意，来日得人信任，必定尽占机缘而成就自己所愿。得此偈者，如果体质不佳，应常念此尊名号，必复得长寿。

事　迹

华光尊者，又称花光幢菩萨。

《无量义经·德行品》称赞尊者说，“其心禅寂常在三昧，恬安淡泊无为无欲，颠倒乱想不复得入，静寂清澄志玄虚漠，守之不动亿百千劫，无量法门悉现在前，得大智慧通达诸法，晓了分别性相真实，有无长短明现显白又能善知诸根性欲。……开涅槃门扇解脱风，除世热恼致法清凉，次降甚深十二因缘，用洒无明老病死等，猛盛炽然苦聚日光。……润渍众生诸有善根，布善种子遍功德田。”

尊者以无量慈悲济度众生，是众生的良师益友，也是度众生过苦海的大船，因此积下无量功德，获得阿罗汉果位。

176 华光尊者

尊者法相所示

尊者法相所现为结跏趺坐，双手笼于袖中，于胸前捧宝瓶，宝瓶中一朵莲花升于额顶。尊者面容丰润，神情清净俊朗，常含微笑。尊者以无量慈悲济度众生，是度众生过苦海的大船。

自古乐极定生悲，好事难全令心灰。
生死关头喝一声，谦虚谨慎好自为。

偈解

万物之理为物极必反、乐极生悲，事不如意会令人心灰意冷。紧要关头更须冷静清醒，谦虚谨慎，万事好自为之。

得此偈者，好事临头，但须谨防乐极生悲。天地之间好事难全，大好时光，你更应当冷静清醒，谦虚谨慎，万事都不可头脑发热，草率而行。

事 迹

善见尊者，又称善见菩萨，俗名阿阇多，是五十三善知识中的第十一位，古印度摩揭陀国国王。五十三善知识是指《华严经·入法界品》中所载的，善财童子所参访的五十三位正直而有德行、能教人正道的长者。反之，若教人以邪道，则称为恶知识。

传说尊者在出生前，其父王从占卜中得知他将来会危害到父母，因此在他出生之后，就被父王从窗户中抛出。但是尊者大难不死，仅仅伤了一根手指而已。尊者长大后，不修善行，专交恶人，后为夺取王位，囚禁父母，并率兵征讨邻国，涂炭生灵，最终受天罚而得恶疮。后听取他人建议听佛祖讲经，听完后尊者幡然悔悟，皈依佛教。尊者命终后，因生前的罪恶，堕入宾吒罪地狱，后由于其后半生的功德，刹那间从地狱升入上方佛土。未来劫弥勒佛出世时，尊者复来世间，最终获得果位。

善见尊者 177

尊者法相所示

尊者法相所现为陶然端坐，双手拉衣领，袒露心胸；宽面大耳，体形健硕，神态欢喜祥和。尊者迷途知返，精进修行，获得果位。

欢歌一曲酒一樽，人生得意跳龙门，
今科榜首得鳌头，他年衣锦谢双亲。

偈解

欢歌声中饮一樽美酒，人生得意莫过于喜跃龙门。今科榜首得鳌头，他日衣锦还乡谢父母。

得此偈者，正值春风得意之际，切记对生养你的父母和曾经帮助过你的人心存感激，知恩图报。

事迹

善根，又称善本或德本，是产生诸善法的根本，而产生诸善法的根本则是无贪、无瞋、无痴。

佛教以身、口、意三业之善，牢固而不可拔动，谓之根；又善能生妙果，生余善，所以说是根。《维摩诘经·菩萨行品》说："不惜躯命，种诸善根。"注引鸠摩罗什语又说："坚固善心，深不可拔，乃名根也。"具体来说，有三善根，《十注毗婆沙论》卷一说："善根者，不贪、不恚、不痴，一切善法皆从此三生。"佛教认为，修行者必须重视身、口、意三业的造作，平时种诸善根，到时就能获得诸善果。但并不是每个人都有善根，而且每个人的善根深浅也是不同的。善根深厚，是一种福报，别人无法占有，善根是要靠自己去修持，一点一滴，日积月累。

尊者虔心修为，断除贪、瞋、痴，积下无量功德，终证阿罗汉果位。

178 善根尊者

尊者法相所示

尊者法相所现为漠然静坐，左手结印，右手笼于袖中自然垂放，浓眉长须，两眼圆睁，面带怒色。尊者无贪、无瞋、无痴，种诸善根，行善积德，精进修行。

黄粱美梦到苏州，风花雪月易到头。
不如站稳脚下路，双手勤奋写春秋。

偈解

黄粱美梦终是一场虚幻，荒诞享乐定不会长久。不如脚踏实地勤奋努力，靠自己的双手创造美好的生活。

得此偈者，心怀幻想，沉溺于风花雪月之事不能自拔。切记脚踏实地，面对现实，只有勤奋务实才能创造出属于自己的历史。

事迹

德顶尊者，又称德顶菩萨，是十方诸大菩萨之一，也是西方一百五十佛之一。

《易行品》中有偈赞尊者道：“无量光明慧，身如真金山。我今身口意，合掌稽首礼。金色妙光明，普流诸世界。随物增其色，是故稽首礼。若人命终时，得生彼国者。即具无量德，是故我归命。人能念是佛，无量力威德。即时入必定，是故我常念。彼国人命终，设应受诸苦。不堕恶地狱，是故归命礼。若人生彼国，终不堕三趣。”此中可见，尊者德行高尚，神通广大，护佑众生，深得人赞赏。

《佛名经》载，尊者慈悲为怀，怜悯众生，教导众生脱离世俗，皈依佛法。尊者认为，世俗众生，轮回往复，痛苦无穷。降生苦，患病苦，临终亦苦。死后，堕入地狱，受刀林之苦；转生饿鬼，受饥饿之苦；转入畜道，化生虎豹豺狼，受蚕食之苦。要想摆脱诸苦，跳出生死轮回，升往极乐净土，只有皈依佛教。

德顶尊者 179

尊者法相所示

尊者法相所现为陶然而坐，左手执拄杖，右手自然放置膝上，面如槁木，寿眉下垂，开口而笑。尊者道性高洁，富于智慧，断除众生烦恼，使众生脱离苦海。

莫叹年逝华发生，命主富贵好因缘。
而今登上天堂路，层层高台入云天。

偈解

无须叹息生命短暂、年华易逝白发生，命中富贵是因为你天生有好因缘，即使离世，你也能升往天堂。

得此偈者，有富贵命，死后也会升入西方极乐世界。

事迹

妙臂尊者，又称妙臂菩萨，在密教胎藏界曼荼罗排列中，位列虚空藏院虚空藏菩萨的左边第二位。尊者也是虚空藏菩萨的主要助手之一，《佛说大乘无量寿庄严清净平等觉经解》对尊者有这样的描述："以施报故，手出无尽宝物，如五河流，故名妙臂。"

尊者又被密教尊为悉地金刚，悉地在梵文中的意思是成就、妙成就。在密教中，悉地被专门用来指诵持真言，以身、口、意三密相应而成就世间、出世间种种妙果。据《大日经疏》载，成正觉之阶位，称为无上悉地，在获得此位之前，还有信、入地、五通、二乘、成佛五种悉地。

尊者救助众生于苦难之中，也随众生之需，或施法，或施财，尽量施与，使众生安乐富足，因此积下无量功德，终证得阿罗汉果位。

180 妙臂尊者

尊者法相所示

尊者法相所现为欢然而坐，左手扶着右肘，右臂奇长，如同枯木，正给小鸟喂食，侧目观望，满面笑意。尊者救助众生于苦难中，也随众生之愿，或施法，或施财，能使众生安乐富足。

幸运生在王侯家，自幼富饶见繁华。
丰衣足食无多虑，美景良辰度年华。

偈解

有幸能够生长在富贵之家，自小见到的都是一派繁华景象。丰衣足食，无所忧虑，一生都可以在这样的美景良辰中度过。

得此偈者，家境殷实显贵，自己也一生富足，无衣食之虑。

事 迹

龙猛尊者是禅宗西天二十八祖中的第十四祖，也是大乘佛教中观派的创始人。

尊者出生在南印度毗达婆国的一个婆罗门种姓家族中，自幼颖悟，天文、地理、图纬秘谶无不通晓。据载，尊者曾与契友三人修得隐身之术，至王宫侵凌女眷，事情败露后，三友人均为王所斩，仅他一人得以幸免。尊者由此而悟得爱欲乃众苦之本的道理，即入山诣佛塔。出家后，尊者广习三藏，但未能得利。后生邪慢之心，大龙菩萨将他引入龙宫，授以大乘经典，尊者方悟得教理，前往南天竺教化信奉婆罗门者。此后尊者大力弘法，并确立大乘的教学体系，使大乘般若性空学说在印度广为流传。

尊者造论甚丰，如《中论》、《十二门论》等，有“千部论主”之誉。在对世界的非真实性进行论述时，尊者为了破除名相，排列因缘关系，还提出了不生不灭、不常不断、不一不异、不来不出的“八不”概念。

龙猛尊者 181

尊者法相所示

尊者法相所现为怒然而坐，右手握龙颈，左手以宝珠戏龙，剑眉虎目，粗豪威猛。尊者破除名相，排列因缘，悟得爱欲乃众苦之本。

色非色空也非空，尘凡事业不雷同。
打点精神向前迈，平安富贵尽此中。

偈 解

世间之事，色非色空非空，本不确定，因此各人所见之事理应各不相同。只要打起百倍精神向前走，平安富贵都蕴含其中。

得此偈者，不思进取，仿佛看破了一切，其实人世间的事各不相同，不能因自己或他人有过无益的付出就心灰意冷，反而应该更加振作，平安与富贵全在你自己的努力中。

事迹

弗沙尊者，又称补沙、底沙尊者。尊者出生时正值弗沙星座，即二十八宿之一的鬼宿，因此得名弗沙。据《俱舍论》载，尊者是娑婆世界之外无量恒沙世界中的众香世界之佛，号莲花象。在密教曼荼罗中，尊者被称为“增益”。

据《俱舍论》载，当佛祖圆满地完成了过去世中的三阿僧祇劫修行，且意欲更加勇猛精进地修行百劫相好业时，恰好听说弗沙尊者正坐于宝龛中，入火界定。于是，佛祖亲自前往拜谒，佛祖看到尊者身上发出万道光芒，心中赞叹不已，便在尊者身边站立了七日七夜而不知疲倦。七日后，佛祖留下了一道偈语称赞尊者：“天地此界多闻室，逝宫天处十方无，丈夫牛王大沙门，寻地山林遍无等。”此后，尊者又历经九劫，在第九十一劫时成为正觉。

182 弗沙尊者

尊者法相所示

尊者法相所现为坦然而坐，右脚跷于左腿之上，右手执拂子，寿眉覆颊，笑口常开。尊者佛性坚定，严持净戒，志性坚毅，是无量恒沙世界中众香世界之佛，号莲花象。

得天独厚君之命，空前绝后君之才。
英雄用武得其地，名山事业常萦怀。

偈解

你的条件得天独厚，你的才华无人能敌。现在你已有用武之地，所以功名事业尽可被你揽入怀中。

得此偈者，前景一派大好。所拥有的条件得天独厚，而且才华出众，英雄正有用武之地，所以要风得风，要雨得雨，一切都非常顺利。

事迹

德光尊者原为公元六世纪时期古印度秣底补罗国王子，俗名瞿拏钵刺婆。据《印度佛教史》载，尊者是佛教十大论师之一，与护法论师齐名。

尊者出生七天，即知佛法。据《大唐西域记》卷四载，尊者博闻强识，硕学多闻，原本修习的是大乘，但认为不能穷尽其中的玄奥，因而在披览《大毗婆沙论》之后，退而研习小乘，并且著了数十部论书破大乘。此外，尊者也著述俗书数十余部。在《戒律根本论》中，尊者归纳了佛在世时所制戒律的全部学述，详细叙述了比丘戒、比丘尼戒的开遮持犯。尊者也著有《辩真论》等论百余部，如今《大藏经》保存了七部。

德光尊者 183

尊者法相所示

尊者法相所现为陶然而坐，脚踏灵猫，左手握拳置于膝上，右手伸指戏猫，神态慈和，眉开眼笑。尊者精进不息，佛法深厚，颖悟明达，著有多部佛家论典。

君乃池中一卧龙，池面清冷雪冰封。
阳春三月将至矣，呼啸腾跃入云中。

偈解

你是池中的卧龙，但池面现在却被冰雪封住。阳春三月即将到来，冰雪化尽之后，你将会冲出池底腾跃云中。

得此偈者，时运将至，被封固压制的日子即将结束。这时更当谨慎小心，静观其变，当一切障碍化解之后，你必将腾跃而起，从此飞黄腾达。

事迹

散结尊者是佛祖在世时的一位明士。散结，即消除人们心中的郁结，并给予安慰。

据《佛说成具光明定意经》载，佛祖在迦毗罗卫国精舍时，有一天预知尊者等将来礼拜，于是广开法筵，让阿难邀请明士、除无上大法前来参加。尊者即为当时听经者之一。

佛教认为，如果明士想要在今生成佛，必须要从前世开始修行。首先，其前世必须要修成善根五愿。其次，其前世还必须修得光明定意四品法功德。最后，其前世还必须修得广六德，这六德分别是广施、广戒、广忍、广精进、广一心、广智慧。若明士前世已修成上述功德，今生也能精进修为，便可于今生成佛。

尊者破除三毒五魔，摆脱世俗烦恼，修成殊妙之行，明心见性，专注一境，证得阿罗汉果位。

184 散结尊者

尊者法相所示

尊者法相所现为恚然而坐，右脚支于座上，左手笼于袖中，右手托一宝塔，双目怒视，神态凛然。尊者明心见性，专注一境，能消除众生的心中郁结，并给予安慰。

日月星辰共三光，照耀清晖总安详。
条条大路由你走，功名事业皆通畅。

偈解

太阳、月亮、星星都能发光，照亮大地，也照亮人心。脚下的大路任你行走，功名事业都可以顺利成就。

得此偈者，福星高照，鸿运当头，只需积极努力，做什么都必定有大作为。

事迹

净正尊者，即中国唐代高僧怀海大师，俗姓王，福州长乐人，跟随潮阳西山慧照大师出家，从衡山法朝律师受具足戒。尊者在受戒后先在庐江浮槎寺研读藏经多年，后听说马祖道一在南康说法，便前往参学，与西堂智藏同称入室。尊者侍奉道一六年，道一圆寂后，他先在石门传法，其后又在新吴传法。尊者一生传法二十余年，著有《百丈怀海禅师语录》、《百丈怀海禅师广录》各一卷，《百丈怀海禅师语要》两卷。

此外，尊者也是中国历史上第一位将禅学运用在劳动实践中的人，他在佛门中提倡“一日不作，一日不食”的规制，他本人更是“作务执劳，必先于众”。在《禅门规式》中，还规定了“普请”（集众作务）法，主张上下协力劳动。在当时，尊者这些戒律被称为百丈清规，天下寺院无不奉行。

净正尊者 185

尊者法相所示

尊者法相所现为漠然静坐，右手执拂子，左手捋拂子之须，目光深邃，面貌悲悯。尊者虔心修佛，广布佛法，以身作则，教诲众生。

布下地网与天罗，立志扫净贼与魔。
疾恶如仇君性烈，丈夫意气不消磨。

偈解

为扬正义布下天罗地网，誓要扫清人间罪恶。大丈夫应嫉恶如仇、性情刚烈，浩然正气长存心间。

得此偈者，一身正气，性格刚烈，对扫贼除魔，清除一切邪恶的势力有勇有谋，尽心竭力。

事迹

善观尊者，又称善观菩萨。

据《最胜问菩萨十住除垢断结经》载，尊者曾参加佛祖在毗舍离城奈氏树园举行的法会。尊者在参加此次法会之前就已入禅定三昧，做到了定、受、调直定。所谓定，即正观心性，息虑、疑心，心定于一处而不动；所谓受，即正所观之法；所谓调直定，即调心、直心、定心。尊者不仅自身获得解脱，还大发慈悲之心，普济众生，使众生悉得解脱。

据《瑜伽·三摩多地》载，禅定有四大类，分别是静虑、解脱、等持、等至。这四大禅定中，静虑是最基本的，它遍通于有漏无漏、大乘小乘，又是其他三类禅定的基础，所以习禅者应先以静虑为初课，逐步修炼。尊者静坐敛心，专注一境，依照禅定的修习步骤，不懈修行，终得阿罗汉果。

186 善观尊者

尊者法相所示

尊者法相所现为结跏趺坐，右手执念珠，头上仰而视，长眉少发，神情专注，形同槁木。尊者静坐敛心，专注一境，不懈修行，入神三昧。

今君入我此门中，如坐莲花对春风。
不是因缘不见面，赐你名利尽享通。

偈解

今天你能入我佛门中，犹如坐上莲台沐浴春风。相遇是因缘使然，此尊自然会赐给你名利之路通达顺利。

得此偈者，只要虔心向佛，常常静心敛气，专注一境，必定能行事通达、名利双收。

事迹

大力尊者，又称大力王，是八大天神之一。在密教中，又被称为大力金刚，位于胎藏界曼荼罗金刚手院第一行，是主尊金刚菩萨的使者。尊者密号与五百罗汉中的香象尊者一样，但并非同一人。

据《指本行集经》载，佛祖即将在菩提树下入定悟道时，各方凶神恶鬼大为恐慌，因为佛祖一旦得道，它们将不能再胡作非为，于是凶神恶鬼联合起来，向佛祖发起了猛烈进攻。尽管佛祖还未得道，却已经具备抵御它们的神力，不管这些凶神恶鬼如何攻击佛祖，始终都无法靠近。正在此时，包括尊者在内的八大天神担心佛祖有失，各自现出十六种化身，驱赶魔鬼，保护佛祖。佛祖得道后，尊者等八大天神被尊为佛教护法金刚，护持佛法。

大力尊者 187

尊者法相所示

尊者法相所现为陶然而坐，左手托蟠桃，右肩站一童子，右手握孩童之手，神情欢乐，喜笑颜开。尊者神通广大，护持佛法，智慧无量。

莫怨身世莫怨人，行事粗浮少殷勤。
空掷年华如流水，凄风苦雨夜深沉。

偈解

不要埋怨上天，也不要埋怨别人，因为埋怨太多，难免行事粗心浮躁，而且不会细致努力。大好年华不知珍惜，凄苦的日子必然相随。

得此偈者，一事无成，生活凄苦。这不是因为你身世卑微，也不是因为别人对你关爱不够，全因为自己浅薄而行事粗浮，且不够努力，虚度的时光也太多了。

事迹

电光尊者，又称电光菩萨。

尊者经常参加佛祖举行的法会，聆听佛祖说法，以此领悟佛法奥义。据《大方等大集经》卷九载，当佛祖讲到“正法”之事时，在座的诸大菩萨同声对佛祖说：“世尊，我等当共同护持正法，受持广说。”佛祖问：“善男子，汝今去何如法而护持正法？”尊者答：“世尊，若随他心不能护法，我随自意故能护法。”佛祖听后说道：“若能如是见如来者，是人即得如来解脱，得解脱已则能如是真实知见。”从尊者的回答可知，尊者当时已明心见性，不被外物所役，脱离了一切困扰，自性清净，通达自在。

188 电光尊者

尊者法相所示

尊者法相所现为骑坐于神兽之上，双手结印，须长而浓，神态清净，专注沉思。尊者心性清明，脱离一切束缚，放下一切欲念，不被外物所役，通达无碍，身心自在。

江山易改性难移，劝君行事莫迟疑。
昙花乍开又要谢，看花勿误好时机。

偈解

江山易改禀性难移，但你应当处事果断不要迟疑。昙花一现的时间很短，所以切不可贻误了看花的好时机。

得此偈者，正遇良机，但一切机会都转瞬即逝，所以你当行事果断，切不可迟疑不决。

事 迹

宝杖尊者，又称宝杖菩萨。尊者以佛法加持的宝杖为法器，而得此名。此宝杖有两种用途，一是护持佛教教义，二是震慑外道，使之皈依佛教。

据《佛国品》载，尊者参加了佛祖在毗耶离庵罗树园举行的法会，在法会上，佛祖称赞尊者是一位智慧与德行兼备的人，只要尊者还在，佛法就能驻于世间。

尊者具有无尽的慈悲之心，能够引导众生摆脱生死轮回之苦。尊者法力高强，能关闭一切通往地狱的道路，向众生开启通往西方极乐世界的大门。尽管世间之人形形色色，有着不同的嗜好，但是尊者总能通过各种巧妙的方法将这些人引向理想的净土。

宝杖尊者 189

尊者法相所示

尊者法相所现为赤脚而坐，双手执拄杖，目望杖头，神情威猛严肃。尊者法力高强，能关闭嗜欲之门，引导众生通往理想的净土。

人世沧桑见陵谷，唯叹人心常不足。
知足长乐能解味，生生但得佛光沐。

偈解

人世沧桑中常有巨变，但即使如此，人们仍然贪婪而不知足。知足常乐者往往是能解人间百味的人，这种人才能得到佛的保佑。

得此偈者，贪婪过重。须知人生在世往往会面临沧桑巨变，不见好就收，及时抽身而退，自己已获得的也会在这样的巨变中倾覆，到头来必定一无所有，难保平安。

事迹

善星尊者，是佛祖为太子时所生之子。

据《大方广三戒经》、《大般涅槃经》载，佛祖得道后，尊者也随侍佛祖出家，并以佛祖常随弟子的身份侍奉佛祖二十年。相传，由于尊者是佛祖的儿子，因此在修行时比其他人更加努力，不久即斩断了欲界所有烦恼，领悟了第四禅定。但是后来误交恶人，对佛法产生了怀疑，认为世界上根本没有涅槃之法，否定因果，并对生父佛祖起了恶念。佛祖在世时，佛门有这样一个规定，在师父睡觉之前，弟子不能睡觉。一次，佛祖在夜里为帝释天阐说佛法精要，尊者见佛祖毫无倦意，心生恼恨。据说当时王舍城中，若有小孩夜啼不睡，父母便吓唬说："再哭就把你交给薄拘罗鬼。"于是，尊者也对佛祖进行同样的恫吓。佛祖听后，叱责了尊者，使尊者的第四禅定因此消失。佛祖对尊者所作所为痛心疾首，此后，经常为他说法，但尊者的恶心始终不改，最终堕入阿鼻无间地狱。尊者在地狱受尽了无边之苦后，心生悔悟，决心改恶从善，勤修佛法，最终证得阿罗汉果位。

190 善星尊者

尊者法相所示

尊者法相所现为静坐聆听，双手笼袖，目光内敛，沉静思虑。尊者颖悟明达，勤勉刻苦，虽犯下错误，却能改过自新，精勤修行，最终得到解脱。

身世清贵可成材，无奈性劣智已开，
阿鼻地狱悔已晚，亭台楼阁长青苔。

偈解

身世清贵本可成为栋梁之材，但因禀性顽劣，人又聪明，所以不仅不能成事，反而可能为害更大。如果已到被社会遗弃之时，后悔就已经晚了。

得此偈者，当深思，应好好利用自己的聪明才智，多行善事，更不可莽撞行事，心生邪念，否则误入歧途，悔之晚矣。

事迹

罗旬尊者，又称罗旬喻，俗名梵摩达，是佛祖的声闻弟子，俗称薄命比丘。

尊者出生时，父母曾请相师为其相面，相师观后称其无相，是终身无福之人。尊者十二岁时被父母逐出家门，从此以乞食为生。后来，佛祖见尊者可怜，便让阿难劝其出家。尊者出家后虽努力修行，但福缘依然浅薄，据此，还留下了一个佛祖为其分食赐福的故事。据《法苑珠林》载，尊者不但自己遭殃，还连累到众僧，化来的斋饭不翼而飞，枉受饥渴之苦。佛祖查究缘由，将众僧分作两批同时供食，其中一批饮食瞬间消失。未得饮食者再分两批同时供食，如此辗转最终只剩二人，放到罗旬钵内的饮食突然消失。后受佛祖福力加持，食物不再消失。波斯匿王闻听此事，特遣使者送米为罗旬设福。尊者经过精进不息的修习，终得诸事如意，证罗汉果位。

罗旬尊者 191

尊者法相所示

尊者法相所现为左手捋袖，右手执宝瓶，瓶中倾倒出一作揖童子。尊者浓眉锐目，天庭饱满，神态凝重悲苦。尊者本为命薄之人，但通过刻苦修习，精勤努力，终于诸事如意。

性本平易倍可亲，时中俊彦人中英。
好事可成千千万，处处有路逢贵人。

偈解

生性平易近人和善可亲，同时也是人中俊杰，可成就的事业不计其数，并且随处都会有贵人相助。

得此偈者，总有贵人相助，所以常常好事临门。

事 迹

慈地尊者，又称慈地比丘。

据《四分律》、《摩诃僧祇律》载，慈地比丘不遵戒律，好诽谤他人。当时分配僧人卧具的办法是“随上座次第，随应得处与”，即僧人地位身份越高，得到的房屋用具越好。一天，慈地比丘来到罗阅城中，因他地位较低，分得的房屋和卧具都很差。沓婆摩罗子是佛祖大弟子之一，佛祖称赞沓婆摩罗子，“我弟子中分僧卧具者沓婆摩罗子最为第一”。尊者便因此对沓婆摩罗子心生愤恨，指使其妹在佛祖举行的法会上诬称沓婆摩罗子奸污了她，结果被佛祖识破。佛祖叱责了尊者的罪过，耐心教育他，并常为他讲经说法。尊者终于改恶从善，诚心修行，罪障尽除，修成阿罗汉果。

192 慈地尊者

尊者法相所示

尊者法相所现为安然静坐，右腿跷左腿之上，双手抱膝，身披云肩，面容清净，神态俊朗，慈眉善目。尊者知错能改，虔心修行，罪障尽除。

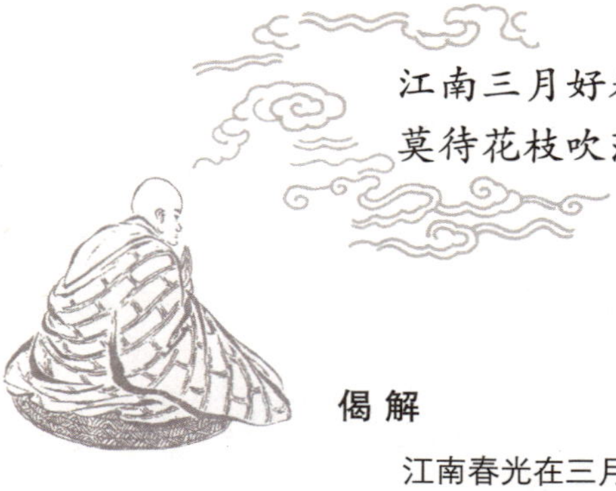

江南三月好春光，建功立业须趁早。
莫待花枝吹落尽，临风空叹风月老。

偈 解

江南春光在三月时是最好的，而你的机缘也已早早到来，不要等到时机已过再行动，不然必将后悔终身。

得此偈者，面临建功立业的好机会，应相机而动，抓住机遇，不然必定一生后悔。

事迹

庆友尊者，又称降龙罗汉，俗名难提密多罗。

传说尊者在世时，古印度那竭国有一个无恶不作的龙王，龙王因害怕被佛法降伏，便用洪水淹没了那竭国的所有寺庙，并将寺庙中的佛经全部洗劫一空，藏于龙宫。龙王以为如此便没有人能够念经，也不会有人修成佛法来降伏它。但是，它的恶行被尊者知晓，尊者不辞辛劳，从师子国来到那竭国，降伏龙王，取回佛经。由于尊者为佛门立下大功，因此，被尊为“降龙尊者”。

尊者一生所著的佛教经典中，最为重要的是《大阿罗汉难提密多罗所说法住记》（即《法住记》）。在这部经书中，尊者第一次对大、小乘佛教进行了系统分类，而且还在书中罗列了“十六罗汉”的法名和各自住地。从此，在世俗世界出现了“十六罗汉”信仰。到宋代，苏东坡在其著名的《自南海归过清远峡宝林寺敬赞禅月所画十八大罗汉》一文中，又将“十六罗汉”发展成为“十八罗汉”。

庆友尊者 193

尊者法相所示

尊者法相所现为漠然静坐，双手执念珠，目光冷峻，面色寂然。尊者神通广大，降伏恶龙，且勤学善思，著述了多部佛教经典。

身世清贵性高洁，意志强毅胜钢铁。
大道康庄任君行，赏尽人间好风光。

偈解

出生清贵品性高洁，且意志如钢铁般坚毅的人，总能顺畅地走上宽阔平坦的大道，从而遍赏人间美景。

得此偈者，已具成事之能，而且万事顺利，能拥有诸多成就。

事 迹

世友尊者，又称世友菩萨。

尊者是佛教中有部派的初祖。有部派的学说以阿毗达磨为立论依据，其主张有两个。第一是“法体恒有”，即把世间一切现象分为有为法和无为法。有为法是指由因缘和合而产生的四种现象，即生（产生）、住（持续）、异（变化）、灭（毁灭）。无为法是指由非因缘和合或无生灭的变化而产生的现象。第二是“三世实有”，即过去、未来和现在皆有实体，而且论证诸法都各有其不变不改的自性，同时也有造果的原因。由于有部认为，诸法都有着各自无法改变的自性及法体，因此，主张“人无我”，反对“法无我”。

据载，迦腻色迦王在迦湿弥罗举行第四次结集时，尊者任五百圣贤的指导者，与胁尊者同被尊为上座，编集《阿毗达磨大毗婆沙论》，总结一切有部学说，又著有《异部宗轮论》一卷。

194 世友尊者

尊者法相所示

尊者法相所现为结跏趺坐，双手合十，体态丰隆，面如满月，清净祥和。尊者智慧超群，佛法精深，是佛教有部派的初祖。

时运兼佳命清贵，不信人间有是非。
功成名就如反掌，欲赴广寒折桂枝。

偈 解

命相清贵又占时运，并有自己独立的判断能力，不轻信，不掺和他人的是非，如此一来，成事在你自然易如反掌，运势也定然会蒸蒸日上。

得此偈者，时运正佳，万事可为，这都因其命相清贵，有分辨是非，且不参与是非之能。

事迹

满宿尊者是六群比丘中的第六位。

六群比丘是佛祖在世时的六名恶行比丘，此六人常勾结朋党，不守律仪，佛门比丘戒中的许多戒律多是因为他们而制定。尊者一生酷爱音乐、舞蹈、游戏，以及种植花草等事，生性多瞋多痴。一次，尊者与其他五个六群比丘在一个园子中洗澡，尊者一边用砖块揩擦身体，一边敲击。由于尊者在音乐方面天赋极高，因此，这种无意之间的敲击声也能变成美妙的音乐。从园子边路过的人以为园子中发出的声音是天乐，都驻足聆听。由于听的人太多，整个园子被围得水泄不通，佛祖得知此事便前来查看，发现这只不过是六群比丘在洗澡玩闹而已。因此，为了不使佛门清净之地成为喧嚣之地，佛祖便制定了比丘不得在洗浴时以任何东西揩擦的戒律。

佛祖涅槃前，尊者与马师二人因愤恨其师目犍连被外道杖杀，动用大力士神力，将诸外道尽皆杀之，尊者因此转生为龙。之后，尊者诚心归佛，虔心修行，多行善事，积下无量功德，得罗汉果位。

满宿尊者 195

尊者法相所示

尊者法相所现为安然静坐，双手笼袖，头低垂，双目圆睁，面含苦楚。尊者禀性聪慧，音乐天赋极高，虽犯下错误，但能改恶从善，虔心修行，多行善事。

自幼立志欲成名，奇才异禀超常人。
风月抛于歧途上，而今努力重耕耘。

偈解

自小便立下鸿鹄之志，渴望成就一番大业，因此清心寡欲，早就将男女情爱之事忘于脑后，现在重新开始也为时未晚。

得此偈者，面临终身大事。你禀赋较高，是人中奇才，一直忙于事业，对男女情爱之事不曾用心，但成家立业，在你却不可少，因此要认真面对，努力经营。

事迹

阐陀尊者又称恶口阐陀、恶口车匿。

当佛祖还是悉达多太子时，尊者是佛祖和佛祖父亲的车夫。据佛经记载，当佛祖决心离家修行时，曾带一随从于夜间偷偷出城，这一随从正是尊者。后来，佛祖又命尊者将自己的须发、宝冠、明珠带回王宫给他的父王，以此证明自己出家的决心。据《萨婆多论》载，尊者是佛祖同父异母的弟弟。

尊者是六群比丘中第四位，尽管亲受佛祖剃度出家，但佛祖在世期间，尊者口恶之性始终改不了。除六群比丘之外，尊者与其他比丘的关系一直不好，被称为恶口阐陀。就连佛祖涅槃时，阿难也不得不请示佛祖，如何才能与尊者相处。佛祖告诉阿难，如果尊者依旧恶习不改，众比丘可以不和他说话，也不和他有任何往来，如果他要请教佛法，也不要教他，以此惩罚他。后世，佛门弟子在和那些不受教戒的弟子相处时，也沿用此一方法。佛祖涅槃后，受到惩罚的尊者终于悔悟，决心追随阿难学道，最终证得阿罗汉果位。

196 阐陀尊者

尊者法相所示

尊者法相所现为坦然静坐，右手结印，左手于胸前执如意，长眉浓须，神气清净，面容慈悲祥和。尊者一改口恶，追随阿难，虔心修行，身心宁静。

性本孤独苦无依，千辛万苦眉不低。
苦尽甘来今日事，再上蟾宫折桂枝。

偈解

你天生孤独，苦无依靠，即使这样历尽千辛万苦也不屈服。如今你苦尽甘来，终于可以得随所愿。

得此偈者，苦尽甘来。经过漫长的努力，在任何苦难面前坚韧不拔，历尽辛劳，如今终于修成正果，这对所有人都是人生的极佳警示。

事迹

月净尊者，是南天竺香至国国王的长子，也是禅宗第二十八祖菩提达摩（即达摩，中国禅宗的初祖）的哥哥。尊者三兄弟都是虔诚的佛教徒，均拜入禅宗第二十七祖般若多罗门下，三人中以菩提达摩成就最高。

传说般若多罗为考查三兄弟对佛法的领悟，手指一堆珠宝问道："世上有比这些珠宝更好的东西吗？"尊者回答说："没有！这些珠宝是王者之家最珍贵的。"尊者的二弟功德多罗也回答说："我没有见过世上还有比这些宝物更珍贵的东西。"而菩提达摩却说："这些珠宝其实没有什么价值！"他说："这些珠宝自身不能认知自己的价值，必须假以人的智能去分辨，否则只不过是一些没有知觉的东西而已。而佛祖所说的佛法真理是由人们般若所发出来的智能，不仅能自照，还能区分各种珠宝，分辨世间与出世间的一切善恶诸法，这才是真正的法宝。"可见，与菩提达摩相比，尊者的慧根要略差一点。但他并未气馁，反而更加精进修为，最终获阿罗汉果位。

月净尊者 197

尊者法相所示

尊者法相所现为忧然静坐，左手执扇，右手于胸前结印，神态庄肃，面目慈悲。尊者刚入佛门之时慧根尚浅，但是通过精勤不懈的修习，终得阿罗汉果位。

远看长江白漫漫，前波后浪过重山。
心不犹豫志不改，汇入东海拥波澜。

偈解

远观江水浩浩淼淼无尽头，波涛汹涌越过重山流过万里。即使这样，也应内心坚毅不犹豫，向着目标努力，也可得享大江汇海的波澜壮阔之势。

得此偈者，一切已在心中谋定，宜付诸行动，坚定信念，不畏阻碍，相信推陈出新是事物发展的必然之理。

事迹

大天尊者俗名摩诃提婆，是佛教大众部的始祖。尊者出生在印度中部末土罗国，是一个商人的儿子，出生时佛祖已经涅槃一百年。尊者曾造下三逆罪，为洗脱自身罪孽，遂入佛门，于鸡园寺修行佛法。

在阿育王时代，教团逐渐组织化，比丘们必须遵守为数甚多的戒律规定，并持诵结集出来的经典。不久，保守传统的形式主义逐渐成为教团内争的原因。跋耆族的比丘认为有些戒律规定不合于现实生活，主张十件事可以允许去做。但上座长老们则开会决议这十事为不如法（即非法）。所谓十事，是比丘生活规定的一些细微改变，例如可以保有金钱，食物中可以加少许盐以利贮存等。接着上座长老们又在毗舍离召开七百人的会议。进步派比丘不信服这个会议，就集合了一万名徒众举行自己的结集。他们建立独立的教团大众部，并推举尊者为首领。由于阿育王公然支持大众部，所以，当时上座部的僧侣大多逃往了迦湿弥罗。

198 大天尊者

尊者法相所示

尊者法相所现为寂然静坐，身披袈裟，手持太极，寿眉长挂，目光内含。尊者豁达多智，灵活变通，佛法深厚，为佛教大众部始祖。

一轮红日出东方，天地万物沐光芒。
康庄前程君得意，加鞭快马蹄飞扬。

偈解

一轮红日从东方升起，天地万物都沐浴着它的光芒。康庄大道已经出现，你当快马加鞭得意而行。

得此偈者，鸿运当头，前程似锦。值此时机，更应加倍努力，把一切事情快速向前推进。

事迹

净藏尊者，又称药上菩萨，是阿弥陀佛二十五菩萨之一。佛祖曾对弥勒佛预言，尊者将在未来世成佛，号净藏如来。

据《法华经·妙庄严王本事品》载，尊者是过去劫中光明庄严国国王妙庄严（即华德菩萨）与妻子净德（即光照庄严相菩萨）所生的长子，为了劝导信奉婆罗门的父亲皈依佛教，尊者与哥哥净眼尊者一起，以佛法的力量向信奉婆罗门的父王展示出各种神变景象，他们在空中行走、站立、打坐、睡卧，一会儿身上出水、身下出火，一会儿身下出水、身上出火。他们时而又展现出巨大的身躯，遍满整个虚空；时而又展现小身，又由小身变为大身，甚至在虚空中消失；忽然间，却处在地上。他们能像入水一样入地，又能像走平地一样行走在水面。他们所展现的这些神变，使妙庄严王不禁感叹佛法的精深和神通力，遂产生了皈依佛门的决心，并率夫人净德及群臣子民，皈依佛教。

净藏尊者 199

尊者法相所示

尊者法相所现为结跏趺坐，衣襟敞开，袒露胸怀，双眉上挑，神态清净，面含笑意。尊者神通广大，佛法精深，能施与良药，使众生摆脱病痛的缠绕。

命远坎坷厉崎岖，苦尽甘来水到渠。
乘风破浪帆高举，天开地朗沐清晖。

偈解

人的命途总是崎岖不平的，不可避免要经历种种磨难，但待到苦尽甘来时必定可以乘风破浪快速前行。

得此偈者，已是水到渠成之时，以前的坎坷命运、崎岖山路已被开阔的天地取代。一马平川，清晖朗朗，你当抓住机会实现自己。

事迹

净眼尊者，又称药王菩萨，是阿弥陀佛二十五菩萨之一。佛祖曾对弥勒佛预言，尊者将在未来世成佛，号净眼如来。

据《观药王药上二菩萨经》载："时长者（**净藏尊者**）之弟电光明，亦随兄持诸醍醐良药供养日藏及诸僧众，亦发大菩提心，愿得成佛。其时，大众赞叹星宿光长者为药王，电光明为药上，后即为药王、药上二位菩萨。……药王菩萨久修梵行，诸愿已满，于未来世成佛，号净眼如来。"尊者即净藏尊者之兄，兄弟二人皆以慈悲为怀，心系众生，救助众生于苦难之中，积下无量功德，并于未来世成佛。

200 净眼尊者

尊者法相所示

尊者法相所现为赤脚静坐，左手执宝瓶，右手施法，使宝瓶升起清香一缕，如若施治众生。尊者神情和乐，满脸笑容。尊者颖悟明达，心系众生，对身陷磨难的众生慷慨施救，使众生身心安稳。

江畔草地铺绿茵，江中白浪卷银鳞。
人生得意心欢畅，黄鹤楼头听歌声。

偈解

江畔青草茵茵，江中鱼跃浪卷，人生得意时自当心情欢畅。

得此偈者，正值得意之时，天宽地阔，一切都很美好，尽可驻足于美景之中，暂时放松自己，享受人生的欢畅与自由。

事迹

波罗蜜尊者，又称济度罗汉，是唐代著名译经师日照大师，俗名地婆诃罗，出生于中天竺的一个刹帝利种姓家庭。尊者于唐仪凤元年来华，据《高僧传》载，其来华原因是“志在利生气于唐”。尊者于仪凤四年上书请求翻译带来的梵经，获朝廷许可后，即组织译场。历时十年，在两京东西太原寺及西京广福寺中，共译出经论十八部，三十四卷。

尊者在中国翻译了大量佛经，极大地推动了佛教在中国的传播。他一生翻译的经书有《大乘显识经》二卷、《大方广佛华严经续入法界品》一卷、《方广大庄严经》二卷、《证契大乘经》二卷、《大乘离文字普光明藏经》一卷、《大乘遍照光明藏无字法门经》一卷、《大方广师子吼经》一卷、《大乘百福相经》一卷等。

波罗蜜尊者 201

尊者法相所示

尊者法相所现为欣然静坐，左手于胸前托钵，右手拈松枝，体貌丰盈，阔鼻圆脸，目光斜视，法喜充盈。尊者精通戒纲、心乐、禅思，佛学渊博，专注译经事业，致力于佛教的传播。

少年得志望远行，时光不负有心人。
欣逢英明盛时代，千年古木再逢春。

偈解

少年得志者总希望外出谋发展，一片苦心终能有所收获。若逢英明盛世，你也会同千年古木般再发新枝。

得此偈者，无望中再获希望。离家远行以求发展，辛苦劳作许多年，现在突然看到了希望，这全因得逢盛世。皇天不负有心人，付出的努力定会迎来开花结果之时，但应平心静气，专注于所行之事。

事迹

俱那含尊者，又称迦耶伽牟尼、羯诺迦牟尼。俱那含意为金寂、金仙人，尊者是过去七佛中的第五佛俱那含佛。据佛经记载，阿弥陀佛前世是尊者的弟子。

尊者在贤劫千佛中位列第二尊（拘留孙佛为贤劫第一尊）。在佛经所述的宇宙循环成灭过程中，现在的大劫称为贤劫，贤劫中出现于世的一千位佛就是贤劫千佛。小乘佛教认为，在过去劫中有四位佛或七位佛出现，而大乘佛典则进一步指出现在贤劫中将有一千位佛出现，因为在贤劫之前的庄严劫中就出现了一千位佛，而在以后的星宿劫中也将出现一千位佛，这就是佛经中所说的“亘三世有三千佛出现”。在南北朝时，中国就已经有北魏道武帝造千尊金像的事。

佛经中有偈语称赞尊者道：“佛不见身知是佛，若实有知别无佛。智者能知罪性空，坦然不怖于生死。”

202 俱那含尊者

尊者法相所示

尊者法相所现为安然端坐，右手于胸前执念珠，左手于左膝结印，挂络覆顶，神态刚毅冷静，有勇猛之气。尊者知罪性空，生死无惧。

运交华盖欲何为，龙海鹤云马腾飞。
披荆斩棘创新路，春花秋月共争晖。

偈 解

龙腾于海，鹤舞于云，马蹄腾空，一派繁忙上进之象。值此之时，不可故步自封，更当披荆斩棘开辟新路，到时失去的会复得，没有得到的也会得到。

得此偈者，时运大好，但你得另僻新路，不可追随他人，虽然有无数艰辛困苦，也只有这样方能功名利禄得完满。

事 迹

三昧声尊者，即古印度神话中的创世者大梵天。在古印度神话中，大梵天从金蛋中破壳而出，蛋壳破裂后一分为二，变成天和地。随后，他又从自己的心、手、脚中生出十个儿子，而他的妻子文艺女神也是从他的大拇指上生出来的。大梵天因此被称为“生主”。早在佛教出现之前，印度婆罗门教就将大梵天、湿婆、毗湿奴尊为主宰世间一切的创造神。在原始佛教时期，为了对抗婆罗门教和提升自身的地位，大梵天与帝释天被描绘成佛教的护法神。

相传，在佛祖举行的灵鹫山法会上，大梵天以金色波罗花献佛，并以身为坐床，请佛为众生说法。于是，佛祖登上坐床拈花示众，众人尽皆惘然不知所措，只有大梵天破颜微笑，于是佛祖便将涅槃之法传给了他，这就是佛教中最重要的佛法之一正眼法藏。从此世间也留下了“拈花一笑”的典故。

三昧声尊者 203

尊者法相所示

尊者法相所现为安然端坐，双手合于胸前，眉目轻扬，双眼圆睁，神态沉静，面貌俊秀超脱。尊者既是创造之神，同时又是灾难的制造者，能使世间安稳，万物兴盛；也能使世间灾难丛生。

莫学山野鲁莽夫，有勇无谋事难图。
平心静气增定力，平坦大道为君铺。

偈 解

山野莽夫有勇无谋，不能成就大事。所以遇事当平心静气，加强定力，这样才能万事顺利。

得此偈者，各方面发展都不太顺利，阻碍较多，全因你行事过于粗莽，容易激动，缺少思谋。如果能做到遇事沉稳，谋定而后动，你会立即变得极为顺当。

事迹

据考证，尊者是一个虚构的佛教人物，历史上没有任何关于他的记载。

菩萨，梵文菩提萨埵的简称，指“以智上求无上菩提，以悲下化众生”，追求未来成就佛果的大乘修行者。换言之，勇猛精进求大菩提的有情，发了菩提心就是菩萨。

《菩萨地持经》卷八《菩萨功德品》列出菩萨有十种：一是种性，未得净心；二是入，发心修学；三是未净，已入而未达净心地；四是净，入净心地；五是未熟，净者未入毕竟地；六是熟，入毕竟地；七是未定，熟者未入定地；八是定，已入定地；九是一生，次第得无上菩提；十是最后身，此生得无上菩提。此外，再分在家与出家、生身与法身、退转与不退转等。

204 菩萨声尊者

尊者法相所示

尊者法相所现为悯然静坐于神兽之上，左手护膝，右手执拄杖，衣衫单薄，容色清苦，体形瘦削，广额大耳，为苦行之貌。尊者修持大乘六度，勇猛精进求大菩提的有情，以慈悲之心教化众生。

沧海桑田又陵谷，春风尽唱无生曲。
手持莲花放眼望，青山处处有新绿。

偈解

沧海桑田，世间万物盛衰不定，难免遭遇不景气之时。若持平淡之心，虽是同样景致，却已充满了生机。

得此偈者，人生处于低谷，事业也失去了往日的生机。须知世间万物都盛衰不定，人生也必定高低起伏，此时更应心地纯净，换种心态看待事物，如此自会再遇生机。

事迹

吉祥咒，是一种诵念后能获得吉祥的咒语。在佛教中，吉祥咒有两种，一种是“消灾吉祥神咒”，另一种是“神咒之王”。

据《炽盛光大威德消灾吉祥陀罗尼经》及《大威德金轮佛顶炽盛光如来消除一切灾难陀罗尼经》载，消灾吉祥神咒为禅林所用四陀罗尼之一，亦为密教通用的息灾法，又称消灾咒、消灾真言、消灾陀罗尼。经中有“若诵此咒一百八遍，灾难即除，吉祥随至”之说，是消除诸种灾害、成就吉祥事的神咒。消灾吉祥神咒也是《早晚课诵集》中的十小咒之一，乃佛祖净居天上时所念。

神咒之王出自《佛说吉祥咒经》，据该经载：“时佛告贤者阿难，吾为汝说神咒之王，汝当持之。诸佛所说，至诚行，趣道行，十二因缘行，月行，日行，贤者行，日月俱行，谛听善思念之。阿难言，受教而听。”

吉祥咒尊者 205

尊者法相所示

尊者法相所现为安然端坐，左手执拂子，右手结印，浓眉锐目，凝神静思。尊者救济众生，消灾除难，能成就一切吉祥之事。

冰山易倒权威倾，坚贞不移是君心。
孜孜以求心头愿，左右逢源事可成。

偈解

冰山易倒，权力也易倾覆，但你的心却坚贞不移。坚定信念寻求目标，如果处事能左右逢源，自然可以得偿所愿。

得此偈者，权威受损，仕途出现危机，但若内心坚贞不移，孜孜以求，并学会左右逢源，一切危厄仍可化解。

事迹

钵多罗尊者，又称钵呾罗、波多罗、钵和罗。钵多罗本意是盛饭的钵盂，是比丘六物之一。佛教钵盂一般是由泥或铁制成，古代称应器、应量器。应有三应：一是色相应，钵要灰黑色，令不起爱染心；二是体相应，钵体粗质，使人不起贪意；三是大小相应，是为了不过量，乞食不过七家，令人不恣口腹。佛教徒认为钵盂的体、色、量都应与佛法相应，且圣贤之人理应受人供养，因此，钵盂也成为了许多高僧大德的象征。

尊者是史书中第一个有明确记载，从印度东北地区经过当时环境恶劣的“蛮夷之地”到达中国的印度高僧。据说尊者抵达四川时已有二百七十岁。他还告诉人们，从印度到四川的距离为九万九千三百八十里。

206 钵多罗尊者

尊者法相所示

尊者法相所现为侧身跏趺坐，双手捧香钵，腾出仙雾，目含神光，双耳垂肩，神态专注超然。尊者福寿双全，持威严谨，勤于佛法传播。

命中当有不须求，命中当无不可求。
逆天行事遭天罚，一石禄米减八斗。

偈解

命里注定该有的，不须求也会得到；命中不该有的，则无须强求。若执意强求逆天而行，最后必遭天罚，落个得不偿失。

得此偈者，谨记“随缘”二字，凡事不可强求，顺其自然，珍惜已拥有的，切不可执著于不属于自己的，不然必定有损福缘。

无边身尊者 207

尊者法相所示

尊者法相所现为赤足而坐，右手持背挠，左手护膝，身如槁木，神态专注。尊者身躯庞大，毛孔中生出莲花，莲花上有七万八千城，城中花果茂盛，众生丰衣足食，吉祥安乐。

事迹

无边身尊者，又称无边身菩萨。尊者居住在意乐美音世界，以体形巨大无比而闻名。据《大般涅槃经》载，尊者身躯庞大，每个毛孔中都生出一朵莲花，每朵莲花上有七万八千座城，各饰有七宝。城内道路宽广，两旁种有七行多罗宝树，树上花果繁盛，在微风中传出美妙动听的乐曲。城内奇花异草繁多，香气馥郁芬芳，河水充盈，清香洁净，引来鸳鸯戏水，水上载有七宝船，众生在河中洗浴、游玩。城中家宅美丽，宅内时有花香袭来，且各住有八万四千个国王，治下国民无数，皆丰衣足食，安享太平，一派吉祥之景。

尊者具无尽威德，外道在其威慑下不敢欺凌众生。

性格粗放世少有，天生其材屠龙手。
遭时不用心理安，举杯暂饮三杯酒。

偈解

性格豪放大气乃世间少有，天生栋梁之才更是人间屠龙之人。遭遇困境不必太在意，洒脱饮尽三杯酒，万事便可从头再计议。

得此偈者，多波折。须知做人应豪放自在，大可不必太在意得失。遭遇挫折后，应当细细思谋，以便从头再来。

事 迹

贤劫首尊者，又称贤劫菩萨。

相传，佛祖在一次法会上亲自诵念了诸佛诵念过的咒语。该咒名为善治七十二种病忧苦恼陀罗尼，也被称作拔五种阴无明根本陀罗尼。其咒文如下：

“南无佛陀、南无达摩、南无僧伽、南无摩诃梨师毗阇罗阇、蔼咄陀达陀、娑满漱、跋阇罗翅、陀逻崛荼誓荼、遮利遮利、摩诃遮利吁摩利吁摩勒翅悉耽鞞阎鞞、阿阎鞞利究匑匑翅萨婆陀罗尼翅阿扇提摩俱梨应诣吁弥吁弥吁摩吁摩婆祸呵。”

此咒可断除众生病忧苦恼，使其永不犯诸恶。佛祖将此咒语向所有参加法会的人诵念一遍之后，又命尊者和弥勒菩萨在未来世传给众生。

208 贤劫首尊者

尊者法相所示

尊者法相所现为肃然静坐，手捧经卷，浓眉亮目，神光内含，面容沉静。尊者可使众生永不犯诸恶，心生善念，增长善行，也能除尽诸般病痛疾苦，摒弃烦恼忧愁，使众生一生安乐康健。

心浮意乱谁作主，挥掷千金如粪土。
等闲莫如黄粱梦，梦中舒恬醒时苦。

偈 解

心浮意乱无法掌控，挥霍享乐只图一时之快。黄粱一梦，梦中甘甜，醒来却一场空。

得此偈者，心气浮躁，内心空虚，挥霍无度。须知人生当收心养性，切不可浑浑噩噩如在梦中，无端地放纵自己，待到某天清醒明白后，难免会尝尽苦果。

事迹

金刚昧尊者，又称金刚威德菩萨。在所有佛教保护神中，尊者是最重要的八大金刚护法之一。相传，尊者已具备佛所有的智慧，是八大金刚护法中威力最强的一位，有最胜上昧之称。据佛经记载，尊者居住在妙高山顶三十三天帝释宫中的大摩尼宝最胜楼阁中。

尊者的名称和形象非常多。常见形象是九头金刚，九头中位于最高点的头与无量寿佛头的面貌是相同的，这代表尊者是从无量寿佛变化而来的。相传无量寿佛为了教令法界而变成尊者的模样，其本意是用强大的威力降伏一切外道妖魔，这就是"威"；同时，尊者还以无上智慧之力帮助众生破除一切烦恼业障，使其脱离无边苦海，这就是"德"，因此，尊者被称为威德金刚菩萨。

金刚昧尊者 209

尊者法相所示

尊者法相所现为陶然端坐，双手虚托，宽面大耳，笑口常开，法喜充盈貌。尊者神通广大，威德兼具，能观众生之愿，巧妙地施展神通，使众生各遂其愿。

堪美此君机运好，看花正逢春光早。
万紫千红扑面来，盛年功成展怀抱。

偈解

人逢时运正旺之时，就好似春光之中赏漫山鲜花，姹紫嫣红，一派欣欣向荣。此时一展抱负，定能一蹴而就。

得此偈者，鸿运当头，正处于难得的顺境之中，在此呼风唤雨之时，当集中精力，经验一旦丰富起来，其抱负必能完美实现。

事迹

乘昧尊者，即唐代高僧乘悟禅师。尊者曾与荆州法振禅师、梁州乘如律师一起乘船前往印度求法。据《大唐西域求法高僧传》载，三人中最早提出去印度求法的是法振禅师，尊者和乘如律师是法振禅师的挚友，因此，法振禅师一提出求法的建议，两人均表示赞同。尊者一行三人乘船从三江出海（即长江三角洲地区），沿途游历了东南亚许多岛国，最终来到羯荼国（该国位于印度尼西亚的苏门答腊北端，即今之库塔拉查）。之后三人又乘船去到印度求法，求法期间，法振禅师因病客死他乡，年仅三十五六岁。法振禅师死后，尊者与乘如律师决定乘船返回交趾（即今越南北部）。当两人来到瞻波国（位于中印度吠舍离国南方的古国）时，乘悟禅师也因病过世。最后，回到中国的只有乘如律师，尽管尊者三人的求法历程并不圆满，但三人的行动还是得到了当时佛教界以及官府的认可。在当时，乘如律师也得到了朝廷的嘉奖。

210 乘昧尊者

尊者法相所示

尊者法相所现为陶然而坐，左脚盘于座上，身披袈裟，左手捧钵，右手执一仙丹，双目凝视，笑容满面。尊者博学多闻，精通佛典，乐于追求佛法真谛，精勤不懈。

罗汉金刚足生机，平生万事无相违。
春风满怀谁可比，星辰日月共此辉。

偈解

罗汉金刚得证正果皆是靠着脚踏实地，一生随缘而行，无违逆法道之举。现在你心中春风吹拂，与日月星辰相辉映。

得此偈者，正当春风得意之时，全因其平常脚踏实地，不做违逆叛道之事，有众多良善的付出，自然会有更多的收获。

事迹

婆私咤尊者，又称婆悉咤、婆薮仙人，是《梨俱吠陀》第七卷赞歌的作者。

尊者最初为外道婆罗门，颇具神通，主张一切觉、草木有命的邪说，后被外道邪见人士尊为七大仙、十大仙之一。据《大智度论》卷三载，尊者因坚持邪见而不得解脱，死后堕入地狱。又据《大方等陀罗尼经》载，尊者在地狱受尽无边痛苦，心生悔悟，得佛祖许可，参加了由佛祖亲自主持的法会，接受佛祖教化。此后，尊者抛弃一切邪见，皈依佛教，证得阿罗汉果。

尊者在密教中是虚空藏院千手观音的左胁侍者，乃观音二十八部众之一，在胎藏界曼荼罗排列中位于外金刚部的东方。观音二十八部众是千手观音在弘法时，随侍身边的二十八部眷属，也是拥护观音法门修持者的良善鬼神众。

婆私咤尊者 211

尊者法相所示

尊者法相所现为跷腿而坐，左手自然垂置，右手拄仙杖，上衣散开袒露乳腹，慈眉善目，双耳垂肩，神态思虑愁苦。尊者于地狱历尽无边痛苦，摒弃邪见，皈依佛教，精勤苦修，终得正果。

虫蚁求食苦争兢，世人求财苦经营。
清贫自有清贫福，山高路险不堪行。

偈解

虫蚁为争食而忙，世人则为钱财而苦。山高路险不易行走，清贫自有清贫的福分。

得此偈者，苦无钱财。须知钱财本是身外之物，生不带来，死不带去，乐天顺命，随和自得更是安身之道，否则一味劳苦身心，也未必能钱财满钵。

事 迹

传说尊者已证得冤亲平等心。冤亲平等心是七种忏悔心中的第五种，据《出慈悲水忏》载："冤亲平等心，谓于一切众生无冤无亲，起慈悲心，无彼我相，平等救度，当以此心普为忏悔也。"尊者在面对芸芸众生时，不论对方是大仇人还是血脉至亲，始终怀着一颗慈悲之心无差别救度，使其脱离苦海。

七种忏悔心分别是：一、大惭愧心，惭即惭天，愧即愧人；二、恐怖心，佛教认为，身口意业常与罪相应，人死之后会堕入地狱，受无量苦，每当想到这些都会心生恐怖；三、厌离心，即看破红尘，觉得一切都是不净的，应抛弃不顾；四、发菩提心，即救度众生不吝惜生命和财产；五、冤亲平等心；六、念报佛恩心，由于佛为众生做了很多事，因此众生当心怀感激勤奋修行；七、观罪性空心，即罪性本是空，没有实体，是由于因缘颠倒才产生的。佛教认为，如果在忏悔时能做到以上七点，便是真心忏悔。

212 心平等尊者

尊者法相所示

尊者法相所现为陶然而坐，寿眉垂胸，手执如意，气度爽朗，性情豁达，笑口常开。尊者慈悲为怀，平等对待众生，救度众生无冤亲之别。

敲锣打鼓齐登声，一出戏文刘关张。
忠贞仁义千年史，留君一一细思量。

偈 解

敲锣打鼓，一出戏文中英雄尽数登场。忠贞仁义才能流芳百世，对此你应当细细思量。

得此偈者，当以忠贞仁义为立身之本，不求名垂青史，但求无愧于心。为人坦荡磊落，处事仁义正派，日子定然舒适自得。

事迹

不可比尊者，又称不可比辟支佛。不可比，即佛的德行和威力是没有任何东西可以比拟的。尊者生于无佛之世，未经任何指点与帮助，独自觉悟成佛。

据《佛国记》载，佛祖成佛后到鹿野苑宣扬佛法，即佛教中的“初转法轮”。鹿野苑中住着包括尊者在内的五百辟支佛。但佛教认为一个世界只能存在一尊佛，而五百辟支佛并非真正的佛，因此在佛祖得道后，五百辟支佛认为自己在人间的传道应该结束了，佛教的未来应该掌握在佛祖一人之手。于是，佛祖一到鹿野苑，五百辟支佛便同入涅槃。此事也可见于《增一阿含经》一书，其言：“尔时此山中有此五百辟支佛，居此仙人山中。如来在兜率天上欲来生时，净居天子自来在此相告：‘普敕世间，当净佛土，却后二岁，如来当出现于世。’是时，诸辟支佛闻天人语已……是时，诸辟支佛即于空中烧身，取般涅槃。所以然者，世无二佛之号，故取灭度耳。一商客中终无二导师，一国之中亦无二王，一佛境界无二尊号。”

不可比尊者 213

尊者法相所示

尊者法相所现为半跏坐，左手自然置于膝上，右手于胸前托法器，长眉耸峙，长须卷曲，额如日轮，目光旁掠，面露悦色。尊者德行高深，法力无边，心明身正，独自成佛。

命主富贵胜王侯，天下万事皆可求。
一心保得身安健，清风明月游九洲。

偈解

命中注定大富大贵，所以天下万事但凡所求皆可得到。只要一心一意保得身体健康，完全可以在美景中遍游天下。

得此偈者，有富贵之命，做一切都能成功。但你当多注意身体，只要得保健康，则可终身富贵逍遥。

事 迹

乐，即禅定的妙乐；覆藏，即隐藏、隐瞒。乐覆藏，是说将禅定之乐隐藏于身心之中。

传说，尊者出家之后，精进修为，刻苦修习禅定，经历了从初禅到涅槃的整个过程。与其他罗汉相比，尊者对每个禅定阶段的理解都要深刻得多，尤其是禅定的妙乐。

在佛经中，覆藏一词为贬义，佛祖曾经说过："智者有二：一是不造诸恶，二是作已忏悔。愚者亦有二：一是作罪，二是覆藏。虽先作恶，后能发露，悔已惭愧更不敢作。修一善破百种恶，虽名少善，其实是大，这是什么原因呢？破大恶故，覆藏有漏，不覆藏者则无漏，发露忏悔是故不漏。以不覆故，罪则微薄。若悔惭愧，罪则消灭。"这是说，佛鼓励人们将内心的罪恶说出来，并真心忏悔，发愿不再作恶。

214 乐覆藏尊者

尊者法相所示

尊者法相所现为陶然而坐，额头饱满，浓眉大耳，欢喜沉醉，自得其乐。尊者悟性极高，精于禅定，已将禅定之乐隐藏于身心之中。

问君何必苦营求，逆理违情志难酬。
功名利禄淡忘却，七里滩头垂鱼钩。

偈解

虽然挖空心思想要获得，但若悖逆情理则定然难有回报。所以应把功名利禄都忘掉，也许临江垂钓更悠闲。

得此偈者，用心太苦，却因所用方法不合情理而难以如愿。如此还不如放下执念，学姜太公钓鱼——愿者上钩。

事迹

火焰身尊者，又称火焰身菩萨、不动明王。不动明王居于五大明王的中心位置，这个位置被称为首位，另外四位明王都围绕在他身边。尊者与观音菩萨、地藏菩萨是民间佛像的三大主尊。据佛经记载，尊者与大日如来关系密切，被视为大日如来的化身或使者。

在密教中，所有的佛和菩萨都是根据三轮身（即自性轮身、正法轮身、教令轮身。轮身的意思是摧破众生烦恼之力）进行分类的，大日如来是所有诸尊的总体，是自性轮身，尊者则是诸佛的教令轮身。传说，尊者早已在大日华台成佛，但由于尊者在做大日如来的童仆时曾发下誓愿，因此，总是以童仆形态出现。《大日经疏》这样载道："此尊坐盘石座，呈童子形。顶上有七髻，辫发垂于左肩，左眼细闭，下齿啮上唇，现忿怒相，背负猛火，右手持利剑，左手持罥索，作断烦恼之姿。"

火焰身尊者 215

尊者法相所示

尊者法相所现为端然静坐，左手笼袖，右手执念珠，面方鼻阔，耳垂圆满，目光温和，体态丰盈，神情慈祥。尊者六根清净，行为端庄，身心清净安宁，为诸尊的教令轮身。

君子仁义冲九天，丈夫能屈又能伸。
莫叹楚囚时运蹇，至今逢人说韩信。

偈解

君子贵在义薄云天，大丈夫便当能屈能伸。无须嗟叹楚囚时运不济，那是因为韩信能忍胯下之辱。

得此偈者，时运不济，行事困难，都因为平常遇事总是能伸而不能屈。须知韩信能在战胜楚国时立不世之功，是因为他能在落难时忍得胯下之辱。

事　迹

颇罗堕尊者，又称日月灯明佛，颇罗堕是宾头卢颇罗堕的简称。

据《宾头卢突罗阇为优陀延王说法经》载，尊者是拘舍弥城优陀延王（即优填王）宰相之子，自少聪明博闻，出家修道，后得罗汉果位，回乡度化亲属，优陀延王也因听其说法而得悟。据说尊者当时是骑鹿去拘舍弥王宫的，故又俗称“骑鹿罗汉”或“坐鹿罗汉”。

相传，中国东晋时代的高僧道安法师，曾梦见头白眉长的“胡道人”，此人因不得入涅槃，住在西域，愿相助弘传佛法，请道安法师以饭食供养。后来道安法师的弟子慧远法师看了《十诵律》，方才明白道安所梦即是颇罗堕尊者，因而尊者的像常被供奉在佛教寺院的食堂内。

216 颇罗堕尊者

尊者法相所示

尊者法相所现为安然静坐，上衣敞开袒露乳腹，手执法器，修眉逾颊，长耳垂肩，面目恬静。尊者法力高深，性情淳厚，从不卖弄。

忠耿何故受诬蔑，平心静气细思量。
莫道人世不相识，墙里开花墙外香。

偈解

忠良耿直却遭小人诬蔑，你当心平气和地想想其中的原因。不要说无人知道你的才德，你其实早已名声在外受人关注。

得此偈者，虽然忠诚、耿直，却被人诬蔑。要知道这一切都非你之故，实在是因为你所处的环境小人太多。不要担心离开此地你会无所作为，其实在别处也有人对你极为了解。

事迹

佛教认为，世间烦恼是一切苦和恶业的根源，而尊者最擅长的就是帮助众生断除烦恼。

当代高僧净空法师曾说过："学佛法就要从断烦恼开始。众所周知，修习佛法的第一步是要有至诚心、恭敬心、清净心。但是在佛法中，至诚心前面还有两个条件，一个是断'烦恼障'，一个是断'所知障'。佛法的修学一定要按部就班，不许躐等，所以首先要从断烦恼学起。见思烦恼断掉之后，才开始广学法门。智慧开启之后，心就诚了，处世、待人、接物就会用真诚心。所以，至诚心要这样才能显得出来。"净空法师认为，如果不断烦恼，那么所学的一切法门也只不过是"增长邪见"而已，这些法门不但不能助人行善，反而只会助人为恶。

断烦恼尊者 217

尊者法相所示

尊者法相所现为结跏趺坐，双手于胸前捧经书，体态丰隆，面如满月，目光祥和，神态清净。尊者六根清净，无所欲求，帮助众生断除烦恼。

人生难得是糊涂，荣辱浮沉心何苦。
人心不古寻常事，平安之外非所图。

偈解

人生在世最难做到的是糊涂，太在乎荣辱沉浮其实会让自己很苦。心地不纯厚的人到处都是，所以最好别有太多妄想，能求得平安，对你已是福缘。

得此偈者，是明白人，却很在乎人生的荣辱。既然知道人心大多不够纯厚，到处是奸诈与刻薄，还不如一无所图，做个糊涂人，以保一己之平安，一家之融乐。

事迹

薄俱罗尊者，又称薄拘罗尊者。尊者的出生过程与中国古代神话中的哪吒很相似。据《弥陀经讲录》载：“初生如肉球，滚落在地，父母认为不祥，用平底锅煎不死、开水煮不死。丢入大海，水浸不死、大鱼吞不死，渔夫捕鱼，剖时掉出肉球，劈成两半，却蹦出小孩，渔翁老年得子，感激不已！”

尊者一生修行的法门为“忍辱”中的“威仪处”。威仪处中有显处和明忍，尊者所修行的正是威仪处中的明忍。在《薄俱罗经》中，尊者曾自述说：“我出家以来，十八年中未曾偃卧以胁靠床，也从未以背倚靠过。”

尊者修行八十年未生病，未服过一剂药，寿命极长，被称作“长寿第一”。尊者从不为人说法。阿难问他：“你为何不为人说法呢？是否因为没有辩才，缺乏智能？”尊者答：“我既不乏辩才，也不乏智能，只是喜欢安静，不爱热闹，所以不说法。”故又被称为“省事第一”。

218 薄俱罗尊者

尊者法相所示

尊者法相所现为陶然静坐，寿眉及颊，双手笼袖，神态超然，亲善和睦。尊者佛法深厚，心智聪颖，低调淡泊，为长寿第一。

岁月如流浪淘沙，游子缘何不还家。
家园亲友翘首望，清歌曼舞忆繁华。

偈解

岁月如流水匆匆而过，该淘汰的已经淘汰。而你外出多年，一切也应有了结果，却为何还不回家？故乡的亲友早就翘首相望，你应回到家中和和美美忆谈这些年所经历的繁华见闻。

得此偈者，太重名利，而且毫无止境，永不知足。须知离家经年，该是什么结果已成定论，何必还苦苦相求。

事 迹

利婆多尊者，又称假合和尊者。

据《智度论》载，一天夜里，舍利弗的堂弟离婆多因赶路而错过了客栈，不得已只好借住在一个外道的神庙中。当天夜里，一厉鬼（即尊者）手拖一具尸体来到庙中，厉鬼正要吃掉尸体时，又进来一个厉鬼与之争食，双方争执不下，就请离婆多为他们作个见证。离婆多心想："究竟说真话还是说假话？如果照实说，后来的厉鬼定会加害于我；若不说真话，先来的厉鬼也会对我不利。无论真假，都会被害。"左右为难之际，他又想到出家人从不打妄语，便把实情说了出来。后来的厉鬼大怒，当即把离婆多吃掉，只剩下头和手足。尊者认为离婆多是因自己而丧生，心生愧疚，便把离婆多的头和手足换在自己身上，使离婆多少受肢体分离的痛苦。其后，尊者来到一个佛教寺庙，对寺僧说："这头和手脚是我自己的呢，还是别人的？"寺僧问明事情经过后，对他说："世上万物都是由水、土、风、火四大元素组成，这头及手脚与身体有何区别呢？"尊者听后，深感佛法深奥无边，于是入寺为僧，最终证得阿罗汉果位。

利婆多尊者 219

尊者法相所示

尊者法相所现为开口而坐，双手执宝瓶，瓶中莲花开放，深具深意。尊者慧根深厚，不打妄语，大慈大悲。

高高山上一株槐，香飘十里伴云彩。
凭君树下翘足望，所思伊人来未来。

偈解

高山之上一株槐树，香气四溢彩云相伴。君在树下翘首等待，所念之人却迟迟没来。

得此偈者，心中或有憧憬，正苦苦等待。

事 迹

护妙法尊者，即隋代高僧慧远法师。尊者俗姓李，敦煌人氏，是北周和隋代重要的佛教思想家、著名的判教者，地论宗南道一系的代表人物。尊者自幼博览佛典，成年后著述宏富，且性格高洁，不畏强权，深受时人敬重，史家把他跟天台宗的创立人智𫖮和三论宗的复兴者吉藏并称为“隋代三大法师”。

判教，指对内容、风格多样的佛典和佛说，加以类别、疏理和会通。南北朝时期，随着对佛教经论接触渐广、认识渐深，中国佛教徒开始觉察到不同的佛经有不同的教学重点，其间更有互相矛盾之处，从而产生判别和会通异义的要求。判教的风气就是在此背景下形成，并日益流行的。在慧远之世，流传着许多各异的判教主张，慧远指出了其中一些错误，表达出自己的态度和主张。

尊者一生对《一切经音义》、《大乘义章》、《大涅槃经义论》、《十地经论疏》等二十余部卷进行了注释，被后世尊为“释义高祖”。

220 护妙法尊者

尊者法相所示

尊者法相所现为双腿交叠坐，左手持拂子，右手自然垂放，上衣敞开袒露胸腹，浓眉亮目，神态清净高贵。尊者智慧高深，德行高洁，不畏强权，深受人们敬重。

朝阳一出驱云雾，精神抖擞擂战鼓。
而今迈步从头起，英雄披挂上征途。

偈 解

朝阳一出便可驱散云雾，战鼓敲响自然精神抖擞。如今迈步从头起，正如英雄披挂上征途。

得此偈者，已从迷茫中走出，又遇良机，所以理当从过去失败的阴影中振作起来，重获英雄气概。虽万事开头难，也应迎难而进。

事迹

尊者即最胜意菩萨。他的誓愿是最胜、最乐、最善、最高妙，因此得名最胜意。

最胜意，与佛教中常说的阿赖耶识合称为识蕴。识蕴是五蕴中的第五蕴。《大乘广五蕴论》中对最胜意有明确的解释："云何识蕴，谓于所缘，了别为性，亦名心，能采集故。亦名意，意所摄故。若最胜心，即阿赖耶识，此能采集诸行种子故。又此行相不可分别，前后一类相续转故。又由此识从灭尽定、无想定、无想天起者，了别境界转识，复生待所缘缘差别转故。数数间断还复生起，又令生死流转回还故。阿赖耶识者，谓能摄藏一切种子，又摄藏我慢相故，又能缘身为境界故。又此亦名阿陀那识，执持身故。最胜意者，谓缘藏识为境之识，恒与我痴、我见、我慢、我爱相应，前后一类相续随转。除阿罗汉圣道，灭定现在前位。如是六转识，及染污意，阿赖耶识，此八名识蕴。"

尊者不仅自身清净，功德圆满，而且还常住世间，多行善举，度化众生，终证得阿罗汉果位。

最胜意尊者 221

尊者法相所示

尊者法相所现为憨然静坐，左手执念珠，右手护膝，浓眉浅须，目光祥和，体魄健壮。尊者慈悲为怀，常住世间，救助众生脱离苦难从不间歇，劝导众生消除罪恶，灭罪增福。

良辰美景千载逢，欣叹命运夺天工。
不是功名唾手得，今生前世积阴德。

偈解

千载难逢的良辰美景，如今都出现在眼前，不得不感叹命运的安排是如此神奇。功名事业并非轻易就可以获得，全因为你前世今生积下了太多功德。

得此偈者，好运突然降临，命运对自己的青睐，让自己也不得不欣然感叹。这都是因为你前世今生积善所至，也是人们常说的善有善报。

事　迹

须弥，指须弥山，须弥灯是须弥山王的名号。尊者居住在东方三十六恒沙国须弥相世界。

须弥意为“妙高”、“妙光”、“善积”。传说此山高八万四千由旬，山顶有善见城，帝释天便居住于此。其周围四方各有八位天道，帝释天在山顶统领须弥山周围的四方诸天，合起来共为三十三天，帝释天即为三十三天主。

佛教还认为，须弥山外围被七重海所环绕，七重海外围又被七重山环绕，七重山之外是大咸海，大咸海之外是铁围山。咸海四周分布着四大洲，依次为东胜身洲、南赡部洲、西牛货洲、北俱卢洲。此四大洲又称四天下，其间有一个太阳，一个月亮，昼夜不停地转动，照亮四天下。

传说尊者天生就有如来法藏，他始终竭尽全力普度众生脱离苦海，在修行上勤奋不怠，最终证得阿罗汉果。

222 须弥灯尊者

尊者法相所示

尊者法相所现为结跏趺坐，双手撩开衣衫，袒露胸腹，胸前印出一裸身僧人。尊者浓眉锐目，神态慈爱。尊者智慧高深，天生有如来法藏，竭力普度众生脱离苦海。

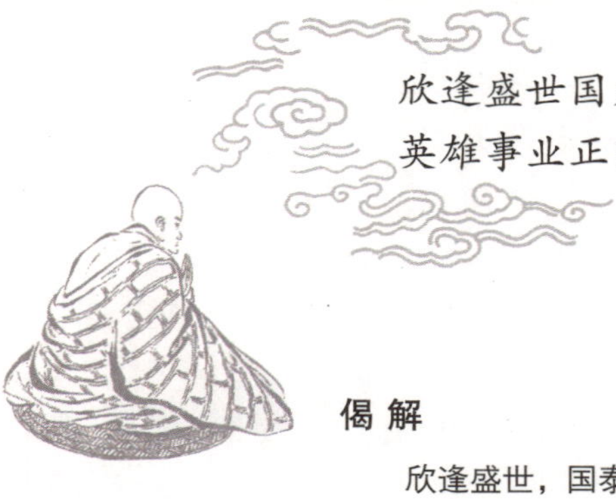

欣逢盛世国太平，国泰民安万人庆。
英雄事业正当时，劝君毅然扬帆行。

偈解

欣逢盛世，国泰民安。遇此佳境，自当毫不犹豫，奋发图强，施展抱负。

得此偈者，生逢盛世，切不可安享太平，正所谓：“天行健，君子当自强不息。”

事 迹

没特伽尊者，与五百罗汉第九十六尊神通亿具尊者目犍连为同一人。在佛门弟子中，尊者以“神通第一”闻名，但辩才不佳，在说法时，他常向信众展示神通，很少用自己的辩才说法。

一次，维摩诘居士病了。佛祖便命众比丘前去探望，但他们都以各种理由推辞，尊者也在其中。尊者告诉佛祖说：“世尊，我不愿意去，因为前一次，我在城中巷内为居士们说法时，曾被维摩诘居士训斥，他说：‘你不应该这样为在家的居士们说法，应该用真正的佛法来说。真正的佛法没有一切众生。换言之，也不需要普度众生，因为众生本就是佛，何必要你来度？目犍连，佛法的真相就是如此，你根本不懂，还在这里说什么佛法！真正的佛法是说不出来，也无法表示的。’维摩诘居士说完后，当场就有八百个居士悟道，发大乘菩提心。弟子自知辩才不够，不敢代表世尊去探病。”

没特伽尊者 223

尊者法相所示

尊者法相所现为半跏趺坐，右手执拂子，左手捋拂须，飞眉神目，满面愁苦。尊者辩才不佳，但只要神足轻举便可，飞行十方，所以被称作“神通第一”。

含苦茹辛不计年，凄风苦雨黄梅天。
雷霆响过天晴后，时来运转猛加鞭。

偈 解

含辛茹苦很多年，不顺与坎坷就如梅雨般持续不断。但在雷霆暴雨之后自会云消雨霁，晴空万里，届时时来运转势不可挡。

得此偈者，虽然辛劳，却一直身处困境之中，小小的坎坷与波折总是不断，但你却从不灰心。也许你现在所遇，或即将遇到的不幸会更大，而你一旦挺过则必定时来运转。

事 迹

弥沙塞尊者，是禅宗四祖优波鞠多的弟子，化地部派的创立者。化地部，又称正地部、教地部、大不可弃部，是小乘二十部之一。

在《异部宗轮论》中，对该部的教义进行了详细论述，该部有本宗同义和末宗异义两派。本宗同义派提倡“过未无体说”，属大众部教系；末宗异义派，主张淡心、心所虽无转变，但色根大种于一期之间暂住相续，故有转变义。

在本体论方面，两派相同，都立九无为法，即择灭、非择灭、虚空、不动、善法真如、不善法真如、无记法真如、道支真如、缘起真如九种。在佛陀观方面，两派也相同，都倡导“僧中有佛”的思想，认为供养现在的僧伽，比供养历史上的佛陀，福业更大。并认为佛与二乘皆同一道，同一解脱。

224 弥沙塞尊者

尊者法相所示

尊者法相所现为抱膝而坐，面上皱纹密布，发须卷曲环面，面目狰狞，如在吼叫。尊者为化地部派的创立者，对佛教经义深思精研，理解深刻，见解独到。

江上舟楫如穿梭，白帆扬处尽鱼歌。
一份辛劳一份果，勤俭人家喜事多。

偈 解

江中小船穿梭来往，白帆处处，渔歌四起，一派劳作和乐的繁忙景象。一份辛劳一份回报，勤俭的人才会家庭富足，喜事多多。

得此偈者，生活忙碌却有应得的收获，所以更应节俭持家，如此才能家庭富足，也只有富足人家才会有更多喜事临门。

事 迹

善圆满尊者，是佛祖声闻弟子之一，出家之前为古印度输波罗伽国最富有的商人。

据《根本说一切有部毗奈耶药事经》载，尊者出生在古印度输波罗伽国一个富商家庭，俗名圆满，家中有三位兄长。尊者祖祖辈辈都以海外经商为生，但是尊者父亲死后，按当地习俗，他未能分得遗产，日子过得十分艰辛。直到有一天，他偶然得到一根牛头檀香木，恰逢输波罗伽国王得了热病，于是国王以四亿两黄金的价格把牛头檀香木买去治病。有了本钱之后，尊者用三亿两买进一批货物，随后以九亿两转手。其后，他又六次出海经商，每次都平安归来，从此，财源不断，富可敌国。

一天，尊者听说悉达多太子抛弃王位，出家为僧修得正果，便亲自前往孤独园听佛祖说法。得佛法启示，尊者发大菩提心，舍弃所有家产，出家为僧。尊者刻苦修行，积下无量功德，最终得证阿罗汉果位。

善圆满尊者 225

尊者法相所示

尊者法相所现为端然静坐，左手结印，右手执悬镜，寿眉弯垂，神态俊朗，法善充盈饱满。尊者富有经商头脑，后闻佛祖说法，舍弃名利，刻苦修行，积下无量功德。

悠悠万里是长江，风帆习习穿梭忙。
不畏三峡峻与险，高歌猛进向东方。

偈 解

万里长江之上，风帆忙碌穿梭。你当不畏惧峻险的三峡，高歌猛进驶向东方。

得此偈者，面临难关，却有畏难情绪。须知生活的道路从不会一帆风顺，总会有许多艰难困苦，但世人仍为生活忙乐不休，你与他人一样，又有什么可以畏惧呢？

事迹

波头摩尊者，又称波头摩菩萨。波头摩意为红莲花。佛教以千瓣莲叶，比喻千返。红尘六欲如同污泥，而佛法和莲花一样，可以出污泥而不染。莲花的颜色有许多种，佛教认为红莲最佳，有胜义之意。胜义，即最胜，又名第一义或真实。与“世俗”相对，指殊妙智慧的对境。“世俗”是指有相显现而空理隐覆。佛教中有八寒地狱之说，其中最后三层地狱也以莲花命名。据《出翻译名义》载，第六层名优钵罗地狱，优钵罗即青莲花；第七层名波头摩地狱，波头摩即红莲花；第八层名摩诃钵特摩，摩诃钵特摩即大红莲花。

据《大方广佛华严经疏》载，尊者身心如红莲花一般，有莲花出污泥而不染的特性，证悟了最胜真实之法，即涅槃之法。

226 波头摩尊者

尊者法相所示

尊者法相所现为跷腿赤足而坐，左脚跷于右腿之上，面如满月，天庭饱满，面阔鼻丰，耳垂及肩，开口大笑，法喜充盈。尊者身心如莲花，出污泥而不染，悟性奇高。

为赏美景上高台，满天云雾顿时开。
江山如画心性爽，天贡其利人尽才。

偈解

为观赏美景登高远眺，漫天云雾顿时散开。风景如画让人心情爽朗，全赖上天的恩赐才得以人尽其才。

得此偈者，对未来心存疑虑。须知天生我材必有用，不必妄自菲薄，尽自己所能，努力上攀，只有这样才能云开雾散，世间美景才能尽收眼底。

事迹

尊者是佛祖的前世身。在佛教中，灯象征智慧，智慧破除愚痴，如同光明驱走黑暗。自古以来，所有佛教徒在供佛时都会在佛前供灯，其寓意是祈求佛祖能点燃信众心灯，开发信众的内在智慧，去除贪、瞋、痴。

传说佛祖得道前曾转生多次，每次转生都积有功德。一次，佛祖转生在一个名叫善化幢灯的世界中修行，他诚心供奉善化幢灯世界中的诸佛，以自己的功德和智慧教化世人，引导众生解脱尘世的苦难。他既是佛教修行者的榜样，又是普通大众的救护者。在被供养的诸佛中，有一位智能灯佛，是善化幢灯世界的第十尊佛。智能灯佛感念佛祖诚心供养，就与其他诸佛一起联手为佛祖加持佛法。佛祖在获得了智能灯佛及诸佛的智慧和佛法后，修为上有了长足进展，为来世积下无量功德。

智慧灯尊者 227

尊者法相所示

尊者法相所现为安然静坐，天庭饱满，浓眉窄口，双手执灯明，以普照世间迷途人。尊者诚心供佛，心灯普照，惠及世间。

万事怕易不怕难，关公斩将过五关。
刀劈斧砍心不动，神威盖世力拢山。

偈解

凡事得来易者，易失去；得来难者，难失去。所以关公斩将过五关，虽历尽艰难，其盖世神威却万古流芳。

得此偈者，遇事不顺，已生畏难情绪。须知世间本无一帆风顺的事，坎坷不顺不可避免，同时也正因历经坎坷，从中的收获才越发的丰硕，人也会更加珍视自己之所得。

事迹

旃檀藏尊者，即旃檀藏菩萨。旃檀是一种树，能发出浓郁的香气，佛教常用旃檀比喻有无量功德的人。传说，尊者周身散发着旃檀香气，具有无量功德，因而得此名。《菩萨璎珞经》中曾提到，尊者在佛祖刚得道时，就恭请佛祖在法乐讲堂讲法传道，以度众生脱离苦厄。对于无佛时代人世间的各种污秽事物，尊者看在眼里，急在心里，他曾说："五浊鼎沸世，不识真正法，慧日既以降，惟愿除暗冥。"尊者知道自己能力有限，不能像佛一样拯救众生，便一直希望这个世界能再出一位佛。因此，当佛祖得道，他就立刻请佛祖讲法，希望凭借佛法的威力扫除人世间一切污秽事物。

旃檀树也叫菩提树。在一座佛刹中自然长出一至数株旃檀树，或供奉用旃檀树雕塑的佛像，是一种神圣的象征，可以提高寺刹的地位和知名度。佛教界崇拜旃檀树的历史可追溯到二千五百多年前的释迦牟尼佛时代。

228 旃檀藏尊者

尊者法相所示

尊者法相所现为敛神而坐，浓眉慈面，双眼下视，双手平持香炉，旃檀熏香袅袅浮升，神态恬静祥和。尊者周身散发旃檀之香，具有无量功德，能驱除世间诸种污浊。

意志坚韧耐辛苦，惨淡经营有其图。
天道酬勤非虚语，成功事业作楷模。

偈解

意志坚韧的人可忍耐万般辛苦，时运不济时也抱有无穷的希望。天道酬勤绝非虚言妄语，成功的事业也可成为世间楷模。

得此偈者，事业经营惨淡，但你意志坚韧，而且吃苦耐劳，从来没有失去过希望，所以成功只是迟早的事。这就是所谓的天道必定酬勤。

事迹

迦，业作之意，指芸芸众生在世间耕种收获，生生不息。迦难留是指从一切恶业中解脱出来。传说尊者是佛祖的弟子，为人正直，待人谦和，对佛法极为虔诚。

尊者出家后，每时每刻都在勤奋修练，因此，很早就领悟了清净空寂、无忧无恼的佛法真谛。尊者在领悟佛法真谛后，曾回顾出家之前的生活，他感到众生虽总被贫穷、年老、饥饿、病痛、离别、思念、烦恼缠身而不得解脱，但邻里之间有友情，家庭之中有天伦之乐，因此，动了还俗的念头。不过，尊者知道，虽然这些乐趣很诱人，但凡人的所作所为都会犯下种种罪业，这些罪业会让人在死后转入畜生道、饿鬼道，甚至堕入阿鼻地狱，受尽无边之苦。要想获得永远的解脱，只有诚心修行佛法，往生清净佛国，这才是解脱正道。尊者于是彻底断绝还俗之念，其后尊者在修行上更是勇猛精进，最终得证阿罗汉果位。

迦难留尊者 229

尊者法相所示

尊者法相所现为结跏趺坐，双手笼袖暗合，方面浓眉，目光愁苦，神情轻蔑。尊者虔心修佛，勤奋精进，为人正直，待人谦和。

男儿有志不恋家，人生战场度年华。
待得耕耘收获后，后庭再赏芍药花。

偈解

男儿志在四方，理当在人生的战场度过不少年华。待到辛勤付出待获成功之后，便可悠然自得在庭院赏花。

得此偈者，应以事业为重，不应过于留恋家庭生活，不然，如果人生一事无成，家庭也未必有幸福可言。勤奋努力，待到事业有成后，自然有闲情享受美满的家庭生活。

事迹

香焰，即人们在焚香拜佛时出现的烟，佛教认为，香焰具有将信徒虔诚供奉之心传达给佛的作用。幢，又名计都，是一根顶端装饰着各种颜色丝帛的柱子，一般竖立在佛祖寺前面，用来感召众生，制伏诸魔。值得一提的是，人们一般会在幢上刻下所供奉的佛的佛号或经咒。幢的质地有两种，一种叫经幢，即将佛号或经咒书写在帛上后，将帛捆绑在竿上；另一种叫石幢，即在一根石柱上刻佛号或经咒后，将石柱竖立在佛前。香焰幢则是指，如果信徒对佛法极为虔诚，那么，供佛时所产生的香焰不但不会散去，还会形成一个由香焰结成的幢。传说一旦出现香焰幢，就代表着佛已经知道供奉者是一个极为虔诚的信徒，因此，佛教又将香焰幢视为是佛现身的标志。

传说尊者正是一位对佛法极为虔诚，心志极为坚定的信徒，他每天都会在佛前焚香礼拜，刻苦修行。终于有一天，尊者的虔诚之心感动了佛，香焰便不再散去，而是凝结成了一个香焰幢。从此，尊者便在香焰幢旁修行，最终证得阿罗汉果位。

230 香焰幢尊者

尊者法相所示

尊者法相所现为赤足而坐，浓眉亮目，鼻圆口阔，双手举于头顶结印。尊者潇洒大度，开口狂笑。尊者虔诚修佛，心志坚定，凝香焰而为香焰幢。

宝塔托在手中央，一点灵犀照佛光。
知君根性本贵纯，福禄寿禧万年长。

偈解

宝塔托在手中，自性和佛性灵犀相通。你本是秉性高贵、纯正的人，必能福寿双至，富贵长存。

得此偈者，颇具佛性。若能一心向佛，择善而行，便可广结福缘，得安康和乐，添福添寿，贵重无比。

事迹

阿湿卑尊者，是佛祖的声闻弟子，是佛祖最早度化的五比丘中的马星比丘。尊者与五百罗汉中的第一百二十一尊马胜尊者是同一人。据《大智度论》载，尊者为舍利弗作“诸法缘起颂”法偈（因此偈向人们说明了法身的不生不灭，故名法身舍利偈、法身偈），从而使舍利弗摒弃外道邪见，皈依佛教。

《大宝积经》卷九十九载，佛祖在王舍城外的耆崛山修行时，尊者与迦叶等诸多声闻弟子入城化缘，来到王宫，阿阇世王亲自起迎、行礼、让座。而无畏德公主则静静坐在原地，因此被父王质问。无畏德公主反问道：“父王看到小国的诸侯起迎吗？兽王狮子遇见小兽起迎吗？大海的龙王见到河湖的龙王起迎吗？”阿阇世王虽心中不满，却无以作答。尊者见无畏德公主天性聪颖、颇具辩才，便为她讲说佛法，使其顿然开悟。佛陀与弥勒菩萨知道此事后，略施神通，使无畏德获得菩萨果位，并转身为男子，称为无畏德菩萨。

阿湿卑尊者 231

尊者法相所示

尊者法相所现为陶然而坐，左手笼袖中，自然垂置，右手于胸前握经卷，体形丰健，眉浓目圆，满面笑意，神态超然慈悲。尊者慧眼识人，为无畏德公主讲说佛法，使其获得菩萨果位。

猎猎战旗迎西风，青春年华建奇功。
莫待落花流水去，一声欢喜一声空。

偈解

猎猎战旗于风中飘扬，值此青春年华更应努力建功立业。不要等到落花都随流水去了，才感叹大好时光已经失之交臂。

得此偈者，应珍惜眼前的大好时光，抓住机遇，处理好一切关系，以成就自己的事业。切不可待机会失去了，回过头来自己仍一无所有，到时后悔也毫无意义。

事 迹

摩尼宝尊者，又称摩尼宝璎珞菩萨。摩尼是指宝珠；在密教中，摩尼还指那些已经将身体修炼得犹如金刚般坚固的人。据《成唯识论了义灯》载，尊者已经修炼到“等觉”境界。“等觉”是菩萨位中的最高级，其上是“妙觉”菩萨位。得证“妙觉”菩萨位的人被称为佛。

佛教认为，等觉菩萨的功德智能与佛相等，但事实上，两者之间仍存在一定的区别。等觉是“由十地道种智成就故入此地。此地应修一切种智，圆满等觉地无生法忍，进断极微细俱生烦恼障，于百劫中修集极广大福德，以之圆满三十二大人相及无量随形好。”可见，“应修一切种智”表明等觉菩萨还不具足一切种智的功德。妙觉是“示现受生人间，断尽烦恼障一切习气种子，断尽所知障一切随眠，永断分段生死种及变易生死无明，成就四种涅槃，四智圆明。人间舍寿后，报身常住色究竟天利乐十方地上菩萨；以诸化身利乐有情，永无尽期，成就究竟佛道。”从“利乐地上菩萨”这一点，说明佛的功德远远高于等觉菩萨。

232 摩尼宝尊者

尊者法相所示

尊者法相所现为骑于异兽背上，跷腿而坐，左手笼袖，右手扶兽头，须眉浓密，目光炯炯，神态威严而慈悲。尊者佛法精深，已将身体修炼到犹如金刚般坚固的人。

万里出征为封侯，赢得白发泪空流。
早知异乡无消息，莫作远方浪子游。

偈 解

为求功名远走他乡万里出征，年迈之际却落得白发苍苍老泪纵横。早知漂泊异乡会是如此结果，便不该远走他乡漂流在外。

得此偈者，应审视自己目前所为是否有其必要，若是大费周章却收获甚微，还不如断然放弃，另做打算。

事迹

尊者是佛祖的前世身。据《大宝积经》载，佛祖曾向众弟子讲述自己历生转世的功德，旨在激励弟子争相效仿，不断修积功德。佛祖告诉弟子们，自己前世时曾转生为名叫“福德”的国王。“福德”国王在位期间，勤于政务，励精图治，爱惜百姓。他的行为感动了天地，国内风调雨顺，五谷丰登，百姓安居乐业，夜不闭户，路不拾遗，举国上下无不对其心生感激。而且“福德”国王并未因此居功自傲，却更加关心民间疾苦，在全国各地设立救济机构，帮助那些贫困、饥饿或患病的百姓。

据说，元世祖忽必烈知道尊者的事迹后，决定效仿，他曾在元大都的皇宫中设立救济百姓的机构，这个机构每天都会向穷人施舍食品和药品，在灾荒年、粮食歉收时救济饥民，为鳏寡孤独者提供粮食。

福德首尊者 233

尊者法相所示

尊者法相所现为持珠端坐，须眉浓密，双目俯视，启唇而言，神态纯朴慈悲。尊者即“福德”国王，在位期间救济贫弱，广布善缘，行为感天动地，积下无量功德。

人生犹如一局棋，楚河汉界分营垒。
力扫千军唱凯歌，春风得意捧花归。

偈解

人生犹如一局棋，楚河汉界将敌我阵营清晰化分。如果力扫千军，凯旋而归，自当春风得意享战果。

得此偈者，应看清形势，分清是非，审时度势，然后确定立场。不然，即使你有力扫千军之能，也难以得随所愿。

事 迹

利婆弥尊者，又称香樟婆提，是目犍连的弟子。目犍连与舍利弗曾经都是著名的外道领袖，但是心中均有不安之念。因而两人互约，谁先得解脱者，必须告诉对方，一同修行精进。后来舍利弗在王舍城听了马胜尊者的“诸法缘起颂”后顿悟，自此得到解脱，后又于竹园精舍，闻佛陀亲说，得法眼净之悟。舍利弗将此事告诉目犍连，从此两人都成为佛祖的弟子。两人的弟子也皈依了佛教，尊者正是其中之一。

据《摩诃僧祇律》载，佛祖涅槃后，众比丘都万分悲痛，因此，佛祖的大弟子大迦叶觉得有必要结集佛陀的教法，将教法流传下去。于是，在佛陀灭度后的第九十日开始结集三藏，尊者奉大迦叶之命，邀请柬提那比丘前来参加结集。柬提那比丘在听说佛陀涅槃后，没有随尊者一起回去参加集结，而是决心以身随侍佛祖，尊者劝阻无效，只能眼看柬提那比丘入涅槃。随后，尊者独自一人回来参加了佛教的第一次结集。

234 利婆弥尊者

尊者法相所示

尊者法相所现为结跏趺坐，双手笼袖，身覆衣衫至头，半袒前胸，蹙眉凝思，沉寂孤苦。尊者智慧高深，心诚志坚。

水往低流人往高，风云变幻出英豪。
不用文坛赴战场，金戈铁马舞兵刀。

偈 解

水往低处流，人往高处走，风云变幻之际方能英雄辈出。文墨亦无用之时，可以改换战场，在此间你也能有用武之地。

得此偈者，如果觉得自己使不上劲，应换一种生活方式或工作环境，切不可自我放弃，懒散度日。应当在“求变”中一展英雄气概，奋力往上攀登。

事迹

舍遮独尊者，生于无佛之世的“独觉”修行者。“独觉”又称缘觉，指在无佛之世，没有经过任何师长友人的指导，独自领悟因缘之理。《俱舍论·分别世品》中这样评价“独觉者”：“言独觉者，谓现身中离禀至教，唯自悟道，以能自调，不调他故。”《僧伽和佛的弟子》一书中也说：“在无佛时代，有人独自悟到缘起之理而得到解脱，但却不能把自己悟到的真理说出来，这种人叫做独觉者。”

尊者一生都未曾聆听过佛祖教诲，天生喜欢寂寞清静，厌恶世俗烦恼，始终过着简朴独居的生活。尊者在这样的环境下逐渐领悟佛性，没有得到任何人指点，就独自悟出了佛法的修炼方法，心性豁然如明日普照。经过长期修行，尊者终于智慧、功德圆满，永离生死轮回，得证阿罗汉果位。

舍遮独尊者 235

尊者法相所示

尊者法相所现为虚怀静坐，双手笼袖合抱胸前，大耳广额，浓眉低垂，双唇开启，面容清瘦寂寞。尊者喜欢清静，厌恶世俗烦恼，极富悟性，精进修佛，智慧功德皆得圆满。

日出东方一点红，万物沐浴阳光中。
广施恩德人生喜，愿君耀祖又光宗。

偈解

日出东方映红一片天空，阳光普照沐浴世间万物。行善积德的人，人生自然一派喜庆，受人尊重而且能光耀门庭。

得此偈者，应广施恩德，以助人为乐，如此才能一切顺利，生活也会充满喜悦和快乐，自己所具的声名也能光宗耀祖。

事迹

业，意为造作。业有三种，即身业、口业、意业。佛教认为，每个人都在不停地造业，每种业又有善、恶、无记之分。身体的动作是身业，身业中的善业有不杀生、不偷盗、不淫欲、不妄语；身业中的恶业有杀盗淫妄；非善非恶叫无记业。口业是指言语、饮食；意业是指念头，即起心动念，都是业。

在佛教看来，每个人都被自己的业力所主宰，业力会阻碍人的心性。换句话说，业力阻碍人的智慧、功德、体能。体能是指佛教的六种神通。佛教认为，人的六根原本是聪利的，六根的能力遍虚空法界，六根聪利，人就能清楚看到佛的样子，听到佛说法的声音。但由于业障存在，这些能力都被阻碍了，如果能消除业障，这些能力就能恢复。因此，佛教认为，消除一分业障，六根的聪利就会恢复一分，等一切业障消除了，就能脱离生死之苦海，到达清净佛土。消除了业障的人即修得了正果。

236 断业尊者

尊者法相所示

尊者法相所现为恚然而坐，双手结印，眉浓发卷，神情专注，容貌威武平实。尊者苦习佛法，尽除一切业障，已出离因果报应。

世事清明时太平，英雄用武逢知音。
车船大路皆通达，凭君加鞭满帆行。

偈解

太平盛世，一切事情善恶易辨，英雄在创业时自然能遇到知音。所有前行的路都很通畅，无论你如何追求速度都不会有任何风险。

得此偈者，时运大好，在对人生的追求中又得知音相伴，因此应趁此时机，加快步伐，乘势前行，切不可因倦怠或是犹豫而贻误了这大好时机。

事迹

欢喜智尊者，即三阿难中的阿难伽罗。据《法华文句》载："一阿难陀，译作欢喜，受持小乘藏（即声闻藏）。二阿难跋陀，又作阿难陀跋陀罗，译作欢喜贤，受持中乘藏（即缘觉藏）。三阿难伽罗，译作欢喜海，受持大乘藏（即菩萨藏）。"另外在《阿含经》中还有一位"典藏阿难"，因此，有人认为，阿难有四人。《集藏传》则认为阿难只有一人，但因持不同藏法，随其功德而受称，从而有三种名，即"一阿难陀云庆喜，持声闻藏；二阿难跋陀云喜贤，持缘觉藏；三阿难伽罗云喜海，持菩萨藏，但是一人，随德各别，由此阿难多闻闻持，其闻积集三慧齐备，文义并持，于三藏教总持自在，若称名字。虽顺正理，无于诸法得自在义，由斯称我不道阿难。"

尊者所持的菩萨藏，是上乘藏，由于声闻、缘觉、菩萨等下、中、上三乘与所说之教法相对应，因此，声闻藏、缘觉藏、菩萨藏，也称三藏。声闻藏诠释的是声闻之理行果；缘觉藏，诠释的是缘觉之理行果；菩萨藏，诠释的是菩萨之理行果。

欢喜智尊者 237

尊者法相所示

尊者法相所现为陶然而坐，双脚交叠，双手掌心相对结印。尊者面如满月，丰鼻大耳，开口欢笑。尊者通晓大乘佛法，通晓声闻之理，具无量智慧与神通。

世事无益是空叹，前途重重有难关。
凭君施展回天手，灾厄可再不可三。

偈解

世上最无益的事就是空叹。前途漫漫虽然险恶难料，但凭着你的回天之手，灾厄最终都会被一一化解。

得此偈者，一切当谨慎小心。即使遇到灾厄，也不要空自叹息，应想尽一切办法，并落实到行动中，以回天之手消灾解厄。即使灾厄再次出现，也不能放弃，要相信灾厄在你可再而不可三。

事 迹

乾陀罗是一个西域古国。据《大唐西域记》载："其国在北印度境，东西千余里，南北八百余里。"在艺术史、建筑史上，该国一直享有盛名。

尊者不远万里从乾陀罗来到洛阳，当时人们不知道尊者的姓名，便以其祖国名相称。据史书记载，尊者品德高洁，尤善法术，当时人们对他都很尊重。尊者到洛阳后，并未入住任何一个现成的寺院，而是另起新庙。

关于新庙的来历，传说尊者到洛阳后，对同住僧众说："洛阳东南有盘鸦山，山中原有古寺，今故基尚存，可以修立寺院。"众人不信，便与他一道入山寻找，果然找到一处旧寺的石基。于是，他们便在石基之上修立新庙。新寺距洛阳一百余里，尊者每天清晨都会到洛阳城化缘说法，日薄西山之时才回。传说曾经有一位奔走如飞的僧人与尊者比脚力，却始终赶不上尊者。僧人曾拽着尊者的衣角，感受过尊者走的速度，然后说："但觉耳边风声飒飒，须臾至寺，竟毫无疲倦之感。"

238 乾陀罗尊者

尊者法相所示

尊者法相所现为结跏趺坐，左手护膝，右手持经卷，须眉浓密，笑逐颜开，神情慈悲。尊者虔心向佛，心志坚定，行走如飞，耐力过人。

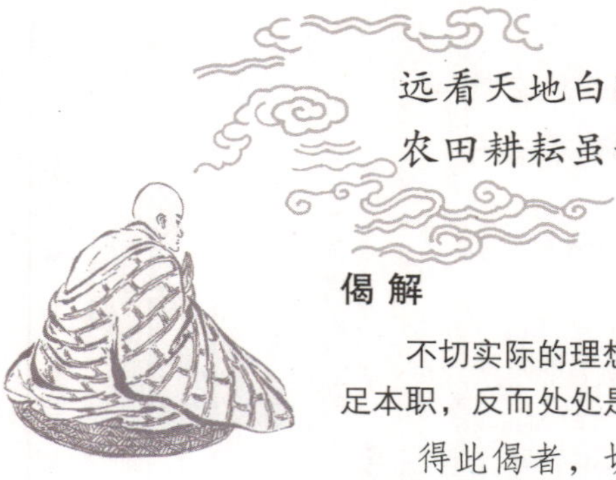

远看天地白茫茫，近看阡路各成行。
农田耕耘虽辛苦，丰衣足食定安康。

偈 解

不切实际的理想，虽然高远，却缥缈空洞无路可走。如果着眼自身，立足本职，反而处处是路，也不乏富足安康。

得此偈者，切忌好高骛远，应根据自己的能力，做自己力所能及的事，虽然辛苦，却能被自己有效掌控，没有什么大风险，如此自然能富足安康。

事 迹

尊者是佛祖的声闻弟子。

据《妙法莲华经》载，佛祖曾为尊者等诸罗汉授记，未来世当得佛位，佛号“普明”。尊者等人得到佛的点化深受启发，认为自己本来智能短浅，经佛教化之后已大有长进，但自己却没有察觉。尊者即兴举例，道：一长者去探望朋友，恰逢朋友酒醉不醒，长者将珍宝系于朋友衣襟之上便离开了；朋友酒醒后腹内空空如也，四处乞食，讨到一点吃的便觉满足，直到朋友再遇长者，才知道自己早已是腰缠万贯。

传说佛祖在支提国时，有一条恶龙为非作歹，当时，尊者也在该国游化，听说有恶龙，便在一泉边树下打坐，等恶龙前来。恶龙与尊者斗法，惨败后，为求活命便合掌对尊者说：“我皈依您。”尊者却说：“不要皈依我，应当皈依我师释迦牟尼佛。”于是，龙郑重发誓：“我从今天起，皈依三宝，终身作佛的优婆塞。”从此，尊者的名声流传各国。

莎伽陀尊者 239

尊者法相所示

尊者法相所现为半跏坐，左手护膝，右臂高执法器，浓眉大耳，神态威武，体形瘦削刚健，开口如吼。尊者智能低浅，身心清净，被佛祖点化后具高妙道行。

车轮滚滚向前奔，载尽东西南北人。
为名为利为平安，费尽心机苦经营。

偈解

时间之轮载着众生滚滚向前，又有谁能摆脱这由生至死的人生过程？即使如此，仍有人为名利和平安苦苦经营，费尽心机，消耗掉不少精力。

得此偈者，切不可用尽心机为名利。须知人从生到死，时日并不是无限的，名利也生不带来死不带去，应恬然自适，多行善事，名利与平安有时也会不争自来。

事迹

须弥望尊者，又称望须弥尊者。传说他是一位极其虔诚的佛家弟子，一生努力修行，最终得证阿罗汉果。由于尊者在修行时心中所想是须弥山，眼睛所眺望的方向也是须弥山的方向，因此，法号“须弥望”。

须弥，意为妙高。据《长阿含经·阎浮提洲品》载，须弥山高八万四千由旬，须弥山下为海，海深八万四千由旬。沿阶直上，无所曲折，香木繁茂，四埵突出，有四大天王之宫殿。此山有上、中、下三级七宝阶道，夹道两旁有七重宝墙、七宝栏楯、七重罗网、七重行树，其间之门、墙、窗、栏、树等，皆为金银水晶琉璃等所成。花果繁盛，香风四起，无数奇鸟相和而鸣，诸鬼神住于其中。须弥山顶有三十三天宫，为帝释天所居之处，歌舞升平，是一处极乐世界。

由旬是一个关于长度的佛教用语，《大智度论》中称由旬有三种，即上、中、下由旬，故名由旬三量。由旬谓其中边山川平易，为八十里；中由旬谓其中边山川稍险，为六十里；下由旬谓其中边山川险阴，为四十里。

240 须弥望尊者

尊者法相所示

尊者法相所现为端然静坐，双手于胸前斜持锡杖，面如满月，寿眉及颊，体态丰腴，神情高贵肃穆。尊者努力修行，妙高无限，心之所想、目之所望均为须弥山。

一轮红日渐向西，双鹤悠悠天际飞。
问君可曾得音讯，白发高堂盼子归。

偈解

日薄西山，一天的美好即将结束；双鹤悠悠，倦鸟迟归隐于天际。白发双亲为盼儿归，日思夜想望穿秋水。

得此偈者，应回家探望高堂。须知父母年岁已高，如双鹤在渐渐西去，应经常回家尽孝，以报父母的养育之恩。

事迹

持善法，是指坚持修善业成善果之法。

佛教有十善业之说。十善业又称十善业道，分别是：一不杀生，二不偷盗，三不邪淫，四不恶口，五不两舌，六不妄语，七不绮语（即不花言巧语），八不贪，九不瞋，十不痴。佛教认为，不杀生而慈心于仁，不恶口而出言慈和，不偷盗而义利节用，不邪淫而贞良守礼，不妄语而诚实无欺，不两舌而无争是非，不绮语而言说有礼，不悭贪而慈心舍施，不瞋恚而慈忍积福，不愚痴而多闻增智。

除了十善之法外，佛教徒还要修五戒。五戒分别为，不杀生、不偷盗、不邪淫、不妄语、不饮酒。五戒可以全部受持，也可以随分受持。

五戒十善是出家人和在家居士必修的善法。尊者正是因为始终如一地坚持善法，最终得证阿罗汉果。

持善法尊者 241

尊者法相所示

尊者法相所现为陶然静坐，右手执拂子，左手捋拂须，眉目俊秀，神态欢喜。尊者严格遵循善法要求，受持五戒十善，终得正果。

山高自有虎豹啸，林深自有鹰枭叫。
十个指头各长短，逢人遇事且宽饶。

偈解

高山深处自有虎豹出没，苍林之间自有鹰枭栖息。人的十个指头各有长短，人的能力也有强弱之分，所以待人处事应心怀善念，得饶人处且饶人。

得此偈者，才智一般，却自以为是。须知世间藏龙卧虎，强者如林，所以无须对自己过于苛求，待人待事也应宽容，此正是为人处事的善法。须知用善的人，自己行事必然顺利。

事迹

提多迦，意为通达真理。尊者是摩伽陀国人，俗名香众，禅宗西天二十八祖的第五祖。据《景德传灯录》载，尊者出生时，其父梦见一轮金色闪耀的太阳，竟从木屋中升起，那耀眼的光芒照耀大地，令山水尽显金色。木屋前耸立一座险峻的高山，山岗上七宝庄严。从高高的山巅上，涌出一股清泉，沿山坡潺潺流下，随着泉水叮咚之声，阵阵香风拂面。

尊者生具佛性，对俗世生活毫无眷念，一心出家修行。后遇到四祖优波毱多尊者，便有意跟随他修学佛法。四祖见他气度不凡，便问："你是心出家，还是身出家？"尊者回答："我来出家，非为身心。"四尊又问："你既不是身出家，又不是心出家，那是什么出家呢？"尊者说："出家并没有主客观之分，它超越对立的思维模式，甚至是超越时空。如此，心才不再沦于生及消亡的渊薮，空灵的心不再受到约束和局限，与恒常之道同在。诸佛的心体无法形容和描绘，任何思维及语言，都显然落入了第二机，偏离了常道的心。心的内涵如此，以此类推，形体也是这样。"四祖听后，便为尊者剃度，授与具足戒，尊者当天就成了佛门僧团的成员。

242 提多迦尊者

尊者法相所示

尊者法相所现为跷腿而坐，扬眉浓密，目视前方，面含悲悯，神色肃穆清贵。尊者生具佛性，气度大凡，对俗世毫不眷恋。

堂前一燕翩翩飞，檐外一燕殷殷随。
夫妻恩爱常欣乐，百年携老永不违。

偈解

男主外，女主内，夫妻恩爱心灵相通，所以白头携志永不违背。

得此偈者，拥有一份幸福美满的感情，能与爱人相知相守。尚无意中人者，亦能于近日收获幸福，宜把握机会。

事迹

水潮声尊者，又称一切海潮声菩萨。在《楞严经》中，佛声被比喻为潮声，是因为佛教认为“海潮无念，不违其时”，这与佛声应时适机的作用非常相似。无念，指心灵不被妄念所扰，感知之心通行无阻，不受束缚，超然物外，自由自在，这样就会“万法尽通，见诸佛境”。

传说，尊者哀悯众生为烦恼所困，常发海潮之声以救。所谓的海潮声，是指无念的修持方法，即消除妄念之法。佛教认为，妄念产生于对当下的不认可或不满意，总觉得通过一种方法可以改变当前状况或产生新的情况。因此无念修持的一个方法就是对当下一切都无条件认可或臣服，不再挑剔；对于当下产生的念头也不作赞赏或批评，只是慈悲地观察它，不再给予其追究的能量，久之，念头就逐渐衰减，直至念止。另一个修持方法就是悟禅，通过观察或思考不合逻辑的事物来停止思维。如认真地思考一个手拍出的声音，在思惟或逻辑完全无用时，会忽然体验到逻辑以外的东西，妄念也会突然停止。

水潮声尊者 243

尊者法相所示

尊者法相所现为半跏坐，左手护膝，右手以拳支颐，体态丰润飘逸，眉清目秀，神情慈悲，入定思惟。尊者心性超然，长于思考，能助众生驱除妄念。

曾经繁华温柔乡，重新披挂上战场。
宝刀不老犹杀敌，英雄美名传四方。

偈解

曾经贪恋荣华，于安逸之所纸醉金迷，而今幡然醒悟，重新披挂上阵。但你宝刀未老，还能冲锋陷阵，并能因此而英名远扬。

得此偈者，幡然悔悟，所以当振奋精神。如果能重开一片天地，你仍能有所作为。

事 迹

智能海尊者，又称智能菩萨。其法号出自《无量寿经》中的“如来智能海，深广无涯底”。可见尊者智能超群，如大海般浩瀚。

在佛教中，智能比伦理和道德更重要，伦理和道德是增强及稳固智能的工具。如果不是为了智能，伦理和道德是非常危险的，可能使生活变得悲惨，就像只是因为道德的因素而不吃荤一样。因此，佛教许多观点都是建立在智能的基础上，智能是根本。

佛教认为，每个人都具有智能，智能并不神秘，它既不是上天的恩赐，也不是所谓的聪明。每个人的智能都被“包裹”着，唯一的区别是有些人的智能有着美丽的“外包装”，要开启这种人的智能很容易；而有些人的“外包装”却很丑陋，要开启就不容易。但不管怎样，如果不修佛法，智能都无法开启，唯一的差别仅在于佛法开启每个人智能的速度快慢不同而已。

244 智能海尊者

尊者法相所示

尊者法相所现为寂然静坐，双手交叠置于左膝，头下倾，双目下视，大耳浓眉，形若槁木。尊者智慧超群，悟性甚高，能为众生开启智能。

蝼蚁奔波终日忙，所为何事向何方。
事多思忖目的明，终生成就必可望。

偈解

小小蝼蚁整日奔波忙碌，却不知为了什么。所以人在做事之前应多思考，以明确目标，如此方能有一番成就。

得此偈者，整日无目的的忙碌，所以应暂时从碌碌无为中解脱出来，冷静思考，并确定自己的奋斗目标。有了努力的方向，应找准工作重点，做事有条理，才能最终有所成就。

事迹

尊者即隋朝高僧信行法师，魏郡（河南安阳）人，俗姓王，又称三阶禅师，为三阶教之祖。

尊者从小深具慈悲心，智慧和悟性出类拔萃。四岁出家，博览群经，洁身自好，深受时人敬重，后蒙隋文帝招请，住于长安。尊者主张释尊的时代为正法时代，即今（隋）正法、像法时代。这一时代，正值佛教衰微，经典与特定之佛皆无济于事，所以提倡三阶新义，称第三阶佛教，其解行与前人有很大不同。提倡法不论大小，人不分凡圣，普信普归，称为普法。因而舍弃具足戒，与民众共同劳动修行，所以产生了一日一食的戒律。尊者于开皇十四年正月圆寂，享年五十五岁。著有《三阶位别集录》三卷、《对根起行杂录》三十三卷、《三阶佛法》四卷等数十种，但因开皇二十年以后，三阶教被禁止，尊者所著三阶教典籍也随之湮没，现今存世的仅《三阶佛法》四卷，其余数书则仅剩残章断篇。

众具德尊者 245

尊者法相所示

尊者法相所现为欢然而坐，双手执如意，斜托于胸前，方脸大耳，双眼凝视前方，张口大笑，神态欢喜慈悲。尊者智慧过人，悟性出众，品行高洁，受人尊敬。

市廛嚣喧烦恼多，宦海浮沉意消磨。
急流勇退归林下，青山绿水伴樵歌。

偈解

在市井的喧嚣中烦恼最多，世途的浮沉也常令人意志消沉。所以还不如急流勇退，回归轻松自在的生活，与青山相伴，与绿水对歌。

得此偈者，如果觉得自己已无上进之心，便应急流勇退，让身心清静，在生活中追求一份轻松与自在。

事 迹

不思议尊者，又称不思议菩萨。据《最胜问菩萨十住除垢断结经·身口意品》载，在佛陀于毗舍离城奈祇树园举行的法会上，诸菩萨对什么是菩萨慧发表了自己的看法，尊者认为：“无为不离有为，有为不离无为，解知有为无为悉无所有，于中净身口意，是谓菩萨慧。”

许多佛经都曾记载，以尊者为首的七十位大菩萨在过去的无数劫中，一直虔诚地供养诸佛，从来没有停止过佛法修行。时至今日，他们的内心也没有因为长期修行而疲倦，这七十位菩萨都是具备大功德之人。据载，佛祖在涅槃时，仍在为众生担忧，于是佛祖问诸菩萨，在佛祖涅槃后，谁“能于众末世擅改持正法”，这时尊者自告奋勇，说：“我能堪任愍念，成就饿鬼众生，令得解脱。”随后，尊者在佛祖面前发誓，在佛祖涅槃后，他将“护持正法，于十方界广泛流布，使唤不断绝”。

246 不思议尊者

尊者法相所示

尊者法相所现为超然静坐，左脚高架，左手执拂子，右手结印，剑眉上扬，启唇说法，神情果决而专注。尊者历经数劫，始终虔诚修持，从不为长期修行而倦怠。

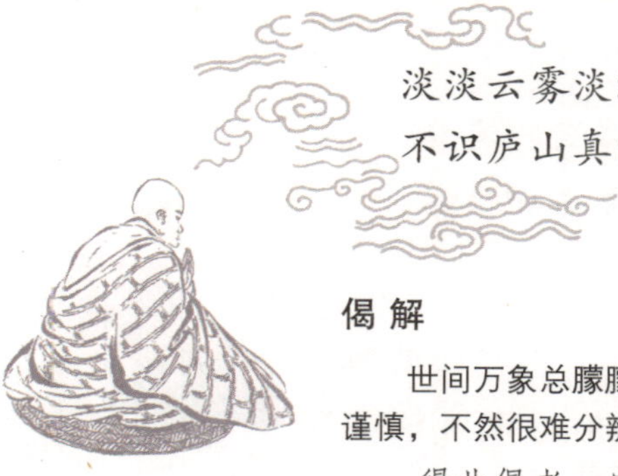

淡淡云雾淡淡天，为人真诚固美德。
不识庐山真面目，再三谨慎辨忠奸。

偈解

世间万象总朦朦胧胧，为人真诚自然是美德，但你身居其间，也应十分谨慎，不然很难分辨身边的善恶忠奸。

得此偈者，应谨惕身边小人。人固然应当真诚待人，但若分不出忠奸，其真诚便极易被小人利用，自己也难免受到伤害。切记，识人之能，更应识人之心。

事迹

尊者即禅宗西天二十八祖中的第六祖弥遮迦，因前世为八千大仙人之首，故称弥遮仙。

据《付法藏经》载，六祖弥遮迦尊者，中印度人，他早年学出玄入牝，修神仙法门，是八千仙人中的上首。禅宗五祖提迦多到他的国家，尊者就向他顶礼，说："往昔我和您一同往生到大梵天，后来我遇到阿弥陀仙人，传给我修仙的法门，您则遇着佛的弟子，修习禅定。由此，我们两个人在生死轮回中，走的路不同，受的果报也不同，已历经六劫之久。"五祖说："此言非虚。我们分别那么多劫，如今你可以舍弃邪道，回归正道，入到佛乘中来了。"尊者说："而今相逢岂不是往昔的缘？阿弥陀仙人为我授记时说过，六劫后，我将遇到以前的同学，度我获得无漏果。愿您大发慈悲，令我也得到解脱。"五祖听后，当即为尊者剃度，授具足戒，将法藏传给尊者后就圆寂了。圆寂前五祖作偈道："通达本心法，无法无非法。悟了同未悟，无心亦无法。"

弥遮仙尊者 247

尊者法相所示

尊者法相所现为陶然而坐，左手于膝上结印，右手于胸前执宝瓶，体态丰隆，浓眉浅须，目视前方，法喜充盈。尊者得阿弥陀传授仙法，学识渊博，于各处教化众生。

君本文曲下凡尘，落笔成章惊鬼神。
笔耕墨耘纵辛苦，春秋大著待斯人。

偈解

你本是文曲星下凡，拥有不同凡响的出众文采。纵然写作是件辛苦的事情，但若笔耕不辍，假以时日定能成为文坛璀璨明星。

得此偈者，应有不俗的文学和艺术才华，可在写作方面取得成功，当坚持不懈，笔耕不辍。

事迹

据《贤愚经·尼提度缘品》载，佛祖在舍卫国祇树给孤独园时，由于该城人口众多，厕所太少，很多人只能出城方便，而达官贵人们则用便器，再雇佣下人清洗。有一个叫尼提的信徒贫贱至极，又没有别的长处，只能靠除粪糊口。佛祖知道此事后，与阿难一同进城度化他。佛祖入城便碰到尼提，他刚准备出城处理装满粪便的便器。尼提看到佛祖后非常惶恐，生怕这些污秽之物污染佛祖，因此决定走别的路，但不管他走哪一条路，都会碰到佛祖。尼提心中惶恐不已，一不小心将便器打破，身上也沾满了屎尿。佛祖却并不在意，上前问尼提道："你愿意出家修行吗？"尼提说："佛祖的弟子都是贵人，我一个下贱人怎敢和其他贵人一样出家呢？"但在佛祖心中，众生早已没有贵贱之分，佛祖便将尼提度化了。尼提出家后，比任何人都更加虔诚地信奉佛法，遵守戒律，最终得证阿罗汉果。

248 尼陀迦尊者

尊者法相所示

尊者法相所现为矜持而坐，左脚着地，右腿盘于坐凳之上，左手执扇，右手笼于袖中。尊者慈眉善目，闭唇含笑，貌若处子。尊者出身低贱，却得佛祖度化，皈依佛教后，精勤修行，谨尊戒律。

一山望见一山高，奔波跋涉尽徒劳。
劝君春耕夏复种，莫把青春岁月抛。

偈解

春耕、夏种、秋收、冬藏，这是四季更迭的自然规律。岁月时令各有要求，当季就做当季事，在其位就谋其职。因此人也应遵循人生的规律，在学习时就当好好学习，安守本分，这山望着那山高，只会徒劳无益而虚度光阴。

得此偈者，应安心于现状，脚踏实地做好本职。若见异思迁，得陇望蜀，在能力和基础没扎牢时便奔波折腾，必定徒劳无功，浪费时光。

事迹

正念，意为念念不忘四谛真理，首的意思则是第一。

佛教中有八正道之说。八正道是指达到佛教的最高理想境界（即涅槃）的八种方法和途径。八正道以正见为基础，是佛教针对婆罗门教、耆那教的苦行主义和六师外道中一些派别的享乐主义而提出的。佛祖提倡不苦不乐的中道，因而在原始佛教中也把八正道称为中道。原始佛教对这种不苦不乐的修行方法十分重视，列为四谛之一"道谛"的具体内容。同时，八正道也是佛法修行的八个阶段，修行时应循序渐进，不能跳过任何一个阶段。

在八正道的修行上，尊者的正念修行是佛门第一。正念是禅定中最正确的思惟，尊者在禅定时只考虑佛教真谛，完全抛弃了"我"的念头，所以他的观照十分清晰。虚幻已经不再出现在他的眼前，那里只有真相，就像两个交谈中的朋友一样。尊者是已经完全知道真谛的人，也是真谛的化身。

首正念尊者 249

尊者法相所示

尊者法相所现为端然静坐，浓眉锐目，长须覆面，神情慈悲含笑。尊者收敛心性，虔诚修炼，知真谛而达无我境界。

丈夫刚强尚毅力，临危不惧御强敌。
不学野鸡窝囊样，藏头露尾终何益。

偈解

男子汉大丈夫本性刚强，但尚须毅力，危难时刻才会不畏艰险抵御劲敌。所以你不能像野鸡一样，藏头露尾窝囊度日。

得此偈者，在目前强大的对手面前有畏惧心理，抑或是面对困难时畏缩不前。当重振精神，建立刚强而坚韧的意志，如此才能临危不惧，化解一切危难。

事迹

尊者即唐代高僧净觉法师，生于唐高宗永淳二年。

在《注般若心经略序》中，说尊者与唐中宗的皇后韦氏同族。韦氏效仿武则天垄断朝政，毒死唐中宗李显，在唐隆元年被临淄王李隆基（即唐玄宗）率兵所杀，后追贬为庶人，尊者一族因此落没。王维在《大唐大安国寺故大德净觉师碑铭并序》中称尊者为“孝和皇帝庶人之弟”。

尊者曾师事北宗禅之始祖神秀，神秀圆寂后，尊者前往洛阳，师从高僧玄赜。他在学习期间“律仪周密，深解经典”。神龙元年，唐中宗复位，尊者为避辞韦后的封官授爵，到太行山北齐僧稠曾住过的地方出家修道，并在太行山灵泉谷中撰就《楞严师资记》。从开元十五年起，尊者应邀前往金州（今陕西安康），此后一直在此致力于《注般若心经》的写作，直到圆寂。

250 净菩提尊者

尊者法相所示

尊者法相所现为欣然静坐，左手笼于袖中自然垂置，右手于胸前结印。尊者身披挂络，面丰唇厚，扬眉浓密，神态坦然大度。尊者深解经典，博学多识，淡泊名利，虔心修佛。

人生所贵有追求，光宗耀祖身封侯。
精诚坚毅有希望，青山不老水长流。

偈解

人生贵在有所追求，或光宗耀祖或加爵封侯。能以虔诚之心执著努力，则精诚所至金石为开，如此方能青山不老绿水常在。

得此偈者，当坚定目前的努力方向，持之以恒，精诚追求，如此则必能得偿所愿。

事 迹

梵音天尊者，即大梵天。尊者是古印度神话中的创世神。

在佛教中，梵天意为清净、离欲。在古印度哲学中，梵被认为是万物的根源。据婆罗门教的《摩奴法典》载，梵天出自金胎，原有五头，其一头为湿婆所毁，只剩下四头和四手，分别持吠陀经典、莲花、匙子和念珠。佛教将梵天列为色界的初禅天。

传说古印度的梵文正是梵天所创。古印度人认为，梵文每个字母都代表一种力量源泉。在念佛教“真言”时，要求发音准确，汉字发音跟梵文发音不能完全对等，因此用汉字书写真言和按汉字音念真言，常会发音错误，难以做到准确、有效。梵文单词拼写和读音有着特殊规则，用其字母拼写的真言，所说便是所写，保持了真言纯正的梵文语音，因此用梵文字母拼写真言，才能无谬误，这正是佛教高僧自学梵文或自学梵文字母的原因。

梵音天尊者 251

尊者法相所示

尊者法相所现为结跏趺坐，双手笼于袖中，头戴风帽，身披挂络，半袒前胸，面庞丰润，浓眉亮眼，喜笑颜开。尊者又称“四面佛”，掌管人间爱情、事业、健康和财运。

黄河鲤鱼过龙门，人逢喜事有精神。
光宗耀祖身富贵，子孝孙贤得功名。

偈 解

古代以黄河鲤鱼跳龙门来寓意飞黄腾达，或逆流而上。

得此偈者，目前诸事美好，或将由逆境转为顺境。在经过众多艰辛和努力后终于有所收获，自己也因此又上一个新的台阶，此时更应保持积极的人生态度，以自己的良好作为影响下一代，最后所收获的不仅是自己的成功，更会有子孝孙贤的家族传统。

事 迹

因地，又称因位，是指修行佛道之位。《楞严经》说：“因地发心与果地觉，为同为异。”“我本因地，以念佛心入无生忍。”另外，从凡夫到发愿学佛，再到圆满成佛，这一过程都叫“因地”，佛经中有“因地不真，果招迂曲”之说。

与“因地”相对的是“果地”。果地是指依因位的修行而得悟结果之位。佛教有大、中、小三乘，因此果地也各不相同。在声闻乘（即小乘）中，也有四种果地，分别是：须陀洹果、斯陀含果、阿那含果、阿罗汉果。初果须陀洹，意为入流，即初入圣人之流；二果斯陀含，意为一来，即修到此果位者，死后升到天上去做一世天人，再生到世俗世界一次，便不再来欲界受生死；三果阿那含，意为无还，即修到此果位者，不再生于欲界；四果阿罗汉，意为无生，即修到此果位者，解脱生死，不受后有，为声闻乘的最高果位。

252 因地果尊者

尊者法相所示

尊法相所现为欢然而坐，左腿跷于右腿之上，右手放脚踝处，左手于胸前结印，慈眉善目，面含笑意。尊者精诚修习，孜孜不倦，解脱生死，功德圆满。

树上螳臂捕小虫，黄雀在后不放松。
挟弹小儿正瞄准，人生角色略雷同。

偈 解

螳螂抓捕小虫，却不知黄雀在后；黄雀欲啄螳螂，却不知身后有小孩正持弹丸瞄准它。人生的角色亦与此大同小异。

得此偈者，须慎思自己目前所扮演的人生角色，须知自己在追逐名利，算计他人时，自己也在被别人算计。与其如此，还不如抽身而退，反而可以落个心安理得。

事 迹

佛又被称为觉，“性”意为不变，因此，佛性就是觉性。佛教认为，一切众生都有佛性，即一切众生都可能成佛，众生的佛性出自他们的本性，所以，本性即佛性，就是觉性，觉性所指的正是能断离一切迷惘而开悟真理的本性。另外，佛性还与法性、实相、如来藏词同义。

《涅槃经》中有三因佛性之说，三因佛性是指，正因佛性，即中道实相、真如法性的理性；了因佛性，即般若智慧；缘因佛性，则是配合了因智慧开发正因的六度万行的功德行愿。这种观点认为佛性是因，成佛是果，要圆满具备此三因方能成佛。除“三因佛性”说外，还有另一种佛性说，该佛性说也认为佛性有三种，分别为：自性住佛性，真如之理，自性常住，无有改变，一切众生皆具此理；引出佛性，依禅定智慧修行之力，本有佛性逐渐显现而引出者；至得果佛性，修因圆满，至成佛时，本有的理体佛性彻底显现。

觉性解尊者 253

尊者法相所示

尊者法相所现为陶然而坐，左腿跷于右膝之上，左手执笺，右手执笔，面庞丰润，笑口常开。尊者六根清净，顿开觉悟，并能持之以恒，达到觉己又觉人的境界。

浓雾蔽天云绕山，对面相逢不相见。
不知深浅莫下水，旋涡激浪莫流连。

偈解

浓雾笼罩天空，云层环绕在山间，真实面貌都被掩盖，清晰的视线变得模糊，即使两人迎面相逢也相互看不见。所以不知水的深浅就不要下水，旋涡激浪之处切勿流连；人生扑朔迷离、变数不定，可能处处都潜伏着危险。

得此偈者，目前遇事要客观分析，细致了解，谨慎决策，切不可贸然而行。若已身处风险中，则应急流勇退，及时抽身而出。

事迹

精进是指坚持修善法、断恶法，而且毫不懈怠。精进是“六波罗蜜”之一，另外五种分别是布施、持戒、忍辱、禅定、智慧。“六波罗蜜”分别度化六种烦恼，即布施度悭贪，持戒度毁犯，忍辱度嗔心，精进度懈怠，禅定度散乱，智慧度愚痴和邪见。

佛经中常提到善根，善根有世间和出世间之分。世间善根又称三善根，分别是无贪、无瞋、无痴。佛教认为，世间一切善法皆从三善根生出。出世间善根又称菩萨善根，即精进。可见，精进是菩萨唯一的善根。《佛说八大人觉经讲记》说：“第四觉知，懈怠坠落，常行精进，破烦恼恶，摧伏四魔，出阴界狱。”从中不难看出，“懈怠”是精进的对立面。佛教认为，世间人、六道众生，特别是三途众生，对于恶法非常精进，毫不懈怠，但对于善法，却是完全疏忽、懈怠。因此，佛和菩萨常教导众生，对于一切善法要精进，对于一切恶法要懈怠。因为精进能破烦恼恶，能摧伏四魔，能超越三界六道轮回。

254 精进山尊者

尊者法相所示

法相所现为欣然而坐，双手合十，举于胸前，脸阔耳大，长眉亮目，抿唇微笑，神态安详慈悲。尊者修习佛法，对一切善法精进不怠，能破烦恼恶，摧伏四魔，超越三界六道轮回。

粗茶淡饭可饱温，七尺荒土足安身。
生来死去赤条条，何必贪娄苦钻营。

偈解

粗茶淡饭可以饱肚暖心，七尺荒土足以安身立命。人本赤条条生死无牵挂，又何必贪多图大，苦心经营呢？

得此偈者，应力戒贪娄，没有必要四处苦钻营。应当满足现状，知足常乐，勿贪念奢靡浮华，为了表面的利益而费尽苦心。

事 迹

尊者又称无量光菩萨、甘露光菩萨。无量光是对阿弥陀佛光明的十二种称呼之一，意为佛光不可胜数。另有一说认为，尊者以无量智慧光降伏三惑，遍照十方，故称无量光。

尊者密号大明金刚、离染金刚，是贤劫十六尊之一。在密教曼荼罗排列中位于三昧耶、微细、供养、降三世等会之轮坛外，是西方五尊中最南端的菩萨。

尊者居住在一个名无边华的世界中，他曾从该世界到娑婆世界听佛祖说法。三昧耶形为火焰，尊者形象为身呈赤肉色，左手舒掌，安于左膝上，右手屈臂，开掌向外，掌上安置莲花，莲花上有火焰。尊者精通显教教义，通晓诸多戒律；熟悉密宗各种教法，能阐述秘密真言的含义，随心所欲进入各级禅定。

无量光尊者 255

尊者法相所示

尊者法相所现为陶然而坐，左手执法器，右手搭凉棚，面若满月，目视上方，神情慈悲喜悦。尊者通晓各种戒律教义，能阐述秘密真言，道行高妙，佛光无限。

为贪温馨过骄阳，飞蛾扑火把命丧。
金银财宝谁不爱，是福是祸且思量。

偈解

为了贪图温暖，从烈日中经过，却如同飞蛾扑火，自讨苦吃。金银财宝亦是如此，人人向往，其结果却祸福难分。

得此偈者，不惜冒险追逐钱财。须知求财之心人亦有之，但求财之路却各不相同。君子求财，应取之有道；而小人求财，却不惜损人害己。这样即使得到了钱财，也同时埋下了可怕的祸端，所以求财必须审慎正当。

事迹

不动，是性虚空十义的第七义，《出宗镜录》载，谓真如性体，广博无量，犹若虚空。有这样十义：一是无障碍义，无障碍者，谓真如性体，于一切诸法，圆融通达，全部无障碍；二是周遍义，周遍者，谓真如性体，于一世处无不周遍也；三是平等义，平等者，谓真如性体，于一切法，全部无差异；四是广大义，广大者，谓真如性体，广而无边，大而无外也；五是无相义，无相者，谓真如性体，圆明寂绝，离诸色相也；六是有净义，清净者，谓真如性体，湛然莹彻，无所染污也；七是不动义，不动者，谓真如性体，圆常凝静，不迁不变也；八是有空义，有空者，谓真如性体，土崃空寂，能灭一切有为之法也；九是空空义，空空者，谓真如性体，本来空寂，于诸空相亦不可得也；十是无得义，无得者，谓真如性体，诸佛众生，本来具足，虽有能证之智，而所证之理，体元寂绝，亦不可得也。

256 不动义尊者

尊者法相所示

尊者法相所现为端然静坐，双手于胸前执如意，身覆挂络，面相端庄，眉目清朗，神态超然慈悲。尊者真如性体，广博无量，犹如虚空，不为外物所动。

早知世事多艰难，东奔西扑无休闲。
岁月如流鬓将白，不如吃碗安分饭。

偈解

世事难料，人生艰险，为求生存，东奔西走，无一刻停歇。时光飞逝，岁月如梭，忙碌一生，待到白发之际却可能一无所获。早知如此，还不如安守本分，知足常乐。

得此偈者，空自忙碌。因此应从忙碌的奔波中解脱出来，认清自己，珍惜现状，没必要作无意义的追求。

事迹

修善业尊者，是佛祖的前世身。据《贤愚经·善事太子入海品》载，是国王宝铠王的长子，名叫善事。他有一个弟弟，名叫恶事。善事出生当天，国王请相师为其相面，相师说："这个孩子命相之好，世上少有。他的聪明、福泽与品德，无人可比。"在恶事出生当天，国王又请相师相面，相师说："这个孩子只是个普通人，他的福泽、品德、才能都属一般。"从此，宝铠王把满腔希望都放在善事身上，善事长大后，请求去龙宫寻宝，并带回来布施给百姓，宝铠王应允了善事，恶事也主动要求同去。善事带着弟弟和一群人出海，历经千难万险终于寻到了大量宝藏，在回国路上，恶事因贪图钱财将善事的双目刺瞎，独自一人逃回国内。但善事因前世积下无量功德，被刺瞎双目竟不治而愈，最终顺利回国。传说善事在今世转生为佛祖释迦牟尼，而恶事则转生为提婆达多。佛祖灭度后升往忉利天，提婆达多则因不修善业，堕入地狱。

修善业尊者 257

尊者法相所示

尊者法相所现为凝神静坐于神鹿之上，左手执法器，右手护膝，身体瘦削，目光炯然，神态刚正威严。尊者身体残缺，却心胸宽大，并将宝物布施给信众。

青春年少足恩爱，男痴女恋尽欢谐。
玉环飞燕成粪土，子建中郎安在哉。

偈解

才子佳人，男欢女爱，古往今来多少痴男恋女沉迷于爱情不能自拔。殊不知，色相的美丽和情爱的欢乐仅是一时之娱，终将烟消云散。

得此偈者，正沉溺于爱情中，被男女之爱所陶醉。须知人生除了男欢女爱，还有更多的责任，所以切不可在男欢女爱中不能自拔，更不能不理性地对待爱情。

事 迹

尊者又称弥勒佛菩萨。阿逸多意为无胜、无三毒。

尊者曾是国王，因被女色财气所迷，导致国家大乱，被杀后堕入地狱。在地狱里他痛定思痛，深刻反思，虔心修行，终于往生兜率天。据《弥勒上生经》载："兜率陀天上，有五百万亿天子，每一天子皆修甚深檀波罗，为供养一生补处菩萨故，以天福力造作宫殿，各各脱身栴檀摩尼宝冠……化作五百万亿宝宫。宝宫有七重垣，垣皆七宝所成。宝出五百亿光明，光明中有五百亿莲华，莲华化作五百亿七宝行树，树叶有五百亿宝色，宝色有五百亿阎浮檀金光，阎浮檀金光中，出五百亿诸天宝女；宝女住立树下，执百亿宝无数璎珞，时乐音中演说不退转地法轮之行；其树生果如玻璃色，一切众色入玻璃色中，是诸光明右旋婉转流出众声，众音演说大慈大悲法；垣墙，高六十二由旬，厚十四由旬，五百亿龙王围绕此垣；一一龙王雨五百亿七宝行树，庄严垣上；自然有风吹动此树，树相振触，演说苦、空，无常、无我诸波罗蜜。"

258 阿逸多尊者

尊者法相所示

尊者法相所现为怒然而坐，双手作揖，身形刚健，须眉浓密，目光炯炯，神态威猛愤怒。尊者勤勉精进，虽曾为酒色财气所迷，但痛改前非，虔心修习，终获正果。

座座高山耸入云，畏者却步勇者登。
山顶原有别洞天，草肥水美倍风性。

偈 解

无限风光在险峰，愈是艰险之处就愈有无限美景，但只有勇者才能欣赏到它，因为胆小者早已望而却步。

得此偈者，目前遇事有畏难情绪。应鼓起勇气，以强者姿态迎难而上，成功后必能领略另一片天地。

事迹

孙陀罗，意为充满爱心、人品端正。

传说尊者是佛祖同父异母的弟弟，当佛祖看到他出家的因缘已经成熟，就想度他出家。可尊者舍不得妻子，不肯出家，于是佛便为他设一方便法门。一天，佛到王宫里化斋乞食，要尊者把斋饭送去祇洹精舍。当尊者来到祇洹精舍，佛祖却不准他回家，强行将他剃度。尊者虽然出家，却闷闷不乐、无精打采，天天想找机会逃回家与妻子团聚，于是佛祖带他到天上游览。尊者得知，勤奋修行就能成为美妙绝伦的天女的主人，便一反常态，用功修行。

佛祖知他心意，就带他到地狱去游览。尊者看到两个鬼守着一油锅，油锅底下的火似着似灭，两鬼东倒西歪地大打呼噜，尊者叫醒其中一个鬼问："你做工时是否有人看管？怎可偷懒而不烧滚油锅呢？"鬼回答："要受此罪的人，还没死！佛有个弟弟叫孙陀罗难陀，现已出家修道，但他只想修天福，天福享尽，五衰相现，就要堕入地狱。"尊者听后，惊慌不已。从此，尊者便真心用功修行佛法，终得证佛果。

孙陀罗尊者 259

尊者法相所示

尊者法相所现为曜然而坐，右腿跷于左膝之上，左手放脚踝处，右手于胸前执珍果，半袒前胸，卷发长须，目光专注，容貌端正俊朗。尊者充满爱心，人品端正。

萝卜大蒜小白菜，各人自有各人爱。
求同存异相安好，有生丰富又多彩。

偈解

世上众生各有其观点和喜好，这是自然之理。俗话说，萝卜白菜，各有所爱。所以与人相交，看待问题应尊重他人，求同存异，如此的人生才会丰富多彩。

得此偈者，看人待事过于绝对，不善理解他人，与人无法友善相处。须知世界原本具有多样性，人也各有喜好，各有所专，所以待人待事应多一些包容，如此才能使自己的世界百花齐放，多彩多姿。

事迹

圣慧意为佛智。佛智又称“佛无漏智”，是佛特有的智慧，即证见真理，离一切烦恼是非之智慧。小乘佛教认为“无漏智”属于“证见四谛之智”，有法智、类智之别。法智，证欲界四谛之法理；类智，证色界、无色界之四谛法，与法智之境智相似，所以叫类智。如果从佛境来区分，无漏智有苦、集、灭、道四智；从学位来区分，无漏智分为分尽智、无生智，此二智都能证见四谛法理。

小乘佛教认为，无漏智于见道始生起，其后，循序渐进地修行；大乘佛教则认为，无漏智从初地见道始生起，之后循序渐进地修行，可证佛果。大乘唯识宗则将无漏智分为根本智和后得智，根本智就是证得唯识性，后得智是从根本智中衍生出来的，能使人知唯识之相，即因缘现起的万象。

260 圣峰慧尊者

尊者法相所示

法相所现为陶然而坐，左手持经书，右手指点文字，身形瘦削，浓眉大眼，目光专注有神，满面童真。尊者证见真理，远离烦恼和是非。

丈夫能屈又能伸，千魔万劫不消沉。
英雄自当脱颖出，六国挂印是苏秦。

偈解

苏秦落魄之际，虽众叛亲离，一无所有，却因其悬梁刺股，奋发图强，终得以挂印六国。真英雄当能屈能伸，跌倒之时能勇敢站起，历经磨难而志不消沉。

得此偈者，正历磨难，所以遇事当用“忍”。更应有卧薪尝胆的精神，如此终能拨云见日，在人群中脱颖而出。

事迹

曼殊，又作满濡、曼乳，是曼殊室利的简称，意译为妙。尊者即文殊菩萨，全称为文殊师利，又作自无愤勃。佛教认为，诸佛及诸菩萨，凡是在果后施化，无一不具有无上智慧，最能代表这种智慧的当数文殊菩萨。

文殊生于古印度舍卫国，出生即会说话，并给家族带来了十种瑞兆。文殊菩萨是三世果上如来，《首楞严三昧经》载："文殊菩萨，过去成佛，名龙种上尊王佛。"《央崛摩罗经》说："文殊菩萨，现在北方作佛，号欢喜藏摩尼宝积佛。"《宝积经》说："文殊菩萨当来成佛，名普见如来。"

文殊菩萨的寿诞是农历四月初四。作为中国佛教四大菩萨之一，文殊菩萨与其他三位菩萨一样有自己的道场，该道场位于山西五台山，五台山也因此成为佛教圣地。传说唐朝大历年间，有两位高僧，一位叫无著，一位叫法照，两人曾在五台山亲见文殊菩萨，亲睹道场胜境。

曼殊行尊者 261

尊者法相所示

尊者法相所现为结跏趺坐，双手笼袖置于腹前，半袒前胸，阔面大耳，目光炯炯，神情威武肃穆。尊者具无上智慧，为众菩萨之首，被称为"大智文殊菩萨"。

长江大河流东方，万里关山路漫长。
有志不怕茹辛苦，汹涌澎湃汇汪洋。

偈解

人生道路漫长修远，有志者当上下求索。只要具备百折不挠的精神和坚定不移的信念，哪怕含辛茹苦，哪怕磨难重重，也终会天堑变通途。

得此偈者，近况差强人意，而且自己所愿也任重道远，但只要不放弃、不退缩，吃得万般苦，也终能心想事成。

事 迹

尊者又称阿利吒尊者，出家前是古师子国大臣，曾奉国王之命前往印度迎请阿育王之女僧伽蜜多，为师子国女佛教徒授戒。后来皈依佛门，拜摩哂陀为师，学习律藏，被指定为师子国的僧团首领。

据《十诵律》载，当佛祖及僧团住在舍卫国时，尊者曾心生邪见，说："我如是知佛法义，作障道法不以障道。"佛祖听说此事，马上召集尊者和众比丘，当面教诫尊者以后不得诽谤佛，但他根本不思悔改，佛便令作羯磨摈惩治他。羯磨摈是指不准所有僧侣与某位僧侣说话，此法源自佛祖在涅槃前传授给阿难的对待阐陀的方式。之后，尊者回心向善，精进修行，守戒甚严。《摩诃僧祇律》卷二十一载，佛曾发出"自今日后不听白衣家内非亲里比丘尼边自手取食"之戒。尊者严格遵守此戒律，哪怕身上长疮，一般人家不施与食物，他宁愿挨饿也不到慈善的比丘尼处乞食。为此，佛祖大赞尊者，并特地修改戒律，准许生有恶疾、一般人家不愿接待的比丘到与自己没有任何关系的比丘尼处乞食。

262 阿利多尊者

尊者法相所示

尊者法相所现为端然而坐，左手执吉祥果，右手结印，面目丰润，眉浓目秀，神态慈悲大度。尊者回心向善，勤勉精进，严守戒律。

劝君行止多谨慎，未知深浅莫乱行。
乍晴乍雨夏初日，易翻易覆小人心。

偈 解

世道复杂无常，人心变幻莫测，小人之心不可不防；人生祸福难料，更应谨慎行事，面对扑朔迷离的事件不要贸然涉足。

得此偈者，不了解情况时，行事举止当慎重，谨防被人利用；情况有所了解，也要防止他人翻手为云、覆手为雨，不遵诺言，不守信用。

事迹

尊者又称法轮菩萨，是十方世界大菩萨之一。法轮，又称正法之轮。

轮在古印度，既是一种农具，也是一种兵器。佛教用“轮”比喻佛法无边，具有摧邪显正的作用。佛教教徽也是法轮，法轮由毂、八个轮辐和外圈组成。法轮是一个圆形，代表佛教教义完满。毂代表戒律，戒律是冥想修炼的本质核心。八个轮辐代表八正道，八正道据说是破除无明的利器。外圈是指把所有东西汇聚在一起的正念或三昧。法轮的轮辐数量并不固定，除了八个轮辐之外，还有四个轮辐、十个轮辐，甚至二十多个轮辐。法轮的中心图案有莲花宝座形，也有带“卍”字形的图案。

据《大宝积经·菩萨身行品》载，迦叶尊者曾请佛祖让众弟子一睹十方诸大菩萨的尊容，于是佛陀传示普贤菩萨，召十方诸大菩萨前来，各自显现在本土时的身相。尊者也应佛陀之召，在众生面前显现法身，其身如须弥山般高大，身体大放光明照亮世界，迦叶等观看后，无不赞叹。

法轮山尊者 263

尊者法相所示

尊者法相所现为陶然而坐，双手于胸前横执如意，体态丰润，面目和善，开口常笑。尊者功德无量，神通广大，威力无穷，能放大光明照亮世界。

丈夫意属国与家，文功武业度年华。
功高盖世将定论，指点江山美如画。

偈解

大丈夫之志当治国齐家平天下，以文韬武略建立功勋而不虚度年华。

得此偈者，有领导之能，智慧不凡，能指点江山，创建伟业。但由于后天努力不够，潜能还未得到更大发挥，因此，仍需志存高远，奋勇争先，以图一展抱负，实现宏图大志。

事 迹

众和合，又称和合僧、僧伽，是指佛教徒的团体，当有三个以上比丘集中在一处，持同戒、行同道时，这些比丘即称和合僧。和合僧必然修六和敬，所谓修六和敬是说身和同住，口和无诤，意和同悦，戒和同修，见和同解，利和同均。

佛教中有“破和合僧”一说。“破和合僧”是五逆罪之一，是指比丘们本应在一处，如果谁用卑劣的离间手段拆散他们，使之不能和合在一块修行，或霸占寺庙，逼令僧侣还俗等，都是破和合僧。这些做法断人慧命，解脱善缘，其罪最重，报应也最惨。第一个犯此罪的人是佛祖的堂弟提婆达多，他因贪慕虚名，对佛祖心生嫉妒，于是毁谤三宝，屡次暗害佛祖，并以“五邪法”分裂佛教，使五百比丘离开了教团。后来，舍利弗和摩诃目犍连找到五百比丘，对他们晓以大义，最终使这五百比丘忏悔己罪，重新回到佛教教团。提婆达多因谤佛谤法、出佛身血、破和合僧而生堕地狱。

264 众和合尊者

尊者法相所示

尊者法相所现为凝神静坐，左手提花篮，右手执莲花，体形丰隆，上身袒露，脸形圆润，双目凝视花朵，神态天真专注。尊者和善豁达，与同道和睦相处，相互取经，共获果位。

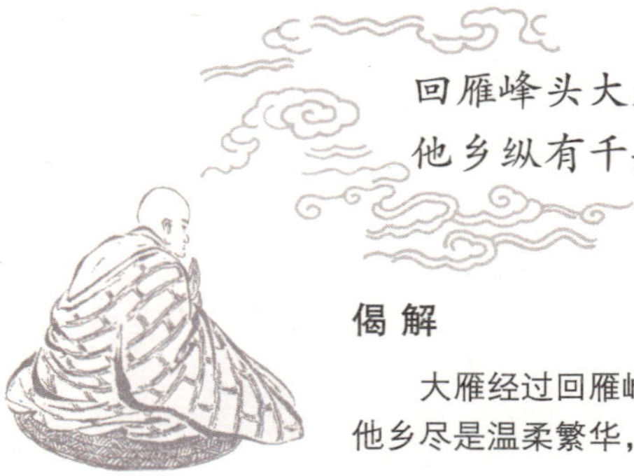

回雁峰头大雁回，远方游子尚未归。
他乡纵有千般好，未有家园水土美。

偈 解

大雁经过回雁峰头，越冬而返，远离故乡的游子却还迟迟不归家。纵然他乡尽是温柔繁华，又怎及故乡水土的亲切秀美。

得此偈者，勿流连异乡的繁华。须知人之一生，故园为根，人如果无根，则如浮萍一般。追名逐利，贪图浮华，其结果是离内心越来越远。

事迹

尊者即唐代高僧昙晟法师，俗姓王，钟陵建昌（今江西永修人），出生时有自然胎衣，四岁在石门（今湖南北部）出家，成年时受具足戒。

尊者跟随百丈怀海禅师学法二十年，尚未参悟玄旨，百丈圆寂后，又师从药山惟俨学法，历经十五年而得法。五十岁进入潭州云岩山，以后十三年再不下山。尊者将药山的禅法传至洞山良价，良价再传山本寂之后，遂开曹洞一宗。在禅家五宗之中，以曹洞一宗的禅最为孤高。

尊者得到百丈禅师的教诲和熏陶，继承了百丈身体力行的农禅精神。在云岩道场时他亲自参与锄姜、煎茶、做鞋、扫地等农务。尊者正是在云岩山艰苦的修行环境中，大振宗风，很好地完成了药山惟俨的传灯慧业。

尊者圆寂于唐武宗会昌元年，圆寂后唐武宗赐谥号为“无住大尊者”，塔名“净胜”。

法无住尊者 265

尊者法相所示

尊者法相所现为悯然而坐，左腿跷于右膝之上，右手护膝，左手半握拳支颐，神态恬淡孤高。尊者悟性超群，传经布道，身体力行锄姜、煎茶，以倡导农禅精神。

君是高山一棵松，时迎东西南北风。
风雨狂暴松愈挺，钢筋铁骨傲群松。

偈解

高山上的青松，历经风吹雨打、千磨万击，依旧傲然挺立，愈挫愈坚。古往今来，人们常以青松象征君子高洁的志趣、坚韧不拔的意志和百折不挠的气节。

得此偈者，身居高位而有君子风度。

事 迹

佛教中的天鼓，专指放在忉利天善法堂上的大鼓，传说此鼓是由天的业报生成，不用击打就能自己发出妙音。因天鼓声音无主无作，无起无灭，有利于无量众生，故以此比喻佛法。

尊者是密教胎藏界五佛之一，佛名天鼓雷音佛。在胎藏界曼荼罗排列中位于中台八叶院的北方，又有鼓音佛、鼓音王、鼓音如来之称。据《大日经疏》载，天鼓雷音如来安住寂定之相，彰显广大涅槃之功德，因此称为不动；又因涅槃无相，就像天鼓一样，虽然没有形相，却能演说如来法音，承办一切事业，故名为鼓音如来。尊者之身呈金色，着袈裟，偏袒右肩，顶有肉髻，右掌覆而结触地印，左手作拳仰置于脐下，坐于宝莲华之上。另据《法华义疏》载："贼来贼去之际，天鼓皆鸣，而诸天心勇，修罗惧怖；众生烦恼之应来应去，佛皆说法，而弟子心勇，诸魔惧怖。"

266 天鼓声尊者

尊者法相所示

尊者法相所现为怒然而坐，右腿着地，左腿盘于坐凳之上，左手执鼓，右手结印，袒胸露腹，双眼圆睁，神态威严。尊者神通广大，妙音说法使众生心灵惠泽，尘埃尽除。

龙潜深潭几何年，不问世事多变迁。
一朝春雷乍响起，驾雾腾云冲九天。

偈 解

龙潜伏于深潭之中已有许多年了，而且不问世事。但若某一天春雷乍响，潜龙觉醒，霎时就会平步青云直冲九霄。

得此偈者，身负大志却未崭露头角。此时正应伏身修习，静待时机。待到时机成熟时，相机而动，定会一跃而起，成就大业。

事迹

尊者又称如意轮菩萨、如意轮观音，密号持宝金刚，因左右手分别持有宝珠及宝轮，故名如意轮。据《如意轮陀罗尼经·坛法品》载，如意轮曼荼罗分内、外二院，内院当心画三十二叶开莲花，于花台上画如意轮圣观自在菩萨，面西结跏趺坐，颜貌熙怡，身金色相，头戴宝冠，以示庄严。菩萨左手执开莲花，在台上画如意宝珠，右手作说法相，天诸衣服珠珰环钏，七宝璎珞种种庄严，身放众光。

尊者身有六臂，每一臂都有不同的妙用。右边第一只手用于思惟相，代表怜悯众生；第二只手持如意宝珠，代表能满足众生的愿望；第三只手持念珠，代表普度众生，救众生脱离苦海。左边第一只手按明山，代表普度众生的信念决不动摇；第二只手持莲花，莲花出淤泥而不染，以此代表佛法能扫净一切不合佛法之事；第三只手持宝轮，表示能弘传佛法，顺转无上法轮，使佛法永存世间。

如意轮尊者 267

尊者法相所示

尊者法相所现为欢然端坐，双手于胸前持法轮，体态丰腴，大耳隆鼻，容貌熙怡。尊者信念坚毅，弘传佛法，普度众生。

本生殷谨种福田，功成名就在中年。
德泽荫及子孙和，身心安泰寿绵延。

偈解

前生的辛勤劳作，能为今生的幸福生活打下基础；高尚的德行，能惠及子孙，使家庭圆满，使人体健寿延。

得此偈者，至中年方能事业有成。这也全因其天性勤劳，品德高尚，积有福德。所以不仅能使自己安泰长寿，还能泽及子孙。

事迹

尊者又为光焰幢菩萨。尊者性格质朴，略具野性，以道行卓绝闻名于世。

尊者畅行无阻，遍访一切诸佛世界，供养十方诸佛，远离一切烦恼魔障，得大智慧。其德行光芒万丈，普照众生，使众生得以解脱。据《大方广佛华严经·入法界品》载，佛祖曾在拘萨罗国舍卫城给孤独园大庄严重阁举行法会，传说参加此次法会的菩萨有五百人，尊者仅次于普贤菩萨和文殊菩萨，居第三位。

268 首光焰尊者

尊者法相所示

尊者法相所现为凝神静坐，右腿盘坐于树椅上，双手笼袖靠于椅背，双目下视，面庞丰润，启唇微笑，神态祥和静谧。尊者性格质朴，略具野性，以道行卓绝闻名于世。

人生第一在糊涂，鸡毛蒜皮休锱铢。
省得一份闲心在，如云在天任卷舒。

偈解

人生难得糊涂；太精明的人，锱铢必较，常为鸡毛蒜皮的事烦恼。其实世上本无事，唯庸人自扰之。若放宽心胸，顺其自然，静看花开花落，笑望云卷云舒，能省却不少烦忧，更能使自己尽享人生乐趣。

得此偈者，操心太重，全因自己太计较得失所致。其实人生在世，当放则放，为人也无须过于精明。切记，治心累，“糊涂”方为第一良药。

事迹

尊者又称无比菩萨，现居于东方妙真珠国。佛祖曾作偈称赞尊者道："六十亿大仙，皆受持此咒，彼常念不散，现在十方住。于所在生中，常值善知识，所有悕望者，应念皆随意，现前见诸佛，而在莲华座。常持此咒者，具相而化生，念定皆安隐，智慧日增明，所闻能受持，诸句义不忘。若持诸佛名，是世归依处，不堕于恶趣，常生善道中，此人由佛力，常得殊胜处，乃至证菩提，妙行常修习，佛土多千亿，黄金满持施。若人持佛名，福聚多于彼，斯人合供养，随其所在生，恒生富贵家，勇健施无吝，一切诸香气，天赤栴檀香，经多百亿劫，常从其口生。若人舍宅中，写佛名供养，眷属常安隐，无诸恼乱事。若人常诵持，长寿并无病，恒逢于善友，临终不乱心，如来功德聚，福量难思议，智人应诵持，当勤莫放逸。"

善男信女若诵念尊者名号，诚心参拜，一切业障、报障都会消除，并且家族兴旺，远离贫穷低贱，受人尊敬，万事顺心如意，钱财地位应有尽有。

无比较尊者 269

尊者法相所示

尊者法相所现为结跏趺坐，左手笼袖，右手握持左袖，面目慈悲含笑，神态安静从容。尊者虔诚修习，勤勉精进，功德圆满，能使众生家族兴旺，远离贫贱。

君看田头老黄牛，戴轭牵缰无怨尤。
春耕夏种复秋收，英雄美名久传留。

偈解

田间老黄牛，虽受人牵制，但埋头耕耘毫无怨言。岁月时令变换，一年的农事，它都勤勤恳恳、兢兢业业地完成，其可贵精神为人称道。

得此偈者，好取巧，或有付出总希望能立即得到回报。须知适度的任劳任怨于自己成事也十分必要，有时自己的付出没有对等的收获，但付出多了，总会被他人发现，从而留下美好的名声。

事迹

尊者又称多伽留尊者。多伽楼，意为黑色沉香。《华严经》说："菩提心者，如黑沉香，能熏法界，悉周遍故。"《玄应音义》则说："多迦娄香，又作多伽楼，译曰木香相也，一作不没香。"在《中阿含经》，以及《法华经·法师功德品》中也阐述了沉香对于修善的重要性。据《佛说戒德香经》载，佛祖曾用沉香来比喻持戒，不受顺、逆风的影响，能熏达十方。在《六祖坛经》中，沉香又被用来比喻圣者的五分法身香，即戒、定、慧、解脱、解脱知见。

尊者虔心向佛，勤修精进，达到极高境界，因而周身散发奇香，其香气能充当佛使，将信徒的虔诚佛心送达佛处。

270 多伽楼尊者

尊者法相所示

尊者法相所现为陶然而坐，左手自然垂置，右手于胸前执法器，方面大耳，目视前方，面露喜色。尊者虔诚修习，身带奇香，能助信徒传送佛心。

最怕沿着轨道走，亦步亦趋无自由。
一旦冲出樊笼外，天高地阔任遨游。

偈解

人最可怕的是默守成规，亦步亦趋没有自由。但人如果能冲破局限，立即便可以任意翱翔。

得此偈者，生活有固定模式，不仅不自由，而且毫无成就。应审视自己，对自己的个性和能力作出理性判断，也不妨摆脱现有的约束，自己闯荡。

事迹

离婆多尊者，又称利婆多尊者。离婆多，意为房宿，房宿是二十八宿中的第四个星宿。《弥陀经要解》说：“星宿尊者，无倒乱第一。”倒乱，即颠倒散乱。尊者以无倒乱第一的禅定功夫，被尊为“禅定第一”。

一天夜里，尊者见两恶鬼争食尸体而觉悟世事皆空之理，认为人不可贪恋短暂的享乐，应追寻永恒的真理。据载，大鬼把死尸的两条腿吃了，小鬼就把离婆多的两条腿扯了下来，将死尸的两条腿给补上。大鬼又吃了死尸两个胳臂，小鬼把离婆多两个胳臂给拉下来，补到死尸身上。等大鬼把死尸吃完，小鬼就把离婆多的身体都给撕开了，然后把这个死尸给补起来。离婆多一想：“我是不是现在就没有身体了？”尊者百思不得其解，便去请问佛祖。佛祖对他说：“人的身体，是由四大假和合而成，五蕴非有，不是真实的。”尊者听完佛祖所说，豁然大悟，顿证阿罗汉果。

离婆多尊者 271

尊者法相所示

尊者法相所现为欢然而坐，左手于膝上结印，右手笼于袖中，眉浓而短，启唇含笑，目视下方，神态豁达大度。尊者心地纯正，为“无倒乱第一”。

禽兽无识犹知母，事关大义莫糊涂。
修身齐家再治国，英雄事业展宏图。

偈解

禽兽没有思维，尚知“反哺”以报养育之恩，何况万物之灵的人？做人要时刻牢记忠孝信义的人伦天理，不能在这种大事上犯糊涂。应当知道，只有先修身齐家，才能谈治国平天下。

得此偈者，应以孝为先，切不可行忤逆不孝之事。人若不孝，必不受旁人尊重，甚至招到人神共愤，事业也会因此失去人际基础，更不说宏图大展了。

事迹

普贤行，即修普贤菩萨行。尊者是以普贤菩萨为原型塑造的罗汉。

智、悲、行、愿是大乘佛教四大菩萨的标志，这四种标志分别对应文殊、观音、普贤、地藏。普贤菩萨是大乘佛教行愿的象征。“行愿”包括修行与誓愿两方面，也就是说，普贤既有恢弘的誓愿，又能身体力行去实践，因此，他是大乘佛教徒实践菩萨道的榜样和典范。佛经中将普贤行愿分为十种，即“一者礼敬诸佛，二者称赞如来，三者广修供养，四者忏悔业障，五者随喜功德，六者请转法轮，七者请佛住世，八者常随佛学，九者恒顺众生，十者普皆回向。”修普贤十愿是中国佛教寺院的常课。普贤、文殊两位菩萨构成一对法门，普贤主司一切正定，文殊主司一切智慧，两者相辅相成，在修行证道历程中缺一不可。

272 普贤行尊者

尊者法相所示

法相所现为欣然而坐，左手结印，右手托经书，体态圆润，面容俊秀，抿唇含笑，神态慈悲。尊者礼敬诸佛，广修供养，忏悔业障，恒顺众生。

丈夫意志莫徘徊，休贪儿女情与爱。
功名事业成就后，繁花美果纷自来。

偈解

好男儿志在四方，不可贪恋儿女情长而在事业上踯躅不前。要相信，待到事业有成，你自然会有更美满的婚姻。

得此偈者，过于儿女情长，耽于情爱，少了成就事业之心。男人应以事业为重，切不可缠绵于儿女之情而失去了生活的志向。须知美满的婚姻是需要能力作保障的。所谓责任，不仅是心，还应具备负起这一责任的能力。因此，只有事业有成，自身强大了，才会有真正美满的持久婚姻。

事迹

持三昧尊者，又称持三昧菩萨。持，即保持；三昧，又称三摩地、三摩提，意为定、等持、正受、调直定、正心行处、息虑凝心等。持三昧就是将心定在一处，使精神集中。

三昧分两种，一种是天生就能集中精神，叫生得三昧，又称生得定；另一种是通过后天努力修行从而能使精神在最大程度上集中，叫后得三昧，又称后得定。佛教认为，第一种三昧是前世业力的结果，第二种三昧则是由今世修行而得。心到达三昧状态时，能起正智慧，进而与所观境冥合，分明了知，悟得真理，甚至于直接感见圣境，此称三昧发得，或称发定。因此，三昧是证悟的必须阶段。

尊者终身修禅，具有极高的智慧和神通，可洞悉世事，预示未来，脱离世俗，永远没有烦恼忧愁，心性安稳，智慧广大如无际虚空，悟性深远如海。

持三昧尊者 273

尊者法相所示

尊者法相所现为陶然端坐，左腿跷于右腿之上，右手执拂子，左手捋拂子须，袒露前胸，须发浓密，眉开眼笑，面目和善。尊者心性安稳，有极高的智慧神通，能洞悉世事，预示未来。

莫叹命运久沉沦，半生道路多泥泞。
而今皇恩正赐福，腾达飞黄上青云。

偈解

不要感叹自己沉沦不顺的时间已经很久了，已走过的道路虽然满是泥泞，但而今你否极泰来，终于可以飞黄腾达。

得此偈者，已很长时间深陷坎坷与不顺，现在却遇天赐良机。值此之时，更应勤奋谨慎，切不可得意忘形。

事 迹

威德声尊者，又称大威德王菩萨、大威德明王，是密教五大明王中的西方明王。

尊者形象为六面六手六足，代表六根六识六境，为净十八界妄深之意，表净六趣、满六度、成六通。其右边第一只手持剑，代表智，降伏之意；第二只手持如意宝棒，左边第一只手持三叉戟，如意宝棒和三叉戟均代表慧，摧破之意。有的经典中记载，尊者右边第二只手持金刚杵，左边第二只手持轮，都是摧破之意。尊者全身青黑，青色为菩萨心之色，代表随缘大悲，方便万德具足。另外，佛教认为，空含万象，故虚空为青色，青色能摄四色。尊者以骷髅为璎珞，代表烦恼即菩提，生死即涅槃之意。以虎皮为裙，代表威猛如虎，能去烦恼之蛇。以水牛为坐骑，以六叶莲花为鞍，代表尊者具权实二智，能于生死大海之水陆得自在，犹如水牛之于水陆得自在，六叶代表六道众生，表皈本德之自性功德。

274 威德声尊者

尊者法相所示

尊者法相所现为怒然而坐，脚跨异兽，左手扶兽头，右手持金刚杵，袒胸露腹，双目圆睁，神态威猛。尊者力量无穷，具权实二智，能于生死之水陆得自在。

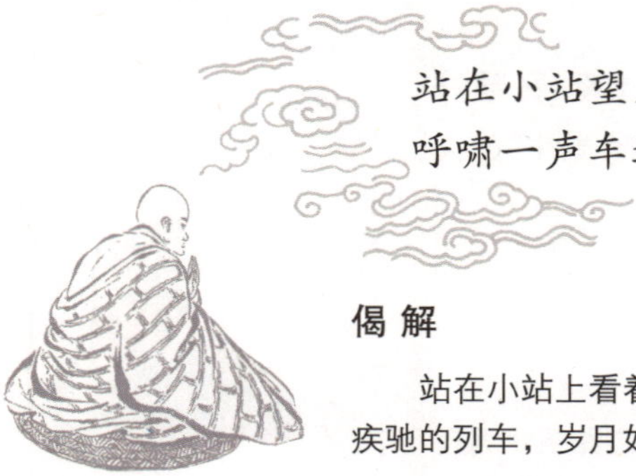

站在小站望火车，车轮滚滚人喧哗。
呼啸一声车过去，我自空叹逝年华。

偈 解

站在小站上看着火车呼啸而过，车轮滚滚，人声喧闹。其实人一生亦如疾驰的列车，岁月如梭，倏忽而过。

得此偈者，满足于生活在自己的小天地中，不思进取，任由时光白白耗费。须知光阴易逝，既然羡慕忙碌而热切的生活，就应该投身进去，而不是望洋兴叹。

事迹

利婆尊者是佛灭度一百年后的印度高僧，以持戒严谨闻名于世。尊者在世时，佛教分成两大派，两派最主要的分歧，在于对戒律的看法不同。上座部的修行者非常重视传统，认为佛祖在世时所制定的戒律都不能变，而大众部的修行者则主张有些戒律可以根据时间、空间、环境的变化而变更或废除。

由尊者与上座部长老耶舍陀、三菩伽、沙罗等所发起并组织的佛教史上第二次结集，导致上座部与大众部最终分道扬镳。在这次结集中，上座部单方面宣布大众部所宣扬的“十事证言”为非法。据《善见律毗婆沙》载，这十事分别是：“一为盐净，二为二指净，三为聚落间净，四为死住处净，五为随意净，六为久住净，七为生和合净，八为水净，九位不益缕尼师坛净，十为金银净。”

利婆尊者 275

尊者法相所示

尊者法相所现为漠然静坐，双手于身前执拄杖，方面大耳，神态悲悯，面容沉静坚毅。尊者严持戒律，谨遵教诲。

借酒浇愁愁更愁，抽刀断水水更流。
一旦流断愁绝处，扬眉吐气占鳌头。

偈解

以酒浇愁，愁苦反而增加；抽刀断水，水流反而会更加迅急。但若愁绝流断，扬眉之日也就到了。

得此偈者，愁苦的事太多。但无论你用什么方式排遣愁苦，都得等到愁苦到极处时，才能扬眉吐气。也就是说，当你面对愁苦时，且不可因为愁苦而逃避生活，相反，更应以积极的心态奋起化解，只有这样才会让愁苦不在。

事迹

无尽，即无相，名无尽，就是诸法实为无相，即佛教常说的“诸法皆空”、“一切皆空”。

佛教认为，一切诸法皆非常住而系本来空寂，即一切现象由原因、条件的相关性与相对性而彼此依存。《金刚经》说：“诸法皆空，因果不空”，正是这个道理。即一般认为的，一切存在皆无任何实体可得。大小乘对诸法皆空之义有异说。小乘以色、心诸法皆依因缘生起，故一一分析而至毕竟空，遂说诸法皆空。大乘则从因缘和合来说诸法皆无自性，即以‘当体即空’之义来阐释诸法皆空之理。大乘宗派中，专论诸法皆空之理的是三论宗，华严三祖法藏在其《十宗判释》中，将该宗判为“一切皆空宗”。至于其他宗派，如天台宗所立空、假、中三谛中的空谛，即依般若经而说诸法皆由因缘而生，无有实体可得，所以诸法皆空。

276 名无尽尊者

尊者法相所示

尊者法相所现为肃然端坐，左手护膝，右手于胸前执金刚铃，身覆挂络，面相端庄，须发浓密，容貌俊朗。尊者六根清净，心无挂碍，远离世间烦恼。

鸟在笼中貌循循，一朝冲天备精神。
人不得意休烦急，久雨之后必天晴。

偈解

被关在笼中的鸟儿，看起来十分顺从；但是如果打开笼子还它自由，它就会精神抖擞一飞冲天。人生亦是如此，在不得意之时，不要浮躁气馁，要相信长久的阴雨之后必然会有温暖的阳光。

得此偈者，尚未得志，但应摆正心态。须知在某种规范下人必须循规蹈矩，不能有太多出格的举动；即使毫不得志，也不要烦恼急躁，总会有时来运转的一天，到时你定然精神饱满，万事可为。

事迹

阿那悉尊者，又称阿邮悉尊者，擅长瑜伽修行。瑜伽，意为一致、结合、和谐，约出现在五千年前的古印度，当时高僧们为求进入心神合一的最高境界，经常僻居原始森林，静坐冥想。经历了很长时间，高僧们在对生物的观察中体悟到大自然的法则，然后将这些法则验证到人身，逐步去感应身体内部的微妙变化。于是人类懂得了和自己的身体对话，从探索自己的身体开始，进行健康的维护和调理，以及对疾病、创痛的医治。经过几千年的钻研，逐渐归纳、衍化出一套理论完整、确切实用的养身健身体系，即瑜伽。

瑜伽是一种非常古老的能量修炼方法，集哲学、科学和艺术于一身，它建立在古印度哲学的基础之上。数千年来，心理、生理和精神上的戒律已经成为印度文化的一个重要组成部分。尊者深信通过运动身体和调控呼吸，可以完全控制心智和情感，从而保持身体永远健康。

阿那悉尊者 277

尊者法相所示

法相所现为超然端坐，左手垂于膝上，袖口有一灵蛙，右手执宝珠结印，体态丰润，容貌清贵。尊者悉心练功，深谙养生之道，擅长瑜伽。

劝君乐观莫悲叹，人生自古多艰难。
苦尽甘来终有日，功成名就锦衣还。

偈解

人生道路自古以来就充满艰辛，所以遇事应常保持乐观心态，不怨天尤人。如此终会苦尽甘来，功成名就。

得此偈者，为艰难的生活愁苦。但人世间谁没有难言的烦恼？唯一不同的是每个人面对烦恼的心态不同。你当学会以乐观的心态面对世事人生，不畏艰辛，如此自会苦尽甘来，功成名就。

事迹

普胜山尊者，即宋朝高僧普胜法师。据《宋高僧传》载，宋龙门山宝应寺释普胜，俗姓张，深州陆泽人。幼年时便不苟言笑，淡薄世情，二十岁时，来到五台山华严寺，拜超化大师为师。大师问他为何离家千里来到五台山出家，普胜答："附神骥可以日千里矣。某知妙吉净刹，感征胶戾，令我小凡，速成果证。可不是乎？"这表达了普胜追求佛法的崇高志向，众人皆称赞他年纪轻轻却见识高远。普胜说："某非衽金革死而不厌之徒也，愿入慈门，而思利物耳。"于是普胜接受剃度。后普胜听闻崇法大师传《唯识论》于洛阳，便前往学习。凡百章疏经，过目即识，很快就能融会贯通。

普胜所传的中山贞辩《上生经钞》四卷行于世。宋太祖神德皇帝曾赐紫衣，并赐法号"宣教"。太平兴国四年秋七月四日，尊者因病终于净土院，享寿六十三，坐四十三夏。门人等收其舍利，葬于龙门山宝应寺西阜，建塔以传诵尊者的功德。

278 普胜山尊者

尊者法相所示

尊者法相所现为怒然而坐，双手自然扶膝，身系挂络，浓眉大眼，目光如炬，容貌威武刚毅。尊者天资聪颖，博闻强识，淡薄世情，不苟言笑。

时光流水浪淘沙，披荆斩棘为栽花。
汗浇泥土休讪笑，硕果丰盈莫惊诧。

偈解

岁月自会淘尽一切沙粒，如今披荆斩棘的人是为了来日能鲜花覆地。到时，别人在用汗水浇灌不要讪笑，日后结出了累累硕果也不要感到惊诧。

得此偈者，应为他人的艰苦付出而警醒。须知再不勤奋努力，开辟自己的天地，必然会被生活淘汰，到时羡慕别人的人生收成，也是无济于事。

事 迹

据《智度论》载，佛在舍卫国祇树给孤独园时，曾有五百乾闼婆在园中奏仙乐，一时间名声大振。尊者听闻后，颇不以为然，便前往舍卫国欲与此五百乾闼婆一较高下。尊者到舍卫国后对守城说：“我今特来拜见贵国国王，希望能与国内的五百位乾闼婆切磋琴艺！”波斯匿王得知后，便带他去祇树给孤独园。佛祖听弟子说尊者和波斯匿王要来，便知道其中原因，两人一到精舍，佛祖就变成带领七千位乐神的乾闼婆王。尊者随即取琴弹奏，刹那间七种琴音同出，悠扬婉转，令闻者为之心醉。随后，佛祖也取出琉璃琴弹奏，刹那间千万种婉妙清彻的琴声扬起，听者欢欣喜悦，不可言喻。尊者听后，欣然诚服，虔心说道：“恳请大师为我教授琴艺。”佛祖见机缘成熟，便现回本形。尊者见后合掌长跪，恳请随佛祖出家修行。佛陀对尊者说道：“鬓发自落，法服著身。”尊者随即现比丘相。尊者出家后，日夜精勤不懈，不久即证得阿罗汉果。

辨才王尊者 279

尊者法相所示

法相所现为愤然而坐，双手握法器抱膝，双目下视，宽面大耳，体态健硕，情态刚正威严。尊者智慧出众，辨才过人，擅长乐器，多才多艺。

年光似水时如梭，莫叹岁月成蹉跎。
时令不到花不发，金秋季节有硕果。

偈 解

年华似水，岁月如梭，时光飞驰而过，却不必感叹自己无所作为。正如花朵只会在特定的季节开放，自己辛勤的劳作也会在相应的时候才能有所收获。

得此偈者，一无所成，但不能因此而放弃努力，仍应辛勤劳作。只有在自己的付出积累到一定量后才能见到结果，同时成功也需要某种机缘，所以应静待。

事 迹

尊者是古印度高僧。行化国是指奉行以佛法教化民众的国家。尊者出生于佛教盛行之初，当时古印度有许多小国，各国的宗教信仰各不相同；有的信佛教，有的信婆罗门教，还有一些国家信其他宗教，更有一些国家信奉“极端宗教”，他们对异教徒往往是悉数杀戮。尊者秉承普度众生的原则，不畏艰难，率领弟子周游印度各国，宣扬佛法，不分贵贱高低，平等教化众生。在他的感召下，许多国家的国王和百姓都放弃了原先的信仰而皈依佛教。

280 行化国尊者

尊者法相所示

尊者法相所现为悯然静坐，头戴毗卢帽，双手持香炉，双眼凝视青烟，面目慈悲，神态悲悯。尊者不畏艰难，教化众生，受人尊敬。

问君何事多忧愁，自叹壮志难以酬。
佳运将至扬帆起，指点江山万里游。

偈 解

壮志未酬是因为时运未到，无须平添忧愁。一旦时机到来，则可大展宏图，一显身手。

得此偈者，胸怀大志却难以施展，并因此闷闷不乐。天生我才必有用，现在正当好运到来，你当振作精神，扬起事业的风帆，勇于接受真正的挑战。

事迹

声龙种，是指以佛音教化众生。声龙种尊者是文殊菩萨的前世身。传说文殊菩萨是从母亲的右胁中出生，身呈紫金色，刚生下来就能说话，很早便在世尊座下出家。

佛教认为，文殊菩萨在当世虽为菩萨，但其前世却是佛，是释迦牟尼的师祖。据《法华经·序品》载："无量劫前，有二万日月灯明佛出现于世。其中最后一位日月灯明佛，未出家时，有八王子，威德自在，各领四天下；后闻父王出家已成佛道，皆舍王位，出家修行，发大乘意，皆为法师。时日月灯明佛座下有妙光菩萨，曾持《妙法莲华经》满八十小劫，常为人演说。日月灯明佛，为彼说《法华经》，佛入灭后，佛的八王子，皆以妙光菩萨为师。妙光菩萨教化八王子，令其坚固菩提心，终于次第成佛，其最后佛名燃灯佛。"佛教以燃灯佛为佛祖释迦牟尼的本师。而当时的妙光菩萨，正是今世的文殊师利菩萨。文殊菩萨在今世以祖师身份，示现为弟子，正表明了佛法平等，不生执著，但为利生，不拘世俗知见的观点。

声龙种尊者 281

尊者法相所示

尊者法相所现为肃然端坐，双手握神龙，面相俊美，眉浓须长，额如日轮，神态宁静超然。尊者出生即能言，并以声说教，点化众生，终得极乐之境。

雄心壮志人人有，千山万水凭君走。

英豪俊杰具慧眼，康庄大道早筹谋。

偈解

世人皆有雄心壮志，但所行之路却各不相同。如果是英雄豪杰，当独具慧眼，选好自己的所行之路。

得此偈者，应加强辨识是非的能力，切实选好自己的人生道路，不然你的雄心壮志不仅不会给你带来事业的成功，反而会招来无数烦恼，甚至误入歧途。

事迹

誓南山尊者，即唐代高僧道宣法师。因尊者是戒宗三派之一南山宗的始祖，故又称南山律师，俗姓钱，原籍吴兴（今浙江湖州市），一说为丹徒（今江苏镇江附近）。

尊者生于隋文帝开皇十六年四月八日，生日恰与佛祖释迦牟尼诞日相同。当时佛教气氛浓厚，所以这一巧合备受重视。尊者出生时，传说曾有相师断定他是南朝僧祐律师转世，长大后将出家大崇佛教。尊者16岁在长安日严寺落发出家。20岁随大禅定寺智首律师学律。30岁后，开始著述，并开宗弘化。

武德七年，长安日严寺被毁，尊者隐居于终南山仿掌谷，一面修习定慧，一面整理十余年来的学律心得，开启了律学的新学派，并撰写著作阐述其基本理论。由于道宣长期居住在终南山，人们把他开创的学派称为南山律宗，简称南山宗。

282 誓南山尊者

尊者法相所示

尊者法相所现为半跏趺而坐，右手抬至胸际，掌间立一童子，以左手抚抱，目视小童，神态纯朴喜悦。尊者修习定慧，勤于著述，开创了律学新学派。

扬子江上帆穿梭，独立江头沉吟多。
我今看君冲水出，不是苍龙不扬波。

偈解

扬子江头，船只穿梭往来；独立江岸，心中思绪万千。面对滔滔江水，你若能冲水而出，则必能成为扬波的苍龙。

得此偈者，才智过人，能洞悉世事人心。若能潜心修习，脚踏实地参与到丰富的社会实践中，必能脱颖而出，成为有较大社会影响力的人。

事迹

富伽耶，又译为数取趣。数取趣是外道十六异论之一，如果就轮回转生的主体而言，是指数度往返五趣轮回之人；如果单从人之意而言，是指“我”。

佛教创立之初，古印度有九十六个宗教派别，佛教将它们归为十六宗，由于十六宗的观点与佛教截然不同，故被佛教称为“外道十六宗”或“外道十六异论”。据《瑜伽师地论》载：“一因中有果论，二从缘显了论，三去来实有论，四计我论，五计常论，六宿作因论，七计自在等为作者论，八害为正法论，九有边无边论，十不死矫乱论，十一无因见论，十二断见论，十三空见论，十四妄计最胜论，十五妄计清净论，十六妄计吉祥论。”

富伽耶尊者 283

尊者法相所示

尊者法相所现为诧然静坐，双手捧香钵，肩覆云肩，面色黝黑，神态威猛庄严。尊者擅长因材施教，并能通过布施消除人的吝啬心，使众生获得解脱。

前人栽树后人凉，前人栽果后人尝。
耕耘收获无须计，成败得失自思量。

偈解

前人种树后人乘凉，前人栽果后人品尝。谁耕耘和谁收获没必要过于计较，因为成败得失早已因果暗定。

得此偈者，付出较多，却获得较少。其实，人在很多时候是只能想如何去付出，不能也不须想如何获得。努力的过程本身就是一种收获，这就是所谓的重过程而不重结果，这也是劳动者最幸福的一种心态。

事迹

尊者是佛祖在世时的传法僧。佛教创建之初，在印度占统治地位的是新婆罗门教。佛祖在出家前也是婆罗门教弟子，他肯定古婆罗门教，对其教义中的贞洁、严守道德戒律、诚实、柔顺、忏悔、努力、谦让、不杀生、容忍都持肯定态度。佛教吸收了古婆罗门教的精华，但对新婆罗门教却持否定态度。佛祖提倡因缘和合，否定新婆罗门教的创世说，这是佛教与新婆罗门教的本质区别。佛教也不同于古婆罗门教，释迦牟尼佛提倡众生平等，否定古婆罗门教的阶级观念，这是二者的重要区别。佛教是释迦牟尼佛经过艰苦实证和对古婆罗门教扬弃吸收后的成果，更有利于众生修行。

尊者为了让信奉新婆罗门教的人皈依佛教，不避艰难险阻，四处奔波，弘扬佛法，济度众生。

284 行传法尊者

尊者法相所示

尊者法相所现为半跏趺坐，体态丰隆，袒胸露腹，面容和蔼，神志超然，喜笑颜开。尊者不舍昼夜，亲历苦难，传扬佛法，普度众生。

成功失败紧相连，星月轨道无更变。
以君多才兼多艺，人生有苦也有甜。

偈解

祸为福兮所依，福为祸兮所倚。成功与失败总是紧密相连，这也是成败相依的不变法则。你虽然多才多艺，人生也同样会苦甜交加。

得此偈者，无论顺利或处于逆境都不必太在意，无论生活幸福或痛苦也不必太计较。其实成功与失败，幸福与痛苦，只是同一张纸的两面，从来都相依相随，难以区分。

事迹

尊者又称宝手菩萨、宝掌菩萨、满足金刚。在密教胎藏界曼荼罗排列中，位于地藏院九尊中的第六位。《秘藏记》说："肉色，取莲华，其上有三钴跋折罗，再其上则置有宝珠焰鬘。"文中指出，这是菩萨形，其左手持莲上立百三钴者，再其上安置三弁宝者；右手则仰掌，按于胸前，坐于赤莲之上。其印相为右手握成胎拳并立起无名指。尊者右手作拳，以大指压诸指，直竖无名指，其真言为："喃，啰怛怒，怛婆嚩，莎诃。"

尊者怀净菩提心，以如意宝珠成满世间之悉地，犹如意珠在手，能满足一切所愿。他的一只手芳香四溢，闻者可以消除烦恼，心生愉悦；另一只手能生出无数金银财宝，可为贫苦之人送去温饱，故称香手菩萨。

香金手尊者 285

尊者法相所示

法相所现为陶然而坐，目光下视，左手护膝，右手于胸际结印，天庭饱满，面容平和慈善。尊者神通广大，手香四溢，能使人心情愉悦，心想事成。

千重奔波为求财，千金耗尽为消灾。
收支盈亏恰相抵，劳碌艰辛为何来。

偈解

长期的奔波劳苦是为了求财，而所求得的钱财又全都用于消灾，最终一无所有，这样的劳碌与艰辛究竟是为了什么？

得此偈者，应奉公守法，行事谨慎小心，切不可做事不计后果。不然，自己千辛万苦获得的钱财，会因为用于消灾避祸而化为乌有。

事迹

尊者是古印度那提国常自在王的次子，禅宗西天二十八祖的第二十二祖。尊者三十岁时，遇二十一祖婆修祖师出家，之后便在西印度传法。当时西印度有一个信奉佛教的国王，名叫得度。一天，国王走在路上，突然一个小塔出现在面前，国王欲搬回王宫供养，但却无人能举动此塔。国王随即邀请梵行、禅观、咒术等三众，询问此塔是何物，也无人能识。尊者参加了此次大会，他告诉国王："这座塔是阿育王所造，乃佛法的象征。如今出现，是因为国王的福力。"国王听后，说："佛缘难逢，快乐不能长久，今有此缘不能错过。"随即，将王位传给太子，然后出家，拜尊者为师，七日后便证得四果。之后，尊者前往月氏国，遇到鹤勒那，尊者将法藏交给了鹤勒那后，跏趺圆寂。鹤勒那将尊者的肉身火化，并筑塔供养其舍利。

286 摩拿罗尊者

尊者法相所示

尊者法相所现为愁眉而坐，双手高举锡杖，仰面而望，面庞圆润，阔鼻厚唇，神态纯朴虔诚。尊者智慧绝伦，善于教化众生。

大智若愚类贤圣，教人莫可测浅深。
神龙见首不见尾，深沉含蓄好秉性。

偈解

像圣贤一样大智若愚，虚怀若谷，这样才能让人难以一眼看穿你的内心。深沉含蓄是好秉性，是神龙也应当见首不见尾。

得此偈者，内敛不够，虽然智慧过人，但太张扬也会招到祸端。应注意含蓄，遇事也应以深沉为妙，如此更能万事可成。

事 迹

光即佛光；普现，即照耀。光普现也就是佛教常说的“佛光普照”。佛光是从佛眉宇间放射出的救世之光、吉祥之光。佛的法力广大，觉悟众生犹如太阳破除昏暗。《念佛三昧宝王论》说：“金山晃然，魔光佛光，自观他观，邪正混杂。”据《阿弥陀经》载，所有念佛的人都会被佛和菩萨保佑，被佛光笼罩，任何妖魔鬼怪都无法靠近，一切邪祟都会被净化。佛教认为，如有慈悲心，周围即使有鬼，也能得到佛光普照，离苦得乐。在佛教看来，鬼亦有佛性，它们也能念佛、成佛，我们应该发自内心地希望鬼也能够得到佛法滋润，皈依三宝发菩提心，接受阿弥陀佛慈悲的救度，仗佛慈力往生西方极乐世界，永远安乐不再受苦，好好修行直至成佛。一般来说，鬼都很尊敬、护持念佛的人，念佛者面向一切众生，鬼也会得到利益，发善心保护人们。任何情况下，只要诚心念佛，都能得一片光明，受佛光普照。

光普现尊者 287

尊者法相所示

尊者法相所现为结跏趺而坐，双手执念珠，寿眉轻垂，长耳及肩，神态慈和欢乐。尊者功德无量，泽被众生，对六道畜生以及魔鬼外道也有强大的震慑力。

君之才禀异常人，鹤立鸡群最英俊。
努力奋发休懈怠，功名事业皆有成。

偈 解

你因才能禀赋异于常人而鹤立鸡群，若能辅以后天努力，再加上勤勉不怠，则一切功名事业都可成就。

得此偈者，上进心不够强烈，做事有时也不够努力。你虽然有超乎大众的独特才能，如果无后天的精勤修习和不懈努力，亦终难成事。如果坚持不懈地专注一事，并长期付出，且善于付出，则一切功名事业都不难成就。

事迹

尊者又称慧王菩萨。据《贤劫经》载，佛祖曾到维耶离国游化，尊者当时正在该国修行，听说佛祖到来，便前往迎接，为佛祖和众弟子安排说法场地。

在法会上，佛祖称赞尊者及诸菩萨道："神智畅达逮得总持，已成三昧具足五通，目睹众生一切心念，悉分别知所思道俗。不怀妄想，普布弘训布施和意，自持戒忍精进一心智慧善权靡不开化。逮不退转，颂宣道法慈愍群生，不抱嗔害。不慕利养，所演经句不冀衣食。无所著故，逮深法忍无所从生。度诸所生，皆为一切无请之友。为师子吼十方启受，济诸终始使度彼岸。勇猛无畏越众魔事，消诸阴盖无挂碍业。了本清净不疑诸法，积功累德不可称载。深入玄妙无极道元，意和面悦先发问讯。言谈庠序除去愠色，弃捐伪谄歌颂正真。无际心行逮致圣忍，辩才不断游无限会。强而有势心如虚空，功勋普流行如金刚。无所不入，所至到处未曾有难。识无数劫周游所历，明达众生所趣善恶。随心所喜演真功勋，常怀愍伤无粗害心。积无量德庄严佛土，无限弘誓成就无际。"

288 慧依王尊者

尊者法相所示

尊者法相所现为悦然而坐，左手执经卷，右手执笔，须眉浓密，阔面大耳，神态天真，法喜充盈。尊者勇猛精进，心无妄念，驱除众魔，功德圆满。

世人趋利重钱财，锱铢心计实可哀。
诗书礼义常修习，天堂福门为君开。

偈解

世上大多数人都趋利重财，为了一己之利而锱铢必较、机关算尽。但若不工于算计，并且时常研习诗书礼义，幸福的大门自然便会向你敞开。

得此偈者，过于趋利重财，对得失极为计较。须多读书，重礼仪，调心养性，待人谦和，如此才能获得真正的人生幸福。

事 迹

降魔军尊者，又称大乐金刚、大乐不空菩萨。《理趣经》说：“大乐金刚者金刚萨埵异名。妙乐之中，此尊三摩地特为殊胜，故曰大乐。不空者，梵曰阿目佉，此云无间。自证之大乐，化他之大喜，无有间断，故曰无间。无间与不空，其义一也。”据《佛说最上根本大乐金刚不空三昧大教王经》载，如能结大乐金刚印，则能入“一切如来秘密金刚三摩地（即金刚三昧）”。

金刚萨埵，是勇猛、有情之意，象征坚固不坏之菩提心和烦恼即菩提之妙理。相传金刚萨埵心咒能使濒临绝望或丧失信心的人重获安全感，重拾生活勇气。

降魔军尊者 289

尊者法相所示

尊者法相所现为半跏趺坐，双手戴镯，左手护膝，右手持金刚杵，袒胸露腹，云肩环颈，美须垂胸，神情威猛愤怒。尊者拥有无上智慧，勇猛刚健，能给众生信心和安全感。

诸葛草船借东风，运交华盖事事通。
登科及第必有望，从政经商皆成功。

偈解

诸葛火烧曹营能够成功，全靠有东风相助，所以人一旦运交华善，从政、经商，事事都会成功。

得此偈者，运交华盖，要风得风要雨得雨。这说明你应当是勤勉努力之人，为人善良正直，心态平和健康。所谓好运，不过是自己的不懈努力终于到了水到渠成之时，所以从政、经商都会万般顺利。

事迹

尊者又称大焰光菩萨，是佛教中的上首菩萨之一。尊者也是佛祖的常随菩萨之一，经常参加佛祖举行的法会，聆听佛法妙语，参悟佛祖所演示的妙法。《大方广佛华严经》称赞尊者："亲近一切诸如来故，离诸盖障，如净月轮，普现一切佛神变故。得现觉智，悉见诸佛所现自在神通境故。得无量明，照一切佛大法教海智慧光故。具无碍解，以清净辩，于无量劫，说佛功德，无穷尽故，住最胜智，犹若虚空，所行清净，无染着故，无所依止。随诸众生心之所乐，现色身故，离诸翳障，了知众生我人寿者，皆非有故。智慧普遍，犹如虚空，以大光网，照法界故。深信趣入，复与无量诸世主俱，已曾供养无量诸佛，常勤利乐一切众生，与诸众生，为不请友，常勤守护无归向者。不舍世间，入殊胜智，从诸佛教境界而生，护持如来所有正法，起大誓愿。不断佛种，从行愿力，生如来家，专求如来一切智智。"

290 自焰光尊者

尊者法相所示

尊者法相所现为诧然端坐，左手结印，右手执如意宝珠，双目圆睁，神态威武威严。尊者心清性明，离诸盖障，如净如轮，能悉见诸佛所现自在神通。

黄鹤楼下是长江，滚滚东流日夜忙。
知君时运如长江，汹涌浩荡到汪洋。

偈解

黄鹤楼下，长江之水滚滚东流，昼夜不息，气势汹涌；你的运气也如江水一样，奔涌向前，浩荡激昂，没有阻碍。

得此偈者，运势极佳，或好运将临。值此之际，行事更应谨慎殷勤，为人更须低调平和，切不可心气浮躁、头脑发热、盛气凌人。

事迹

持大医尊者，又称寿命童子、活童子。大医指救众生脱离苦海。尊者是古印度摩揭陀国频毗沙罗王的儿子，因同父异母的兄长篡夺了王位，便在王舍城中行医。

尊者笃信佛法，曾在王舍城东北的庵婆罗园中修建佛教寺院，请佛祖及其一千二百五十名弟子居住，供奉其日用衣食。当时的摩揭陀国国王阿阇世因囚禁父母、欺凌弱小邻国，罪孽深重而致遍体生疮，痛苦难忍，四处聘请名医医治，均无效果。国王万般无奈，只有求助尊者。尊者并未因父亲被囚而拒绝医治，而是答应了国王的请求。尊者深知国王生病的根源，但自己能力有限无法医治，于是，在七月十五日夜里，亲领国王拜谒佛祖。国王得到佛祖点化而开悟，忏悔前罪，皈依佛教，身上疾病也随之而愈。从此，国王立佛教为国教，为佛教发展贡献了无量功德。佛教认为救大众于苦难者就是大医，尊者既能医治人们身体的疾病，又能治愈大众的心疾，可谓医中大医。

持大医尊者 291

尊者法相所示

尊者法相所现为泰然而坐，右腿跷于左腿之上，左手扶右脚踝，右手扶右膝，天庭饱满，神态庄重。尊者虔心侍佛，心胸宽大，能医治大众身体之疾，也能治愈心疾，救人于苦难。

江城歌舞景升平，人寿年丰普天庆。
个人享达何须说，家运正同国运兴。

偈解

江城一片歌舞升平的景象，正是人寿年丰，普天同庆之时。其实何须言说个人的荣耀，因为家运与国运休戚相关。国运亨通，自然家运顺达。

得此偈者，幸逢盛世，目前境遇良好，好事还将接踵而至。

事迹

藏律行尊者，即唐代高僧怀素法师（与唐代著名书法家怀素并称“两怀素”），俗姓范，生于长安。

尊者“幼龄聪，器度宽然”，曾有人预言他长大后必成大器。他十岁时，忽然萌发落发为僧之念，不顾父母劝阻，坚决出家。出家后，尊者广学经论，在玄奘回长安后，拜玄奘为师修习佛法，因此僧传中也称怀素为“奘三藏弟子”。尊者在玄奘门下对法相唯识义认识颇深，后来依道宣律师受具足戒，学《行事钞》，又到法砺门下学相部律学。法砺与道宣都是当时有名的律师，法砺开创了律宗的“相宗部”，道宣建立了“南山宗”，为后来中国律学发展奠定了深厚基础。经过深入的学习和研究，尊者发现上述两家的律学都有不足之处，“相部无知”、“南山犯重”，遂作《四分律开宗记分》，提出自己独特的见解。因常居长安西太原寺东塔，后人便将尊者开创的律学称为东塔学。

292 藏律行尊者

尊者法相所示

尊者法相所现为结跏趺坐，左手执拂子，右手安放于右腿之上，秀眉亮目，内含神光，容貌喜悦。尊者自幼聪颖，虔诚修佛，精勤学法，有自己独特的见解。

花团景簇好年华，时来运转莫惊讶。
许你前程鹏万里，功果报偿无毫差。

偈解

当花团锦簇的大好时光出现时，不要惊叹命运时来运转。你还将迎来前程似锦的大好局面，这是对你此前艰辛付出的最好回报。

得此偈者，时来运转，前程一片大好。这是你积德行善，辛勤劳动，行事有道的必然结果。你也当更加努力，勤勉做事，正派做人，以使前程更为畅达。

事迹

德自在尊者，又称大自大天，是印度教所供奉的毁灭之神湿婆。湿婆的前身是印度河文明时代的生殖之神“兽主”和吠陀风暴之神楼陀罗，兼具生殖与毁灭、创造与破坏双重神格。

湿婆又是苦行之神，传说他终年在喜马拉雅山上的吉婆娑山修炼苦行，通过最严格的苦行和最彻底的沉思，获得最深妙的知识及神奇力量。他也是舞蹈之神，创造刚柔两种舞蹈，被誉为舞王。湿婆以绝对的权威统领所有妖魔鬼怪。其妻是雪山神女，两个儿子分别是塞犍陀和群山。塞犍陀为天兵天将统帅，群山是侍候湿婆的诸小神之首。

印度教将湿婆描绘成五头三眼四手，手中分执三股叉、神螺、水罐、鼓等；身着兽皮衣，浑身涂灰，头上装饰一弯新月，头发盘成犄角形，上有恒河的象征物。湿婆颈上绕蛇，骑一头大白牛。被其信徒奉为最高的神，有地、水、火、风、空、日、月、祭祀八种化身，既能毁灭又能创造。佛教也将他奉为护教之神，认为他居于色界之顶，为三千世界之主。

德自在尊者 293

尊者法相所示

尊者法相所现为愁然静坐，左腿盘于枯树之上，左手托腮，右手执卷，神态沉静慈悲。尊者为古印度毁灭之神，兼具创造与破坏，主宰人间悲欢哀乐。

留于子孙金万铢，未如留传一车书。
书源学海无穷尽，黄金再多亦无用。

偈解

与其留给子孙黄金万两，不如留下一车好书。黄金只会滋长人的惰性，容易坐吃山空；而书中自有黄金屋，有取之不尽的智慧宝藏。

得此偈者，在价值观念上发生了偏移，过于注重物质生活而疏忽了文化修养。应充实内心，多阅读学习，以提高自己的内在修养。

事迹

服龙王尊者，即唐末高僧降龙法师，俗姓李，名诚惠，蕲州（一说蔚州灵丘山）人。

尊者双亲本无子嗣，因三度前往五台山祈愿求子，最终感应而得身孕，生下尊者。尊者出生时，相貌非常奇特，不同凡俗。成年后他拜别双亲，投五台山真容院法顺大师座下，剃度出家。当时，距五台山东台东面百里处，有一个毒龙池，池中毒龙时常出游作祟，危害人畜。因此毒龙池方圆四十里内，人畜都不敢进入。但尊者毫不恐惧，反而在龙池边筑了一个茅棚住了下来。一天，毒龙出来作祟，尊者立刻念起咒语，将它收入瓶中。此后，尊者一直绕着瓶子持诵大乘经咒。七天后，毒龙涤除去了嗔恶害人之心，便于斗室中放出白色光芒。于是，尊者放了毒龙，龙遂乘风御云腾空而去。后唐庄宗同光元年，尊者的高超德行传入皇宫，庄宗听闻后，亲自颁诏书给予表彰。

294 服龙王尊者

尊者法相所示

尊者法相所现为悦然端坐，左手捧宝钵，右手护钵中毒龙，云肩环颈，仙风道骨，面貌明润慈祥。尊者神通广大，能破除、净化邪魅。

日日月月似年年，翘痛双脚望穿眼。
否去泰来意中事，因君前世植慧根。

偈解

人生总是祸福相伴，而世人不明白这一点，期盼得到幸福真是度日如年、望眼欲穿。对你而言，其实否极泰来是预料中事，这是因你前世种下了慧根，所以必定会有今生的回报。

得此偈者，一直境遇不佳，现在已至谷底。否极泰来，境况很快会有所好转；这全是因你家教优良，幼年耳濡目染受到家人的良好影响所致。

事迹

阇夜多尊者是北天竺人，禅宗西天二十八祖中的第二十祖。

尊者父母崇信三宝，却坎坷多病，尊者遂生不平之疑。后于中天竺遇鸠摩罗多，为他阐释因果善恶之说，尊者顿释前疑，承言领旨，萌发窒碍慧，遂出家受具足戒，并嗣其法。他劝人一心向善，国中之人听从了他的劝导，功德无量，俱称之为“善对大士”。

据《佛祖历代通载》载，阇夜多尊者智慧渊博，化导无量。后至罗阅城宣扬佛法，那里学者众多，尤其崇尚辩论，为首者名为婆修盘头，常一食不卧，六时礼佛，清净无欲。为众望所归，尊者就度化了他。尊者临入灭时，尊者传法给婆修盘头，付法偈说：“言下合无生，同于法界性，若能如是解，通达事理竟。”付法之后，随即归寂，世寿不详。

阇夜多尊者 295

尊者法相所示

尊者法相所现为恚然而坐，右手执宝珠，左手自然垂放，身覆挂络，半袒前胸，体丰面圆，目光炯炯，嘴唇紧抿，神态肃穆威严。尊者崇信佛法，深具慧心，导人向善，功德无量，被时人称为“善对大士”。

栀子有苦也有甜，失败成功总相连。
前生修此罗汉果，子孙昌盛寿绵延。

偈解

正如栀子有苦有甜，世间的事也总是成功失败相互依存。如果你前生广积善缘，后世子孙才能得余荫庇佑而昌盛高寿。

得此偈者，稍有不顺，然而生活甘苦相随。这本是正常的事，只要内心无不平之疑，多做善事，多积功德，生活自会由苦转甜，子孙也能得保平安。

事迹

秦摩利尊者俗名鸠摩利，为迦毗罗卫国人。祖上为佛祖释迦牟尼的叔父甘露饭王，尊者与佛祖同姓。

尊者出家前生有一女，女儿和女婿死后留下一个年仅八岁的外孙。尊者当时已经出家，但见外孙孤苦，心中不忍，便为其剃度出家称为沙弥。觉贤受戒之后，更加精谨勤苦，以精于禅律出名。后来，觉贤不远万里来到中国传法译经。他所翻译的《华严经》是华严宗的立足根本。

尊者向佛之心虔诚无比，出家后更是精勤修行，严持戒律，最终证得阿罗汉果。

296 秦摩利尊者

尊者法相所示

尊者法相所现为怯然而坐，双手于胸前持拄杖，浓眉慈目，神态谦和避让。尊者聪慧过人，精谨勤苦，以精于禅律而闻名。

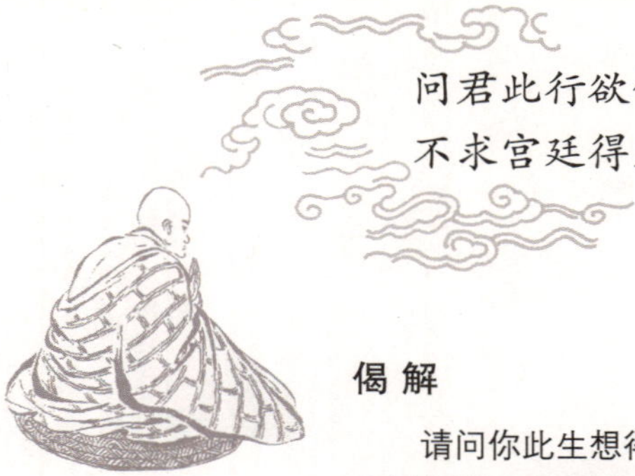

问君此行欲何图，手脚疲累身心苦。
不求宫廷得显赫，但给后人作楷模。

偈解

请问你此生想得到什么，为什么弄得如此身心疲惫，万分劳苦；其实人生没必要一定身居高位，只要行止端正也可为后世楷模。

得此偈者，功名心太重，并为此身心疲惫。其实人生在世，切不可过于追求功名，只要能修养身心，行止端正，真心付出，必能受人尊重，也定能成为后世楷模。

事迹

义法胜尊者，即中印度高僧昙柯迦罗。

据载，尊者偶然拜访一座寺院，看到《法胜毗昙》一书，读后不解其义，再三翻阅，感叹道："吾积学多年，浪志坟典，游刃经籍，义不再思，文无重览。今睹佛书，顿出情外。"于是请来一位僧人为其讲解此书，很快尊者就懂得了其中佛理，对佛法顿生信仰，认为佛理深奥，非俗书所能及。为追寻真理，他弃俗出家，研习大小乘论及诸律部。

曹魏嘉平年间，尊者从印度来到中国洛阳。当时魏国虽有佛教和僧人，但僧人都未受比丘戒，只是剃除须发，以示不同于俗人。尊者来华后，由于其对律部颇有研究，僧人便请他传戒。尊者便译出《僧祇戒心》，以供受戒僧人朝夕诵习。其他在华的印度僧人也立羯磨法，为华僧授戒，此为中国正式有受戒比丘的开始。从此以后，流传于印度的各部律典，也相继传入中国。

义法胜尊者 297

尊者法相所示

尊者法相所现为结跏趺坐，双手笼袖，体态刚健，胡须浓密，形态宽和，双目炯炯有神。尊者天生聪敏，悟性出众，为中国僧人始传比丘戒。

长江无风起浪波，三峡无风起漩涡。
人生正同行船路，涡深浪激小心过。

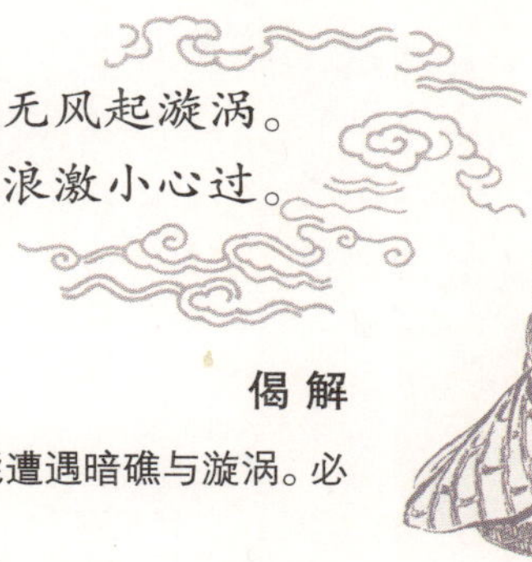

偈解

人生也如在江海中行船，看似风平浪静，却随时可能遭遇暗礁与漩涡。必须时刻警惕，小心应对，方能使自己免受祸害。

得此偈者，生活貌似风平浪静，实则暗流涌动，随时可能有小人兴风作浪。应提高自己的洞察能力，清醒判断目前形势，以便在风起浪涌之时能有效应对。

事 迹

施婆罗尊者是佛祖姑母之子，即佛祖的表弟。据《大智度共摩诃比丘僧释论》载，佛祖的祖父师子颊王生有四子一女，第一名净饭，二名白饭，三名斛饭，四名甘露饭，有一女名甘露味。净饭王有二子，佛和难陀；白饭王有二子，跋提和提沙；斛饭王有二子，提婆达多和阿难；甘露饭王有二子摩诃男阿泥和卢豆；甘露味女有一子名施婆罗。

《大智度论》中称尊者具慈悲之心，关心穷苦百姓，经常施舍接济他们。尊者出家前就是虔诚的佛教徒，一直供养佛祖及僧团中的僧侣。

298 施婆罗尊者

尊者法相所示

尊者法相所现为欢然而坐，体态丰隆，双手展卷，飞眉亮目，神采奕奕，似在弘教。尊者虔诚向佛，慈悲为怀，怜悯贫苦之人，乐于施舍接济。

花繁似锦草如烟，三月煦阳暖人心。
春风浩荡滋万里，事就人康应庆幸。

偈 解

繁花似锦，绿草如茵，美好的三月，阳光煦暖，春风拂面。此等美景，滋润万里，真是事遂人愿，万事美好。

得此偈者，人生正如三月春光，美景无限，诸事顺畅。切记好花不常开，好景不长在，应居安思危，得意不可忘形；也应更加理性地看到美景中的风险，这样才能确保事成人康。

事 迹

阐提原指有欲望的人，又称一阐提、一阐提迦、一颠迦。佛教认为，有欲望又沉迷世间享乐，将妨碍出家修道。

《大乘入楞伽经》将一阐提分为断善根阐提、菩萨阐提两种。断善根阐提是不信或诽谤菩萨乘者，菩萨阐提则是怜悯众生而发愿不入涅槃者。《成唯识论掌中枢要》中又分为断善阐提、大悲阐提、无性阐提三种。断善阐提是起邪见，焚烧一切善根者，这类人虽无成佛之期，但若遇佛神威，发菩提心仍可入涅槃。大悲阐提是发愿度尽众生的大悲心菩萨，此辈无性有情不尽，成佛本无期，但因大智增上与不断善根之力，终能成佛。无性阐提是缺本来解脱之因，终究不能成佛者。《楞伽经》认为众生皆有阐提，所以不能成佛。但《涅槃经》却认为阐提也有佛性，且佛性不断，所以众生皆能成佛。华严宗、天台宗等一乘教派也认为阐提终将成佛。

阐提魔尊者 299

尊者法相所示

尊者法相所现为怒然而坐，右手执拂子，左手捋拂须，胸前悬布袋，面色黝黑，竖眉瞪眼，神须垂胸，面貌威猛刚毅。尊者曾以杀牲为业，后因佛祖教化，改恶从善，皈依佛教，精勤修行，获得正果。

万里奔波为封侯，浪迹天涯遍九州。
一旦航船靠港岸，且喜高爽时清秋。

偈解

人生在世，终日为名利财色奔波，四处辗转漂泊。只有一朝看破红尘，登上人生彼岸，才会深感心清气爽。

得此偈者，追名逐利，内心漂荡不定。待年龄大了，定下心来，看破红尘，你仍能得见清净与高爽。

事 迹

王住道尊者，法号得度，出家前是西印度国王。禅宗西天二十八祖的第二十二祖摩拿罗的弟子。

传说，尊者曾见到一座四寸高的宝塔，他想将此塔带回王宫供养，但不管左右的人如何用力，却始终无法搬动。于是，尊者在宝塔现身处举行法会，请人解难。恰逢二十二祖摩拿罗闻讯赶来，告诉尊者："此阿育王塔，感王精进故现耳。"尊者说："敢问法要。"摩拿罗说："佛法能具七事，去三物，乃可学。"尊者问："三物七事为何？"摩拿罗说："所去三物，贪、瞋、痴。所具七事，大慈、欢喜、无我、勇猛、饶益、降魔、无证。人所以明了不明了，以此耳。"尊者听后说："至圣难逢，世乐非久。"随即尊者将王位传给太子，拜摩拿罗为师出家，修行七日后即证四果。摩拿罗便对他说："汝居此国，善自度人，今异域有大法器，吾当往化。"尊者说："师应迹十方，动念当至，宁劳往耶？"摩拿罗说："然"。于是，摩拿罗焚香遥语月支国鹤勒那比丘。之后，便向尊者辞别，前往月支，而尊者则在本国度化众生。

300 王住道尊者

尊者法相所示

尊者法相所现为陶然静坐，左手捧寿桃，右手结印，浓眉慈目，大耳垂肩，神情平和慈悲。尊者生具佛性，悟性极高，且诚心向佛，精进修行，七日即得正果。

阳刚豪气丈夫概，儿女情长不应该。
烈火锻出刚刀利，水性常惹灭顶灾。

偈 解

阳刚豪迈是大丈夫应有的气概，所以应处事果断，不然则会遭逢灾难。

得此偈者，行事柔弱，断事犹豫不决。若要趋利避害，应善于取舍，果断决策，然后雷厉风行。

事迹

无垢行尊者，又称无垢菩萨，有兄弟五人，排行第二。除五弟之外，尊者兄弟四人曾一同进山学道。五弟弗那以耕种为业。

一次，佛祖云游到弗那家，向其乞食，弗那即施以白净饭满钵。第二天，发现田里的庄稼都变成了数尺高的金禾，不管如何收割，新的金禾都会立刻长出来。国王和众人听说后，前往收割，也都无法割完。尊者等四位兄长听说后，各持欢喜团拜谒佛祖，愿求生天。大哥取一团置于钵中，佛告之以“诸行无常”；尊者取一团置于钵中，佛告之以“是生灭法”；三弟取一团置于钵中，佛告之以“生灭灭已”；四弟取一团置于钵中，佛告之以“寂灭为乐”。随后，兄弟四人各参悟佛祖所作的偈语，最终都得阿那含（即三果、不还果），并出家为僧，获阿罗汉果位。

传说，佛祖讲经时，曾问诸菩萨：“我涅槃后，谁能护持正法，教化大众，利益众生？”尊者说：“我堪任此职，护持佛法，利益众生。”

无垢行尊者 301

尊者法相所示

尊者法相所现为陶然而坐，左手护膝，右手执悬镜，体态丰健，满面祥和，眉开眼笑。尊者入智慧方便三门，示现种种神通变化，满足众生欲乐。

白云高山两偎依，江山万里沐朝晖。
因君苦厄今消尽，如日中升此其时。

偈解

白云围绕在高山之间，万里江山沐浴在朝晖之中，充满生气。你的烦恼和厄运也将因此全部消散，功名事业从此开始如日中升。

得此偈者，开始转运，过去的苦痛与不幸也将全部消失，功名事业从此开始发展提升，这全因你历尽苦厄，无怨无悔。

事 迹

据《大威德陀罗尼经》载，佛祖在祇树给孤独园讲法时，曾对阿难说："有陀罗尼法本，过去诸佛已曾显示略广解释。为诸侍者及众生受安乐故，怜悯世间诸天人等广利益故，我今亦欲说此陀罗尼。"尊者闻言即从座位上站起，大言不惭道："世尊，莫作是说，言正见非见也。"话音刚落，舌头就落到了地上，身体也堕入阿鼻地狱中。尊者顿时心生悔悟，真心忏悔其不信佛法的罪过。此后，尊者一心向善，最终脱离苦海，证得阿罗汉果位。

所谓正见，是指正确的知见，即能解知世间、出世间因果，如实审虑诸法性相之有漏无漏的智慧。正见为八正道及十善之一，与邪见相对。《杂阿含经》云："正见有两种。一种是世俗有漏有取转向善趣；另一种是圣出世间无漏无取正尽苦转向苦边。"

302 阿波罗尊者

尊者法相所示

尊者法相所现为半跏趺坐，左手抱童子，右手执如意，眉目清秀，耳大面丰，唇启而喜。尊者心中畏怖，深切忏悔不信佛法之罪，悉心向善，终得解脱。

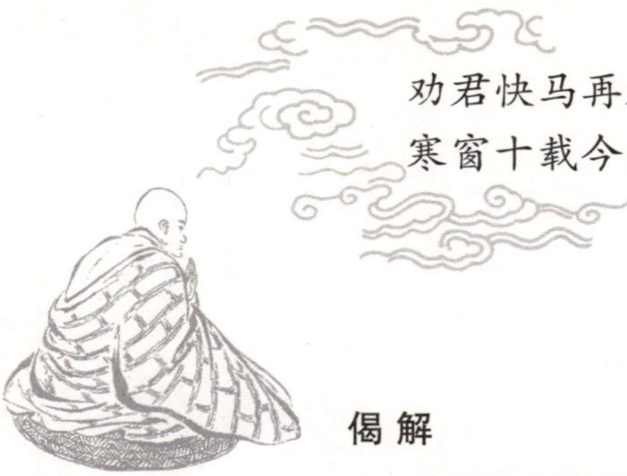

劝君快马再加鞭，奋发珍重好华年。
寒窗十载今分晓，一朝月宫捧玉蟾。

偈 解

你应当珍惜时光，更加努力。十年寒窗苦读，终能取得成功。"一举成名天下知"不过是迟早的事。

得此偈者，为读书之人，但却不够努力。若能沉心静气，苦读数年，必能金榜题名，为未来的功名富贵打下良好基础。

事迹

声皈依尊者，是佛祖的声闻弟子。声，即声闻、听闻。“声皈依”是指听闻佛祖讲说佛法后皈依佛教。

据《华严经》载，佛有十身，即众生身、国土身、业报身、声闻身、独觉身、菩萨身、如来身、智身、法身、虚空身。由于众生的佛性深浅不同，因缘善恶不同，所以求道情趣也不同。佛祖会根据这些不同，现化相应的身相，来导化众生领悟佛法。

小乘，又称为声闻乘，既是指通过听闻便可觉悟的佛法。据《俱舍论》记载，在小乘的声闻四果中，修行者因为根器与因缘的不同，快者三生，慢者则六十劫方可觉悟得证阿罗汉果，证悟的果位有：初果须陀洹、二果斯陀含、三果阿那含、四果阿罗汉。

尊者耳根最利，听佛宣讲佛法，善于领会要旨，体悟佛法真谛。

声皈依尊者 303

尊者法相所示

尊者法相所现为半跏趺坐，左手执琵琶，右手拨弦，神态和乐，法善饱满。尊者耳根最利，听闻佛法，善于领会要旨，体悟真谛。

临别握手两依依，犹如孤鸟失伴飞。
朝东朝西君自快，勇猛前进莫迟疑。

偈解

人在离别时候，执手相看，依依不舍，仿佛失去同伴的鸟儿，此后将孤独无依。但既然已经选择了离别，你不管走向何方，只要目标已定，便不再迟疑，而应勇往直前。

得此偈者，因为缺少情感依靠而迟疑不决。既然已经选择分别，就应断然决绝，快速转身，追求新的人生幸福。

事迹

禅，即不执著一切境界相；定，即内不动心。

据《心经》载："禅定有六法，分别是静、定、止、观、觉、同。静，指缓和身心，消除紧张；定，指专注不移，一心一意；止，指摆脱杂念，头脑休息；观，指一心观想，坚定意志；觉，指感觉敏锐，思绪空明；同，指无限可能，创意无限。"

禅定时静坐姿势被称为"结跏趺坐"，略称"跏趺"，即"结跏趺于左右髀上而坐"。趺指足背，髀即腿部肌肉，据说是释迦的坐法。《一切经音义》中将"跏趺"分为两种：一是两足交叉于左右股上，叫"全跏趺坐"，俗称"双盘"；二是单以左足押在右股之上，或单以右足押在左股之上，叫"半跏趺坐"，俗称"单盘"。摆好"跏趺"坐姿后，须挺直上身，微闭双眼，把呼吸调得极细极匀，并使思维集于一处，驱散头脑中的杂念妄想，明净心境。久坐之后，产生一种连自己身躯的存在都忘了的乐境，这就是坐禅的真如境界。尊者心性沉静，舍念清净，精进修为，终证阿罗汉果位。

304 禅定果尊者

尊者法相所示

尊者法相所现为结跏趺坐，双手笼袖，双目虚闭，体态安然，三个恶魔也无法侵扰，头顶青烟升腾，托起一尊佛像，以示虔心佛法，坐禅已达真如境界。尊者极具定性，能解脱魔罥，安住佛境。

身世飘零莫悲叹，自古英雄多磨难。
容易熬得天光晓，插翅猛虎下高山。

偈解

不要哀叹自己身世飘零，自古以来英雄都要经历数重磨难。一旦熬过黑夜，等到黎明破晓，你就会如猛虎插翅，冲下高山，大展拳脚。

得此偈者，际遇不平，目前处境艰难。须经受住种种考验，一旦熬过此磨难，必能海阔天空，施展自己的抱负。

事迹

不退法，指最上利根，所得功德不退失的无学圣者。

《中阿含·福田经甘露味论》说："一退法，若遭疾病等异缘，即退失所得之果，乃阿罗汉中最钝根者。二思法，惧退失所得之法，乃欲自杀，以保所得。三护法，于所得之法防护不退，若怠防护，有退失之惧。四安住法，若无特胜之退缘则不退，若无特胜之加行则不转较优之种姓。五堪达法，堪能行炼根修行之事，速达不动种姓。六不动法，七不退法，此二者，乃最利根，能断尽一切烦恼，得尽智及无生智，此种修炼为因而得者称为不动，依本来种姓者称为不退；亦即前者不败坏所得三昧之种种因缘，后者不退失所得之功德。八慧解脱，了断慧障之烦恼，于慧得自由。九俱解脱，了断定障、慧障，断不染污无知，得灭尽定，于定、慧能自在。此中，前七者依根之利钝而分，后二者就所离之障而分。"

尊者修得最利根，断除一切烦恼，得豁然解脱之境，证阿罗汉果。

不退法尊者 305

尊者法相所示

尊者法相所现为欢然静坐，左手执金刚铃，右手于胸前结印，修眉大耳，神态慈和，开口而笑。尊者根性坚固，不可退转，能以自身的佛性和智慧降伏外道，救护众生。

一抔黄土万事空，追名逐利建伟功。
休怨造化心残忍，月自常西水自东。

偈解

人死后所有的成就和功名，都会化为虚空。即便是名利双收，建立了伟大的功业，最终也不过是过眼云烟，无须抱怨上天的残忍，这正是事物的发展规律。

得此偈者，切不可过分追名逐利，更不要幻想创造伟业，应尽心修身养寿，行走坐卧也注意安全，如此方能使自己安享快乐与康健。

事迹

僧伽耶尊者，即中国东晋时期印度高僧僧伽提婆。尊者于前秦建元年间来长安，因气度开朗，举止温和，又洞察物情，诲人不倦，信众都乐于亲近。隆和元年，他在晋都建康讲《阿毗昙心》，当时的名僧都来听受。尊者既精熟论旨，又解义明晰，听众悉得悦悟。

尊者一生的译经过程，可分为前后两个时期，前期在长安、洛阳所译所校的是《阿毗昙八犍度》。后期先在庐山译出《阿毗昙心》四卷及《三法度论》两卷，由庐山慧远法师作序；后在建康又译校了《中阿含经》、《增一阿含经》。另据《历代三宝记》载，尊者还曾翻译《教授比丘尼法》一卷，但已经失传。他一生译经六部，共计一百四十八卷。在阅经、译经的过程中，尊者佛法造诣日益精深，终证阿罗汉果位。

306 僧伽耶尊者

尊者法相所示

尊者法相所现为半跏趺坐，双手托经书，神态谦恭严肃。尊者熟谙三藏，精通佛理，屡显神异治众生之病，而且极具绘画才能。

莫作三春烂漫花，年华似水易消流。
功名事业须开拓，人道勤奋得天酬。

偈解

做人不能像三月灿烂的鲜花，表面艳丽却很短暂。好年华容易逝去，应该抓紧时间开拓事业，天道酬勤正是至理。

得此偈者，爱慕虚荣，徒有其表。表面看似艳丽迷人的事物往往有害，人若只重外表而不内修，不脚踏实地开拓事业，做事虚浮，最终必定一无所获。

事迹

达摩真尊者，中国禅宗初祖，西天二十八祖中的第二十八祖菩提达摩。

尊者是南天竺香至国人，婆罗门种姓。南朝梁普通年间，尊者自印度乘船到广州，后云游至金陵，梁武帝闻尊者到来，亲自出城迎接。梁武帝是一个虔诚的佛教徒，为佛教在江南的发展作出了很大贡献。他问尊者："我做的这些事有多少功德？"尊者说："无功德。"梁武帝又问："何以无功德？"尊者说："此是有为之事，不是实在的功德。"武帝不能理解，此后尊者离开南朝，北上云游至魏。云游期间，尊者皆以禅法教导信众。尊者云游到河南嵩山少林寺时，在此独自面壁修习禅定，时人称之为壁观婆罗门。当时有道育、慧可二沙门礼见尊者，后供养尊者多年。尊者认为他们求法真诚，便将禅宗法门传给了他们，并把《楞伽经》四卷授予慧可。

达摩真尊者 307

尊者法相所示

尊者法相所现为结跏趺坐，双手笼袖，浓眉卷须，双目炯炯，凝视前方，神态凶猛威严。尊者虔心向佛，面壁修行多年，被称为壁观婆罗门。

男贪痴恋女贪爱，世事悠悠已千载。
为人但有豪气在，等闲视之运自来。

偈解

千百年来，痴男怨女贪恋儿女情长，沉迷其中不能自拔。做人如有一份豪气在，能跳出感情的束缚，好运自然会到来。

得此偈者，目前为情所困。男欢女爱本是人之常情，但若过于执迷，用心太苦，反而会让人生一团乱麻，工作、生活都不顺遂。还不如多一些豪气，等闲视之，顺其自然，如此反而有益于行事，机运也会更多。

事迹

善法，即佛教修行之大法。佛教中的善法分为五戒十善和三学六度。五戒十善为世间的善法，出家人和在家居士都要守，三学六度则是出家人必须守，在家居士可以不守。

三学是指戒、定、慧，六度分别是布施、持戒、忍辱、精进、禅定、般若。“戒定慧”三学与“贪瞋痴”三毒相对称。佛教认为，戒学断贪，定学断瞋，慧学断痴，如能贪瞋痴为戒定慧，则可断恶修善。另外，布施断悭贪，持戒断恶业，忍辱断瞋恚，精进断懈怠，禅定断散乱，般若断愚痴。此外，六度还是六种度人脱离苦海、到达彼岸的方法。彼岸在佛教中意为清净世界。因此，六度又称布施到彼岸、持戒到彼岸、忍辱到彼岸、精进到彼岸、禅定到彼岸、般若到彼岸。

尊者精进修为，悉得善法，离诸苦恼，自行清净，终证阿罗汉果位。

308 持善法尊者

尊者法相所示

尊者法相所现为悠然而坐，双手执蕉叶，袒胸露腹，神态超然，神情祥和亲近。尊者由浅入深，精勤不懈，修心养性，修得善法。

天地沉寂夜未央，江山万里作战场。
金戈铁马硝烟后，始信英雄好儿郎。

偈解

夜半时天地寂静，万里江山都是战场。金戈铁马，硝烟弥漫，历经拼搏后才知道谁是英雄。

得此偈者，暗中努力，一切都会含而不露。人在暗中争斗时，耐性第一，勇猛第二，应多积蓄力量。但一旦到了白热化时，势必面对面排开阵势，值此成功之际，则应有勇有谋，以图一举而胜。

事迹

受胜果尊者，即宋代高僧克勤禅师。

尊者早年在四川、湖北等地宣扬佛法，晚年住持成都昭觉寺。尊者德高望重，皇帝曾多次召他问法，并赐紫衣和“佛果禅师”称号，后又赐号“圆悟”。尊者一生曾七次住持名刹，说法精彩如口唇放光一般，其法语充满诗画意境，禅趣盎然，诗禅合一。

尊者撰写的《碧岩录》为禅门第一圣典，嗣法弟子为虎丘绍隆和大慧宗杲。当时，弟子虎丘绍隆要离开尊者，去云居山真如院担任住持，尊者便写给他一幅“印可状”，大意是，虎丘追随自己参禅多年，成绩优秀，已达大彻大悟之境，特此证明。此状后来流传到日本，被富商兼茶道家谷宗卓收藏，后截为两段，前半部转为祥云寺收藏。之后，由知名茶道家松江藩主松平，以两千五百两金和每年三十大袋米粮为代偿获得本件。

受胜果尊者 309

尊者法相所示

尊者法相所现为坦然而坐，右脚架于座上，左手护膝，右手执金刚铃，凝神注视，神态威猛刚毅。尊者博学能文，佛眼清远，说法时诗禅合一，谥号“真觉禅师”。

日如流水月如梭，等闲光阴易消磨。
年华富盛创成就，休等头白泪滂沱。

偈解

时光如流水，匆匆流逝，容易消磨。要趁着年富力强，成就一番事业，不要等到老去才徒留遗憾，泪眼滂沱。

得此偈者，无所事事，虚度光阴。其实人生一世，时光极为短暂，如果在年富力强时不能勤奋努力，成就一番事业，老来精力下降，创新观念少了，没有一定的事业基础，更难有所作为，到时悔恨也是无益。

事迹

心胜修，即修胜心，指修殊胜之行的心。

殊胜之行有十种，分别是：一、在六道一切众生中，能获一暇满人身，实极为殊胜；二、在不信佛法的众人群中，得一信佛之人，实极为殊胜；三、在百千宗派中能导此具足心要义之宗派，实极为殊胜。四、由闻思所得的万千智慧，不及由修证所生之一刹那智慧来得殊胜；五、行万千有为法的善业，不及行一刹那无为法善业来得殊胜；六、修持万千种的有缘三昧，不及修持一刹那无缘三昧来得殊胜；七、行无量之有漏善业，不如行一刹那无漏善业来得殊胜；八、生起万千种的觉受，不如生起一刹那之证悟来得殊胜；九、为了达到某种目的而行万千善行，不如修一刹那无目的之善行来得殊胜。十、以万千红尘中的财物作为布施，不如一物不执来得殊胜。

尊者志趣高远，心性清净如虚空，始终把追求佛果放在首位，并能艰苦修行，勤学善思，精勤不懈，终证阿罗汉果位。

310 心胜修尊者

尊者法相所示

尊者法相所现为陶然而坐，双脚交叠，左手笼袖，右手执如意，头戴风帽，脸宽颈粗，浓眉细眼，神情自在和乐。尊者心地慈善，不畏清苦，艰苦修行。

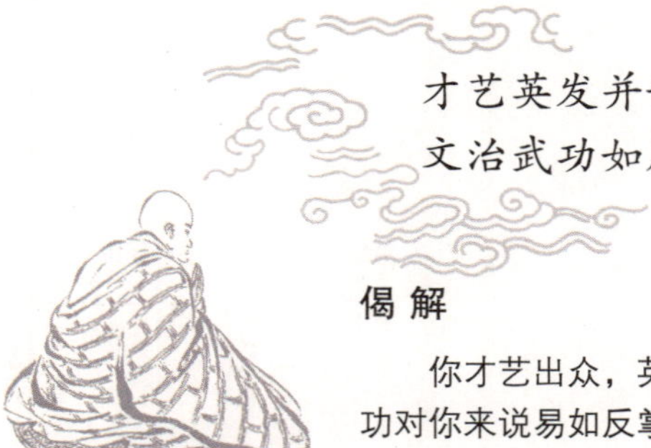

才艺英发并世无，清明世代展宏图。
文治武功如反掌，看君坚毅有也无。

偈解

你才艺出众，英姿飒爽，举世无双，在清明盛世能够大展宏图。文治武功对你来说易如反掌，关键是看你有没有恒心和毅力。

得此偈者，资质高，但缺乏毅力，意志力也不够坚定。应认识到自己的独特潜质，坚守信念，发愤图强，世事清明时，你定能成为举世无双的人才。

事迹

会法藏尊者，又称法藏比丘，是阿弥陀佛的前世身。尊者原是一位国王，听了佛说法后，心中开悟，发起大菩提心，于是，舍弃王位，离世出家，成为比丘，法号法藏。法藏比丘才德过人，富有智慧，对佛法有很深的信解，且志愿广大，虔诚修习菩萨道，勇猛精进。

一天，法藏比丘来到世自在王佛前礼佛赞佛，发愿要像佛一样，救度世间民众，解除众生生老病死的种种苦痛。世自在王佛告诉他，人若以至诚心求道，精进不已，定能成就自己的愿望。随后，世自在王佛为法藏比丘宣说了二百一十亿佛国殊胜、差别的种种情况，并根据法藏比丘的心愿，将各国的净秽、善恶等种种情形现给他看。法藏比丘用了五劫的时间，对无量佛国刹土，种种奇妙功德，以及各种善恶差别，明了通达。经过长期深入的思惟、选择、修习、摄取，广选善妙，舍弃粗恶，终于结成大愿。

会法藏尊者 311

尊者法相所示

尊者法相所现为悯然静坐，右手护膝，左手执项珠，大耳垂肩，神情凝重悲悯。尊者高才勇哲，超异于世，并发四十八愿而使大地震动，天花飘落。

不到天竺心不回，未取圣经身不归。
男儿立志成大事，因循苟且品自低。

偈解

前往圣地求取真经，不达目的誓不罢休；好男儿都应该有鸿鹄之志，不能苟且偷生，得过且过，否则只会被人耻笑。

得此偈者，胸无大志，因循守旧，不敢开拓进取。人当有大丈夫气概，更应有对真理不倦的追求精神。胸中有大志，并能不懈追求，才会成为有德有地位的人中俊杰。

事迹

常欢喜尊者，又称常欢喜菩萨。“欢喜”指接于顺情之境而感身心喜悦；也特指众生听闻佛祖说法或诸佛名号，而心生欢悦，于是信受奉行。

佛经中说欢喜地菩萨的欢喜，是“心喜、体喜、根喜”，其欢喜有九种，一是敬信欢喜，二是爱念欢喜，三是庆悦欢喜，四是调柔欢喜，五是踊跃欢喜， 六是堪受欢喜，七是不坏他意欢喜，八是不恼众生欢喜，九是不瞋恨欢喜。日本净土宗认为，欢喜特指由于佛祖的救度，或决定往生净土，而生出的由衷喜悦，故常用“信心欢喜”、“踊跃欢喜”来形容。

据《大方广如来藏经》载，尊者得大神通力，能住于佛法不退转，舍念清净，身心安稳，深具济世度人之心。众生若敬称呼其名，皆能发阿耨多罗三藐三菩提心，得不退转，往生极乐净土。

312 常欢喜尊者

尊者法相所示

尊者法相所现为陶然而坐，右手于胸前结印，左手高擎铜锣，神态欢喜。尊者得大神通力，舍念清净，身心安稳，深具济世度人之心。

树要风骨人要信，造物钟爱在真诚。
义薄云天真豪杰，忠孝礼义值千金。

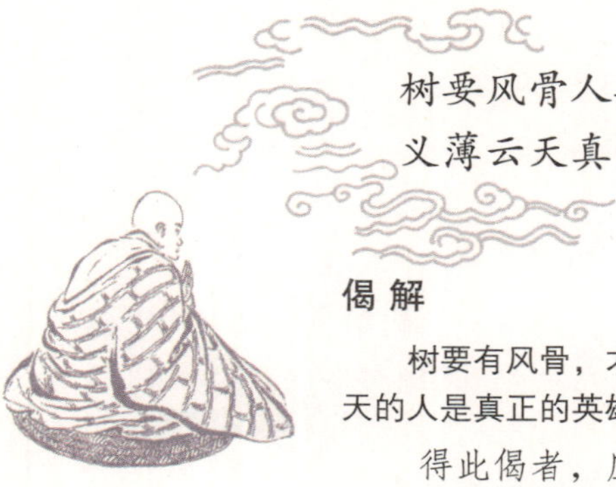

偈解

树要有风骨，才能伟岸挺拔；人要有诚信，才能得上天的钟爱。义薄云天的人是真正的英雄，忠孝礼义更是价值千金。

得此偈者，应加倍看重自己的信誉，对人坦荡真诚，多一些傲骨。阿谀奉承，不重信誉，对人欺哄，虽然有时会小有所获，却终究会被人唾弃。如此还不如恪守忠孝和礼义，虽然可能在物质上一无所获，但由此所获的尊重将会贵比千金。

事迹

威仪，即威严的态度。

中国自古以来就有“起居动作皆有威德有仪则”之说，人们通常把行、住、坐、卧称为四威仪。佛教认为，一个修行者在举止言谈中应该将自己的威仪表露出来。走路时，要如风一样迅速无声，直走，不弯曲；坐下时，要如钟一样平稳、庄严；站立时，要如松树般笔直；睡觉时，要吉祥式地右斜而卧，像把弓，唯有如此才不损威德。四威仪是中土佛教中特有的生活准则，也是中华文明与印度佛教相结合的产物。

《修华严奥旨妄尽还源观》说：“威仪住持有则德，谓行住坐卧四威仪也。大乘八万，小乘三千，为住持之楷模。整六和之紊绪，出三界之梯隥，越苦海之迅航。”佛教认为，八万细行，行住坐卧这四威仪各有二百五十戒，总共就成了一千戒。这一千戒再配到三聚净戒，就变成三千世界。

尊者庄重威仪，举手投足慎行不误，在修行中兢兢业业，终证阿罗汉果位。

威仪多尊者 313

尊者法相所示

尊者法相所显为愤然而坐，左腿盘于座上，右手于腹前握拳，左手高举如意，长鬓浓须，目光如炬，神态威猛庄严。尊者身心清净，慎行无误，举手投足无不循规合度。

千江万河向东流，天涯流子尽望乡。
不是故园休停歇，殷勤孝奉双高堂。

偈解

千江万河都向东流入大海，各地游子都心系故乡。不是家乡不要停留，应当早日回到故土，殷勤尽孝，奉养高堂。

得此偈者，内心漂泊不定，常在社会中游走。须知人心皆有根，所以应尽快让心定下来，如此方能有时间殷勤尽孝，奉养双亲。

事 迹

头陀信尊者，即唐代镇州龙兴寺释头陀，又被称为“抖擞上人”。头陀意为精勤振奋，去除烦恼污垢，弃除衣、食、住等贪著，以修炼身心。信，指方法。头陀信是修头陀行的方法。

据《宋高僧传·唐镇州龙兴寺头陀传》载，尊者出生贫穷，父母以开磨坊为生。他幼年时便气度温润，有长者的规仪。其父让他守磨，到夜深时分，他看到驴、牛已很疲惫，便放它们吃草、饮水，自己代替它们推磨。后来尊者请示出家为僧，父母答应了他的要求。尊者出家后修习十二头陀行，极为艰苦，被褥三十年不曾更换，身上披着破破烂烂的粪扫衣，且随时按照佛法检查自己的言行，驱除尘障，最终获得正果。

314 头陀信尊者

尊者法相所示

尊者法相所现为傲然而坐，左手执法器，右手于胸前结印，昂首挺胸，双目圆瞪，神态专注肃穆。尊者心地慈善，一心向佛，不畏艰苦，出家修习十二头陀行，却不受人供施，号为“抖擞上人”。

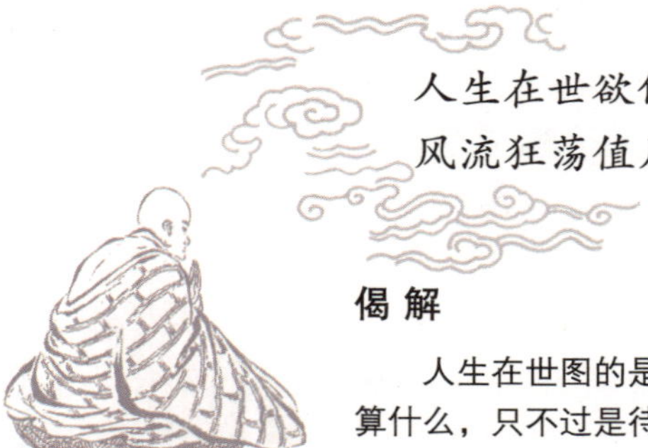

人生在世欲何求，温暖平安第一要。
风流狂荡值几许，空落白发老翁羞。

偈 解

人生在世图的是什么？首先就是温暖和平安。风流富贵、放荡不羁又不算什么，只不过是待到白发苍苍之际只留羞愧而已。

得此偈者，风流狂荡，自以为是。其实人生在世，关键在于获得内心的平安与温暖，如果过分风流，拈花惹草，虽有一时之乐，终难遇温暖贴心的人，到老想起自己一生所做的荒唐事，难免羞愧自责，内心不得安宁。

事　迹

议洗肠尊者，即天竺高僧佛图澄，俗姓帛，九岁出家，晋怀帝永嘉四年来到洛阳，时年七十九。

尊者能诵经数十万言，善解文义，虽未读中土儒史，却能与诸学士论辩疑滞。他知见超群，学识渊博，并热忱讲导，曾有天竺、康居名僧佛调、须菩提等来从他受学。《高僧传》载，尊者门下受业追随者常有数百，前后门徒接近一万。他重视戒学，平生“酒不逾齿，过中不食，非戒不履”，并以此教授徒众。

尊者右乳边有一肉孔，平时，尊者用棉絮将肉孔堵上，如果拔除棉絮，则满屋光明。他曾将河水从肉孔中灌入以洗涤肠胃，因此，又被人称为“洗肠罗汉”。

尊者告诫众生，要时常对照圣贤，如同观照明镜，正观心性，得豁然解脱之境，灭罪增福。

议洗肠尊者 315

尊者法相所示

尊者法相所现为结跏趺坐，右手托宝瓶，左手结印，修眉大耳，额骨鼓突，眉开眼笑，神情端正和乐。尊者以洗肠涤胃为喻，教诲众生忏悔罪恶，清净心性而获欢乐。

牛马无知总糊涂，日夜鞭辔何辛苦。
众生有情皆性命，为免轮回当先悟。

偈解

牛马不明白事理，顺从效力，日夜劳作，非常辛苦。众生都有性命，应该心怀怜悯，不杀生，免受轮回又成畜生。

得此偈者，被生活所驱，忙忙碌碌养家糊口。应超脱出来，放下包袱，如此才不会糊涂地枉度此生。而且还应行善积德，不杀生、不作恶，以免下辈子再做牛马而不得超生。

事 迹

德，即品德、德行；净悟，即悟得清净之法门。

佛教中将清净分为两类，一类是自性清净，另一类是离垢清净。自性清净，是佛教中常说的“一心”。一心又被称为真如、自性、法身、实相、佛性、法性、如来藏、圆成实性、本来面目、本地风光、大圆镜智等。一心的真谛是不可思议，不可思即禅宗的“动念即乖、心行处灭”，不可议即禅宗的“开口便错、言语道断”。离垢清净，即远离一切烦恼垢。烦恼垢源于恼、害、恨、谄、诳、憍。诳和憍从贪生；害和恨从瞋起；恼从见取起；谄从诸见生。

尊者深植慧根，崇信佛法，慈悲济人。其修习禅定，得清净之觉悟，开起初知见，证菩提正道。尊者曾四处游走，为众生说法，使众生知见自性清净，悟解佛法妙谛，脱离苦海而得自在，往生极乐净土。

316 德净悟尊者

尊者法相所示

尊者法相所现为悦然静坐，双手笼袖，浓眉大耳，面如槁木，神态慈爱悲悯。尊者慧根深植，自性清净，远离一切烦恼垢，慈悲济人，使众生知见清净，脱离苦海。

十八女儿一枝花，二十少年好年华。
青春易逝无消息，大江东去浪淘沙。

偈 解

十八岁的女孩是一朵花，二十岁的少年正值好年华。但是青春易逝，时间会悄无声息地流走，犹如大江滚滚东去，黄沙淘尽，留下的俊杰能有多少。

得此偈者，春风得意，一派大好时机。但时光易逝，岁月易老，时间的长河滚滚东流，最后谁是真金犹未可知，所以需加倍努力，与时俱进。

事迹

无垢藏尊者，即密教曼荼罗虚空藏菩萨的化身。

据《虚空藏菩萨神咒经》载："菩萨具诸三昧犹如大海，住菩萨戒如须弥山，忍辱之心犹如金刚，精进勇猛犹如疾风，智如虚空，慧如恒沙。"

《大方等大集经》中说，尊者住在东方大庄严世界的宝庄严佛处，曾与十二亿菩萨俱来娑婆国土，对世尊发出诸问，并述说种种法义。《虚空藏菩萨经》则载，尊者住在西方一切香集依世界之胜华敷藏佛所，曾与十八亿菩萨来诣娑婆世界，说破恶业障陀罗尼，令众生得福德，诸愿满足。

尊者拥有无量宝藏，且无悭吝之心，能随众所求而布施，或法施，或财施，利乐众生。尊者也具广大神通，力图使众生脱离苦海，于虚空中得自在。

无垢藏尊者 317

尊者法相所示

尊者法相所现为悯然而坐，左腿跷于右腿之上，双手于膝前横执如意，大耳浓须，目光深邃，神情焦虑、悲悯。尊者身心清净，勤于布施，利乐众生。

林中樵韵鱼中歌，逍遥自在乐呵呵。
劝君温饱且知足，莫恋荣华是非多。

偈解

树林中有樵夫的笑声，水面上有渔夫的欢歌，他们虽然生活艰苦，却始终快活自在。你衣食无忧，应该要知足常乐，不必因贪恋荣华富贵而招来是非。

得此偈者，目前丰衣足食，生活境况良好，但有得陇望蜀之心，想要求得更多的物质利益。切记适可而止，满足现状，否则必定是非缠身，自讨麻烦，劳神费心，却一无所获。

事 迹

降伏魔尊者，又称降伏菩萨。《佛名经》说，尊者为见爱世界观世音王如来佛国土的上首菩萨。

《大智度论》说："夺慧命，坏道法，功德善本，是故名为魔。"据《长阿含经·游行经》、《增一阿含经》、《佛本行集经》载，有魔王名为波旬，有色力、声力、香力、味力、细滑力等五力，又有魔女魔鬼等，常扰乱佛及其弟子，妨碍善事。《普曜经·降魔品》又载，佛祖释迦牟尼成道之际，魔王波旬曾派遣欲妃、悦彼、快观、见从等四女前来扰乱。迦叶佛时，有头师魔王出现。密教为防止诸魔侵迫，常常在修行时布下结界，以为防范。

尊者神通广大，可降伏诸魔，不仅能使邪魔远离，不敢亲近，也能使诸魔弃恶从善，因而积下无量功德，证得阿罗汉果位。

318 降伏魔尊者

尊者法相所示

尊者法相所现为威然而坐，右腿赤脚盘于座上，左手挠脚，右手抚小腿，袒胸露腹，怒目而视，神态威猛。尊者神通广大，为七情六欲等诸魔的克星。

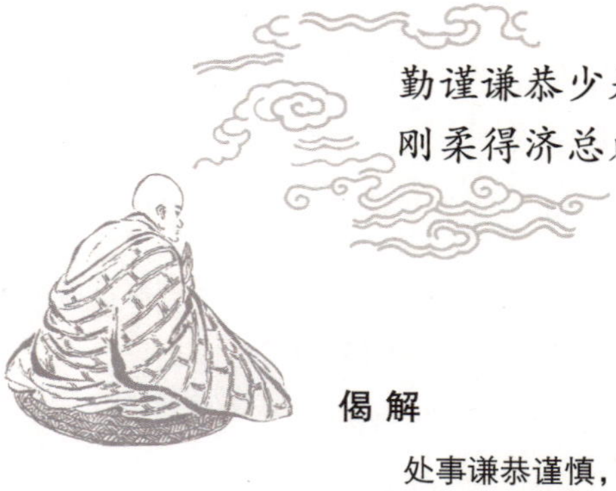

勤谨谦恭少是非，沉毅刚强意可慰。
刚柔得济总成事，令君腾达乘云飞。

偈 解

处事谦恭谨慎，是非自然会少，如果兼具沉毅刚强的个性，当然更好。刚柔相济的人，做事情总能成功，而且更可能飞黄腾达。

得此偈者，行事刚猛浮躁，易冲动，却不够刚毅。人若能刚柔相济，遇事便可进退自如，空间大，成功的可能性也就更大。

事迹

阿僧伽尊者，即无著菩萨。尊者是古代印度大乘佛教瑜伽行派创始人之一。

尊者著有《瑜伽师地论》。瑜伽师地，即瑜伽师修行所要经历的十七种境界，所以也称《十七地论》。传说此书为弥勒菩萨口述，尊者记录，是印度大乘佛教瑜伽行派和中国法相宗的根本论书。《瑜伽师地论》的中心内容是论释眼、耳、鼻、舌、身、意六识的性质；禅观渐次发展过程中的精神境界，以及修行瑜伽禅观的各种果位。以分析名相有无开始，最后加以排斥，从而使人悟入中道。《瑜伽师地论》分五部分：本地分、摄决择分、摄释分、摄异门分、摄事分。其中，本地分为重点部分，后四分主要是解释其中义理。玄奘西天取经的主要目的就是取回《瑜伽师地论》。

尊者佛法深厚，身心清净，无所挂碍，终证阿罗汉果位。

阿僧伽尊者 319

尊者法相所示

尊者法相所现为愁眉静坐，右手执念珠，左手结印，浓眉环须，大耳垂肩，面色沉黑，神情凝重。尊者一心向佛，以金刚心断绝烦恼，视钱财如粪土，终得寂静之乐。

轻裘宝马上高台，金殿银阁为君开。
终生富贵享不尽，只为前生积德来。

偈解

穿着轻暖的裘衣，骑着宝马，走上仕途，金殿银阁之门都为你开着。这是因为你前世积有功德，所以今生荣华富贵享用不尽。

得此偈者，家境富贵，春风得意，易走仕途，必至官高位重。但须谨记：如今所得均为前世所报，所以更应乐善好施，立身正派；乐天下之乐，忧天下之忧，否则必定前途路短。

事 迹

金，即黄金；富乐，即快乐。金富乐，比喻凡夫俗子得到黄金后，会无比快乐，而出家人在得到佛果后，也如同凡夫俗子得到黄金一样快乐。

俗人以财富为乐，拼命追求。佛教则认为财富是外欲而加以排斥摒弃。尊者视金钱财富如粪土，一心向佛，虔心修行，以金刚心断绝烦恼，得寂静之乐，终证阿罗汉果位。

金在佛教中常用来比喻财欲，财欲属五欲中的色欲。五欲是指色、声、香、味、触五境引起的五种情欲，又名五妙欲、五妙色。佛教认为五欲能破种种佛事，如箭害身，故又称五欲为五箭。《智度论》中说到，此五欲是世人的愚惑，贪恋不舍，只会让自己后世受尽苦难。而在《华严经随疏演义钞》和《大明三藏法数》中，五欲则分别指财欲、色欲、饮食欲、名欲、睡眠欲。

320 金富乐尊者

尊者法相所示

尊者法相所现为半跏趺坐，双手分置两腿，袒胸露腹，浓眉大耳，笑容满面，神态欢喜。尊者摒弃一切欲念，虔心修习，以金刚断绝烦恼，因得佛果而富乐。

人生得意沐春风，千意万念皆畅通。
信笺摘得真如果，福荫后代慰祖宗。

偈解

人在得意的时候，如沐春风，心情舒畅，万事如意。只要追求坚贞的信念，勤勉奋进，就能安享欢乐，福荫子孙，告慰先人。

得此偈者，诸事顺利。但保持良好的心态，减少私欲，以追求真相、济世救贫为目的，则必能通达顺利，福及子孙。

事迹

顿悟尊者，又称直往菩萨。即东晋高僧道生法师，俗姓魏，巨鹿（今河北平乡）人，后因随竺法汰出家，改姓竺。

尊者以慧解闻名于中土佛教界，常有人所未见的见解，比如妙解立善不受报、顿悟成佛。

尊者一生著述颇多，有《法华经疏》、《维摩经疏》、《法身无色论》、《佛无净土论》等，可惜多已流失，现存的只有《法华经疏》两卷、《答王卫军书》一篇。尊者主张佛性人人"本有"，认为法显所译六卷《大般泥洹经》经义不能圆道，因此，又提出"一阐提人皆得成佛"，"一阐提人"指不具信心因而断了成佛善根的人。尊者"顿悟成佛"的见解曾在南北朝初期引起佛教界一片哗然，被其他佛教界人士所排斥。于是，尊者隐居庐山，传说在隐居期间，他曾收顽石为徒，宣讲自己的学说，顽石无不欢欣跳跃。直到《大般涅槃经》流传到建业后，僧侣信众才纷纷折服于尊者的远见卓识。

顿悟尊者 321

尊者法相所示

尊者法相所现为欢然静坐，右手执卷，左手护膝，面带笑意，神态爽朗。尊者博研经论，以慧解闻名，其宣讲自己的学说，能使顽石欢跃。

春临大地百花香，骑马踏青且信缰。
顺应自然总得福，欢欣恬静禄寿长。

偈解

春天来了百花盛开，骑马踏青，信马由缰，惬意自在。凡是顺其自然，都能使人内心快乐身心安宁，增福添寿。

得此偈者，时运来临，前程一派大好，此时应顺应自然，内心既有欢心，更应多一份恬静，切不可逆时而动，强人所难。

事迹

尊者出生在古印度室罗伐悉底城一个婆罗门家庭，自幼非常迟钝，没有任何一个老师愿意教他。尊者父亲过世后，他因为愚笨没有人肯雇用，生活过得非常艰辛。一天，尊者的兄长圣者半托迦和其他人结伴到室罗伐悉底城去朝拜释迦牟尼佛，他心想："如果这些人前去的话，我也随他们去吧。"于是也进入人群中，恰好被哥哥看见，半托迦问尊者："你现在以什么为生？"尊者回答："无以为生，生活异常艰难。"半托迦又问："你想出家为僧吗？"尊者问："像我这样的愚笨之人，还能出家为僧？"半托迦说："习学佛法不分高低种姓、贵贱和智力高下，最重要的是遵循佛祖教义，并付诸实践。如果你真心诚意地想成为僧人，那么你就能做到。"尊者当即答应出家为僧。尊者进入佛门之初，依旧愚笨，但在佛祖的教导下，最终领悟了佛教奥义，获得解脱，证得阿罗汉果位。

322 周陀婆尊者

尊者法相所示

尊者法相所现为瞪目而坐，右脚高架，双手抱膝，大耳垂肩，浓眉耸立，不怒自威。尊者自幼愚钝，皈依佛门之后，得佛祖教导，终获智慧。

积善人家喜庆多，居家在路无坎坷。
家运蓬勃如春苜，贤孙寿子早登科。

偈解

积得善缘的人家喜庆必定多，不管是在家里，还是出门在外，都没有坎坷。家运就好比春天的一种香草，蓬勃发展，寿子贤孙更是及第，光耀门庭。

得此偈者，由于行善积德，而诸事顺利，家道旺盛。

事 迹

住世间尊者，身具四实智品，分别是圆镜智品、平等智品、成事智品、观察智品。

佛教认为，四智相应心品皆能缘于一切诸法，但它们所发生的作用，却有很大差别。圆镜智品相应心品，能现起自受用身及自受用净土相，而执持清净无漏种子。平等智品相应心品能现起他受用身及他受用净土相，为它的特别功用。成事智品相应心品能现起变化身及净秽土相，为它的特别功用。观察智品相应心品能观察自他的功能过失，于净秽二土中雨大法雨，转大法轮，破诸众生的疑网，利乐一切的有情，为它的殊胜功能。

传说尊者经历了无量数劫的修行，成佛的品行与功德已经成熟，本可升往天界佛国乐土，却甘愿长住世间，教化众生，使十方世界皈依三宝。

住世间尊者 323

尊者法相所示

尊者法相所现为悦然静坐，左手护膝，右手于胸前托灵猫，神态平和，眉开眼笑。尊者修行无量数劫，功德圆满，长住世间教化众生。

时之不来常悲叹，时之来矣且心宽。
人生百态尽如此，难跳悲欢离合关。

偈 解

时运不好的时候，总是唉声叹气；机会到来的时候，总是欢欣鼓舞，神采飞扬。人生百态就是这样，总难跳出悲欢离合的束缚。

得此偈者，毫无定性。不走运时唉声叹气，怨天尤人；时运好时，则得意忘形，飞扬跋扈，两种心态都极为有害。宠辱不惊、中庸平和才是正确、成熟的立世之道。

事迹

灯导首尊者，又称导首菩萨。导首，即引导，佛教常将灯比作佛法，佛法能照亮身处黑暗的众生，指引众生脱离苦海。

《无量义经》中称尊者为“法身大士”，并称赞他“戒、定、慧、解脱、解脱知见之所成就。其心禅寂常在三昧，恬安淡泊无为无欲，颠倒乱想不复得入。静寂清澄志玄虚漠，守之不动亿百千劫，无量法门悉现在前。得大智慧通达诸法，晓了分别性相真实，有无长短明现显白。又能善知诸根性欲，以陀罗尼无碍辩才，请佛转法轮。随顺能转，微先堕以淹欲尘，开涅槃门扇解脱风，除世热恼致法清凉。布善种子遍功德田，普令一切发菩提萌。智慧日月方便时节，扶疏增长大乘事业，令众疾成阿耨多罗三藐三菩提。有不可思议功德。”

尊者自性清净，佛法精深，并能以佛法引导众生脱离苦海，超生佛土。众生若能受持并赞叹尊者，可得现世安稳，于未来世得无上菩提。

324 灯导首尊者

尊者法相所示

尊者法相所现为结跏趺坐，双手于胸前两侧结印，长眉上耸，双目凝神，神态不怒自威。尊者佛法如灯，能引导众生不致迷航。

时来长安一枝花，运去洛阳邵陵瓜。
莫叹时运如转烛，天公造化总不差。

偈解

不要感叹时运变幻无常。时运来时，事事顺心，被人爱慕；时运去了，诸事不顺，人也一文不名。其实上天是公平的，好运厄运，冥冥中早有安排。

得此偈者，目前处境不如之前顺利，心中多有怨尤。其实无须抱怨，时运变化本就如此，得势和失势都应坦然面对，有如此心态，人生终会欢乐无虞。

事迹

甘露法尊者，即五大明王中的第三位军荼利明王。甘露，可滋润干涸的田野，使万物生长，以此比喻如来的教法，能够长养众生身心，使众生离烦惑见正道。

密教中的军荼利明王法，多用于调伏、息灾、增益。如果修行者每天在食时和未食前，供出少量食物，念诵军荼利明王心咒七遍，则不论身在何处，都会得到明王加护。据《望月佛教大辞典》载："欲修此法时，行者应先就阿阇梨受本尊之仪轨，于闲静处建立净室，然后净治其地，以瞿摩夷涂拭，再以白檀香涂曼荼罗。后将诸名花散于坛上，涂香、烧香、饮食、灯明、阏伽。于室中安置本尊像，其面向西。瑜伽者面向东，全身委地作礼，诵密言，右膝着地，合掌当心，闭目运心观想虚空有无量无边尘刹海会诸佛菩萨，个个集会降赴瑜伽者处。又观想自己运心供养之尊，愍念漂流于六趣之含识及我以般若灯明除彼等惑缠。次结跏趺坐或半跏坐，诵诸密言，结印加持，从东方劝请本尊甘露军荼利菩萨及其眷属至道场。"

甘露法尊者 325

尊者法相所示

尊者法相所现为悠然而坐，左手执宝瓶，瓶中插杨枝，右手结印，浓眉圆目，方面大耳，神情专注，神态慈爱。尊者遵从佛祖教导，不辞劳苦，广宣佛法，降甘露以普救众生。

节俭人家有余庆，谦恭君子有嘉名。
船到桥头自然直，绿水长流山常青。

偈解

生活节俭的人，取之有度，用之有节，所以常能造福子孙；谦虚恭谨的人，虚怀若谷，讲求礼仪，所以能美名广布。凡事总会有办法解决，是绿水总会长流，是山林总会返青。

得此偈者，小有困境，却无须气馁。只要你为人谦逊，有实在的能力，完全可以不畏艰险，继续前行，相信船到桥头会自然直。

事 迹

自在王尊者，又称自在王菩萨。

据《自在王菩萨经》载，尊者请教佛祖如何得大自在："世尊，云何菩萨摩诃萨，于大乘法中得自在行，而能为人演说此法，以自在力，摧伏诸魔增上慢者，及诸外道有所见得诸贪著者，令住大乘具足大愿成就戒行，得阿耨多罗三藐三菩提？"佛祖说："菩萨摩诃萨有四自在法，以是法故，能自在行令诸众生得住大乘。何等四。一者戒自在，二者神通自在，三者智自在，四者慧自在。修四正勤四如意足五根五力七菩提分八圣道分戒，能生一切助菩提法戒。"尊者听闻后欢喜受持，经过长期刻苦的修行，悉皆成就，彻悟诸法奥义。

尊者也是大医王，善疗诸病，使众生远离病痛折磨，摆脱痛苦。

326 自在王尊者

尊者法相所示

尊者法相所现为半跏趺坐，双手执法器，双目下视，目光内敛，若有所思，神态超然物外。尊者闻法受持，刻苦修行，悉皆成就，并为大医王，善疗诸病，使众生远离病痛之苦。

天地造物本爱才，君有夙根早培栽。
他年自结甸甸果，天堂有门为君开。

偈解

有天赋与才能的人，是上天的宠儿；你前生植有灵根，应当早日培养，并辅以后天努力，如此自会硕果累累，过上美好幸福的生活。

得此偈者，资质良好，聪慧多才。只要发挥优势，精进努力，自会在不久的将来获得丰硕的成果。

事 迹

尊者曾转生为湿波国太子。

尊者生性好行布施。相传，与湿波国不和的邻国国王听说后，决定利用尊者的善心，将湿波国国宝须檀延宝象骗到手。尊者为了不违背自己的布施之心，便答应了。湿波国国王和大臣们听说此事后，大为震惊，便命尊者到深山中反省十二年，到时如果能觉悟便可再回来。于是，尊者带着妻子和两个儿子离开王宫，进入大山之中。尊者在山中修行时，仍不忘布施百姓，曾有一婆罗门请求尊者将两个儿子给他，尊者也毫不犹豫地答应了。天帝为试探其真心，便化身为婆罗门前来行乞，尊者照旧布施且毫无悔意。天帝见尊者如此，便现出本尊，并答应了尊者妻子的三个愿望。尊者之父听说此事后，知尊者得上天怜悯，便将他接回本国。领走尊者孩子的婆罗门也将孩子还给了他。邻国国王听说后，亦回心向善，送回宝象，两国和好，从此百姓吉祥安乐。

须达那尊者 327

尊者法相所示

尊者法相所现为漠然而坐，双手于胸前捧钵，眉目上耸，凝神远望，神情专注肃穆。尊者乐善好施，慈悲过人，曾感动天帝。

英雄气魄君子量，丈夫胆力何雄壮。
成事在天谋在人，不枉人世走一趟。

偈 解

你有英雄的气魄、君子的度量以及大丈夫的胆力。虽然成事在天，但谋事在人，你当努力拼搏，才不枉来人世走这一遭。

得此偈者，有雄才大略，具君子之量，却不见好的机运。其实成事在天，谋事在人，只要不辜负自己的能力和胆识，努力付出，享受努力的进取过程，人便不会枉此一生。

事 迹

超法雨尊者，又称法雨菩萨。超法雨，比喻佛之教法。佛法滋润众生，使之由迷妄到证悟，犹如雨露普泽草木，使其生长，开花结果。《涅槃经》卷二说：“无上法雨，雨汝身田，令生法芽。”

据《佛说决定总持经》载，佛祖在罗阅祇耆阇崛山中举行法会时，有比丘千二百五十，菩萨八万参加。经书中称赞尊者等诸菩萨，“一切大圣神通已达，皆不退转究竟诸法，已逮总持辩才微妙，晓了善权方便之宜，善学无数菩萨禁戒，人于深要，体解十二缘起合会。”

尊者智慧通达，佛法精深，洞察众生心意，善于因势利导，诲人不倦，指迷解惑，如细雨滋润众生心田。尊者也因慈悲为怀，积下无量功德，证得阿罗汉果位。

328 超法雨尊者

尊者法相所示

尊者法相所现为陶然而坐，左手置于胸前，右手托灵鸟，修眉大耳，面色慈祥，神态欢喜。尊者智慧通达，揽摄法藏，洞察众生之心，能因势利导，为众生指迷解惑，如细雨滋润众生心田。

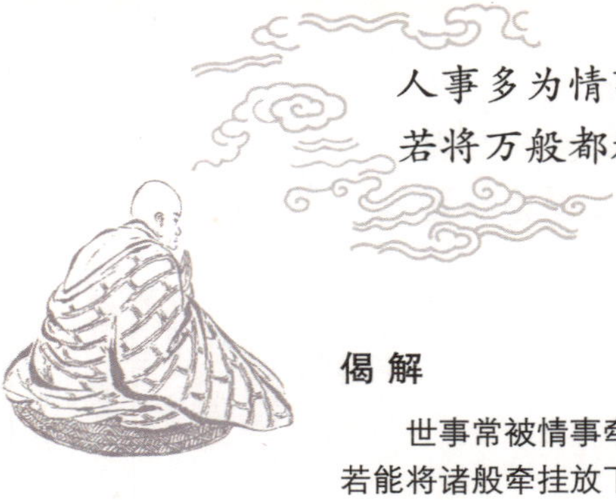

人事多为情事牵，情事复被人事牵。
若将万般都放下，逍遥自在度年华。

偈 解

世事常被情事牵缠，而情事又会被世事影响，纠缠纷扰，牵累不绝。你若能将诸般牵挂放下，自然可以逍遥自在地度日。

得此偈者，烦恼太多。须知世事与情事纠缠不清，便会牵连不尽，侵扰心神，使人烦恼不安。解决的办法只有放下执念，超然其外，如此方可自由自在，心地平和。

事迹

德妙法尊者，即三国时期康居国（巴尔喀什湖与咸海之间）高僧康僧会。

尊者祖先是康居人，世居天竺。其父因经商客居交趾（约今广东、广西大部，越南北部、中部），所以尊者从小在中国南方长大，深受中华文化的熏陶。

尊者十几岁时，双亲先后去世。他很有孝心，营办双亲丧事尽哀如礼，并按儒家规定服丧，服毕便出家为僧。尊者严格遵照教规修行，学习自觉发奋，不但遍读佛教经、律、论三方面的典籍，还博览儒家六经，广泛涉猎天文图纬一类方技之书，且能把握各书精义，造诣高深。此外，尊者也擅长文辞，勤于思考，长于论述。

尊者在自己的佛教学说中大量注入儒家的政治、社会思想和道家的哲学思想。他是佛教史上最善于结合中国社会特点和时代特点来传播佛教的僧人，因此，被称为江南佛教的重要奠基人，同时，尊者也是最早会通大、小乘和儒、佛、道的人，为佛教的发展壮大作出了巨大贡献。

德妙法尊者 329

尊者法相所示

尊者法相所现为悯然静坐，双手交叠，左手执经卷，右手结印，大耳垂肩，神态悲悯。尊者不为俗情所扰，精通三藏，以及天文谶纬和占卜诸法，德行增长，功德圆满。

莫叹人心多不古，畜禽无父唯知母。
诗书礼义值千金，天地万物人楷模。

偈解

不要感叹人心奸诈，没有古人淳厚，禽兽不知父亲却也知道有母。效法天地，知书达理、忠孝仁义价值千金。

得此偈者，被欺骗或诬陷，并欲以牙还牙。其实完全不必，要相信人心虽然不够淳厚，但大部分人仍有天良，所以你应宽容以待，固守礼义，这样的行止其实比千金还贵重。

事 迹

士应真尊者，即印度神话中的英雄罗摩。

相传尊者是十车王长子，被认为是毗湿奴的第七次化身。据《罗摩衍那》载，尊者作为长子，本应继承王位，但十车王的第二个王后受侍女怂恿，竟提出流放罗摩十四年，立她的亲生儿子婆罗多为太子的非分要求。由于十车王有言在先，必须应允王后的要求，罗摩为使父王不失信义，甘愿流放。妻子悉多为了夫妻之情，兄弟罗什曼那为了兄弟之谊，都甘愿随同流放。三人离开都城不久，十车王便抑郁而死。当时，婆罗多不了解内情，被召回举行父葬和继承王位。当他得知真相后亲自前去森林寻找罗摩，让他继位。但罗摩坚持不肯，一定要等流放期满再回。婆罗多只得带回罗摩的鞋子供在王座上，代为摄政。流放期满，罗摩回国登基为王。后来他皈依佛法，十分虔诚，广植福田，终证阿罗汉果位。

330 士应真尊者

尊者法相所示

尊者法相所现为悦然而坐，右手执拂子，左手捋拂须，宽面大耳，眉开眼笑。尊者重信重义，淳厚虔诚，皈依佛教，广植福田。

日如车轮月如钩，中天曾耀云海浮。
人生自有常轨在，违情逆理徒遗羞。

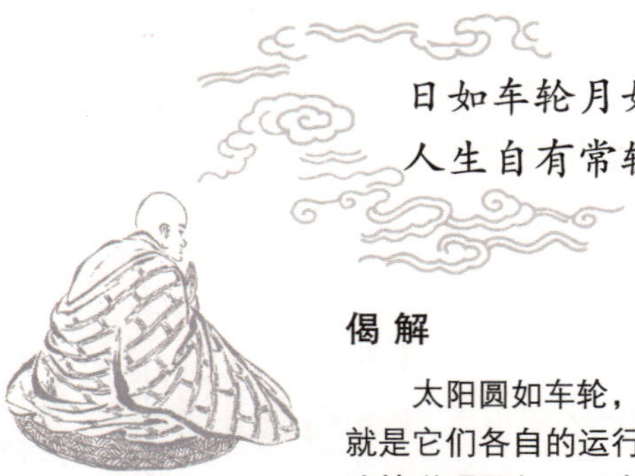

偈 解

太阳圆如车轮，月牙弯如银钩，太阳和月亮都高挂天空，于浮云之上，这就是它们各自的运行轨道。世间万物也是如此，应各行其道、互不干扰，如违情逆理而行，必定会被人视为耻辱。

得此偈者，行事出格，没有规矩。人应坚守本分，切不可为一己之利，做伤天害理之事，不然必将被社会所唾弃，被人耻笑。

事迹

坚固心尊者，又称坚固意菩萨、坚固菩萨、坚固深心菩萨、坚意菩萨，密号超越金刚。“坚固”意为地大，“心”指地大之心德，此三字相合，是指崇信佛法不动摇。尊者是密教胎藏界地藏院九尊中的第八尊。

据《首楞严三昧经》载，尊者参加了佛祖在王舍城耆阇崛山中举行的法会，并在法会中“得首楞严三昧，能以三千大千世界入芥子中，令诸山河日月星宿现皆如故，而不迫迮示诸众生。”

尊者清苦修行，不知疲倦，奋勇精进，且精通佛法，通晓经论，即使遭受逼迫也能忍受屈辱、不恼不瞋。尊者用智慧开悟众生，引导众生入法明门。他也极具大慈大悲之心，悯念众生，看到孤儿，便心生慈悲；看到外道，便为他们误入歧途而悲哀。尊者竭尽全力救助众生，使众生摆脱苦难，获得身心安稳，由此积下无量功德，证得阿罗汉果位。

坚固心尊者 331

尊者法相所示

尊者法相所现为半跏趺坐，双手执如意，浓眉大耳，双目圆睁，面容坚定，神态端庄超然。尊者佛心坚固，有忍辱之德，能和善待人，且极具慈悲，救助众生。

天庭浩浩地暝暝，时也命也有神灵。
人情天理休违逆，可保心安事又成。

偈解

天空广阔，大地深远，命运、时运都在神灵的注视之中。人情天理是不能违逆的。只有顺应天理人情，才能心态安然、事业有成。

得此偈者，切不可私底下做伤天害理之事，须知苍天在上，人们心中也自有一杆称，不然，即使事成，你也会内心不得安宁。

事 迹

“声”，即佛声。“响”是说佛声如空谷回音绵延盘旋，经久不息，可振聋发聩，使人豁然顿悟“万法皆空”的道理。“响”在“十缘生句”中位列第六。“十缘生句”是指：“一是幻，幻术师所作之种种相貌也。二是阳炎，热空尘等因缘和合，于旷野之中现水相者也。三是梦，睡眠中所见之种种境界也。四是影，镜中之影像也。五是乾闼婆城，蜃气映日光于大海上现宫殿之相者也。六是响，深谷等中依声而生之声也。七是水月，水中所现之月影也。八是浮浪，水上所现之泡沫也。九是虚空花，眼膜于空中所见之种种花也。十是旋火轮，人以火炉旋转空中则生轮像是也。”

尊者佛学高深，以其智慧教诲众生，析理透辟、循循善诱，且妙语连珠、扣人心弦，众生听了，豁然开悟，俱获解脱。

332 声响应尊者

尊者法相所示

尊者法相所现为威然而坐，左手护膝，右手执念珠，双目炯炯，目视前方，神态威猛庄严。尊者说理精辟，声如龙钟，振聋发聩，能使众生豁然顿悟。

中华大地分九州，人生万姓分九流。
工农商学各安位，天下太平度春秋。

偈 解

中华大地广阔无垠，划分为九州；人的姓氏虽多，却也分为九等。世间事物，皆得其所，各安天命，天下由此则会和谐太平。

得此偈者，心浮气躁，容易望着他人的成果而忽视了自己的优势。其实无须艳羡别人，只要安守本职，扬己所长走自己的路即可。

事迹

应赴供尊者，是佛祖弟子。

应供是佛十号之一。《大乘义章》说："外国名为阿罗诃，此云应供，此亦就德以立其名"。"解有四义，对'障'解，一切恶法佛应断故名为应；对'法'解，寂灭涅槃如来应证故名为应；对'人'解，一切众生如来应化故名为应；对'供'解，如来诸过悉已断尽，福田清净，应受物供，故名应供；又一切人天，以种种香花等事而供养佛，故名应供。"

尊者能使未度者度，未解者解，未安者安。他极其刚强威猛，举足动步，都能使众生受益。据载，"尊者南行七步，作众生最上福田；西行七步，使众生长寿不老；北行七步，使众生离生死轮回；东行七步，愿导化众生住佛入道，断灭烦恼魔；上行七步，使世间不为不净物所染污；下行七步，使法雨灭地狱猛火，令众生安稳欢乐。"

应赴供尊者 333

尊者法相所示

尊者法相所现为陶然而坐，右脚架于座上，双手护膝，面如满月，神态喜悦平和。尊者神通广大，只要举步便能使众生受益，广积福田、长寿不老、断灭烦恼、令众生安稳欢乐等样样可施。

日月星辰共三光，照临大地亮堂堂。
心地磊落无尘染，前途光明未可量。

偈解

日月星辰的光芒照亮大地，给世间带来光明。人的心地若也能明亮无纤尘，就会前途光明，不可限量。

得此偈者，应胸怀坦荡，行事磊落，如此才能前途一派大好，而且也能成就无可限量的事业。

事迹

尘劫空，即世间一切本无所有，与“万法皆空”是一个道理。尘劫，又称尘点劫，指时间极为久远。尘劫有两种，一是三千尘点劫，一是五百尘点劫。《法华经》对三千尘点劫的解释是：“谓三千大千世界之一切地种，假使有人将之磨为墨，过东方千国土乃下一点墨汁，大如微尘，又过千国土复下一点，如是展转尽地种墨汁，其所经国土悉抹为微尘，一尘为一劫，因是三千国土，故称三千尘点劫。”此经对五百尘点劫的解释是：“谓譬如有人将五百千万亿那由他阿僧祇之三千大千世界磨为微尘，每过东方五百千万亿那由他阿僧祇之国土，乃下一尘，如是东行而下尽微尘时，其所经国土悉抹为微尘，一尘为一劫，因是五百千万亿那由他阿僧祇三千大千国，故称五百尘点劫。”

尊者证悟世界之空相，因而不争不求，无所挂碍，虔心修行，供养诸佛，得大自在，尊者神通广大，得超然解脱，获证阿罗汉果位。

334 尘劫空尊者

尊者法相所示

尊者法相所现为慈悲而坐，双手合十，目光内敛，神态悲悯，张口说法。尊者神通广大，证悟世界之空相，不争不求，自在清净。

事无可为不可为，立志坚定山可摧。
纵历千难和万险，三藏西天取经回。

偈解

唐三藏西天取经，历经千难万险，终于取回真经。世间的事，不是能不能做，只要志性坚定，再大的阻碍都会越过，再大的困难也能迎刃而解。

得此偈者，缺乏信心。其实，人间的事都是人做出来的，别人可为之事，自己也可为，关键要志性坚定，敢于吃苦，舍得下功夫钻研，要相信有志者事竟成。

事 迹

光明灯尊者，又称光明灯菩萨。光明灯，是供奉神明的一种灯具，有时也叫平安灯。

尊者生于无佛之世，曾与文殊菩萨等恭敬礼拜世间诸佛，见到佛祖的分身。佛祖分身对尊者说：“过去佛已经灭度，未来佛尚未降生，现在我已不住世间。就靠众菩萨去教化众生。诸菩萨如要成佛，必须勤修佛法，坚固佛心，使自己获得无上智慧，并广布佛法。尽管现在是无佛之世，但也不能因此放逸佛法，退转佛心，致使佛法泯灭。”尊者遵照佛祖教导，在无佛世间广说佛法，普度众生，劝导众生坚固佛心，礼敬佛、法、僧，为佛法传播作出了巨大贡献，终获阿罗汉果位。

光明灯尊者 335

尊者法相所示

尊者法相所现为欣然而坐，双手捧钵，目视前方，若有所思，神态沉静安然。尊者佛法如灯，照引众生，使众生由迷途回到乐土。

大智若愚保身心，恃才狂傲祸临身。
时人不审此中意，争争逐逐为虚名。

偈解

大智若愚可保身心安稳，恃才傲物常招来祸患。现在的人往往不能理解其中深意，都为了虚名而竞相争逐。

得此偈者，可能会招惹祸端，只因行事太过张扬狂傲。须检省自身，常大智若愚，为人谦虚恭谨，如此补救，或可得保平安。

事 迹

执宝炬尊者，又称执宝炬菩萨。佛教以宝炬比喻能照亮众生心智，除去众生心中黑暗的超绝智慧，因此《注维摩诘经》中称尊者“执慧宝炬，除众暗冥”。

佛教认为菩萨的智慧再大也只能与佛的智慧相近，而无法相等，佛经中称此为“近无等佛自在慧，十力无畏、十八不共”。“佛自在慧”是指诸佛如来由修六波罗蜜圆满而得十种自在。

尊者具大慈悲之心，普覆十方一切世界，自性清净，安住不动如须弥，无所染著如莲花，以火炬般的智慧，引导众生摆脱苦难，往生极乐净土。

336 执宝炬尊者

尊者法相所示

尊者法相所现为欣然而坐，双手执法器，浓眉长发，双眼凝神上视，神气清净，面带微笑，尊者有绝大智慧，能以宝炬照亮众生心智，除去众生的幽冥。

君子重义不重财，小人见钱眼便开。
势利小人交不得，未偿其欲受其灾。

偈 解

君子重情义，轻钱财；小人则见钱眼开，见利忘义。所以交友要慎重，势利小人不能交，你若不能满足他的利欲，便必遭其祸害。

得此偈者，切不可结交小人。君子轻财重义，小人见利忘义，这是分辨君子与小人足可凭借的标准。小人不仅见钱眼开，而且心胸狭窄，毫无良知。如果你不能满足其无止境的欲求，必招其忌恨而受损，所以小人万不可交。

事迹

功德相尊者，又称功德相菩萨。《维摩诘经·佛国品》中称尊者以“功德之相庄严其身”而得名。

据载，功德相有两种：“一种是从有漏心生。不顺法性，人天诸善，人天果报，若因若果，皆是颠倒，皆是虚伪，名不实功德；一种是从菩萨智慧清净业起。庄严佛事，依法性入清净相，不颠倒，不虚伪，名真实功德。”两种功德对应两种布施，不实功德与有相布施相对应。有相布施，是指为求名利，为怕堕入恶道，为求自身的健康福祉而布施，属于有限的功德。这种布施，只能得到有漏的人天福报，报尽又再堕落。真实功德与无相布施相对应。无相布施，是指不求任何利益和报偿，不计任何代价，完全为了满足别人的需要而行布施，属于无限的功德。

尊者积德行善，舍慧化人，不计功劳，终证得阿罗汉果位。

功德相尊者 337

尊者法相所示

尊者法相所现为超然静坐，右手托法器，左手结印，浓眉须长，目光深邃，神态高贵庄严。尊者正观心性，具一切庄严法身，能舍慧化人，积德行善，普照众生。

蝼蚁尚知惜生命，凡夫如何不贪生。
悬崖之下少驻足，是非之地莫乱行。

偈解

蝼蚁虽然弱小，也懂得爱惜生命；何况是人间的凡夫俗子，怎么会不贪生怕死？所以，危险的地方不要停留，是非之地更不要胡乱涉足。

得此偈者，身处险地。切记危险的事不要去做，是非多的环境不要涉足，否则会有生死之虞。

事迹

忍心，即忍辱的心性，意为令心安稳，堪忍外在的侮辱、恼害等，也指凡加诸身心的苦恼、苦痛，皆堪忍之。《瑜伽师地论》认为，忍辱有不忿怒、不结怨、心不怀恶意三种意思。佛教持重忍辱，尤以大乘佛教为最，以忍辱为六波罗蜜之一，是菩萨所必须修行之德目。

据《法集经》载，菩萨修行忍辱波罗蜜，有六种功德力：一是能忍所骂，菩萨得“如响平等智力”；二是能忍所打，菩萨得“镜像平等智力”；三是能忍所恼，菩萨得“如幻平等智力”；四是能忍所瞋，菩萨得“内清净平等智力”；五是八法不动，即不为世间利、衰、毁、誉、称、讥、苦、乐八法所动，菩萨得“世法清净平等智力”；六是烦恼不染，菩萨得“集因缘平等智力”。

尊者身处佛法遭排挤压抑之世，但仍对佛法信心坚定，对众生的歧视不瞋不怒，宽和待人，并致力于佛学传播，丝毫没有懈怠。

338 忍心生尊者

尊者法相所示

尊者法相所现为瞪目而坐，左脚高架，双手合抱左膝，修眉大眼，神态悲悯。尊者佛性坚定，虽身处佛法遭排挤之世，也能忍辱负重，不瞋不怒，宽和待人。

忠贞善良莫奸诈，不栽荆棘多栽花。
方便与人得方便，安乐身心富足家。

偈解

做人要忠诚坚贞，心地善良，不能狡猾奸诈。多与人方便，不要使人为难。如此自会身心安乐、家庭富足。

得此偈者，切不可为难他人。人生在世第一要忠贞，第二要善良，不要在别人成长的路上设置障碍，而是应多成全他人。说穿了，成全他人也是成全自己，更是为了自己心安理得地享受富足的生活。

事 迹

尊者自幼因相貌异常丑陋被父母赶出家门，而是其他人都害怕他的相貌，无人施舍食物给他，尊者只好藏入山林。佛祖知道后，便入山中度化他，但阿氏多见到佛祖后，自卑而逃。于是，佛祖变成一位丑陋如鬼的人去接近他，他先是惊讶，接着便高兴地说："我们都一样丑，就做个好朋友吧。"佛祖说："好，我先敬你这钵中的饭。"阿氏多一听，便把饭吃光，当他吃完，却见眼前的人变得俊秀起来，不禁好奇地问道："如何才能变成一个俊秀的人？"佛祖指着远处坐禅的比丘说："我刚才吃饭时，恭敬地看着那位比丘坐禅，这恭敬的心得到果报，我就变得俊秀了。"阿氏多说："要能这样就好了，丑人太苦，我真想变得端正些。"此时，佛祖现出了真容。尊者见佛祖光辉遍体，端庄慈祥，不由地跪在佛祖面前，请求出家。从此，阿氏多就跟随佛祖，勤修苦学，最终证得阿罗汉果位。

阿氏多尊者 339

尊者法相所示

尊者法相所现为陶然静坐，左手护膝，右手执拄杖，修眉大眼，目含神光，面容清净爽朗。尊者虽相貌丑陋，但恭敬习佛，刻苦修行，被乾隆帝赞为："心是菩萨，貌是鬼王。"

为人忠诚是本分，奸诈小人休亲近。
勤俭得保身安乐，奢惰必致家贫困。

偈 解

忠诚是做人的基本准则，奸诈的小人不要亲近。勤劳俭朴才能得保身心安乐，奢华懒惰只会导致家境贫困。

得此偈者，切勿与奸诈小人为伍，更不可自己也失去忠诚的本分。人无须追求大富大贵，自己无求，便会自然远离奸诈，固守本分。只要勤劳节俭，身安家富并不难求。

事迹

据《大正藏》载，尊者前世曾为白香象。当时有两个国家，一叫迦尸国，一叫比提醯国。比提醯国国王养了一头大香象，力大无穷，勇猛善斗。依靠着这头大香象，比提醯国屡次打败迦尸国军队。迦尸国为了能打败敌国，也四处寻找大香象。后有人在山中发现了一头白香象，国王得知后，立刻重金悬赏捕象人。白香象本想逃走，但念及父母双目失明，全靠自己奉养，于是自愿去见迦尸国国王。国王见到白香象后，立刻找来最好的食物供奉它，但它却不吃，而是告诉国王自己的父母不能离开它，恳请国王放它回去，等父母过世后再来帮助迦尸国。国王听后大为感动便放走了白香象。果然，白香象的父母一过世，它就来到了迦尸国。迦尸国国王见到白香象回来，便立刻整军备战，白香象不愿看到生灵涂炭，便亲自到比提醯国说服国王与迦尸国和好，比提醯国国王见敌国也有了香象，便只好罢兵求和。

340 白香象尊者

尊者法相所示

尊者法相所现为悦然而坐于象背，双手于腹前结印，神态和悦，眉开眼笑。尊者前世为白香象，后转世为人，精勤修佛，身发异香，宣讲佛法声如雷鸣，能直入众生之心。

人生有甜也有苦，事业或成或全无。
各安其位多努力，命自己立信也失。

偈解

人生在世，有甜有苦，事业也有成有败，只要各安其位，勤奋努力，命运便会被自己掌握。

得此偈者，应对事业专一执著，在自己的行业中勤奋探索，多学习，多研究。如此而为，便无须信命，因为成败已全在自己手中。

事迹

识自在尊者，又称白身菩萨、大白观自在菩萨。白，即洁白清净，佛教以白为大悲之意；身，即聚集于一身，故尊者法号又有聚集大悲之意。在密教胎藏界曼荼罗的排列中，尊者位于观音院第三行上方第二位，密号普化金刚。

据《不空羂索神变真言经》载，尊者有大白观世音手印五种以及真言。五种手印：一是手印，二是钩印，三是随心印，四是根本思惟印，五是钩诸法心印。其真言为：唵摩诃钵头米湿废谠倪虎噜虎噜莎嚩诃。

出家人如果祝祷尊者，可以预示前程。据《金刚顶瑜伽千手千眼观自在菩萨修行仪轨经》载，僧众修炼瑜伽真言，入睡前用衣服把头盖住，向右侧睡，排除杂念；然后用右手向右旋转摩擦面部，同时诵念二十一遍大白真言，观想大白观自在菩萨，这样入睡进入梦乡后，就能预见吉祥或障碍。如果梦见老人、国王、白衣少女、鲜花、水果等，就预示着前途吉祥；反之，如果梦见屠夫、丑女等，就预示着前途障碍重重。

识自在尊者 341

尊者法相所示

尊者法相所现为坦然而坐，右手执拂子，目光平和，抿唇微笑，神态自在。尊者心性清净，深具大慈大悲之心，能保众生前途吉祥。

你做工来我做田，信马由缰听自然。
丰衣足食得其所，君子荡荡无尤怨。

偈解

你做工，我种田，适性自得，顺其自然。如此坦荡地生活，也自能丰衣足食，内心得到满足。

得此偈者，既然衣食无忧，则应放下烦恼，坦坦荡荡，顺其自然，让心归于平淡。

事 迹

赞叹，即称美其德。《文句》卷二说：“发言称美，名赞叹。”《行事钞》也说：“美其功德曰赞，赞文不足，又称扬之为叹。”在佛教中，赞叹诸佛是修行的重要法门。佛教中除了有赞叹，也有三不赞叹：一不赞众夫所指者，二不赞自大愚昧者，三不赞幼稚之孩童。

据传，佛陀比弥勒超前九劫成佛，其原因是佛陀曾赞叹弗沙佛。昔日，佛陀曾与弥勒同修菩萨行，并且一起看见弗沙佛入火定而大放光明，佛陀便翘起一足，用偈赞叹佛七日。所以，尊者也发下誓愿，修持“赞叹供养正行”，一心赞叹供养弥陀佛，精进修为，正观心性，因而证得阿罗汉果位。

342 赞叹愿尊者

尊者法相所示

尊者法相所现为陶然而坐，左手执卷，右手结印，神态和乐，眉开眼笑。尊者诚心赞叹供养佛祖，修持“赞叹供养正行”，终得圆满功德。

任享富贵与荣华，持盈保盛莫自夸。
河水东流又西转，千年铁树也开花。

偈 解

即使拥有了荣华富贵，也要保持财富的持续盛盈，不能狂傲自大。常言说，三十年河东，三十年河西，世事变化无常，什么事情都可能发生。

得此偈者，应居安思危，切不可得意忘形，事业有了起色，荣华富贵已经为己所有，守成之道更不可废。世事变化无常，既然铁树可以开花，那么树花自然也会凋落枯干，这样的事，对事业成功者而言必须时时警惕。

事 迹

定拂罗尊者，即印度高僧弗若多罗，北印度罽宾国人，汉文法号功德华。

尊者自幼出家为僧，并以持戒著称。他精通三藏，以《十诵律》最精，时人皆称已得圣果。姚秦弘始年间，尊者由西域入关中，姚兴待以上宾之礼。弘始六年十月，尊者应邀在逍遥园诵梵文《十诵律》，并由鸠摩罗什译成汉文。当尊者念到三分之二时，忽然闭口不念，在场之人都很奇怪，结果发现尊者已经圆寂。尊者圆寂后，庐山慧远大师非常感叹，痛惜大法不能东来。后来，以律藏驰名的昙摩流支来到关中，远在庐山的慧远大师即遣弟子昙邕入秦，亲笔致书昙摩流支，请他发心将未译出的《十诵律》剩余部分翻译出来。昙摩流支受慧远大师的至诚所感，于是与鸠摩罗什继续合译《十诵律》，再由卑摩罗叉对校梵本，最终将尊者未尽的部分译出，成为一部完整的《十诵律》，而后世也将尊者奉为《十诵律》相承传持的初祖。

定拂罗尊者 343

尊者法相所示

尊者法相所现为瞪目而坐，双手结印，身披挂络，卷发浓眉，神态威严。尊者以持戒著称，精通三藏，被奉为《十诵律》相承传持的初祖。

君本多才性敏聪，锦心慧手夺天工。
持此保得常安乐，铭谢造物赐神通。

偈 解

你聪慧敏捷，多才多艺，且心灵手巧，蕙质兰心。这是造化的恩赐，如能长期保持，必可安享太平。

得此偈者，聪慧过人，于此更不能恃才自傲，放弃努力。须知再高的禀赋也应脚踏实地，如此才不会落于人后，同时也才能身心安乐。

事迹

声，即佛声；引众，即引导众生。声引众，是指通过说法讲法来引导众生。

佛教度化众生不拘泥于一法，人有眼、耳、鼻、舌、身、意六根，且人与人之间六根存在差异。在度化时，如果耳根容易接受佛法，就从耳根入手。一般来说，就是向受度化者说佛法，即佛教中常说的声闻。

尊者智慧无量，勤学善思，专注于佛法研究，精勤不懈，且具济世度人之心，救助众生于苦难之中。尊者善于以声说法，微言意妙，并且根据众生的差异而施法，感召众生皈依佛门，修持善行，生菩提心。

344 声引众尊者

尊者法相所示

尊者法相所现为陶然而坐，左腿盘于坐上，双手交叠置于腹前，右手执法器，浓眉大耳，笑容满面。尊者心怀慈悲，常以佛声来引导众生，感召众生修持善行。

清风习习迎面来，晚霞当天呈异彩。
暮年光景令人美，安康宁静信悠哉。

偈解

凉风习习迎面吹来，若晚霞当空，呈现出奇异的光彩，美好的日暮景象令人称赞。人生忙忙碌碌，但暮年能够有如此光景，日子自然过得十分悠哉。

得此偈者，有惬意的晚年生活。

事迹

离，即分析；净语，即洁净之语。离净语，又叫无净语，即对什么是净语，什么是不净语有明确的判别力，不会说出任何一句不净之语。

比如当一个出家人需要草木时，会说“知之”、“看之”，这就是净语；但如果说“斫木”、“摘花”，或面对金钱时说“收”、“取”等，就是不净语。佛门中有“比丘净语”一说。“比丘净语”有四种：汝知是、汝看是、我须是、与我是。“汝知是”，又被称为知净语，《四分律删繁补阙行事钞·三坏生种戒》说：“五分凡诸草木，若有所须，语净人言‘汝知是’；若不解者，又语言‘汝看是’；若不解，复语‘我须是’；若不解，复语‘与我是’。”《四分律·二畜钱宝戒》又说：“僧祇云若凡得钱及安居衣，直不得手取，使净人知。无者，指脚边地，语言‘是中知’。上引中之净人，指奉侍比丘僧之俗人，因其解比丘之净语，故称之。”

尊者言语纯净，心地慈善，于修行中专注一境，心无杂念，终证得阿罗汉果位。

离净语尊者 345

尊者法相所示

尊者法相所现为怒然而坐，左手护膝，右手于胸前结印，眉目高耸，双眼圆瞪，神态威猛庄严。尊者生性寂静，能分辨香花毒草，点滴修持，不为世俗尘障所侵。

凭君多才复多艺，世上万事皆可为。
殷勤祝愿鞭快马，万里鹏程早展翅。

偈解

凭你的多才多艺，很多事都可以去做。所以真诚希望你快马加鞭，及早努力。

得此偈者，多才多艺，凭其才能，只要勤奋努力，方法得当，功名事业当是唾手可得。所以需珍惜自己，早作打算，找准目标奋力而为。

事迹

鸠舍尊者，又称鸠舍菩萨，是十方诸菩萨之一。

据《十住毗婆沙论·易行品》载，若忆念、礼拜尊者，可求得“阿惟越致地”。“阿惟越致地”，又称不退转地，是“十地”中的第七地，华严宗则认为是第八地。“十地”即指十个菩萨行的重要阶位，分别是：初发心、治地、应行地、生贵地、修成地、正心地、不退转地、童真地、法王子地、灌顶地。不退转，即不退堕于恶趣及二乘地，且所得之证法不退失。不退有三种和四种之别。三不退，一是位不退，即十住位中第七住以上的菩萨不再退转二乘地；二是行不退，即十地之中，第七地菩萨所作的修行，不再退转；三是念不退，即第八地以上的菩萨无须刻意精进，自然可进道而不动念。所谓四不退，就是在三不退的基础上加一个处不退，即往生弥陀净土，不再退转。

众生若向鸠舍菩萨礼敬忏悔，虔诚皈依，则可灭无量罪，长无量福，得现世安稳。

346 鸠舍尊者

尊者法相所示

尊者法相所现为结跏趺坐，双手笼袖，双目圆睁，抿嘴怒视，神态威严威猛。尊者能灭无量罪，长无量福，使众生得现世安稳。

不贪富贵不会穷，不慕虚名人敬重。
立志纯朴任自然，做个快活逍遥翁。

偈解

不贪图富贵的人不会贫穷，不贪慕虚名的人才受敬重。做人贵在淳朴，凡事顺其自然，便能做一个逍遥快活的人。

得此偈者，宜保持淳朴的心性，切莫慕恋浮华。须知一个人不去刻意追求富贵，便不会与人争斗，自然也少有风险；一个人如果不慕虚名，天真淳朴，往往会受人尊重，且因心态平和而少烦恼。

事迹

郁多罗尊者，是佛祖的前世身。

尊者常想求得正法，用以学道修行。曾宣告天下："谁有正法，能为我讲说，我就随时供给需求的一切。"有一位婆罗门前来，对尊者说："我有正法，谁若想听，我就给他讲说。"尊者听后，十分欢喜，便向婆罗门合掌致礼后说："希望大师垂怜，能为我宣讲圣法。"婆罗门说："你若能剥皮为纸，拆骨为笔，以血为墨，用来写我的正法，我就给你宣讲。"尊者听后，并不害怕，欢喜踊跃，毫不犹豫地遵照婆罗门的要求，当即剥下身上的皮当纸，取下身上的骨做笔，以血为墨，仰望婆罗门说："大师，现在正是时候，请你赶快讲说正法。"婆罗门便用偈语唱诵道："常当摄身行，而不杀盗淫。不两舌恶口，妄言及绮语。心不贪诸欲，无嗔恶毒想。舍离诸邪见，是为菩萨行。"尊者听完婆罗门唱诵的正法，立即执笔，蘸血写在皮上，此后又让弟子抄写千万份，广为散布。

郁多罗尊者 347

尊者法相所示

尊者法相所现为陶然而坐，左手执如意，右手护膝，肩斜挂佛珠，赤裸上身，体态丰隆，双耳垂肩，面容祥和慈悲。尊者求法之心极其虔诚，甚至不惜以身求法。

少小立志欲雄飞，青春求学不知疲。
年富力壮展宏图，功成名就光门楣。

偈解

自小就有鸿鹄之志，而且少年不知疲倦；因而，在年富力壮之际，能大展宏图，建功立业，从而功成名就，光耀门庭。

得此偈者，乃有志之人，从不虚度时光，所以能功成名就，光宗耀祖。

事 迹

福业，即布施行善、慈悲利生等造福的功德。

据《观无量寿佛经》载，如果人想要往生西方极乐世界，就应该修习三种福业。第一种福业是孝养父母，奉事师长，慈心不杀，修十善业；第二种福业是受持三皈，具足众戒，不犯威仪；第三种福业是发菩提心，深信因果，读诵大乘，劝进行者。佛祖曾说，这三种福业是过去、现在、未来三世一切诸佛修成净业的真正原因，也就是修成净业的真正种子。“三福”不只是世人恪尽本分培养优良品德的福业，也是一切世人往生极乐世界的净业。

尊者勤修福业，引导众生离诸苦恼，皆入净土。

348 福业除尊者

尊者法相所示

尊者法相所现为悦然静坐，左腿架于座上，右手结印，左手支颐。尊者从修福业开始，又超越福业而修不动业，最后以心识住于深妙禅定之境。

人生道路多坎坷，丈夫意气易消磨。
欲得心动意不动，全神修练罗汉果。

偈 解

人生道路坎坷崎岖，人的意志也很容易因此而被消磨，对诱惑的抵抗力会日渐降低。如果想心神坚定，保持冷静，就应全心全意修佛行善。

得此偈者，一直不够顺利，并且有些气馁。其实人都会经历坎坷磨难，但有人却越挫越勇，这全因其目标明确，意念坚定，懂得如何在磨砺中收获智慧和经验，以此强化自身，而增大成功的可能。

事迹

罗，即梵天五十字门之一，意为火；余习，即贪、瞋、痴三毒。罗余习是指用火烧尽贪、瞋、痴三毒。

三毒残害人的身心，使人沉沦于生死轮回，是恶的根源，故又称三不善根。其中，贪，对顺境起贪爱；瞋，对逆境生瞋恨；痴，不明白事理，是非不明，善恶不分，颠倒妄取，起诸邪行。佛教认为，只有诸佛才将世俗中的三毒除尽，其他人都未能清尽三毒，就连圣者也难彻底尽除，比如舍利弗有瞋恚，毕陵迦蹉有拖沓。经说："离一切诸相，即名诸佛。是知有相，是无相之相。不可以眼见，唯可以智知。若闻此法者，生一念信心，此人以发大乘超三界。三界者：贪瞋痴是。返贪瞋痴为戒定慧，即名超三界。然贪瞋痴亦无实性，但据众生而言矣。若能返照，了了见贪瞋痴性即是佛性，贪瞋痴外更无别有佛性。"

尊者精进修为，心性清净，断除贪、瞋、痴三毒，普济众生，终证阿罗汉果位。

罗余习尊者 349

尊者法相所示

尊者法相所现为曜然而坐，双手执拄杖，须眉浓密，怒目而视，表情凝重，神态威严。尊者善以智慧灭除世俗余垢，使僧俗大众身心清净，增益佛性。

车如流水马如龙，人生得意似春风。
功莫沉醉不清醒，懵然堕入陷阱中。

偈解

车水马龙，一派繁华景象。人生也正逢得意之时，如同沐浴在春风之中。但是不要沉醉其中而失去清醒的头脑，当心糊里糊涂掉进陷阱。

得此偈者，工作忙碌，春风得意。须知树大招风，人一当出众，面对的风险更多。如果得意忘形，而不倍加清醒，便极易触动别人布设的机关，而步入陷阱难以自拔。

事迹

大药尊尊者，即大药王菩萨。

尊者本为外道，但植有善根，心向佛法。他常思考"神识"之义，却始终得不到解答。在一次法会上，尊者请教佛祖："神识如何转生天上受天人之身，乃至如何转生地狱受地狱众生之身？"佛祖说："大药，神识和法界有非常微妙的能见作用。它能与美妙的外境相合，看到天宫的欲乐和嬉戏，然后心中欢喜，神识便生起执著，心想：'我要去那里。'于是有贪著爱恋的念头，"尊者又问佛祖："神识如何转生地狱之中？"佛祖说："大药，造作恶业者生于地狱中。即将进入地狱的人，见到地狱的景象以及自己的身体，脚在上，头朝下，一个地方全是血，在看到这些血后心中产生味著，因有味著心便转生地狱，神识就托生在腐败浊恶的水中和臭秽的地方。"尊者听完后心中疑惑顿消，得以解脱。

350 大药尊尊者

尊者法相所示

尊者法相所现为端然静坐，双手执悬镜，照出两个自己。尊者植有善根，心向佛法，能救众生之病源，治无名之痼疾。

入奢容易入俭难，人生处处有难关。
真是英雄不皱眉，气盖世兮力拔山。

偈解

由俭入奢易，由奢入俭难，所以人生处处都会有难关。若是英雄，面对难关便不会皱眉，而是以盖世气魄成就大业。

得此偈者，事业衰败，生活正由奢入俭。值此之际，更应直面现实。人不可不重脸面，但也无须太重脸面，心态平静一身轻。所以，摆正心态也需千钧之力。切记，是英雄就当拿得起、放得下。

事迹

尊者即是五百罗汉第六十四尊一念解空尊者。为宋代高僧可观（1092—1182年），江苏华亭（今属上海）人。俗姓戚（一说傅），法号解空，字宜翁，号竹庵。为天台宗巨匠智礼的四世传人。解空，本指悟解诸法空相。“胜解空”，即善于讲说佛法理体的空相。

尊者十六岁受具足戒，学天台，开始依止南屏精微，后听说车溪择卿禅师声震江浙，于是负笈从之，得其法。南宋建炎初，尊者住持嘉禾寿圣寺。绍兴年间（1131—1162年）转住当湖德藏寺。他在讲经余暇，补注《楞伽经》。后尊者移住祥符寺，因染病退隐到当湖的竹庵。乾道七年（1171年），应丞相魏把的邀请，住持北禅天台寺。淳熙七年（1180年），受魏宪王之邀，为南湖延寿寺住持，不久又归隐于竹庵。淳熙九年圆寂，享年九十一岁。生前，大慧宗杲（1089—1163年。字妙喜，宣州宁国人，俗姓奚）曾从径山前来与尊者言谈终日，之后赞誉尊者是“教诲老龙”。

胜解空尊者 351

尊者法相所示

尊者法相所现为欢然而坐，左手笼袖，置于膝上，右手结印，和颜悦色，气定神闲。尊者朴实谦恭，善于解说法理空相，诲人不倦。

落花有意应无意，流水无情似有情。
台上戏文一出出，颠倒台下几多人。

偈解

落花有意还是无意？应该是无意吧？流水看是无情，却似乎还是有情的。戏台上的演出一出接着一出，俗话说，唱戏的是疯子，看戏的是傻子。看席上的观众时空不分，以为自己是剧中人物，悲喜相随。

得此偈者，要认清自己的人生位置，对面临之事务必保持清醒头脑，不可为事物表象所迷惑。若深陷其中，则事难清，理难明。此时不妨退后一步，作局外人观之，或可明其所以，亦可请明见者指点。

事　迹

修无德尊者，即中土禅宗初祖的菩提达摩，其法号源自他与梁武帝之间关于功德的对话。

据《五灯会元》卷一载，梁武帝曾问修庙兴寺的功德，尊者答称："无甚功德"。尊者生于佛法炽盛时，但众生只知建寺塑像斋僧，以求消灾免祸，却不知探求佛法精义，求得精神上的解脱。于是尊者心生悯念，便以修无功德之理教导众生。

352 修无德尊者

尊者法相所示

尊者法相所现为结跏趺坐，双手笼袖，戴头巾，双目怒视，若有所思。尊者怜悯众生，以修无功德之理教化众生，使其获得解脱。

有心栽花花不活，无意插柳柳成荫。
恩怨得失休计较，是非功过听后人。

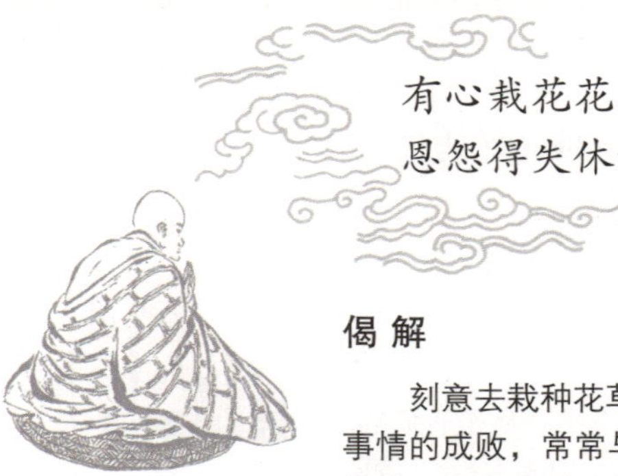

偈解

刻意去栽种花草，花草难以存活；无意中插下的柳枝，却长得绿荫蔽日。事情的成败，常常与苦心孤诣的追求无关。顺其自然，不要计较眼前的恩怨得失，是非功过，且留与后人去评判言说。

得此偈者，须省察自身，是否过分执著于某事，或对恩怨得失过于计较。人生于世，主观世界与客观世界并非全然统一，二者悖谬者诸多。正确的态度是反思得失之由，正确的心态是淡然视之。

事 迹

尊者即唐末高僧文喜法师，嘉禾人，俗姓朱，赐号“无著”。

尊者自幼出家，三十岁后开始参禅，始终不能开悟。于是他三步一拜，一直拜到了山西五台山文殊菩萨的道场。当尊者拜到五台山金刚窟时，遇到一个老人牵着一头牛。老人见尊者三步一拜，便请他到茅棚喝茶，老人说：“你了不起啊，三步一拜，从哪里来的？”尊者说：“我从南方来，想求见文殊菩萨。”老人说：“南方佛教怎么样？”尊者回答：“南方根本没有什么佛教圣贤，所以到这里来，想求见圣人。五台山的佛法怎么样？”老人说：“龙蛇混杂，凡圣同居。”随后，老人就问尊者佛法，他却答不出来。老人眉头一皱，叫道：“均提，送客。”此时，茅棚后面出来一个童子，送尊者出门。出门后，他回头正要道谢，却见文殊菩萨骑一只狮子站在空中。看到文殊菩萨离开，尊者心中追悔莫及。从此，他发愤修习佛法，终于大彻大悟。

喜无著尊者 353

尊者法相所示

尊者法相所现为喜然而坐，双手笼袖，神情祥和静谧。尊者为求开悟，朝遍古刹，后勤勉修行，终得彻悟。

皎皎有如云中月，殷殷更似腔中血。
月冷血热无相关，千尤万怨休言说。

偈解

皎洁清冷，如云彩难以遮蔽的明月；殷殷热情，恰似周身流动的热血。月亮的清冷，鲜血的温热，并没有多少关联，心中诸多的委曲抱怨，也不要轻易述说。

得此偈者，目前可能受到一些委屈，自己的一番好意善举不为人理解。人世难得人解，本是常情，大可不必怨天尤人，忍得方能成事。若能因此磨炼出开阔的心胸和豁达的性情，隐忍一时，则事成有望，大业可期，何苦争一时一事之得失。

事迹

尊者是印度毗舍离国高僧。

据《请观音经》载，时毗舍离国民众，遇大恶病，一者眼赤如血，二者两耳出脓，三者鼻中流血，四者舌噤无声，五者所食之物化为粗涩，六识闭塞，犹如醉人。又有五夜叉吸人精气。当时尊者在毗舍离大城中为一有名长者，与其他五百长者一起来到佛陀住所，求助于佛陀。世尊对长者说："去此不远，正立西方，有佛世尊，名无量寿。彼有菩萨，名观世音，及大势至，恒以大悲怜愍一切，救济苦厄。汝今应当五体投地，向彼作礼，烧香散华，系念数息，令心不散，经十念顷，为众生故，当请彼佛及二菩萨。"此话说完后，他们在佛光中得见西方无量寿佛，并二菩萨。于是尊者便请无量寿佛、观世音菩萨、大势至菩萨，驱除了国内六大恶疾。尊者的像在禅宗山门阁上，常安置于观音右边。

354 月盖尊尊者

尊者法相所示

尊者法相所现为欢然而坐，左手笼袖，右手放左手小臂处，长眉善目，开口而笑，神态自在和乐。尊者宅心仁厚，志性坚定，稳健从容，救众生于恶疾之中。

芥末种子植地下，长出巨木耸入云。
撒下点点苦汗水，结出硕果沉殷殷。

偈解

像芥末那样细小的种子，把它种植在泥土中，可能长出高耸入云的参天大树。洒下一点点勤奋耕耘的汗水，可能会获得沉甸甸的丰收成果。有播种才有收获，有付出才有回报。

得此偈者，当勤于付出，勇于进取。须知大业起于毫末，付出即想收获本不现实。脚踏实地，奋然前行，丰收总会到来，只是早迟而已。若急于求成，气浮心躁，则可能两手空空。

事 迹

尊者的前世曾为国王，名叫梅檀罗。由于国王与佛祖的家族有仇，因此，他曾发誓要杀光所有的释族男女。据《仁王经疏》载，当时国王彻底打败释族，拘禁了释族的所有人。有一位居住在深山中的仙人不忍释族就此灭绝，便救出了一个男孩，将其藏在仙府之中。国王得知此事后，率兵向仙人索要，仙人不给，于是国王的军队便与仙人展开激战，结果国王惨败而归，从此不敢再来。一天，国王得知仙人离开了仙府，便命人将男孩偷出，并放在太阳底下用阳光煎煮。就在男孩即将毙命之时，仙人赶到，男孩就此逃过一劫，释族也得以延续。由于国王生前作恶多端，其后代被天神罚为贱民，身穿垢衣，面目污秽。

佛祖得道后，听说国王转世为人，在这一世中，国王痛改前非，皈依佛法，广行善事。佛陀听说后大为欢喜，不计世仇，亲自为他说法，使其得证阿罗汉果位。

梅檀罗尊者 355

尊者法相所示

尊者法相所现为半跏趺坐，左手于腿上执蟾蜍，右手结印，浓眉倒竖，凝神远望，面带笑意。尊者作恶多端，后痛改前非，虔心修佛。

暮时擂鼓晨时钟，缥渺虚无若梦中。
古佛青灯长作伴，世上岂有色与空。

偈 解

晨钟暮鼓，按时而有规律地生活，如同生活在飘渺虚无之中的神仙一样。身边一直相伴厮守的是青灯佛影，世界上哪有什么“色”和“空”的存在呢？

得此偈者，为眼前之事琢磨不定，犹豫不决，主意难定。这是因为太执著于事物的表象，为其所困，故如置身云里雾中。此时，当静下心来，分析事物的来龙去脉，因因果果，则可豁然而悟，心下明澈矣。

事迹

定，即心意空寂；论，即三藏之一。

在佛教中，“心定”又称“心住”。“心住”有九种，一是内住，二是等住，三是安住，四是近住，五是调顺住，六是寂静住，七是降伏住，八是功用住，九是任运住。其实，这九种心住是从克制自心欲望、不为外物所诱到精神绝对自由的九种不同的精神境界。佛教认为，除少数人因前世造善的业力所致而具备“定”之外，其他人“入定”都须经过刻苦的修行。

尊者精研佛典，曾从佛祖与其弟子有关佛法的问答中，获得重要的启发。据《智度论》卷二十六载：“乱心中不能得见实事，如水波荡是指不得见面，如风中灯，不能得点。”

尊者勤习禅定，获得心定，勇猛精进，证得阿罗汉果位。

356 心定论尊者

尊者法相所示

尊者法相所现为端然静坐，双手笼袖，侧视前方，神态威严肃穆。尊者精研佛法，勤修禅定，心意空寂。

金丝笼鸟食黄粟，却闻夜夜啼如哭。
林中群鸟觅食难，啁啾欢跃自扑扑。

偈解

金丝笼里的小鸟不用外出觅食，每天都有黄粟可食用，但却听到它在夜里的啼叫如同哭泣一样，让人难受。森林中成群结队飞翔的鸟儿，虽然每天觅食困难，但却欢快喜悦，自在而啼。

得此偈者，目前面临重要抉择。虽有锦衣玉食的优越，但也有身处樊笼的拘囚；虽有觅食艰难的操劳，但也有心灵自在的悠游。得此而失彼，得彼而失此，何去何从，当依自己心性和人生趣味而定取舍。

事迹

相传尊者本为女儿身，十五岁时，因美貌端正闻名各国。当时有七位国王向其父下了重金聘礼，其父不但不高兴，反而很恐惧。他将尊者安置在高楼中，对七位国王说："如果我将她许配给任何一位国王，其他六位国王必然震怒。因此，我将她安置在高楼上，请诸位国王互相商议。"但是七位国王并未商议出结果，其中一位叫瓶沙王的国王趁夜潜入高楼中与她共宿，并说："如果生下儿子，我就接你们回宫。"后来，尊者生下儿子耆婆。耆婆出生时手中有一针药囊，梵志预言耆婆将成为医王。

耆婆六岁时，尊者和她一起回到了瓶沙王的宫中。耆婆长大后，成为王舍城的名医，并皈依佛教，以行医劝说众生信奉正法。尊者在其影响下也信奉佛教，曾将庵罗树园施与佛祖及其弟子居住，讲法传道。尊者因功行无量圆满，遂转化为男人身。

庵罗满尊者 357

尊者法相所示

尊者法相所现为端然静坐，双手于胸前合十，面目丰润，微微含笑，神态大度谦和。尊者皈依佛教，诚心供佛，功德圆满。

那怕前途尽难关，打点心思再登攀。
水流东海莫回头，丈夫有泪不轻弹。

偈解

前路再难，也要调整心态，继续攀登。如同一江春水，东流到海，永不回头。男儿即使有痛苦，也不轻言。面对困难不退却，不达目的不罢休。

得此偈者，目前可能遭遇挫折，面前重重难关。但古今成大事者，有几人是一路坦途？一帆风顺？破关终有时，只怕畏途人。当打点精神，坚定意志，勇敢上路。失败了怕什么，从头再来。

事迹

顶生尊尊者，又称顶生王菩萨、文陀竭菩萨。尊者是印度太古的转轮圣王，“顶生”意为持戒、持养、乐养、最胜。

据《起世经》载，顶生王为转轮王乌逋沙他（意为斋戒、长净）之子，由彼顶上的肉疱而生，端正特殊，具三十二相，诞生时，自发声唱“摩陀多”。又，出生后，六万夫人见之俱生爱念，皆谓我养，故称持养。及长，具神通，统治四大洲，其寿无量，由后右髀之疱生一童子，称为髀生。

《中阿含经》说：“顶生王升三十三天，帝释曾分半座与王，后王思夺另外半座，忽失如意足，坠阎浮洲，生极重病。其虽得阎浮等四洲，享五欲之乐，然皆不满足，故取命终。尔时，王即释尊之前身。”

358 顶生尊尊者

尊者法相所示

尊者法相所现为漠然而坐，双手执念珠，大耳垂肩，满面皱纹，凝神静思，面色愁苦。尊者佛法高深，持戒严谨，得众人持养。

皓月当空众星捧，万条溪流汇江洪。
繁花一枝意未足，春在千红万紫中。

偈解

当空的皓月，有众星环绕；澎湃的江洪，是由万条溪流汇聚而成；春天的美丽是因为繁花似锦、万紫千红，而不是一枝独秀。

得此偈者，当知即使自己才能出众，本领超群，但若刚愎自用，一意孤行，则大事难成。俗话说，一个好汉三个帮，众人拾柴火焰高。若能胸无城府，肝胆与人，同心同德，则何功不可期，何事不可成。

事 迹

萨和坛尊者，又称萨和坛菩萨，是十方诸大菩萨之一。《百丈清规证义记》说："一心顶礼……萨和坛菩萨……天上天下无如佛，修斋功德殊胜行。证义曰：'三藏法数云，梵语阿罗汉，华言无学。谓其生死已尽，无法可学。又云无生，谓其断见思惑尽，无复三界受生。又云应供，谓其应受人天供养。又云杀贼，谓其能杀烦恼之贼。以其皆具三明六通无量功德，故称为大，此阿罗汉，承佛敕故，以神通力，延自寿量，住于世间，守护正法，至今犹未入灭。若遇世间，设大施无遮会时，即同诸眷属，蔽隐圣仪，同于凡流，密受供养，令施者得胜果报。'法华经云：'我等今者，真是声闻，以佛道声，令一切闻，我等今者，真阿罗汉，于诸世间，天人魔梵，普于其中，应受供养。'据此，供养罗汉，福德果报，俱不可思议。昔无相真禅师，供罗汉颂曰：'应供真人着眼高，海山来往不辞劳。也知为瑞为祥处，惹得天花上毳袍。石梁方广路非遥，檐卜堂中信手招。尊者半千谁是主，海天云静月轮高。'"

萨和坛尊者 359

尊者法相所示

尊者法相所现为半跏趺坐，左手自然垂放，右手屈肘结印，浓眉大眼，目光炯炯，凝神专注，面容略带愁苦。尊者勤修苦行，法力广大，受天人供养，去除众生一切烦恼。

幻海慈航帆欲张，梵末法螺吭震天。
众生大苦凭谁度，迈前一步是船舷。

偈 解

救度众生的帆船即将张帆出发，众多的法器敲得震天响。众生的苦难凭借什么来救度呢？向前迈一步，即可登上那只渡过苦海、达到彼岸的帆船。

得此偈者，目前心思纷繁，想法诸多，莫衷一是。理想是生命辉煌的前提而不是结果，想而行，行而想，知行合一，尤贵在"行"。如偈所说，迈前一步，则苦海可渡，彼岸可达。

事　迹

直，即正直；福德，即一切所得之善行，或是一切善行所得之福利。经说："云何菩萨不受福德，须菩提。菩萨所作福德，不应贪著，是故说不受福德。"这番话的大意是：通达一切法，无能所心，是名为忍。菩萨所作福德，不为自己，意在利益一切众生，故说不受福德。

以因果而论，行为正在造作"好"的，则可以成为福德的因，能得到"好"的结果，即为福德的果。如做善事、行布施，都可称为福德。福德是基于自己的造作行为，所完成而得到的一种结果，也可以说，福德是自己享用的。如果以因缘来说，则是依据什么样的因缘，完成什么样的福德，以致形成什么样的果报。而功德，其行为也是自己造作，但它是对别人的一种帮助。因为，"功"是一种力量，"德"是一种修养；把这种修养发挥成为一种力量，去帮助别人，称之为功德。简言之，福德是对自己而言，功德则是对别人而说，造作都是自己，只是对象不同而已。

360 直福德尊者

尊者法相所示

尊者法相所现为端然静坐，双手于胸前捧寿桃，额头圆润饱满，面含忧虑，略带悲苦。尊者心地仁慈，广施福德，以正直之心成就众生的一切善行。

沉沉黑夜行路难，暗中摸索多沟坎。
立功立言先立志，心中自有灯一盏。

偈解

在沉沉的黑夜中走路很难，在迷茫中摸索总会碰到沟坎，若在言行之前确定目标，自然会有明灯一盏，照亮前行的道路。

得此偈者，曾经历苦难，走过弯路，行过沟坎。目前应为自己确定一个长远的规划，眼明心亮，切忌浑噩度日、得过且过，则人生可免诸多弯折。

事迹

须那刹尊者，又称须那刹多罗、须那刹多，是佛祖的声闻弟子之一，最初为拜星外道，后皈依佛教。

《大般涅槃经》说："须那刹多亲近外道尼干子等，我为说法满十二年，彼人邪见不信不受，我知是人邪见根栽，却后三月定可斫伐……如须那刹多应堕地狱，以见我故即得断除地狱因缘生于色天。"在入佛门之初，尊者依旧不遵戒律。

一次，在佛祖讲经时，尊者反披袈裟而入，并高举双手恐吓佛祖："我是天地大神，我今降临世间，你快快回避！"之后，尊者堕入无间地狱受苦。受苦期间，他后悔不已，从此专心修习佛法。佛祖也未放弃尊者，时常加以教化。尊者受佛祖感化，改恶从善，成为了佛祖的侍者。传说，佛祖手上有一个石钵，此钵是在四天王山中自然生成，是稀世之宝，尊者终日手持石钵侍立于佛祖左右。

须那刹尊者 361

尊者法相所示

尊者法相所现为神情悦然，跏趺而坐，双手结印，袒胸捋袖，面带微笑，头顶生烟，游龙在飞腾。尊者改恶从善，为报答感化之恩，终日持钵伺候佛祖。

人言似剑心似钩，九流三教难应酬。
谦恭慎谨持操守，是非之地不须留。

偈解

人言可畏，人心难测。社会生活中龙蛇混杂，各色人等五花八门，与其打交道，难免有应酬之苦。只有谦恭谨慎、坚持操守，才能远离是非、减少祸患。

得此偈者，目下与人交往时宜谦冲宽和，小心谨慎，坚守自己的生命品格和处事原则，是非不掺和，恶地须远离。如此，可避灾免祸，平安度日。

事迹

喜见尊尊者，又称一切众生喜见菩萨，与五百罗汉第一百七十二尊喜见尊者是同一尊。

据《妙法莲华经·药王菩萨本事品》载，在过去无量恒河沙劫以前，在日月净明德如来住世的时候，有一位“一切众生喜见菩萨”，他精进用功，一心求佛，经历一万二千年，证得三昧。其非常欢喜，知道这是听闻《法华经》的功德所成就的，于是决定燃身供佛，又经过一千二百年身体才烧完。命终之后生到净德王家，受日月净明德如来咐嘱，造十一万四千塔。但他觉得这样的供养仍感不足，又燃双臂供养这些塔，这次则燃烧了七万二千年。此时，在旁的天人护法悲痛不已，尊者于是当众立下誓言：“我舍两臂，必当得佛金色之身，若实不虚，令我两臂还复如故。”说完，双臂果然还复。佛祖曾赞叹宣说尊者的殊胜功德。

362 喜见尊尊者

尊者法相所示

尊者法相所现为陶然而坐，双手笼袖，侧视前方，面含笑意，法喜充盈。尊者一心向佛，精进用功，燃身供佛，为一切众生所喜见。

黑夜沉沉谨慎行，当心地下有陷阱。
是非之地留不得，走穿黑夜即天明。

偈解

在漆黑的夜晚行走，须当心地上的陷阱。是非之地，更是不可停留，当坚持前行，穿过黑夜便是天明。

得此偈者，目前处于险境之中，务必处处小心，可离开当前的环境，躲过此劫；或忍辱负重，毫不气馁，则能迎来人生道路上的光明前景，换得一路笑语欢歌。

事迹

韦蓝王尊者，又称韦蓝王菩萨，是十方诸大菩萨之一。《十住毗婆沙论·易行品》说："复应忆念诸大菩萨，善意菩萨、善眼菩萨……韦蓝菩萨……如是等诸大菩萨，皆应忆念，恭敬礼拜，求阿惟越致也。"

尊者具清净天眼，对世间善恶诸事了如指掌，劝导众生灭恶向善，有过则改，这样才能得如来无上妙法。他还告诫众生，交友一定要谨慎，否则就算自身清洁，一旦误交恶友，也会造下恶业，堕入地狱，受无尽轮回之苦。只有众生做到不行恶事，不出恶言，不思恶念，才能行正道得正果。如果偶尔做下恶事，也决不能隐瞒，应受持尊者名号，思惟赞叹，诚心悔过，以消除罪业。

韦蓝王尊者 363

尊者法相所示

尊者法相所现为半跏趺坐，左手接寿桃，右手护膝，浓眉大耳，面色平和，慈悲含笑。尊者具清净天眼，能遍观世间善恶诸事，告诫众生交友慎重。

世人多为情所苦，汉水长江本异途。
若欲解得逍遥乐，扬子江头问渔夫。

偈解

情之于人，爱恨交并，苦乐相随，正如长江与汉水，虽殊途而同归。若想通晓逍遥之乐，应当去问问身在其境的渔夫。

得此偈者，目前为情所困，难合难离，难解难分。爱海中人，最易迷乱，理性远离。此时当沉思静想，全面思考，不可草率行事。若自己难以定夺，可向明智通达之人请求指点迷津，则可获"一语点醒梦中人"之效。

事迹

尊者即北印度罽宾国高僧僧伽提婆。《高僧传》说："僧伽提婆此言众天，或云提和，音讹故也，本姓瞿昙氏，罽宾人。入道修学远求明师，学通三藏尤善阿毗昙心，洞其纤旨，常诵三法度论昼夜嗟味，以为入道之府也，为人俊朗有深鉴，而仪止温恭，务在诲人，恂恂不怠。"

尊者一生翻译的经书极多，按时间划分，可分为前后两期。前期在长安、洛阳所译校的有《阿毗昙八犍度论》。后期先在庐山译出《阿毗昙心》及《三法度》两论，又于建康译校了《中阿含经》、《增一阿含经》两种。另据《历代三宝记》载。他还译有《教授比丘尼法》一卷，但已经失传。他所译校的经论，共六部，一百四十八卷。

364 提婆长尊者

尊者法相所示

尊者法相所现为朗然而坐，右手开胸前衣襟，露佛像，左手相示，意为心中有佛。尊者学通三藏，洞其纤旨，为人俊朗而有深鉴。

三国鼎立蜀吴魏，一代天骄沉沙去。
鉴古知今智者有，狂傲骄奢非可取。

偈 解

历史上多少兴衰事，即使如三国时期的天骄枭雄，也都灰飞烟灭，沉沙而去。智者都有鉴古知今的能力，所以，是聪明人便断然不可骄狂奢靡。

得此偈者，拥有智慧和能力，有与他人分庭抗礼的力量。但须知太刚易折，太强遭忌，故须谦抑隐忍，退后自宽，切不可张狂无忌，骄横奢靡者有灭顶之灾。

事 迹

成大利尊者，又称成利菩萨。成大利，意为成佛。据《佛说华手经》载，尊者已经授记，将在未来成佛。其经说："从栴檀刹至此中间，有世界名真谛，是中有佛号曰成利，今现在为现谛菩萨摩诃萨，授无上道记，余如上说。"

《十住毗婆沙论》又载，尊者在过去世，曾降伏诸多恶魔怨鬼，且以无边智慧利益众生。因此，众生供养尊者极为诚心，向他行头面触地礼；在现在世，尊者仍时刻心系众生，常转无上法轮，予众乐、拔众苦。他已功德圆满，本能获得金身佛果，但尊者十分慈悲，怜悯众生深陷苦海而不能自拔，于是选择长住世间，救度众生，使其往升西方极乐净土。

成大利尊者 365

尊者法相所示

尊者法相所现为陶然而坐，右腿跷在左腿之上，双手十指交叉，合抱右膝，满面笑意，法喜充盈。尊者怜悯众生，给众生快乐，而拔众生于苦海。

菊花妖艳梅花香，秋菊冬梅各擅场。
他山之石可攻玉，谦虚谨慎集众长。

偈 解

菊花有其妖娆美艳者，梅花则以其清香而著称，它们各有各的长处。泰山不让土壤，故能成其大；河海不择细流，故能成其深；他山之石，可以攻玉。若能慎于处世，谦恭下人，博采众长，则更趋完美。

得此偈者，必有骄慢之心，傲世之意。须知物有其长，必有其短，截其长补其短，聪明之举。故应虚怀若谷，长而不骄，短而不怠，谦虚以处，众长吸纳，则必四围和睦，名就功成矣。

事 迹

法首尊者，又称法首菩萨。

据《大方广佛华严》载，文殊师利菩萨曾请教过尊者如何断除烦恼。文殊菩萨问："法首菩萨，按照佛的说法，如果众生受持诸戒，就能除断一切烦恼。那么为什么会有受持诸戒后，却无法断除烦恼的人呢？有些人随贪瞋痴，随慢随覆，随忿随恨，随嫉随悭，随诳随谄，见风使舵，对尘世根本没有厌离之心，为什么他们也能受持诸戒呢？为什么这些人在受持正法后，心中也有各种烦恼呢？"尊者回答："不论是过去、未来还是现在的诸佛，没有一个是通过说一种法而得道的。佛知道，众生的心性各有不同，所以根据每个人的不同，说相应的法。佛认为，众生只有按照顺序修行，最终才能具备诸佛法。正如修房子一样，先打好地基，才能建造房间。受诸戒也是如此，众生无法一次受所有的戒，须慢慢受戒才行。"

366 法首尊者

尊者法相所示

尊者法相所现为半跏趺坐，右手执拂子，左手捋其须，开口而笑，满面喜色。尊者佛法高妙，见解精深，能以众生心性而说相应的法。

壮志豪气莫消磨，休怕路途艰险多。
忍得十年寒窗苦，一朝登科中头科。

偈 解

豪情壮志不要被平庸的心态所侵蚀消磨，不要畏惧前行道路上的艰险阻隔。经过十年寒窗的刻苦努力，到大显身手的时候，一定可以获得成功。

得此偈者，虽有远大抱负，但其豪气正被平庸所吞噬。"吃得苦中苦，方为人上人"，唯有经历磨砺，付出艰辛劳苦，才能一路凯歌，达成理想。

事 迹

尊者是佛门十六尊者之一，“苏频陀”意为隐形。据佛经载，十六尊者是佛祖的十六位弟子，他们受佛祖嘱咐，不入涅槃。

尊者出生在古印度的洛玛巾，刚出生时全身疮疤，疮疤口上流出很多脓血，散发出一种恶臭。他的父母非常害怕，便利用他们的身份和钱财，请了很多医生和术士，想方设法为尊者治病，请人精心护理他。但他们所做的一切努力都徒劳无益，因为尊者的病根是他在前世造了恶业。

尊者成年后，在陀林遇到佛祖，佛祖一看到尊者就知道他身心所承受的痛苦，当即为他讲法。讲法之后，尊者随即就参悟了五蕴（色、受、想、行、识）的短暂，决定出家为僧。尊者出家后，勤奋修行，逐渐化解了前世的业，身上的疮疤和脓血也都消失了，佛祖曾预言尊者将在今世得证阿罗汉果位。

尊者为纪念佛祖，特制一塔，随身携带，故又被称为“托塔罗汉”。

苏频陀尊者 367

尊者法相所示

尊者法相所现为欣然而坐，左手执金穗，右手捋穗须，长眉大耳，张口言法，神态随和而自在。尊者前世造恶业，今生承受无尽痛苦，后皈依佛门，勤奋修行，逐渐化解恶业。

树有荫凉靠人栽，想偿美果莫慵怠。
世上成就从勤奋，点点滴滴聚起来。

偈 解

要想享受大树下的荫凉，则必须要有人栽种树苗；要想品尝美味的果实，那么就不要慵懒懈怠。樱桃好吃树难栽，不下苦功花不开。任何人的成功，都是用点点滴滴的心血汇聚而成的。

得此偈者，必已经过一段时间的努力拼搏，但所想似乎仍然遥遥无期，故目前可能心生懈怠之意。值此之时，务必坚持不懈，须知坚持就是胜利！

事 迹

众德首尊者，又称功德首菩萨。功，即善行；德，即善心。世人拜佛诵经布施供养等，都叫功德。《胜鬘经宝窟上本》说："恶尽言功，善满曰德。又德者得也，修功所得，故名功德也。"

当代高僧净空法师曾说："福德是可以自己与他人受用享受的，比如金钱、房屋等；而功德是自受用的，修持清净心是可以让福德转化为功德。断恶修善是因，得到福德是缘，获得福报是果；有大福德自然有大福报，但是不管怎么大也脱离不了六道。而功德不一样，功德是可以帮助勇猛精进修持佛法的自身脱离六道，来到一真法界乃至极乐净土所必须的。简单地说，功德大就是功夫得大力，功夫成片，果报自然稀有殊胜。"

368 众德首尊者

尊者法相所示

尊者法相所现为陶然而坐，双手执拄杖，阔嘴凹眼，颧骨突出，虽形貌丑陋，却极具智慧。尊者佛法精通圆融，辩才无碍，说法声如狮吼，能使众生豁然呈露菩提心。

身如寄尘生如梦，岁月如梭倏忽飞。
风花雪月成空幻，少壮惰懒老来悲。

偈 解

我们的身体如尘埃飘在世上，我们的人生如梦一般飘忽不定。岁月如梭而过，风花雪月的往事全是空幻。如果少壮都这样懒惰下去，老来必定会后悔、悲苦。

得此偈者，须警惕光阴蹉跎，贪恋风月，在无谓的事情上消磨时光。少时不知打拼，必至老来一事无成。所以应努力精进，奋发必有为。

事迹

金刚藏尊者，又称金刚藏菩萨。已获等觉阶位，是诸菩萨中的最高等位。

据《金刚藏章》说：“金刚，坚利之义；藏，最深之义。金刚藏菩萨智慧坚利，能入如来秘密之藏，故当本章发问之师。”

据《大方广圆觉修多罗了义经》载，尊者曾问道于佛祖，他说：“众生本来是佛，为何生起无明？无明众生本有，何故复说本来成佛？一切如来何时复生一切烦恼？能以有思惟心测度如来圆觉境界吗？”佛祖作偈道：“金刚藏当知，如来寂灭性。未曾有终始，若以轮回心。思惟即旋复，但至轮回际。不能入佛海，譬如销金矿。金非销故有，虽复本来金。终以销成就，一成真金体。不复重为矿，生死与涅槃。凡夫及诸佛，同为空华相。思惟犹幻化，何况诸虚妄。若能了此心，然后求圆觉。”

金刚藏尊者 369

尊者法相所示

尊者法相所现为半跏趺坐，双手合十，浓眉大眼，神态专注，开口而笑。尊者智慧坚利，能入秘密之藏，使众生得获不掺杂疑念的信心。

路遥方知马力足，日久始识人真心。
世间是非缘何起，人心隔肚莫轻信。

偈解

时间最能检验一个人的诚信和气度，真正的相知相交不在一时一事的巧言令色，而在于持之以恒的品格和坦荡真诚的性情。人世间的是是非非，多因误解或交流不当而引起，特别是怀疑和后悔，往往不利于坦诚以待。

得此偈者，当反思自己是否待人以诚，交人以心，再省察亲戚故旧是否同样对待自己。人固然不可不信，但亦不可全信，以理性断定是非，以宽容对待他人。若任何人均不信，试问天下又有何人会信你。

事 迹

尊者是佛祖堂弟提婆达多的弟子。瞿伽离，又称俱伽利、仇伽梨、瞿波离、瞿和离。

尊者与其师提婆达多一样，最初都是"极恶之人"。据《大智度论》载，有一次，舍利弗和大目犍连为避雨，夜宿在一个陶匠家中。陶匠家中本来住着一个女人，但二人事先不知。第二天早上，这个女人起床洗澡，被两人无意看到。瞿伽离恰好遇到此事，便诬陷舍利弗、目连二人德行不净。佛祖查明此事后，三次呵责他，但他始终不肯悔改。

传说，尊者最终生疮而死，死后堕入大莲华地狱。尊者在地狱中对自己生前的作为非常后悔，后再度转生世间，勤修佛法，终得罗汉果位。

370 瞿伽离尊者

尊者法相所示

尊者法相所现为陶然而坐，右脚架于座上，左手护右膝，右手持经书，曲肘拄于右膝，手背抵下颌。尊者知错悔改，精勤修佛，证得罗汉果位。

千年古树靠深根，壮志赴义不流连。
前途纵有千般险，快马犹自再加鞭。

偈 解

千年大树，依靠深入地下的根而枝繁叶茂，你壮志在胸，大义当前，还有什么值得流连。即使前路陷阱遍布，机关重重，也要快马加鞭，勇往直前。

得此偈者，壮志不可摧折，遇事切勿退缩，尤其是义之所在，更不可犹豫徘徊，当具孟子"虽千万人吾往矣"之豪气，有为天下先之胆魄，冲破阻障，奋进前行。

事迹

尊者即唐代中天竺高僧日照（613—687年），梵名地婆诃罗，武则天当政时译师之一。尊者知识渊博，学通内外，宋《高僧传·地婆诃罗传》称尊者“洞明八藏，博晓五明”。

尊者于唐高仪凤初（676年）来华。仪凤四年上表，请求翻译带来的梵经，获朝廷许可后，即组织译场。自仪凤四年至天后（武则天）垂拱末，前后十年，于两京太原寺及西京（即长安）广福寺，共译出经论十八部、三十四卷。据《开元释教录》卷九载，协助尊者译经者有：战陀般若提婆（译语）、慧智（证梵语）、道成、薄尘、嘉尚、圆测、灵辩、明恂、怀度（证义）、思玄、复礼（缀文、笔受）。新经译出后，由武则天亲自作序，冠于经首。

垂拱三年（687年）十二月，尊者于东都洛阳太原寺入寂，享年七十五。弟子建塔供养，塔旁建寺，后经武三思奏请，武则天赐寺额名“香山寺”。

日照明尊者 371

尊者法相所示

尊者法相所现为逸然而坐，右手持念珠，左手曲肘支颐，张口弘佛，神情朗逸。尊者广通三藏，兼善五明，严守戒行。

意志坚定莫迟疑，万事可成当雄飞。
今日寒窗影孤独，明朝雁塔姓名题。

偈解

对认定的事情意志坚定，不迟疑，不游移，则事情往往能获得成功。譬如十年寒窗，孤影相伴，无人问津，而一旦金榜题名，则天下尽知。

得此偈者，必有成大事之愿。但须坚定意志，安于孤独，甘于寂寞，埋头事业。若能坐得冷凳，磨穿铁砚，日后定能作出一番成就。

事 迹

无垢藏尊者，又称无垢藏菩萨，是普花如来座前的上首菩萨。

据《大宝积经》载："一时佛在王舍城耆阇崛山中，与大比丘众八百人俱，菩萨摩诃萨四万二千。时有菩萨名无垢藏，与九万二千诸菩萨众，恭敬围绕从空而来。尔时，世尊即告大众，彼诸菩萨，为遍清净行世界，普花如来，劝发来此娑婆世界，令于我所听受普入不思议法门。其诸菩萨亦当集会，说是语已。无量无边他方此界诸菩萨众，悉来集会耆阇崛山，顶礼佛足却住一面。尔时无垢藏菩萨，手持七宝千叶莲花，至如来所头面礼足，白佛言：'世尊，遍清净行世界，普花如来，以是宝花奉上世尊，致问无量，少病少恼起居轻利安乐行不。'作是语已，即升虚空结跏趺坐。"

372 无垢藏尊者

尊者法相所示

尊者法相所现为半跏趺坐，右手结印，左手持经书，专注阅读，似有所悟，开口而笑。尊者拥有无量宝藏，却无悭吝之心，能随众生所求而布施，或施财，或施法，皆会欢喜。

心急喝杯茉莉茶，千难万险莫惊怕。
风暴过去天晴朗，好看满园尽开花。

偈 解

心急喝杯茉莉茶。你应平和心态，即使风险浪恶，也不要惊慌失措。待风暴过去，时机到来，你的生活自然会天清气爽，满园花开。

得此偈者，有心浮气躁、急于求成之象，但眼下并非一路坦途。故须调整自己的情绪，从重重险难中看出康庄，从风暴中看到晴明，花开有时，事成有日。

事迹

除疑网尊者，又称除疑菩萨。除疑也叫“生正信”。“正信”，即正确的信仰、正当的信誓、正轨的信解、正直的信行、真正的信赖。所有的正信都具备以下三个条件：一、必须是永久性的，二、必须有普遍性，三、必须有必然性。

正信与迷信都是针对人，而不是针对佛教。如果一个人有正确的佛教信仰，按佛教所宣扬的价值观去指导自己、要求自己，甚至按佛教的价值观取向去实行，落实到日常生活中，去实现自己的人生价值，那么这个人就是正信佛教。佛教徒信奉的对象是佛。所谓佛，不是神格化的万能之主，佛是通过自己的理论实践，觉悟到了宇宙真理，明白了人生的实际意义，从此不再有烦恼，过得洒脱自在，逍遥快乐。如果一个人对佛教只是因迷惑而信奉，对信仰的对象并不了解，盲目信奉，那么这个人便不是正信，而是迷信佛教。

除疑网尊者 373

尊者法相所示

尊者法相所现为怒然而坐，左手高举，右手结印，目视蝙蝠，神态威猛庄严。尊者广布佛法，为众生解除疑惑，劝导众生孝敬父母，不伤人、不欺人、不扰人。

人靠装饰马靠鞍，世人谁不重衣冠。
君有超才人不识，待时而至且耐烦。

偈解

骏马须配上贵重的鞍鞯，人当有恰如身份的衣饰，因为世间往往只重衣冠不重人。你有超凡的才能，但别人并不赏识，那就当隐忍而待时。

得此偈者，人们对你的才能还没有充分认识，须耐心等待。虽然人不可貌相，海水不可斗量，但外在形式是内在神韵的外化。尤其在当今社会，即使有超人的学识和才能，也要有良好的自我推销方法，如能主动出击，尽可能地寻机展示自己的才华，成功就会提早到来。

事迹

尊者又称无量明菩萨。无量明意为佛法如光，无限光明。尊者是妙禅佛土世界无相音佛座前的上首菩萨。

佛教有“四无量心”之说，它是指佛教四种广大的利他心，即为令无量众生离苦得乐而起的大慈、大悲、大喜、大舍四种心；或入慈、悲、喜、舍四种禅观。

“大慈”指给予众生无边的喜乐，衷心希望别人自在、欢喜，更可贵的是，自己力行实践给予别人快乐，不附带任何条件。“大悲”指衷心希望众生永远不再被痛苦折磨，离苦得乐，永脱生死轮回之苦。“大喜”是菩萨普度众生，见到众生离开了无边痛苦，内心就会感到无量无边的快乐，法喜充满。“大舍”指菩萨“一切皆舍”的精神与气魄。佛经说：“大舍大得，小舍小得，不舍不得。”

374 无量明尊者

尊者法相所示

尊者法相所现为半跏趺坐，右手护膝，左手执拂子，面目俊朗，神情恬静安然。尊者有大智慧，其无限光明，能遍照世间，使众生走出幽冥。

远看群山绿蒙蒙，近看草木倍葱茏。
相近相交待日久，日久知心情愈浓。

偈解

远看群山虽然发绿，却蒙蒙不清，近观才知是因为所有的草木都极为青翠茂盛。朋友相交，时间久了，更知心了，情也会更浓。

得此偈者，交友必多，但疏于了解。接触是深入了解的前提，时间是升情长意的基石。友有可刎颈者、有志同者、有情投者、有共饮者、有共玩者；兼而有之的朋友固然有，但绝少。所以你当视情而交，若滥交则必有贻患。

事迹

除众忧尊者，又称地藏菩萨。相传佛祖在忉利天为其母摩耶夫人说法时，曾嘱咐尊者长住人间，执掌幽冥世界，即阴府救主。释迦牟尼灭度后、弥勒出世前的无佛世界中，尊者曾担起教化众生、拯救众苦的大任。

据《宋高僧传》载，尊者曾转世为新罗国王子，姓金，名乔觉。他少年便出家，于唐高宗永徽四年（653年）来到中国，在安徽九华山结庐苦行修炼。后来，他广收信徒，募化建寺，使九华山佛寺和僧侣日益增多。金乔觉在九十九岁时坐缸中圆寂，三年后开缸，肉身不坏，面色如生，关节能动。佛界称之为菩萨转世，于是以全身入塔，这就是闻名于世的“地藏肉身塔”，后又建殿藏塔，名为“肉身宝殿”。

除众忧尊者 375

尊者法相所示

尊者法相所现为欢然而坐，赤脚，右手拄杖于肩，杖系佛经、拂子、座垫等，左手护膝，浓眉大眼，满面欢喜。尊者怜悯众生，广布佛法，灭除众苦。

居家度日欠计量，寅时必食卯时粮。
细水长流多节俭，万事安顺保小康。

偈解

居家度日，当作长远考虑，有计划、有节制地使用所得的财富，不要大手大脚，肆意挥霍，靠挪借度日。若精打细算，细水长流，则可保一生生活无忧。

得此偈者，必乃家庭收支混乱无计划者，胡乱花用，势必经常囊中羞涩。铜臭固然可厌，无此则寸步难行。若东挪西借，必债台高筑，债主上门，招羞遗患。故当斩挥霍之手，成节俭之习。

事 迹

无垢德尊者，又称无垢德菩萨。垢，指六垢。佛教认为六垢不除，真心就会变得污秽，真心污秽的人就无法摆脱烦恼及得到解脱。

六垢云何？一是骄傲心，以为法师所说，不过如此。二是不信心，将闻法所得，与一己之妄心比较，乃不具信心。三是懈怠，闻法而不精进，或如迟到、早退之类。四是散乱，闻法而心不在焉，精神未得集中。身虽在座，实未闻法。五是昏沉，昏昏欲睡，神志不随法转。六是不耐，法会之初，尚能听法，时能即久，厌心渐起。”

376 无垢德尊者

尊者法相所示

尊者法相所现为结跏趺坐，双手笼袖，微敞胸怀，面目圆润端庄，神情大度慈悲。尊者德行高洁，能除众生的一切烦恼，使众生无垢染，以恢复清净本性。

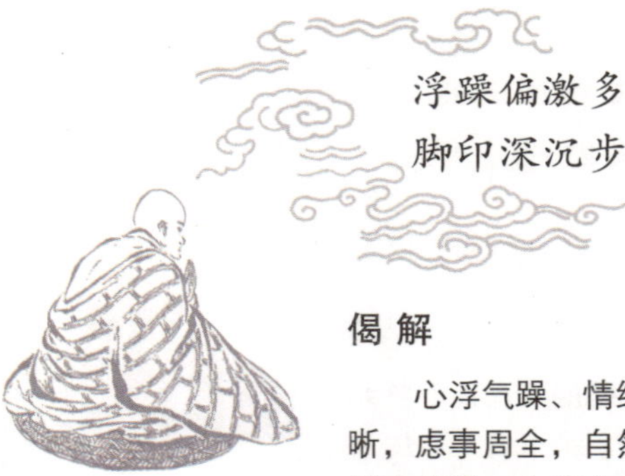

浮躁偏激多误事，沉稳谨慎事可全。
脚印深沉步步走，甘蔗越吃越香甜。

偈 解

心浮气躁、情绪激动，往往使自己丧失理智而误事；沉稳谨慎、头脑清晰，虑事周全，自然事事能获成功。脚踏实地、稳重前行，则人生之路定然越走越宽，生活亦会越来越甜美。

得此偈者，多半乃性急之辈，遇事不冷静，考虑不周全，轻易表达，行事鲁莽。这样最易被人轻看，让人不屑，成事不足，败事有余。若不根除，必事与愿违。

事迹

光明网尊者，又称光明王菩萨，是阿弥陀佛座下的二十五位菩萨之一，身兼守护念佛行者的职责。据《十往生经》载，佛祖曾告诉山海慧菩萨及阿难尊者："如果有人发愿往生西方极乐世界，称念阿弥陀佛的名号，就会有二十五位菩萨如影随行，使修行者没有疾病、没有烦恼，阻止一切恶鬼、恶神扰乱此人。此二十五位菩萨不分昼夜，恒相守护念佛人，令其常得安稳，吉祥如意。"

佛教认为，佛法如光明网，能令有邪见的人弃暗投明。尊者智慧如光明，极具威德，能使修行者得日夜安稳，静心修习功德，避免凶神恶鬼的扰乱。一旦修行者功德圆满，尊者便会与阿弥陀佛一起，前来接引此人，使其转生西方极乐世界。

光明网尊者 377

尊者法相所示

尊者法相所现为漠然而坐，右手结印，左手托宝塔，袒胸露腹，浓眉广额，神态清静。尊者智慧如明，有极大威德，能通照众生修佛之道。

读书万卷如有神，无如江山万里行。
为人应有多见识，井中之蛙寡知闻。

偈解

读万卷书，行万里路，可增强认识问题和解决问题的能力。知行合一，眼界才能开阔，见识方能深透，否则会如井底之蛙，孤陋寡闻。

得此偈者，当解决人生的两大问题，一是知识，二是见识。古人云，开卷有益，读书可丰富自己的头脑；古人有游学之风，行路可扩充自己的阅历，提高认识水平。书不读，阅不广，焉能有大作为？

事迹

修善行尊者，又称修行菩萨。据载：“修行菩萨，住堪忍地中，能忍种种诸苦恼故。”在《出象腋经》中，文殊菩萨曾向佛祖请教尊者是如何修得胜上妙法的。佛祖说：“修行菩萨有六种相应法，善住于一切甚深法趣。一者若修行菩萨乐施无吝，不见悭心与身有异，身与悭心俱无所得。二者坚持戒行，不见身与非戒有异，身与非戒俱无所得。三者善住忍辱守护自心，不见自身与瞋恚异，身与瞋恚俱无所得。四者精勤善行，不见自身与慢有异，身与怠慢俱无所得。五者方便净住禅定三昧不见自身，离于诸行亦不和合，三昧定心一切法故俱无所得。六者正智于一切诸法无所得故，乃至不求涅槃 不见自身与众生身而为有异，于六趣中见身无异故。修行菩萨以此六种法故，成就一切甚深法行。”

378 修善行尊者

尊者法相所示

尊者法相所现为漠然静坐，双手执拄杖，面丰额广，眉须黝黑，神情凝重。尊者智慧宽广，住于堪忍地中，能忍诸种苦恼。

人不如故衣要新，新衣着体添精神。
路遥方能知马力，旧友深交得知心。

偈解

衣服要新的，穿起来才得体，才能显出精神头；朋友要故旧的，知根知底，交往起来才心舒意放。人的品行不是一朝一日能表现出的，长期交往、经过考验的朋友才值得信赖。

得此偈者，当认真思索自己的交友之道。人不可无友，友人是任何关系都不可取代的。看友不能仅看一时一事，别以一事之失，就简单粗暴地断定朋友的良莠，尤其是生命过程中陪伴了自己很长时间的朋友。宁丢千金，不失一友（当然是知心朋友），这话值得体会。

事迹

尊者即华严宗四祖、唐代高僧澄观（738—839年），俗姓夏侯，字大休，唐越州山阴（今浙江绍兴）人。贞元十五年（一说十一年）德宗圣诞，召入内殿，阐扬华严宗旨，德宗赞他“言雅而简，辞典丰富，能以圣法，清凉朕心”。故赐号“清凉国师”。尊者曾立十愿自励，依此赐号称为“清凉十愿”。

传尊者九岁时，拜宝林寺体真禅师为师，十一岁依该寺霈禅师出家，十四岁得度。后来，尊者游历各地，求师访道，所学涉及律学及三论、华严、法华诸宗以及《大乘起信论》、《涅槃经》等经论。尊者一生著述颇多，主要有《华严经疏》、《华严经随疏演义钞》、《贞元经疏》等。

尊者吸收了天台宗的思想，把天台“三观”融进华严的“六门观法”中，采纳天台的“性恶说”，以解决华严“性起说”在阐明人类之恶的问题上的困难。

坐清凉尊者 379

尊者法相所示

尊者法相所现为欢然而坐，左脚跷于右膝之上，右手放于左脚踝处，左手执蕉扇，须发浓密，阔面大耳，张口欢笑。尊者言雅而简，辞典丰富，能以佛法清凉人心。

一草一木乃盆景，千枝万树始成林。
孤胆英雄多凶险，众志成城岳家军。

偈解

单丝不成线，独木不成林。一草一木，最多能成为盆景，而千枝万树才能成为丛林。再英勇无畏的人，一个人的力量终究有限，只有像岳家军那样，众志成城，团结一心，才能让对手难以撼动。

得此偈者，有独行之风、独断之举。当今已非孤胆英雄独行大侠的时代，团体精神、团队合作是工业社会的特征。个人能力有限，集体智慧无穷。大胆发挥一己之才智，巧妙借助群体力量，方为上策。

事 迹

无忧眼尊者即阿育王，梵文意为无忧，故又称无忧王。

约公元前262年，阿育王亲率大军大举进犯羯陵伽。羯陵伽虽然实力雄厚，但面对兵力物力数倍于己的孔雀王朝，终究败下阵来。十五万羯陵伽人被俘，被杀之人不计其数，血流成河。此次战争结束后，阿育王转变了原有的治国方针，放弃了一切侵略性的军事行动，致力于政治稳定和经济文化的发展。他曾发布敕令说："我对羯陵伽人民在战争中所遭受的苦难感到深切的忧虑和悔恨。"后又向全国人民宣布："战鼓的响声沉寂了，代替它的将是佛法的声音。"此后，他不再向邻国派遣军队，而是派去宣扬佛法的高僧。

佛教经过阿育王的大力倡导，从一个信徒人数较多的民间组织发展成为印度最大的宗教，阿育王还大力向邻国推广佛教，使佛教成为世界性宗教。

380 无忧眼尊者

尊者法相所示

尊者法相所现为端然静坐，手执宝珠，双目上视，神情焦虑忧苦。尊者由残暴之主变为仁爱之君，从此结集佛典，弘扬佛法。

斑鸠代孵喜鹊蛋，瘦猫吓破肥鼠胆。
万物相生又相克，各入轮回复循环。

偈 解

斑鸠给喜鹊孵卵，孵化出来的依然是喜鹊；即使是瘦小的猫，肥大的老鼠见了也会吓破胆。事物之间相生相克，循环往复，乃自然之理，不可违背。

得此偈者，看事往往只看表面，断事不深不透。不仅要学会透过现象看本质，还要学会用联系的观点看待问题。若遇事不思不虑，匆促处理，则可能差之毫厘，谬以千里。

事 迹

去盖障尊者，又称除盖障菩萨、去盖障菩萨，是佛教八大菩萨之一，密教胎藏界曼荼罗除盖障院的主尊，密号离恼金刚。

尊者以消除一切盖障而著称。盖障，即形形色色的烦恼，主要是欲、瞋恚、睡眠、掉悔、疑五盖，这五盖会盖心性光明，使人坐禅时难以入定。而且不得禅定则智慧不开，没有智慧则难辨对错真伪，不分真假对错就会愚昧无知、造作恶业，恶业累积则堕入恶道受无量苦。可见消除五盖属于修行的基本功，除盖障菩萨在八大菩萨中知名度最低，这跟众生对基本功的忽视不无关系。大家都盼望“立地成佛”、“一步到位”，这种急功近利的思想反而使人忽视了基本功的修行。当人清醒地意识到修行必须循序渐进，任何侥幸最终都无济于事时，除盖障菩萨的角色就变得越来越重要。

去盖障尊者 381

尊者法相所示

尊者法相所现为端然静坐，右腿跷于左腿之上，双手笼袖，身披挂络，头戴风帽，神态慈悲祥和。尊者见法明道，具五神通力，能启众生智性和善性，除众生垢染。

天空飘过一流星，淡淡银河漾碧痕。
星珠早书凋谢去，犹留光芒暖人心。

偈解

天空中一颗流星飘过，在淡淡的银河中荡漾起一道波痕，虽然它转瞬即逝，但是其光芒却能常暖人心。

得此偈者，不日将有不虞之事，切记小心应对，预作防范。月晕而风，础润而雨，事之所起，必有其兆；祸之所发，必有其由。未雨绸缪，智者所为。否则一旦灾祸降临，悔之不及。

事迹

明，即智慧；自明，指没有经过师长教导独自生出佛的一切种智，即佛教中常说的独觉、缘觉，独觉之人又称辟支佛。

独觉可分为部行独觉和麟角喻独觉。《俱舍论》对两种独觉的解释是：部行独觉指声闻时已证不还果，而欲达阿罗汉果时，离佛自修自悟者；麟角喻独觉指独居修行一百大劫，积足善根功德之觉者。部行独觉的得名，系由其在声闻修行之际，多居僧团中生活；麟角喻独觉则系独自于山间、林下修行，不结伴侣者，故以麟角为喻。另《大智度论》载，辟支佛有二类：一为独觉辟支佛，独觉辟支佛又有小辟支迦佛和大辟支迦佛两种，前者相当于部行独觉中之得果声闻，后者相当于麟角喻独觉；一为因缘觉辟支佛，系由先世福德愿行之果报，而不必从他人闻法即能自出智慧，借飞花落叶等小因缘而觉悟，相当于部行独觉中之异生凡夫。

382 自明尊尊者

尊者法相所示

尊者法相所现为半跏趺坐，双手笼袖，抬眉皱额，双唇微开，双目圆瞪。尊者以慧与善根为性，激发众生的潜能与智慧，使众生脱离垢染，明心见性。

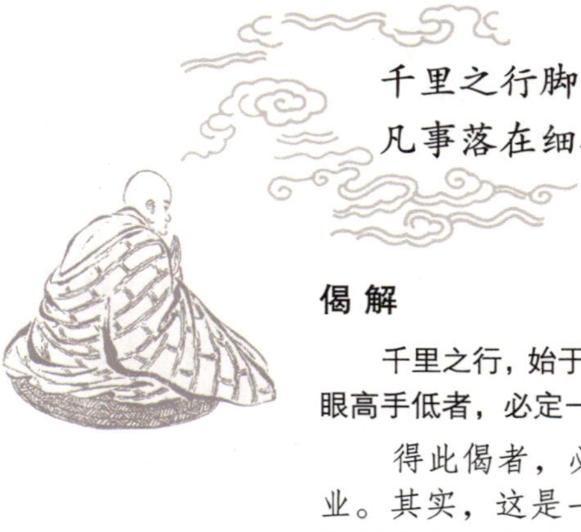

千里之行脚下起，参天大树靠种子。
凡事落在细微处，眼高手低不可取。

偈解

千里之行，始于足下；参天大树，发于种子。欲成大事者，当从小事做起，眼高手低者，必定一事无成。

得此偈者，必心高气傲，以为须臾可以建大功，转瞬能够成伟业。其实，这是一种不切实际的幻想。做人既要有远大目标，又要脚踏实地，从小事做起，这就叫大处固不可遗，细处亦不可漏。

事迹

和论调尊者，又称和伦调菩萨。

尊者曾在佛祖座前发誓：“佛般泥洹去，却后乱世时，是经卷者，我辈自共护持，使佛道久在。其有未闻者，我辈当共为说，教授是深经。世间少有信者，我曹悉受之。”佛祖对尊者的功德大为称赞，尊者心中大感欢喜，发誓“持五百劫波育锦衣，持珍宝布施，持身自归供养佛”。佛祖称赞尊者：“于五百菩萨人中之师，常持中正法，合会随顺教莫不欢喜者，欢乐心、随时心、清净心、却欲心。”

和伦调尊者 383

尊者法相所示

尊者法相所现为陶然而坐，右腿跷于左腿之上，右手挂念珠，左手自然下垂。尊者宽面大耳，慈眉善目，张口而笑，神态平和大度。尊者曾发誓普度众生，地狱不空，绝不成佛。

青山座座耸云天，高高山上有真仙。
世人但觉神仙好，勤修苦练几多年。

偈解

人们往往只关注他人的高高在上和功成名就，却没有看到他人为之辛勤耕耘流淌的汗水。欲修得正果，必苦其心志，劳其筋骨，并持之以恒。非如此，则不能成功。

得此偈者，当排除欣羡他人的不良心态。你可想过别人今日之荣耀，曾经付出过多少代价，须看到鲜花和掌声背后的付出。临渊羡鱼，不如退而结网。知此，则心态平和矣。

事迹

净除垢尊者，又称净三垢菩萨。三垢，即贪、瞋、痴三毒。《华严经随疏演义钞》中以现行、种子、习气三者，称为三垢。天台宗则以见思、尘沙、无明等三惑为三垢。

《佛说大乘无量寿庄严清净平等觉经解》认为，若欲说法利人，则自身须断尽纤疑。发菩提心，一向专念，是为诸善之本，当奉为纲宗，“应常修习，使无疑滞”。所以说疑根未断，即是罪根。欲断疑根，应知方便。疑惑不断，只因慧心不朗。慧心不朗者，只因三垢障深。据《安乐集》载，念佛三昧，能除过去、现在、未来的贪、瞋、痴一切诸障。垢去明生，则无疑滞。《佛说无量寿经》说：“其有众生遇斯光者，三垢消灭，身意柔软，欢喜踊跃，善心生焉。若在三途极苦之处，见此光明，皆得休息，无复苦恼。寿终之后皆蒙解脱。”

384 净除垢尊者

尊者法相所示

尊者法相所现为结跏趺坐，左手持如意，右手托如意吊坠，面带笑意，神态平和慈悲。尊者长期修行，清除了贪、瞋、痴，拔除了烦恼之根，能助众生脱离苦海。

有书方为真富贵，无知乃是大贫穷。
庸人侥幸得好运，花开不过百日红。

偈解

学识渊博、知识丰富才是真正的富贵，没有知识的人，即使偶然因好运而得到了功名富贵，也不过是花开百日，不能长久。

得此偈者，当思负笈求学潜心读书之益。读书求知不仅能充实自己的精神世界，也能因此获得财富。君不见今日在商场叱咤风云者，大都是读书专精之士，被人誉为儒商之人。若无一门专学，惟思一夜暴富，实乃镜花水月。

事迹

去诸业尊者，又称除业菩萨，是佛祖释迦牟尼的五佛顶之一。五佛顶又称五顶轮王或如来五顶，它们代表佛智的殊胜，以及佛祖无见顶相之德。五佛顶分别是白伞盖佛顶、胜佛顶、最胜佛顶、光聚佛顶、除障佛顶。

五佛顶中，白伞盖佛顶代表佛祖的顶相遍覆一切之用，胜佛顶代表佛祖的胜功德，最胜佛顶代表佛祖的最胜功德，光聚佛顶代表佛祖的光用功德，除障佛顶代表佛祖的除障之用。《大日经义释》认为，除障佛顶是如来力无所畏神通之顶，能柔伏一切众生业垢，皆令清净。

众生要祛除业力，有以下几种方法：一是昭告，即每天做功课时，在问讯前，先净身口意，在佛前说明此次做功课的目的；二是诵《地藏经》，念《往生咒》二十一遍，合掌念“阿弥陀佛”一千声；三是诵经持咒念佛后，站起来代冤亲债主忏悔、皈依三宝与发愿。

去诸业尊者 385

尊者法相所示

尊者法相所现为傲然而坐，左手护膝，右手于胸前结印，嘴唇紧闭，嘴角下沉，双目圆睁，神态孤傲。尊者能去除一切恶道和一切有情的生死苦恼，使众生免除前世今生的一切恶业。

青蛇行路弯弯转，乌龟赛跑慢慢爬。
人各有性莫强求，勤谨立命保身家。

偈解

蛇有蛇的行进方式，乌龟有乌龟的前进速度。每人的行事风格不同，当尊重他人的本性，勤勉谨慎，这才是安身立命的根本。

得此偈者，必有不足之患。天地生人，各具不同天赋、不同性情，故而人生之路各不相同。平平淡淡，也是一生。何必自寻烦恼，守住自己一亩三分地才是正经。如此，则心下释然矣。

事迹

慈仁尊尊者，又称慈仁菩萨。

慈，指用爱护心给予众生安乐，《大智度论》说："大慈，与一切众生乐……大慈，以喜乐因缘与众生……复次诸佛心中慈悲名为大，余人心中名为小。问曰：'若尔者，何以言菩萨行大慈大悲？'答曰：'菩萨大慈者，于佛为小，于二乘为大。'"仁，又叫善种子，是天地间生生不息的生机，也叫佛戒的种子。佛教认为，人的八识田中储藏有无数种子，这些"种子"有生一切有漏、无漏、有为、无为等诸法的功能，种子遇缘，就会产生色心一切万法，这些显现在眼前的有为法又以种子的形态回薰到八识田中。若种子遇善缘，则是善种子；遇恶缘，则是恶种子。

据《菩萨璎珞经》载："尔时世尊将欲灭度，却后九十日当取般泥洹，告四部众，吾昔成佛于摩揭陀国，既成佛后在法乐讲堂，十方恒沙一切菩萨，皆来云集来至我所，各各劝进令我说法。"尊者也赶来聆听佛祖说法，并称赞佛祖是"诸法其深奥，如空无端绪，达本无诸道，故号人中尊"。

386 慈仁尊尊者

尊者法相所示

尊者法相所现为结跏趺坐，双手笼袖，分置双腿之上，浓眉黑须，面目慈祥和乐。尊者大慈大悲，积德善缘，给众生以无限喜乐。

欲学跑步先学走，欲学做事先做人。
高高山上一竿竹，青竹正直又虚心。

偈解

要想快步跑动，须先学会行走；要想学会做事，应先学会做人。高山上的竹子之所以挺拔，乃是其正直虚心所致。

得此偈者，当前宜戒急功近利。天在上头，路在脚下，脚踏实地，稳步前行。若具备正直的品性、虚心的态度，则无虑前途无路。

事迹

无尽慈尊者，即弥勒菩萨。在中国，人们最早信仰的就是弥勒菩萨。

早在汉代，有关弥勒菩萨的佛经就已经被大量地翻译成汉语。在新疆还出土过用吐火罗语所写的《弥勒会见记》，该书主要内容是描写凡人与弥勒相会的故事。在汉代弥勒信仰就得到了中国信徒的认可和接受，很多人一心一意往生弥勒净土。唐代高僧玄奘也信仰弥勒净土，他是虔诚的弥勒信徒。

尊者生于南天竺婆罗门种族，多年跟随佛祖学习佛法，探讨解救众生的方法。他曾问佛祖为何有人奉佛仍不能解脱，佛祖解释说：有人自称信奉佛教，但对佛法心存疑惑，不能真正获得佛的智慧。他们相信祸福报应，却不礼敬佛，不听佛经，不参拜诸菩萨及声闻圣众，所以不得解脱。

无尽慈尊者 387

尊者法相所示

尊者法相所现为半跏趺坐，双手于袖中作揖，头戴风帽，面目俊朗，张口弘法。尊者坚信佛法，明了佛智，一心利益众生。

欲知礼义多读书，欲食五谷多种田。
勤学明礼人高尚，勤劳祛病双延年。

偈解

读书可以知礼明义，种田可以收获五谷。明礼的人品格高尚，勤劳的人则长寿少病。

得此偈者，日常生活中必懒于读书，疏于礼仪，懵懂人生大义。同时生性疏懒，精神萎靡，甚或身患疾病。若能改弦易辙，洗心革面，勤奋劳苦，则生命状态将从此改观。

事迹

飒陀怒尊者，又称贤护菩萨、拔陀和菩萨，是八大菩萨之一。密教以尊者为贤劫十六尊之一，位列金刚界曼荼罗羯磨会等轮坛外西方第二位，密号“巧护金刚”或“离垢金刚”。日本高僧圆仁所写的《金刚顶大教王经疏》中称尊者“为诸群生化导之主，能守护之，不过时处，说法相应，离烦恼垢，令得睹见本际清净法界曼荼罗身，故为主宰，称为功护，亦为利垢者，即是贤护也”。

尊者形象为红色女形，左手作拳安于膝上，右手捧持贤瓶，坐莲华上。女形代表定德，红色代表慈悲，贤瓶代表护持众生的清净智水。在胎藏界曼荼罗排列中，尊者位居除盖障院九尊中之第四位，故又称“除疑怪”，密号“功济金刚”，三摩耶形为独股金刚杵。

388 飒陀怒尊者

尊者法相所示

尊者法相所现为陶然而坐，曲右腿，盘左脚，右手持念珠，左手撑于座上，上身赤露，四周六顽童，各为尊者挖耳、解带、脱鞋等。尊者善于除却众生的疑悔，巧于救济处于黑暗中的众生。

东海普陀西峨眉，五台山高九华低。
圣山宝寺皆朝遍，尽沐佛恩运和熙。

偈解

东边普陀山，西边峨眉山，北方的五台山，中原地区的九华山，它们都是佛门清净的圣山宝地。佛法慈悲，佛光普照，虔诚朝拜，可获如意吉祥。

得此偈者，目前尘事纷繁，心绪不宁，宜暂时远离是非之地，是非之人，外出游历名山大川，朝拜佛院寺庙，顺便请得道高僧指点迷津，心灵可得安宁，是非淡然化解。

事迹

尊者姓迦旃延，名那罗陀，生于南印度阿提国猕猴食村婆罗门家庭，其父是国王的国师，家中拥有广大田地和众多奴仆。尊者天资聪颖，精通《吠陀》、占相术，通达四禅五通。

尊者曾与多处游学的哥哥，同时演说吠陀论的哲学。尊者辩才无碍，把哥哥的听众都吸引过来，大家听后都说，弟弟远胜过哥哥。后来，父亲把尊者送到其舅父阿私陀仙处学习。阿私陀仙十分欣赏外甥的聪明，恨不能把所知道的全都教给他。尊者也没有辜负他的希望，不久，就通达四禅五通。

阿私陀仙曾预言悉达多太子将会成佛，于是对他说："迦旃延！照我的推算，佛陀不久就要成道，他成道后会到鹿野苑来转法轮。你要记好，在佛陀证道后，赶快跟他求法和修道！"阿私陀仙嘱咐尊者后，便与世长辞了。

那罗达尊者 389

尊者法相所示

尊者法相所现为肃然静坐，左手护膝，右手扶手椅，络腮胡须，双目圆睁，皱眉而视，神态凝重。尊者悟性极高，学识渊博，虚心修法。

牛不喝水莫按头，事难顺遂莫强求。
万般皆有因缘在，逆天悖理必招忧。

偈解

强扭的瓜不甜，勉强之事不可为。如果不是自己的需要，外人是很难强加于身的。水到则渠成，万事总随缘。所以若强为莽行，定遭烦忧。

得此偈者，当宽心遂情，顺应天理。世事皆有因果，宜详审因由，违背自然规律之事莫做，违反天理之事莫为，则忧烦可解，祸患可消。

事迹

持，即持之以恒；行愿，又称“愿行”。佛教认为，“愿”是志愿，“行”是行业、实践。依《仁王护国般若波罗蜜多经疏》和《释禅波罗蜜次第法门》的解说，志愿所向，须有行业方得满足，行业须有志愿方得结果；故“愿”与“行”常不相离，相辅相成。如一切菩萨发四弘誓愿，以六度之行业而成佛果。又如法藏菩萨于五劫发四十八愿，经兆载永劫，修无量之行业，而成阿弥陀佛。另据《大智度论》载，佛国事大，独行功德难以成就，须藉愿力方能达成；如牛力虽能挽车，亦须御者，方有所至。准此，各经论于愿力或行业之重要性所强调者各具特色。

日本净土宗各派之间对“愿”、“行”的解释颇有出入，有的说“愿”是指发愿心，“行”指念佛，两者均属众生自力之作为；有的说两者都属佛力；还有说“行”字的意义应指日常之诸善行。

390 行愿持尊者

尊者法相所示

尊者法相所现为结跏趺坐，双手持法器，浓眉大耳，目向上视，面容慈悲含笑。尊者立誓拯救天下众生，并坚定而行。

千里关山度若飞，壮士此去欲不回。
铡肠铁血男儿事，马革裹尸英烈归。

偈解

关山重重，飞驰而过，满怀壮志豪情的人，此去勇往直前，准备献身疆场。面对举足轻重的事情，不容有丝毫闪失，即使作出重大的牺牲也在所不惜。

得此偈者，应有壮士断腕的豪情，作出抉择，以改变目前的处境。若性格坚毅，有誓不罢休的精神，则终有功成名就之日。

事迹

天眼为五眼之一。“五眼”指肉眼、天眼、慧眼、法眼和佛眼。佛教认为，眼睛能够明辨物象、增长知识，因此，修行的层次越高，心眼作用的范围越广。凡人具有父母所生的肉眼，但肉眼所能见的距离和范围相当有限，太小、太大、太远、太近，均非肉眼所能见，或太过黑暗或强烈的光度，也非肉眼所能适应。如能得天眼，便能在物质世界中自由观察，不受距离、体积、光度的限制。对凡人而言，天眼可以通过修禅定获得。

天眼还能预见一些将要发生的事情。任何事情的发生都源于因果关系，造下什么样的业力，就会有什么样的果报。因此，在事件尚未发生时，造成事件发生的力量就已经形成。如果没有其他因素加入，事件的发生就不可避免。所以，具有天眼的人，能够预知未来。天眼能力越强，能见的未来越久远，准确度也越高。

天眼尊尊者 391

尊者法相所示

尊者法相所现为淡然而坐，右腿跷于左腿之上，双手于胸前持经卷，宽面大耳，嘴唇微闭，神态亲切祥和。尊者能透视众生心性，观其前生善恶，预见未来。

月朗星稀不夜天，珠光宝黛照华筵。
歌舞吹弹意无足，富贵安康乐晚年。

偈解

天空中月明星稀，而地上则灯火辉煌，珠光宝气，一场盛宴正在举行。席间有歌有舞，吹拉弹唱，这一派富贵安康、雍容华贵的景象直至老年也不会衰败。

得此偈者，目前命途顺畅，生活富足；美酒佳人，悠哉游哉；歌舞管弦，尽情享受。但须有所节制，须知福不可享尽，乐不可无极。若率意而为，恐祸起萧墙之内矣。

事 迹

据《佛说大方广菩萨十地经》载，尊者曾在法会上问佛祖："谓菩提心云何当知？菩提萨埵成就菩提心，何等为菩提心？"佛祖回答道："当知初发心，彼因檀波罗蜜，犹如大地所持。当知第二心起，彼因尸波罗蜜，犹如狮子兽王勇猛。当知第三心起，彼因羼提波罗蜜，犹如那罗延勇猛大力便。当知第四心起，摧伏一切诸结怨敌，彼因毗梨耶波罗蜜，种种善根功德华开。当知第五心起，譬如天帝释大会拘毗陀罗树，彼因禅那波罗蜜，犹如日轮无量光曜。当知第六心起，悉能除灭一切暗冥，彼因般若波罗蜜，本愿功德普现庄严。当知第七心起，如商人主将诸商人能度旷野，彼因方便波罗蜜，净除一切过恶所欲如意，当知第八心起，满足明净犹如秋月周满所愿。当知第九心起，一切所作皆悉休息，譬如贫人得无尽宝藏，犹如虚空离垢明净。当知第十心起，究竟一切功德彼岸，智慧辩才无尽一切法主犹转轮王。"佛祖告诉尊者，凡成就这十心的人，就能成为菩萨。

392 无尽智尊者

尊者法相所示

尊者法相所现为陶然而坐，天庭饱满，左右各一嬉闹顽童。尊者右手握童子之手，左手执经书，开口大笑。尊者劝导众生孝敬父母，不可仗势为非，不乱交坏人，不贪饮无度。

多行善事积功德，壮盛年华莫枉过。
日积月聚得福报，莫待临时念弥陀。

偈 解

行善要从小处做起，日积月累，即使在精力旺盛、空闲无多时也不稍有松懈，如此则必有福报，更不会到灾祸临头才临时抱佛脚。

得此偈者，当怀助人为乐之心。须知解人之困，增己之福；若一味妄行贪鄙之念，损人而利己，甚至损人而不利于己，则祸至无日，噬脐莫及。

事迹

遍具足尊者，又称遍济世间众生之具足阿罗汉。《佛学大词典》对“具足”的解释是：“具备满足之略称。”

尊者在供养诸佛时，总能做到“三具足”。所谓“三具足”，是指华瓶、香炉、烛台三种佛具组合起来的一种恭敬供养。关于佛前的供养具，各类经典都有许多记述，三具足是供养具中最基本的佛具。《陀罗尼集经》中记载了二十一种供养具，并说最低限度必须包括香水、烧香、杂华、燃灯及饮食等五种，而《无量寿经》则列有“悬缯、燃灯、散华、烧香”。其中都包括烧香、散华、燃灯等，而将持盛此三种供养的基本器具列为三具足的情况则可能起源于中国。

遍具足尊者 393

尊者法相所示

尊者法相所现为静坐，左手托宝瓶，右手扶瓶颈，凤目凝视，神情专注。尊者愿众生形貌端丽，妙相庄严，为人所喜。能令聋者得听，哑者能言，饥贫者丰衣足食。

劝君行事多谨慎，凡事三思而后行。
乍晴乍暖春夏日，风云不测小人心。

偈解

人应行事谨慎，凡事三思而后行，因为世态炎凉瞬息万变，稍不留心，便易被小人利用，从而招致不测风云。

得此偈者，说话做事过于坦诚、直接，且身边人心眼较小。解决之法，说话谨慎，行事乃谋定而后动。对于小人，或巧与周旋，或敬而远之，切不可简单粗暴，使矛盾公开化。

事 迹

尊者是摩揭陀国王舍城的在家居士。宝盖，即伞的一种，又称华盖。《佛学大词典》的解释是："系伞之美称，即指七宝严饰之天盖。悬于佛菩萨或戒师等之高座上，作为庄严具。"

古印度部族在举行重要会议时，常利用大树的树荫避暑，部族长老则背对树干而坐。世尊说法时继承了这种习俗，后来就演化出了伞盖。所以，伞盖又变成王者或佛陀的象征。

394 宝盖尊尊者

尊者法相所示

尊者法相所现为欢然而坐，双手捧经书，丰面大耳，慈目广额，开口常笑。尊者严守戒律，修行不懈，曾参加佛陀入灭后的第一次结集。

男儿流血不流泪，行事果决性刚毅。
不作温柔乡中物，宁可马革裹尸回。

偈解

大丈夫宁可流血也不会痛哭流涕，行事果敢坚决，敢作敢当。一生不会耽于温柔富贵之乡，不会沉湎于儿女情长，为成大业誓死不休。

得此偈者，性格软弱畏怯，遇事往往踌躇不决。天下事有可回避者，有避不开者。与其退缩逃避，不如果敢面对；尤不可因感情藤蔓的牵扯，丧失了奋斗的勇气。

事迹

尊者是罽宾国高僧，其名不详。据《大唐西域记》载，尊者曾到瞿萨旦那国传播佛法。他到该国后，在一个树林中宴坐（即禅坐）习定。有人发现尊者后，立刻向国王报告。国王见到尊者，非常恭敬地问："阁下何人？为何独自住在林中。"尊者说："我是如来的弟子，在此闲居并修习禅定。贵国没有佛教，我认为国王应该建造寺院，召集僧侣，弘扬佛教。"国王问："如来有什么德行？什么神通？你为何如此信奉佛教？"尊者说："如来慈愍众生，教化三界，所有遵守佛法的人都能出离生死。"国王说："既然如此，就请为我现形。若真如此，我当建寺院，并率全国皈依佛教。"尊者说："先请国王建寺院。若如此，必能见到如来。"国王答应了尊者的要求。寺院建成后，国王按照尊者所传的佛教礼仪礼请佛，片刻，就看到空中有佛像下降，落在寺院中。国王大惊，从此虔心信奉佛教。

神通化尊者 395

尊者法相所示

尊者法相所现为欣然而坐，双手持宝瓶，正以神力吸入凶残兀鹰。尊者阔面大耳，神色从容。尊者通身神力，全身大放光明，能以神通弘扬佛法，教化众生。

为人性格要坚强，千锤百炼成金刚。
功成名就终有日，家增富贵族增光。

偈解

为人处事，要性格坚强；在经历千锤百炼后，你自会坚韧不拔，如此终会获得成功，到那时你不仅家庭富贵，而且还会光耀门庭。

得此偈者，缺乏丈夫气，面对挫折和困难，知难而退。钢须锤炼，人须磨砺，若能具备"粉身碎骨浑不怕"的精神，则能意志坚定、行事果敢、奋勇直前，如此何愁功名无望。

事 迹

善识，即善知识。

《菩提道次第广论》中记载了善知识所应具有的十个条件。一是调伏，意为守戒，善知识应该是一个戒律清净的人。二是静，意为入定，善知识在修定时能压住自己内心中存在的贪图、瞋恨、愚昧无知。三是近静，意为慧学，善知识应该做到性空正见，诸法自性虚空。四是德增，意为功德，善知识的功德应该比弟子的功德大。五是具勤，意为精进，善知识应该能利他之行，能精进勇猛地行持。六是教富饶，意为教学方法丰富，善知识不能只会说单独某一个法或知道某一个传承，而必须通达经、律、论，以及显宗和密宗的一切教法。七是善达实性，意为通达万物诸法虚空的本性。八是具巧说，意为能善巧地说法。九是悲体，意为内心非常慈悲，把众生或自己的弟子当成儿女，内心根本没有一点隔阂。十是离厌，意为脱离厌烦。

396 思善识尊者

尊者法相所示

尊者法相所现为陶然静坐，右手执拂子，左手捋拂须，天庭饱满，寿眉及颊，嘴唇紧闭，下颌上突，抿嘴而笑。尊者善于观察众生的品德和能力，能帮助众生走上正道。

溪水清浅哗哗响，湖水深沉泛幽光。
奸诈小人性寡默，开朗君子性坦荡。

偈 解

清溪之水，因浅显而哗哗作响；幽深之湖，因深沉而泛着幽幽之光。小人之心如幽深的湖水，阴险狡诈，心机深沉；君子之心如溪流，清澈见底，正直善良，胸怀坦荡。

得此偈者，当知君子风范温如玉，小人心地寒若霜；君子坦荡荡，小人常戚戚。以此识人，则君子小人可辨；以此炼己，则君子之风可成。

事迹

信，即信仰。元代高僧中峰禅师（1263–1363年，俗姓孙，杭州钱塘人）曾说："信者，信有西方净土；信有阿弥陀佛，摄取众生之事；我等众生，信有往生之份。然虽谓弥陀摄取众生往生，要信唯是随心自现，感应道交，究竟非从外得。如是信者，是为真信。信而无行，即不成其信。"

静，即定学。定学有四种，又称"四健行定"，即：大乘光明定、集福王定、三贤守定、健行定。其中，大乘光明定所发的智慧能照大乘"理教行果"（理，即所诠之理；教，即能诠之教；行，即所修之行；果，即所证之果）；集福王定，即能聚集无边福德；三贤守定，指能守世间和出世间的一切贤善之法；健行定，是指佛和菩萨以精进大健之力，修行胜行而得此定。

喜信静尊者 397

尊者法相所示

尊者法相所现为欢然而坐，左腿架于座上，右手护左膝，左手结印，体形健硕，宽额直鼻，凤眼方口。尊者深具信心，再因修行而得静心，烦乱除绝而不生愤勃，不报他怨，不起瞋心。

盈虚祸福是前缘，今生修好修来生。
山阴路上风光好，左右逢源万事全。

偈解

人生祸福都是由前缘修来的；如果今生诸事如意，无灾难困苦，也应多行善积德，为来世修福德。这样即使在走背运的时候，也会终有好报，能够左右逢源，获得别人的帮助。

得此偈者，目前生活状态不错，行事则事顺，交人则人良。但是，祸兮福所倚，福兮祸所伏，得意勿忘失意时，善行多举，善事多为，方可保福源不断、福水长流。

事 迹

尊者是佛祖叔父斛饭王的长子，又称“拘利太子”、“十力迦叶”。

一天，佛祖在弘法途中，被一种叫迦陀罗的植物刺伤脚底，血流不止。试了各种药物，都无法止血，这时，尊者来到佛陀面前，长跪合掌，道：“世尊，您若视一切众生平等无二，即便是对您的爱子罗睺罗，和屡次犯罪、毁佛的提婆达多两者，也没有分别心，那么您的脚立刻就能止血！”话音落，佛祖的伤口竟不再流血，慢慢痊愈。诸大阿罗汉都赞许。这时，佛祖告诉众人：“很久之前有一个婆罗门的儿子叫无害。无害劝父亲少造杀孽，父亲不听。无害伤心欲绝，便到湖边欲求了断。湖中有一条毒龙，见无害便喷出毒液。婆罗门见儿子身中剧毒，哭道：‘我儿子这么善良，剧毒应迅速消散才是啊！’话音刚落，无害就已完好如初了。这位婆罗门就是十力迦叶，而无害就是我。十力迦叶在过去世中能如实说话，消除病痛；所以，现在世中亦能以诚实语的功德治愈我的伤口。”

398 摩诃南尊者

尊者法相所示

尊者法相所现为坦然而坐，双手交叉，环抱右膝，慈眉善目，体形丰隆，神态端庄平和。尊者能以诚实语的功德治愈众生伤口。

十年寒窗读诗文，一朝登榜上龙庭。
尽展平生壮怀抱，富贵兴盛及子孙。

偈 解

十年寒窗，心无旁骛，奋发苦读，娴于用世之学。一朝榜上有名，立身朝廷，尽展人生怀抱，功名富贵接踵而至。家庭欣欣向荣，子孙蒙受福荫。

得此偈者，必为好学之人。但须坚持不懈，半途而废者，则与成功无缘。学成之后，若行走仕途，方有机会实现抱负，展现才华，富贵荣华，唾手可得。良好的家庭环境，也能使后辈顺利成长。

事迹

尊者即阿弥陀佛。关于阿弥陀佛的故事，早在东汉时期就已经开始流传。六朝时强调往生极乐世界的思想，就是建立在阿弥陀佛信仰上，并逐渐形成后来的净土宗。

净土宗是中土佛教宗派，因专修往生阿弥陀佛净土法门而得名。净土信仰源于古印度。古印度盛行人生是苦的基本观念，从而寄希望于脱离现实的娑婆世界，往生超越的净土世界。《无量寿经》、《观无量寿经》、《阿弥陀经》和《往生论》为该宗所依经典，称“三经一论”。后增加《大势至菩萨念佛圆通章》、《普贤菩萨行愿品》，称之为“五经一论”。由于该宗修行方法简便，故自中唐以后广泛流行，宋明后与禅宗融合。净土修行普及于社会各个阶层，以至有“家家阿弥陀，户户观世音”的说法，“阿弥陀佛”四字也成为佛教徒间见面的问候语。

无量光尊者 399

尊者法相所示

尊者法相所现为欣然而坐，双手合十，体形丰隆，面目圆润端庄，神态豁达大度。尊者具无量慈悲与智慧，心平气和，了无忧愁，善思多智，道行高妙。

大路宽阔通四方，小路曲折漫又长。
大路小路都要走，人生并不总康庄。

偈解

人生的路并非都是畅达无碍，一帆风顺。有阳关大道，也有羊肠小道；有时会一马平川，有时则急流险滩，关键是面对这些或顺境或险境时的心态。

得此偈者，可能暂时境遇不佳。须知人生之路难有一帆风顺者，顺利时应心态平和，逆境中更应不烦乱、不自弃。也就是说，行大路不可得意忘形，行小路不必颓废沮丧。不如意时，卧薪尝胆，自强不息，良好的心态是成功的保障。

事 迹

金光慧尊者，又称金光炎菩萨，是十方诸大菩萨之一。金光，即金色佛光，佛教常用此比喻无上智慧。

在佛教中，“智慧”和“慈悲”分不开。有“慈悲”心，即有菩提心，才能得智慧。只有深具智慧之心，才会有大慈大悲之心，成为以救世救人为己任的大觉大悟之人。

越南高僧一行禅师认为：“社会上所存在的种种非正义、战争以及个人的痛苦和烦恼，根源在于人类缺乏真正的理解和爱。所谓‘爱’也超越了自他的分别，专指无我的慈悲。智慧是慈悲的前提，只有具有智慧的人才能真正体会什么是慈悲，没有智慧也就没有慈悲。如何才能具有智慧？首先，应该明确地知道宇宙间的一切事物都是因缘所生法，没有所谓独立实在的自我，换句话说，一切都是空的。明白了这一点，才能彻底摆脱对自我和事物的执著，才能平等地看待人和事。”

400 金光慧尊者

尊者法相所示

尊者法相所现为愁眉而坐，身披挂络，双手结印，体形健硕，阔面大耳，启口弘法。尊者具无上智慧，能洞察众生心田，引导众生诚心忏悔，以灭罪修福。

桃花鲜艳杏花柔，牡丹芍药尽妖娆。
人生美景享不尽，春色满园百花骄。

偈 解

春风习习，日暖天高，百花齐放，万紫千红，好一派妖娆景象。人生得意，欢乐饱享，花舞叶摇，无限春光。

得此偈者，目前春风得意，好事连连。但晴天须防雨天，花开须防花落。明哲之人，要善于在顺畅时预见危机，在得意时想到失意，及早做好应对困顿的准备。

事　迹

尊者为古印度华氏国人。

尊者最初修习外道，后被马鸣菩萨收服，皈依佛教。他曾给龙树菩萨授具足戒，传法龙树。

据传，他率弟子到迦毗摩罗城北一石窟中修炼，被盘踞窟内上千年的一条巨蟒所缠绕。尊者便为巨蟒讲授《三归依经》，蟒蛇被感化，变成一老叟归附尊者。在此洞窟北方十里之地，有一株万年大树，树荫下栖居着五百条大龙，因此得名为“龙树”。龙树常为众龙讲经说法。尊者来访龙树，在确认他是一位德高望重、佛学渊博的长者后，龙树便率五百大龙归附于他。尊者为龙树及众龙授具足戒，并运用神通使他们从畜生道解脱出来，升入人道，后又将法藏传授给龙树。尊者授法结束即化火焚身灭度，龙树收其舍利建塔供奉。龙树后成为禅宗西天第十四祖，尊者即被尊为第十三祖。

伏龙施尊者 401

尊者法相所示

尊者法相所现为怒然而坐，左手托钵，内有大龙，右手执宝珠，双目大睁，炯炯有神，神态极其专注。尊者德高望重，讲经说法，授之有道，能用食指点化，引导众生。

吉人自有华盖运，欲求诸事尽遂心。
莫畏眼前风和雨，风雨过后更天青。

偈解

吉祥之人乃是运交华盖，所拜求的事情都能随心所欲，所以无须惧怕眼前的风风雨雨，待风雨过去后，处境立即就会变好。

得此偈者，正为眼前之困境犯难，进退失据。只要坚定信心，立足长远，殚精竭虑，尽心努力，一切自会有转机。若畏首畏尾，逡巡不前，哪得否极泰来。

事迹

幻化，即空，也就是佛教常说的万物无实性。

“空”是佛教的一个重要概念。济群法师认为，“空”和“不空”不是对立的，佛教讲万法皆空，本身就包含着因果。佛教认为，一切缘起的现象，都是假有，“空”和“有”并不相互妨碍。如我们每个人都有自己的名字，名字是假，是在缘起的假象上安立的假名，这种假象的确是有的；但是这种“有”不是固定不变的。没有固定不变的“有”，所以才说“空”。其实因果也是空的，也是无自性的。

佛教认为，众生之所以不能解脱，是因为不能证悟“空”的道理，视假有为真有。尊者等诸菩萨借幻化的虚假不实点化众生，使众生不再执著于虚幻无实的自身及俗世事物。

402 幻化空尊者

尊者法相所示

尊者法相所现为结跏趺坐，双手结印，眉短须卷，阔面大耳，满嘴胡须，神态慈爱悲悯。尊者点化众生，使众生不执著于无实虚幻的自身和俗世事物。

一个篱笆三个桩，一个好汉三个帮。
众人拾柴火焰高，擒住蛟龙打虎狼。

偈解

双拳难敌四手，独木难支大厦，只有善于团结，充分利用他人的长处，才能做出大事，功成名就。

得此偈者，当有过人之才，亦有骄狂之念，习惯于天马行空。以此行事，大事难成，大功难就。应虚心学习处世艺术，具备领导才能，善于调动他人的积极性，共谋事业。断不可清高孤傲，刚愎自用，独来独往。

事迹

尊者是未来世之佛，原为婆罗门梵志第七十一子。

相传很久以前，有一个删提岚国，国王名叫“无诤念王”。此国有一个叫“宝海”的梵志，他有七十九个儿子，全都皈依佛教。宝海梵志劝国王及一千王子，与自己的七十九子一起发心。国王愿到清净佛国，而其一千王子与梵志的七十九子则愿到浊恶世界自度度他。梵志最后也发五百大愿，愿求生浊恶世界，后转生成为佛祖释迦牟尼。宝藏如来曾给尊者授记，并预言他将在未来的优钵罗华劫中成佛，佛国名叫“愿受世界”，佛号金刚光明佛，寿命有半劫之长。

金刚明尊者 403

尊者法相所示

尊者法相所现为安然端坐，双手结印，面目清秀，神情俊朗，眉心现佛痣。尊者能使众生心胸清净无秽，内外和顺，远离病痛与烦恼。

大江滚滚流淘沙，淘尽石砾浮尽渣。
自古英雄多磨劫，百炼成钢出精华。

偈解

大江滔滔，奔流激荡，石块和沙砾淘尽后，浮在水面上的都是精华。自古以来，英雄之辈，谁不是饱经忧患，历尽沧桑。好钢全都锤炼而出，杰士更是磨炼而成。

得此偈者，应当不畏艰难困苦，奋发图强。孟子说：“天将降大任于斯人也，必先苦其心志，劳其筋骨，饿其体肤，空乏其身，行拂乱其所为”，如此才能“曾益其所不能”，具备成事之才。

事迹

莲花净尊者，又称莲花净菩萨。佛教认为，净土圣人，以莲花化身。印度民间以莲花作为美好、善良、圣洁、宽容大度的象征。为弘扬佛法，佛祖便以俗语传道，并以莲喻佛，使得佛教迅速传播。

据《大宝积经》载，尊者曾参加佛祖在王舍城灵鹫山所举行的法会。在法会上，佛祖称赞包括尊者在内的诸菩萨在无数劫中修习道业、抛弃世财、离弃外道、成就诸行的功德。《超日月三昧经》又载，尊者曾询问佛祖："何为菩萨得至郊行？"佛祖回答说："不为爱欲所点污，斯则清净；心常光洁不协恚毒，斯则清净；于三界尘无所染碍，斯则清净；不绕灭度不忍生死，斯则清净；不计终始出入无为，斯则清净；常行大慈不舍大哀，斯则清净；无大道想，无小道求，斯则清净。"

404 莲花净尊者

尊者法相所示

尊者法相所现为半跏趺坐，左手抚膝，右手持莲，浓眉卷须，引颈而望。尊者身心清净，如莲花出淤泥而不染，他善于发现众生之疾病，应病予药，皆令痊愈。

天公造君本多才，多才多艺多文采。
济世利人无珍惜，感谢万物肯青睐。

偈解

天赋才华，心灵手巧，多才多艺。有此本事，安身立命并不难，难的是具有济世情怀，多行善举，广施利乐，以感恩之心对待万事万物，广结善缘，广行功德。

得此偈者，虽才富而胸狭，守财而悭吝。古今成大事者，必有大胸襟大气度，哪有贪一己之利而成事者。上天厚赐于你，你也应厚赐于人，虽一掷千金而眉不皱。如是，则财可尽用，福可长享。

事 迹

尊者是阿育王之子，因其眼如拘那罗鸟一样明亮美丽，故得此名。

一日，阿育王伴太子至鸡园寺，上座耶舍见之，说太子眼目无常，预言其将失明。其时，王令太子治理呾叉始罗国。后阿育王之妃诈传诏书，命太子挑出双目。太子双目被夺后，与自己的妃子离开呾叉始罗国，沿途鼓琴乞食，行至王城。夜宿王厩，鼓琴且歌。阿育王闻之，召而见之，始知王妃所为，愤而焚杀王妃。时有阿罗汉瞿沙者，善于医事，阿育王请其治愈太子双目。瞿沙即集人说法，并令各持一器前来听闻。说法毕，集众泪液，盛于金盘，以此洗王子眼，眼遂明视。其后，阿育王又于王子挑目之地建塔。据说后世盲人至此祈请复明，颇有其人。

拘那意尊者 405

尊者法相所示

尊者法相所现为怡然而坐，右脚着地，左腿曲于座上，双手合抱左膝，天庭饱满，面容清俊，眼含喜色，神态庄严。尊者眼如拘那罗鸟般明亮美丽，若有眼疾，礼拜尊者，可获其愿力救助。

行事处世多谨慎，轻薄浮躁不可行。
施之君子损己德，施之小人伤己身。

偈 解

为人处世，应三思而后行，勿草率作决定。付诸实施时应该审慎、细致、周密，不可浮躁、盲动。否则，与君子打交道时，会损害自己在对方心目中的形象；与小人来往时，则可能危害自己的身家性命。

得此偈者，近来心猿意马，急躁浮动，遇事不冷静，出语不斟酌。这种状态，最是败事之由。外在温文尔雅，内在不急不缓，举止有度，言语有常，不损己，不伤人，祸从何来。

事迹

尊者即唐代僧人法藏（643—712年），华严宗的实际创始人，为华严宗三祖。尊者是康居国人，其俗姓康，字贤首，其父侨居唐都长安，以康为姓。

尊者十六岁时，到四明山阿育王塔烧炼一指以表虔敬，并发誓研习华严经义。十七岁入太白山求法，先后于太原寺、云华寺讲《华严经》。尊者曾参加玄奘译场，后因见解不同而退出。武则天时期，曾入宫为其讲解《华严经》。武则天赐号“贤首戒师”。因而时人又称之为“贤首大师”。尊者以《华严经》为理论根据创立华严宗，被尊为“华严宗第三祖”。华严宗也因他而被称为“贤首宗”。尊者历任五帝（唐高宗、武则天、唐中宗、唐睿宗、唐玄宗）门师，声望显赫。

玄宗先天元年（712年）十一月十四日，尊者于西京大荐福寺吉祥而逝。

406 贤首尊者

尊者法相所示

尊者法相所现为悦然而坐，右手执念珠于膝，左手结印，宽额秀眉，双目含笑，神情淡定。尊者能引导众生开悟人生真理，时人称之“贤首国师”。

人贵谨慎多自爱，不是知心口莫开。
自古祸从口中出，飞蛾扑火惹祸灾。

偈解

“逢人且说三分话，未可全抛一片心。”与人交往时需自尊自爱，谨慎言谈。所谓知人知面不知心，与人沟通时，说话要留余地，否则祸从口出，如飞蛾扑火，自惹祸端。

得此偈者，当为口无遮拦之人，勇于任事，却轻于开口。社会复杂，人事关系更复杂。未深思熟虑之前，与其急于表态，不如缄口不言。即使成竹在胸，也以谦虚平和处之，则灾可避，祸可免，事亦可成。

事迹

尊者生于灭佛时代。当时，外道魔王转生人间为王，灭毁佛典，拆毁寺院，夷平佛塔，强令僧尼还俗。尊者坚信佛法不会因此而灭，终会战胜邪恶，重放光明。于是将佛经、佛像妥善封存于宝山洞穴，或掘地埋藏，从而保护了大批佛教文物典籍。后来，护法胜王转生世间，战胜了外道魔王，遂取出所藏经书，流传十方，此时尊者已圆寂。

利亘，又作“利根”。利，即速疾；根，即根机、根性、根器，指受教修道的素质，速疾而生妙解。具利根的人能敏锐理解佛法，进而达到解脱。与利根相对的是钝根，即根机愚钝，不能领悟佛法。在佛教“见道二圣”说法中，利根叫“随法行”，钝根叫“随信行”；在修道中，利根叫“见至”，钝根叫“信胜解”；在无学道中，利根叫“不时解脱”，钝根叫“时解脱”。

利亘罗尊者 407

尊者法相所示

尊者法相所现为端然而坐，双手笼袖，置于腹前，头尖眉浓，凝神注视，神态严肃。尊者生具利根，善于领悟佛法真理，开悟众生智慧。

生老病死寻常事，莫因生死心悲苦。
要想跳出轮回外，积善修德造荫福。

偈解

生老病死本是寻常之事，宜平静对待，放宽身心，以积极向上的态度，修善积德，利乐众生。所谓行善就是福。

得此偈者，目前可能疾病缠身或身藏暗疾。有生必有死，本是不可逆转的自然规律，既躲不过，也逃不掉。潇洒对生死，平静观人生。这种超然的心态最有利于疾病的预防和治疗，故以调整心态为最佳良药。心态好了，配合以药物治疗，或可意外痊愈；有好的心态甚至可以不药而愈。

事迹

尊者即调定藏菩萨。

据《生经》载，佛祖得道时，尊者曾亲临佛祖座前聆听佛法，得到佛祖称赞。在法会上，佛祖告诉尊者“四教目、十力、十事”，佛祖说：“诸世尊有十教目，何等十？教化一切，诸度无极，皆除一切诸无智法，常修大哀。有十种力。普转法轮，教化群黎，禁制众生，成平等觉，开通萌类，令无所住，于此无行相法自归，已得寂然，亦教他人至觉灭度，是为十。复次佛子，复有十事，疾见如来，何等十？适见诸佛，则睹众生，便弃一切，诸所归趣，取要言之，速疾具足福德眷属，速受诸德之本，即得清净，无所短乏，便除狐疑，适见诸佛，为众生等，示于大乘，令无所畏，寻得成就，为不退转；适得逮见诸佛世尊，疾求分别众生之源，而开度之，便逮度世净众生根；适得逮见诸佛世尊，便无弊碍，是为十。”

408 调定藏尊者

尊者法相所示

尊者法相所现为跷腿而坐，右腿跷于左膝之上，左手放脚踝处，右手执扇叶，前额光润，颧骨突出，嘴小颌尖，怡然而乐。尊者久习佛法，已获菩萨果位，成就一切功德。

人无远虑必近忧，凡事未雨先绸缪。
待得狂风暴雨至，高枕无忧任逍遥。

偈解

俗语说，晴带雨伞夏带衣。在诸事顺遂时，更应当未雨绸缪，防患于未然。如此，则能临危不乱，安然无恙，自在悠游。

得此偈者，正在晴天朗日之下，春风得意之中。但天有不测风云，人有旦夕祸福，谁敢保一生坦途，一路歌唱。故宜谨慎为人，居安思危。若能深谋远虑，不为眼前之得沾沾自喜，不为暂时之利得意忘形，可保无虞。

事迹

“无垢”，是指以洁净、无染污而著称的人。尊者是佛在世时毗舍离城的居士。

尊者原为古印度毗舍离城的一位富翁，家财万贯，奴婢成群。他勤于攻读，虔诚修行，能够处相而不住相，对境而不生境，得圣果成就，被称为菩萨。曾对文殊师利菩萨及舍利弗等讲述大乘义理，有《维摩诘经》传于世，又名《不可思议解脱经》，是大乘佛教的重要经典。此经译本共有六种，其中以鸠摩罗什译本流通最广。《维摩诘经》情节丰富，充满戏剧色彩，蕴涵无上智慧，历来为中国各界学人或信徒所喜爱。唐朝大诗人王维，字“摩诘”，便源于此。

尊者即使有妻有子，过世俗生活，也能以“无垢”相称，自得解脱。

无垢称尊者 409

尊者法相所示

尊者法相所现为半跏趺坐，双手横执拂子，面若朗月，修眉蚕眼，神情超然脱俗。尊者虽处俗世，却能以“无垢”相称，得圣果成就。

草在石下弯弯长，鸟在笼中怯怯啼。
人本万灵非草木，天性自然莫相违。

偈解

小草压在大石之下，只能弯弯曲曲地生长；小鸟被关在笼中，只能悲悲怯怯地啼叫。这是因为这种生活环境违背了它们各自的天性。人为万物之灵，更应顺应自然天性。

得此偈者，必在违背自己的意愿，被外界或是被自己压制着、强迫着去干勉强自己的事情，这样的生活很难感受到生命的乐趣。若是图名图利，一时或许可忍；若是性格懦弱，受人要挟，那就是冥顽不灵。与其囚灭天性，不如高唱归去来。

事迹

天音声尊者，即天音声菩萨。

《十住经》载："是菩萨，以慈心高广无量，无瞋无恨无恼害，以信解力，遍满一方、二方、三方、四方，四维上下，亦复如是。悲心、喜心、舍心，高广无量。是菩萨，有种种神通力，能动大地，一身为多身，多身为一身。现灭还出，石壁山障，皆能彻过，如行虚空。于虚空中，跏趺而去，犹如飞鸟；入出于地，如水无异，履水如地。身出烟焰，如大火聚，日月有大神德威力。而能以手，扪摸摩之，身力自在，乃至梵世。是菩萨，以清净天耳，过于人耳，悉闻人天音声远近。是菩萨，以他心智，如实知他心，染心如实知染心，离染心如实知离染心，瞋心离瞋心，痴心离痴心，垢心离垢心，小心大心，散乱心如实知散乱心，定心不定心，缚心解心，有上心无上心，如实知有上心无上心，如实以自心知他心。"

410 天音声尊者

尊者法相所示

尊者法相所现为愁眉静坐，双手持念珠，眉头紧锁，双目下视，若有所虑。尊者阐释佛法，音声清越久远，犹如来自天上，能令众生悟得佛法大义。

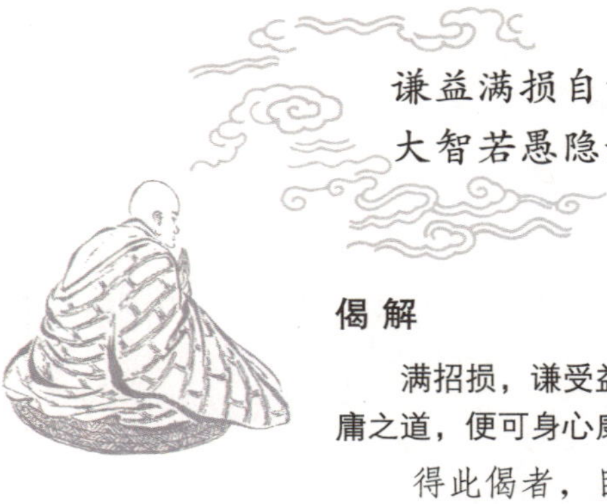

谦益满损自古同，高山大树易招风。
大智若愚隐形迹，身家平安耀祖宗。

偈解

满招损，谦受益，树大招风，干折枝断。凡事切忌过度张扬，若秉承中庸之道，便可身心康宁，家宅平安。

得此偈者，目前遭人嫉恨。凡事若能留有余地，行事低调一些，平安可保。须知天道忌满，人道忌全。为人处世应讲究恰当的分寸，过犹不及。不及是大错，太过是大恶，恰到好处是不偏不倚的中和。

事迹

大威光尊者，又称大威光菩萨。他的父亲是国王，名喜见善慧，有五百儿子，长子名大威光，即尊者，往世修有无量功德。据《大方广佛华严经》卷十一载，一日，尊者被一切功德山须弥胜云诸佛子眉间所放“发起一切善根音”光所照。据传，为此光所照者，即可开悟，永离一切苦难与恐怖，获得佛的智慧。尊者当即证得十种法门，获菩萨果位。后升往须弥山寂静宝宫，充任离垢福德幢大天王。

十种法门，分别是：一是觉察，二是休歇，三是泯心存境，四是泯境存心，五是泯心泯境，六是存境存心，七是内外全体，八是内外全用，九是即体即用，十是透出体用。

大威光尊者 411

尊者法相所示

尊者法相所现为结跏趺坐，倒眉隆鼻，大眼方口，面有怒色，似在斥责。尊者功德无量，得佛光所照，发起一切善根，得到佛的智慧。

狐狸常夸最机智，但见猎人卖狐皮。
人算难以比天算，安分守己最相宜。

偈解

狐狸常常被人夸赞机智聪明，但其皮毛常常被猎人出售。纵然机关算尽，也难与自然规律、时代潮流相抗衡，所以安守本分才最为恰当。

得此偈者，自以为是，爱炫耀，不具大智大能，却爱使小聪明，但即使一时得手，却难一世得手。当以诚实处世，诚心待人，安分守己，踏实做人。

事迹

自在，即得到涅槃果，而具有常、乐、我、净四德中的“大我”。“大我”即如来法身，具足八种自在：一是能示一身为多身，是说如来所证法身之体，遍一切处；二是能示一尘身满大千界，是说如来法身，体无不遍；三是大身轻举远到，是说如来广大之身，轻举飞空，无远弗届；四是现无量类常居一土，是说如来虽为众生而现众类之身，然所居常在一土身；五是诸根互用，是说如来眼、耳、鼻、舌、身、意六根中任何一根，都能见色、闻声、嗅香、别味、觉触、知法，互相为用；六是得一切法如无法想，是说如来知一切法本性空寂；七是说一偈义经无量劫，是说如来智慧辩才，无有穷尽；八是身遍诸处犹如虚空，是说如来为诸众生处处现身说法，犹如虚空，了无形相可得，随缘应化。

412 自在主尊者

尊者法相所示

尊者法相所现为端然而坐，双手持经卷，宽鼻大耳，凝神侧望，面相丰润端庄。尊者坚持净戒，所以远离烦恼，进退无滞，通达无碍，得大自在。

有才有运富贵多，无才无运受煎磨。
无才有运平平过，有才无运徒奈何。

偈解

有才干并有时运者，富贵相随；无才干又无时运者，则命途不顺；无才干而有时运者，可平平常常度过此生；有才干而无时运者，则只有长叹短吁，无可奈何。

得此偈者，当有所警醒。此偈语揭示了人生命运的四种情形，你要好好把握自己的人生。

事迹

尊者即唐代高僧玄奘大师（602—664年）。

尊者曾先后拜诸多佛教名师修行，最为著名的是慧休、道深、道岳、法常、僧辩、玄会。尊者从各大名师处学习到了《摄大乘论》、《杂阿毗昙心论》、《成实论》、《俱舍论》，以及《大般涅槃经》等经论。随着佛学造诣日渐加深，尊者感到各派学说分歧巨大，无法下定论，于是决心到天竺学习佛教。贞观三年（629年），他"冒越宪章，私往天竺"，始自长安神邑，终于王舍新城，前后跋涉十余万里。

贞观十九年（645年），尊者从天竺满载而归。不久，唐太宗接见并劝其还俗出仕，尊者婉言辞谢，尔后留在长安弘福寺译经。大慈恩寺落成后，尊者奉敕入住，任上座，并悉心从事佛经翻译。在唐麟德元年（664年）二月，尊者于玉华寺圆寂。

明世界尊者 413

尊者法相所示

尊者法相所现为曲腿静坐，身披挂络，右脚踏座石，左脚着地，曲右肘而支于右腿上，左手托如意宝珠。尊者西行取回经书，光大佛法，使佛法之光普照世界。

江河有岸海有边，学海书林难穷源。
深入智慧何其乐，唯叹人生寿有限。

偈解

自然界中的江河湖海，有其天然形成的边界；而知识、智慧则源远流长，难以穷尽。深入智慧之海，探究其广度与深度，能获得无上快乐，让人不由心生感叹：生命有限，学海无涯。

得此偈者，必为好学之人并深得读书之乐。但当知人生有限，知识无边。学是为了致用，不用之学则为屠龙之技，虽多何益。故皓首穷经者，不过是一老学究；学而践行者，则能成海内知名人。何去何从，请你深思。

事 迹

最上尊尊者，又称最上菩萨，已证得菩萨果位中的最高位——最上成满菩萨住，即“十地”中的法云地。法云地是大乘菩萨修行的第十个阶位，此位成就“大法智”，即具备无边的功德，且法身如虚空，智慧如大云。《三藏法数》对“法云地”的解释是：“修行功满，唯务化利众生，大慈如云，普能阴覆，虽施作利润，而本寂不动。经说：慈阴妙云，覆涅槃海，名法云地。”

法云地是菩萨五十二阶位中的第五十阶位，凡是修到法云地的菩萨，只要再破一分无明，便进入一生补处的等觉阶位；所谓等觉，就是相等于佛而又略微不同于佛的意思。到了等觉位的菩萨，除了佛陀，无人能够测知等觉与佛的不同之处。在所有菩萨中，只有证得法云地的菩萨能被称为“无学”，法云地之前的菩萨都被称为“有学”。

414 最上尊尊者

尊者法相所示

尊者法相所现为欣然而坐，双手于胸前捧经书，经书以红色绸缎为垫，眉清目秀，大耳小嘴。尊者神通广大，具一切智能，能伏魔安生。

山中道路万千条，弯弯曲曲无尽头。
最宽最亮凭君选，桃源仙境尽锦绣。

偈 解

山中道路无数，犹如人生之轨迹，弯弯曲曲，百转千回。有大道，也有小径；有的宽敞明亮，也有的狭窄幽暗，任凭你取舍选择。

得此偈者，目前面临人生道路的抉择。生命旅途中最令人焦虑的，是道路的选择。选对了，一生顺风顺水；选错了，一生阻隔迟滞。选择的标准是：社会的需要与个人的爱好相结合，自我的才能与展示的舞台相结合。

事迹

金刚尊尊者，即普贤菩萨。

尊者和文殊菩萨一起，是佛陀的胁侍菩萨，尊者驾白象居右。据《悲华经》载，普贤菩萨原是转轮圣王无诤念第八子，本名泯图。一次，转轮圣王及诸王子，在宝藏如来前先后发愿，佛一一授记，当时佛对八王子说："善男子，汝今世界周匝四面一万佛土，清净庄严，于未来世，复当教化无量众生，令心清净。复当供养无量无边诸佛世尊。善男子，是以因缘故，今改汝字，号为普贤。"《华严经》则说："普贤菩萨证穷法界，久成正觉。为辅弼释迦，度脱众生，隐本垂迹，现菩萨身。其德无量无边不可思议。名号亦无量无边不可思议，今且约普贤二字，以示其概。"

据说尊者有延命益寿之德，因而又有祈求延命的普贤延命菩萨像。

金刚尊尊者 415

尊者法相所示

尊者法相所现为双脚交叉而坐，双手在胸前持如意，络腮胡须，浓眉亮目，神态慈和而庄严。尊者智慧高，愿行深，且能为众生延命益寿。

绿水青山何其多，听罢渔谣听樵歌。
城市嚣喧留不得，耳目身心受折磨。

偈解

心为物役，情随境迁。厌倦了纷繁嘈杂的都市生活，不如隐逸山林，回归田园，投入自然的怀抱，在绿水青山中逍遥自在。

得此偈者，心绪不宁，身心疲惫。此时，应多多关注自己的心灵世界，不可因忙于追求物质生活而荒芜了自己的精神家园。恢复疲劳的最佳方式，是泛舟江湖，走进山林，在心无所系中彻底地放松自己。不然，恐难免心理疾患。

事迹

尊者即蠲（意即清除、去除）慢意菩萨。据《宝女所问经》载，佛祖在菩萨宫讲说无量颂时，尊者不礼敬佛祖，结果身遭业报。后捐弃慢意，坚持佛法修行，获得大法力，可在须臾之间游遍无数佛国，供养侍奉十方诸佛。

佛教中，慢与贪、瞋、痴、疑合成五盖障。五盖障属思惑，思惑不除，生死轮回就不能避免。要消除思惑，先要明白本性，开大悟。思惑在欲界、色界、无色界中有九地 、八十八品之多，只有一步步地慢慢除去，且要具有恒心、不断努力才行。

416 蠲慢意尊者

尊者法相所示

尊者法相所现为结跏趺坐，双手于胸前执如意，五目方脸，眉黑须短，神态安静祥和。尊者去除慢意，坚定修行，获得大法力，且因材施教，救度众生。

鸟在林中自由飞，鸟在笼中唯悲啼。
听其自然由其性，生而为囚最可悲。

偈解

自由自在的生活最可贵，而被约束的生活则令人难以承受。囚徒般的生活是违背人性的，因而也是可悲的；人只有听任自然，随其天性，才能获得生命的快乐。

得此偈者，目前面临两种选择，或由着自己的秉性，率性而为；或为自铸心灵枷锁，或为外在条件和环境所束缚，不敢或不能随心所欲。人总是有桎梏的，但当审视这桎梏值不值，若值，暂时忍忍有何妨；若不值，直可径行砸碎。

事 迹

众无比，是佛陀对阿难的称呼。

据《百业经》载，佛陀涅槃前，尊者已学得八万四千法门。佛陀称赞尊者“在我教法下，阿难乃多闻第一”。佛陀又告诉众比丘：“在我涅槃后，阿难乃多闻第一。”之后，佛陀至拘尸那城，准备涅槃。佛陀告诉迦叶尊者：“我涅槃后，你应结集三藏；你涅槃前，把佛法交付给阿难；在阿难未得阿罗汉圣位之前，你不要入涅槃。”两位尊者在佛前恭敬顶礼合掌承命：“依教奉行。”

尊者在首次三藏结集前就已悟道，证得阿罗汉果位。相传，尊者彻夜依毗婆舍那禅观之身念住法用功，观右步、左步、举足、移动及踩下；观现行诸法，观想经行之念及经行时身体之一一动作。如此这般，以至即将破晓时犹未成就阿罗汉果。因觉经行过多，为平衡定及精力，宜稍卧作观，遂入卧室。尊者坐榻上，徐徐躺下并观：“躺下，躺下。”于瞬间证得阿罗汉果位。

众无比尊者 417

尊者法相所示

尊者法相所现为跷腿坐于虎背，右手放脚踝处，左手执拂子，颔首低垂，满面皱纹，神态悲悯。尊者学得八万四千法门，在修禅中悟出无量智慧，被称为“多闻第一”。

船在海中靠灯塔，人心如灯照航行。
心术不正路难走，忠贞耿直路光明。

偈 解

在大海中航行，需要灯塔的指引；人的心灵也如灯塔一般，引领着前进的方向。如果心术不正，则会道路坎坷；如果忠贞耿直，则一片坦途，前程光明。

得此偈者，当检点自己的为人之道。天地以光明为基，人以诚信为本。貌合神离，明争暗斗，乃人性之大恶者。“机关算尽太聪明，反误了卿卿性命”，曹雪芹的这句诗，可为爱用心机者鉴。

事 迹

超绝伦尊者，又称超伦菩萨。

据《大方广佛华严经》载，佛祖成正觉时，包括尊者在内的十方诸菩萨尽皆前来拜谒，经中称赞尊者："具一切智，降伏众魔，虽入世间，心恒寂静。尊者已历经无数劫，勤修梵行，且神通广大，智慧之深广难以测量"。

尊者悲悯众生，常住世间，令众生平安，且心恒寂静，住于菩萨无住解脱。无住，指无住生心。所谓无住生心，即是指空性智慧。

418 超绝伦尊者

尊者法相所示

尊者法相所现为半跏趺坐，双手结印，亮额浓眉，络腮大胡，神情孤傲，神态坦然。尊者具一切智慧，降伏众魔，虽入世间，但心恒寂静。

人食五谷烟火气，钱财用物皆所需。
君子爱财取于道，小人贪婪施诡计。

偈解

吃穿用度是人必须的，所以是人都离不开钱财；但君子爱财当取之有道，而小人则巧取豪夺，必遭恶报。

得此偈者，当正心养性，警惕外在诱惑扰乱心性。人生于世，物质财富是其生存的基础。以此言之，不趋利者天下无有。但谋利而违义，则宁可舍身而取义。若殚精竭虑，谋利而不择手段，取财而不顾道义，则终有倒霉的一天。慎之，慎之。

事迹

月菩提尊者，又称月觉菩萨。菩提，即断绝世间烦恼而成就涅槃的智慧。

《大智度论》中记载了五种菩提，分别是，一发心菩提，是指十信菩萨发心求菩提。二伏心菩提，是指十住、十行、十回向等阶位的菩萨行诸波罗蜜，制伏烦恼，降伏其心。三明心菩提，是指登地菩萨了悟诸法实相毕竟清净，即所谓般若波罗蜜相。四出到菩提，是指第八不动地、第九善慧地、第十法云地等三阶位的菩萨，在般若波罗蜜中得方便力，也不执著般若波罗蜜，灭除系缚的烦恼，出离三界，到萨婆若（即一切智）。五无上菩提，是指等觉妙觉证成阿耨多罗三藐三菩提，即佛果之觉智。

尊者已具备普贤菩萨的德行，慧光如日月照遍大地。在他的劝导下，众生逐渐远离妄想，脱离苦难，往生极乐净土。

月菩提尊者 419

尊者法相所示

尊者法相所现为陶然静坐，双手作揖，长脸亮额，大耳阔嘴，目视左侧，面含笑意。尊者慧光如日月照遍大地，使众生远离迷妄，脱离苦难。

乍晴乍雨山头云，时翻时覆小人心。
欲得心云不反覆，千锤百炼出真诚。

偈解

天上云层变幻，天气时晴时雨，宛若小人之心反复无常。以人间正道克制一己私欲，堂堂正正为人，真真诚诚行事，小人也可修炼成君子。

得此偈者，当反思透视自己的心灵世界，去除自己的心灵污垢。对人而言，真正的恶魔其实就是自己，面对外在的诱惑时不能断然拒绝，患得患失，反反覆覆，耍奸使计，于是沦落为小人。应从此加强自身的道德修养，以真为心，以信为本。

事 迹

持世界尊者，又称持世界菩萨。持，即持之以恒、永久；世界，即世间。尊者是常住世间的菩萨。

在大乘佛教中，罗汉的职能是常住世间，不入涅槃，护法弘法。佛教有“世间相常住”一说，《法华经方便品》说：“是法住法位，世间相常住。于道场知已，导师方便说。”所谓法位，即法身。住法位，是指十界三千的诸法都住于法身之中。正因为法身常住，因此世间之相也常住。《金錍论》又说：“无常常住时相续，随缘不变，一念寂照。”佛教认为，随缘者照而无常，不变者随而常住；见世间相常住而不知无常的人，其眼光只不过是凡夫俗子而已；见世间相无常而不知常住的人，其眼光狭隘。而那些既知无常又见常住，或知常住又见无常的人，才具有菩萨的实相眼。

420 持世界尊者

尊者法相所示

尊者法相所现为寂然静坐，双手持法器，浓眉大眼，长耳朱唇，神情超然。尊者永住世间，神通广大，能随众生心愿所至而加以教诲，使之自性清净。

山上梯田一层层，山下村落冒炊烟。
君看如此田园乐，逍遥自在最悠然。

偈 解

山上一层一层的梯田，山脚的村落冒出阵阵炊烟，如此田园美景，最能使人悠然神往、心自高远。

得此偈者，必已经历人生的大起大落，初具名利。但名利并没有给自己带来想象中的快乐，反而身心疲惫、心力交瘁。于是顿生疑惑，陷入迷茫。其实，生命的愉悦在很多时候并非名利造成，超然物外的思想可使自己即刻步入人生的另一境界。

事迹

尊者即求那跋摩（367—431年），意译为功德铠。北印度罽宾国人，于南北朝时期来到中国，是刘宋时的译经僧。

尊者出身于刹帝利，二十岁出家，受具足戒，精通经、律、论三藏，故时人称其为“三藏法尊者”。三十岁时，罽宾王去世，众人请尊者还俗以继承大位，但他辞而不就，隐遁远走，至其所属之国弘扬佛教，后又至阇婆国传道。

刘宋文帝元嘉元年（424年），尊者经海路至中土广州，见虎势山的山形地势如同耆阇崛山一样，便将其改称为灵鹫山，并在山中建立禅室，栖居参禅。元嘉八年至建康年间，尊者受到文帝礼遇，敕住祇洹寺。不久，就在寺中宣讲《法华经》及《十地经》，听者甚众。元嘉八年九月二十八日，尊者圆寂，世寿六十五。

定花至尊者 421

尊者法相所示

尊者法相所现为漠然而坐，跣足垂地，双手执法器，满面皱纹，双目下视，神态孤傲。尊者志在传道，淡泊俗世名利，精通三藏，被人称作“三藏法尊者”。

山高路险有人走，海阔水深有船行。
千难万阻无须怕，黑夜过去是天明。

偈解

无论山高路险，总有人攀爬行走，无论水深海阔，总有船只航行。千般困难万般险阻无须惧怕，黑夜过去天明终会到来。

得此偈者，目前处于困境之中。人世间有几人能大道通天，要紧的不是道路是否畅通，樯帆是否顺水顺风，而是你具有怎样的心态。对于强者，任何雄关险隘都是暂时的；对于弱者，即使小河小沟都可能成为无法逾越的天堑。

事　迹

无边身尊者，又称无边身菩萨，是随阿弥陀佛出迎的二十五菩萨之一。无边身，意为身躯广大没有边际，以此来比喻尊者的智慧、神通和法力及慈悲心等。中国的净土宗是供奉阿弥陀佛和二十五大菩萨的宗门。据《阿弥陀经》载，阿弥陀佛具有不可思议的功德，如果众生临命终时念诵他的名号，他将手捧莲台，率领二十五位大菩萨前往接引。

尊者会保护虔诚念佛的人，使恶鬼恶神不敢乱扰，令众生常得安稳。在《慈悲道场忏法》中，将尊者与观世音菩萨同列为“世间大慈悲父”，劝导众生至礼皈依，以获其福佑。

422 无边身尊者

尊者法相所示

尊者法相所现为半跏趺坐，双手怀抱童子，袒胸露腹，目光慈祥，开口而笑。尊者福佑众生，能令众生常得安稳，被誉为“世间大慈悲父”。

江南三月好风光，桃红杏白齐芬芳。
春风得意马蹄疾，功名及第好儿郎。

偈 解

江南三月，风光无限，桃杏争春，百花齐艳。一朝功业达成，可谓春风得意，自己踌躇满志，他人也艳羡不已。

得此偈者，所追求的事情获得成功。求学之人，有望金榜题名；仕途之人，则会青云有路。但应胜而不骄，谨记生命有限，事业无穷。得志一时，未必得意一世，知此则福禄久长。

事迹

最胜幢，是佛法中最殊胜的法门。

据《大方广佛华严经》卷四十载，佛陀成道不久，在普光明殿为众菩萨说法。尊者向佛陀请教：何时才能达到普贤菩萨的誓愿与德行，修成诸大三昧，能自如地出入诸三昧，施展神通。佛陀说：普贤菩萨功德无量，他的愿行对三世（过去、现在、未来）诸大菩萨都有借鉴作用，且他的神通变化高于一切菩萨，随心所欲、神变自如，不可思议。并普贤菩萨为大众说法。普贤菩萨说法，尊者受益匪浅。愿行清净，无可退转，能于三昧中自在解脱、变化自如，从而获得了最胜菩提道。

三昧是佛教用语，也译作“三摩地”、“三摩提”。三昧是佛教修行方法之一，是指排除一切杂念，使心神平静。

最胜幢尊者 423

尊者法相所示

尊者法相所现为悦然而坐，左手结印，右手执如意，半袒前胸，颔首侧目，目光专注。尊者愿行清净，于三昧中自在解脱、变化自如，能以愿力利益众生，护持三宝。

苦难本是三昧火，重铸人性无差错。
火中炼出真菩萨，火中炼出罗刹魔。

偈解

苦难就像三昧真火，能够重铸人的性格，培养人对苦难的耐受力，培养人顽强的意志品质，培养人对社会、对人类的大爱。但是，它也能使人生长仇恨，成为危害社会的恶魔妖孽。

得此偈者，目前正步入人生的窄道险路，当此之时，要看到光明永远是社会的主流，要看到只要奋斗，生命就有希望，从而以坚强的意志战胜苦难，走出困境；若产生偏激的情绪，则可能误入歧途。

事迹

弃恶法尊者，又称弃恶菩萨。

据《文殊师利佛土严净经》载，尊者曾亲眼见到佛祖的威严步伐和容仪端正，心生敬仰。于是尊者向佛祖请教道："请佛祖告诉我，究竟要修行多少种菩萨行的法门，才能在最短时间内成佛？"佛祖说："有一种法门可以使人在最短时间内成佛，即始终怀着慈悲之心济度众生，进而生出至真的仁和道心。什么叫至真之仁和道心？就是不行诸法。什么叫不行？是指心中没有贪、瞋、痴三毒，能放弃一切家业恒产，心存济度众生之志，出家且不依靠他人供养，从心底崇敬佛法。崇敬哪些法呢？崇敬一切正真之法，即通晓阴种（即色阴、受阴、想阴、行阴、识阴等五阴），参透五阴本为空的道理，最终通达诸法。"尊者听后当即顿悟入道。

佛祖预言，尊者在以后的六百二十万劫，当成为佛，佛号"寂化音如来"，所住世界名"安稳"。

424 弃恶法尊者

尊者法相所示

尊者法相所现为半跏趺坐，右手执宝珠，左手结印，袖中藏蟾蜍，浓眉大眼，目光炯炯有神。尊者能祛除一切众恶。

少年立志是英豪，建功立业须及早。
壮盛年华多成就，高车驷马着红袍。

偈解

少年时代为人生的黄金时期，在此阶段当树立远大志向，争取及早建功立业，这样，到中青年时期就能实现理想，收获名利。

得此偈者，少年立志，意气昂扬；中年得志，喜气洋洋。做人当胸怀大志，有志不在年高，无志空长百岁。有干大事之志，还须有确定的人生目标，人生蓝图的构想是人能够出人头地的前提和关键。

事迹

无碍行尊者，又称无碍行菩萨。无碍，即通达自在，没有障碍。

佛教有“四无碍辩”一说。四无碍辩，即法无碍辩、义无碍辩、辞无碍辩、辩无碍辩。尊者即具有这四无碍辩。

《瑜伽师地论》说：“云何菩萨所修菩萨四无碍解？是说诸菩萨，于一切法，一切异门，尽所有性，如所有性，依修所成无所滞碍无退转智。是名菩萨法无碍解。又诸菩萨，于一切法，一切异相，尽所有性，如所有性，依修所成无所滞碍无退转智。是名菩萨义无碍解。又诸菩萨，于一切法，一切释词，尽所有性，如所有性，依修所成无所滞碍无退转智。是名菩萨词无碍解。又诸菩萨，于一切法，一切品别，尽所有性，如所有性，依修所成无所滞碍无退转智。这就是菩萨辩无碍解。”

为了满足众菩萨的愿望，佛祖请普贤菩萨讲解了自己的誓愿和诸大三昧的修炼方法。普贤菩萨讲完后，包括尊者在内的众菩萨都从中受益，悉得清净。

无碍行尊者 425

尊者法相所示

尊者法相所现为怡然而坐，左腿盘于座上，右腿曲膝支立，双手合抱右膝，身披挂络，高额宽鼻，浓眉大眼，面带微笑，神态镇定安详。尊者以无碍行之于世，利益众生。

火之猛烈可焚身，炎之柔弱能灭顶。
无偏无颇守中庸，天下无事保太平。

偈解

猛烈的大火可以焚灭自身，微弱的小火亦能带来灭顶之灾。所以行事若有偏激，则可能带来灾难；人应当谨守中庸之道，方保得一世平安。

得此偈者，多为性格暴急之人，遇事容易冲动。宜审视自己的行为，平和自己的心态，大事不发火，亦不低头；小事不急躁，亦不轻视。始终从容不迫，始终不偏不倚，则小火可以暖身，猛火可以励志。

事迹

普庄严尊者，又称普庄严菩萨、大威光太子。

尊者是四胜身成佛之一。“四胜身”是指尊者、兜率天子、善财童子、龙女等四人。据华严宗经典载，尊者等四人都是三生成佛。“三生成佛”观点的根本依据是《华严经》，最早提出这一理论的人是华严宗二祖智俨法师，三祖法藏法师则使该理论彻底完善。在华严宗的典籍中，“三生成佛”是一个常用的术语，但是该宗并未将成佛的时间和所凭借的身体固定为三生。如据《华严经·探玄记》载，尊者在遇到一切功德本胜须弥山佛和一切度离痴清净眼王佛后，因得闻妙法，立刻便得见闻和解行二位，之后，更是证得普贤法门十信满位而成佛，尊者成佛所经历的三生仅用了一具躯体。

426 普庄严尊者

尊者法相所示

尊者法相所现为超然而坐，左腿曲于座上，右手护左膝，左手执法器，圆脸大耳，目光凝定，神态祥和清净。尊者神通自在同于如来，大悲安稳一切众生。

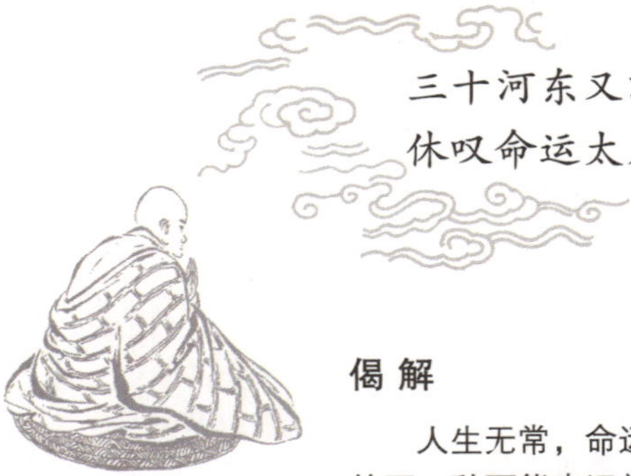

三十河东又河西，岁月斗换复星移。
休叹命运太无情，行将登科及第归。

偈解

人生无常，命运难料。然岁月斗转星移，三十年河东三十年河西，苦难的下一秒可能幸运就会降临，何必徒然感叹命运无情，忧虑前途无光。

得此偈者，眼前陷入困苦之泥淖。人之一生，贵在坚持，绝望之时不怨天尤人，咬牙坚持，那么命运之神就会眷顾，吉星自然高照，困难自会迎刃而解，得志之时自会到来。

事迹

无尽慈尊者，又称观世音菩萨。

在佛教中，观音菩萨的形象众多，一般来说，当他作为“西方三尊”之一，与大势至菩萨一起随侍阿弥陀佛像身边时，就会头戴宝冠，冠上有阿弥陀佛像，其他形象及衣物装饰则没有显著差别。

观音是大众熟悉的菩萨，在我国，几乎所有的佛教寺院都供有观音像。如天台宗、密宗分别传有“六观音”，禅宗也塑有各种观音像；净土宗更是把观音作为“西方三圣”之一来供奉。

据载，尊者周游法界，常以种种善巧和方便度化众生，众生应以何身得度，即化现为何身之说法。又据《妙法莲华经·观世音菩萨普门品》载，尊者相貌端庄慈祥，经常手持净瓶杨枝，具有无量智慧和神通，大慈大悲，普救人间疾苦。

无尽慈尊者 427

尊者法相所示

尊者法相所现为愁然而坐，左腿跷于右腿之上，右手结印，左手抱红衣童子，神情焦虑。尊者具无量智慧和神通，能使众生脱离饥渴之苦。

谦虚谨慎为求和，读尽天下万卷书。
更有遗贤可就教，三人同行有我师。

偈解

谦虚谨慎是为了培育平和的性情，读书万卷是为了成为饱学之士。个人寒窗苦读难免孤陋寡闻，还必须向先贤大德请教，向有一得之见的人学习。

得此偈者，具有读书天分，应一心向学，饱览诗书，吸取人类文化的精华，具备高素质的文化修养。还应戒骄戒躁，虚怀若谷，以能者为师，取长补短，不断提升自己的文化品位。

事 迹

常悲悯尊者，即萨陀波伦菩萨，又作普慈菩萨、常啼菩萨。《佛母出生三法藏般若波罗蜜多经》说："常啼菩萨摩诃萨往昔求般若波罗蜜多时，不怖时长，不念世事，不惜身命，不乐世间名闻利养，于诸世间不生依着，但一心念求般若波罗蜜多。"

据《道行般若经》载，尊者在梦中听闻东方有般若波罗蜜大法。为求大法即向东行，途经魔所乐国时，为供养其师而卖身，后跋涉两万里路，终至犍陀越国，见昙无竭菩萨，并受其法。

犍陀越即指北印度犍驮罗。以般若思想在《大毗婆沙论》编纂以前，实已流行于犍驮罗地方一事来推究，此菩萨或许真有其人，在当时远从印度西方来犍驮罗，求取般若波罗蜜之法。后世将此菩萨与昙无竭菩萨作为般若菩萨的三十六胁侍。

428 常悲悯尊者

尊者法相所示

尊者法相所现为悦然静坐于蒲团之上，右腿盘于蒲团上，左腿曲膝着地，双手横执如意，抿嘴而笑，神态庄严慈祥。尊者为利益众生，不惜跋涉数万里，以求般若波罗蜜大法。

常叹沧海成桑田，人间情事多变迁。
攀桂采芹正其时，富贵荣华寿绵延。

偈解

世事多变，人生际遇亦是变化万千。"花开堪折直须折，莫待无花空折枝"，亦即只有抓住机遇，谋图发展，才能富贵可得，荣华可期。

得此偈者，思想灵活多变，人生际遇也多变。机会众多以致选择变得艰难，往往因此坐失良机。要学会冷静的思辨能力和抉择能力，既关注自我的兴趣爱好，也关注选择的长远利益和发展愿景；最忌贪图眼前利益，患得患失。

事迹

尊者是东方“解脱世界”的佛。据《佛说十二佛名神咒校量功德除障灭罪经》载，尊者佛号为：“虚空功德清净微尘等目端正功德相光明华波头摩琉璃光宝体香最上香供养讫种种庄严顶髻无量出无边月光明愿力庄严变化庄严法界出生无障碍王如来阿罗诃三藐三佛陀”。

尘障，即尘世间的五盖障，分别是：一贪欲、二瞋恚、三睡眠、四掉悔、五疑。要破五盖障修“七法”，《佛说清净心经》说：“一择法（即选择法门）觉支、二念（即在用功的时候，要懂得调理身心）觉支、三精进觉支、四喜（即闻见、参悟佛法而产生的喜悦）觉支、五轻安（与善心相应而起，使心堪于其事，使身轻乐安稳）觉支、六定（即禅定）觉支、七舍（即舍弃）觉支，如是七法，应当修习。”

大尘障尊者 429

尊者法相所示

尊者法相所现为半跏趺坐，双手相握置于右腿，袒胸露腹，脸圆耳大，咧嘴而笑，法喜充盈。尊者能消除众生的罪业，还能使善心的众生获得幸福吉祥。

平时积德多行善，莫到临时乱烧香。
心诚则灵佛庇佑，诸事顺遂得安康。

偈解

不以善小而不为，行善贵在日积月累。只有多做善事，才能得神灵庇佑，万事顺利安康。如果临时抱佛脚，有事才烧香，则为投机之举，叫天天不应，叫佛佛不灵。

得此偈者，当养其善念，行其善举。人行一善，天必知之；若行一恶，人必记之。故当以佛心为心，以慈悲处世，则人际关系必好，临难有人相助。

事迹

尊者又称光焰明菩萨。

光焰，即佛和菩萨身后的光相，它象征佛和菩萨的智慧。光相分头光和身光两种，它们都是根据佛祖“三十二相”而来。“头光”又叫“顶圆光”，其火焰由眉间的白毫放出，是佛“三十二相”中的“眉间白毫相”的呈现。此光焰聚集于头部的后方，常见的有火焰形、宝珠形、圆形等。“身光”又叫“举身光”，其光焰是由身体放出的，是佛“三十二相”中的“常光一丈相”的体现。身光通常与头光融合在一起，常见的有火焰形、莲瓣形、宝珠形、圆形、轮形、船形等。一般而言，佛有头光和身光，菩萨只有头光而没有身光，罗汉和弟子则没有背光。

430 光焰明尊者

尊者法相所示

尊者法相所现为欣然静坐，双手合十，脸尖额高，眉浓耳大，面容清瘦，凝神注视前方，头向左侧。尊者具无边神威，如光明照耀世界。

丈夫意气冲九天，坚毅顽强胜黄金。
神威自可排山海，狭路相逢勇者胜。

偈解

大丈夫应当豪气冲天，拥有比黄金更加坚毅的品质，才能拥有排山倒海的力量，即使面对逆境也能获得最后的胜利。

得此偈者，心存怯懦，个性软弱。当培养自己的意志品质，养成一往无前的精神，面对险境不犹豫，不退缩，勇往直前无所惧，千难万险脚下踩。若临事而无断，遇难而乏勇，则做事必败，成功无期。

事迹

智眼明尊者，又称智眼明菩萨。

智眼为“十眼”之一。佛教中的“十眼”分别是：肉眼、天眼、慧眼、法眼、佛眼、智眼、光明眼、出生入死眼、无碍眼、一切智眼。一般认为，法眼与智眼相同。而拥有法眼的人能够成为菩萨。

尊者曾寻访世间的修炼方法，学习高僧大德的修行经验，修身益智，而且时刻规范自己的言行，持戒严谨，成为弟子的榜样。尊者有着洞悉万物的智慧，早已看破红尘，脱离世俗，且身具五智，通达一切佛法，利益众生。

智眼明尊者 431

尊者法相所示

尊者法相所现为悯然而坐，右手执拂子，左手捋拂须，高额浓眉，满面皱纹，目光睿智。尊者具明眼视，能明了一切事物，回忆过往的事而不忘失。

大江滚滚向东流，波浪喹喋拍江堤。
如怨如诉对君说，远方流子早回归。

偈解

大江滚滚，奔向东方，波浪层层，拍击江岸，像是对漂泊异乡的人倾诉无尽的哀怨，像是恳求远方的游子早日回归。

得此偈者，多半被命运所迫，长年在外劳碌奔波，既不能承欢膝下，又不能惜孤育幼。钱为养家之本，不可不挣；家为生命之根，不可不顾。值此两难之间，当仔细斟酌，若家乡尚可过活，又何必定要流落他乡？衣锦才还乡，落叶方归根固佳，但又有几人有此运道？

事 迹

尊者是佛祖在世时的著名在家居士。

据《坚固经》载，佛祖在那烂陀城时，尊者曾三次拜谒佛祖，希望佛祖能准许佛门弟子向那些不信佛教的婆罗门展示神足通及其他佛法，以使所有人都信服佛教。佛祖拒绝了尊者的请求，并告诉尊者："我只会教导弟子们在空闲处静默思道。"随后，佛祖向尊者解释了为何不让弟子显现神通的原因。

尊者佛法信仰坚定，具无穷神通，能降伏众魔，普度众生，最终证得菩萨果位。

432 坚固行尊者

尊者法相所示

尊者法相所现为端然而坐，右手托钵，左手结印，身披云肩，头发浓密，络腮胡须，神情哀怜。尊者智慧深广，神通无穷，能降伏众魔，度脱众生。

山中溪水弯弯流，浏亮清彻无纤垢。
愿君心田如溪水，光明磊落无忧愁。

偈 解

山中小溪，曲曲弯弯流向前方，明净清澈，不染尘垢。磊落的性格和坦荡的胸襟也如山中清泉般清澈无垢，快乐流淌，无忧无愁。

得此偈者，心思狭隘，忧愁繁多。其实，世间事哪能尽如人意。俗谚云："不如意事常八九，可与人言无二三。"故解愁消忧，全在自身。而解脱之道，又在洞彻人事天理，顺其自然，勿违天道，则烦恼可脱，忧虑可解。

事迹

澍云雨尊者，以善施雨水闻名。《说文解字》说："澍，时雨也。"尊者所修之法名为"请雨法"，又称祈雨法、雨乞法，是一种依照《大云轮请雨经》与《大孔雀咒王经》，为五谷成熟而祈请降雨之法门。

据说，如果世间有旱魔风妖出来作祟，众生可诚意祈祷尊者，他便会凌空而来，诵念真言，降魔伏妖，普降甘霖，使大地润泽，禾苗得以重生，众生免受饥饿之苦。尊者也能施云布雨，用佛法浇灌众生，启迪众生智慧，使其远离苦恼，进入不二法门。

尊者功德无量，证得阿罗汉果位。

澍云雨尊者 433

尊者法相所示

尊者法相所现为陶然静坐，跣足并着于地，双手握拄杖，眉长及颊，开口而笑。尊者善施雨水，能启迪众生智慧，使众生免受饥饿之苦。

人间最美是苏杭，山清水秀如仙乡。
莫道天堂无缘份，与君福运正相当。

偈解

苏杭是人间最美的地方，山清水秀如同仙境一般。不要总说自己与天堂无缘，殊不知自己拥有的正是上天的福报。

得此偈者，命运甚佳，事业顺达，家庭和谐。人多"生在福中不知福"，得此偈者亦然。不知足是奋进的动力，一得便足者很难成就大事业；可若当知足时还得陇望蜀，不考虑自身条件与环境的状况，一味追求不切实际的东西，其结果必是自悖福运，自招祸患。

事 迹

不动罗尊者，又称不动如来、金刚不动佛、金刚萨埵，是东方妙喜世界的教主，为藏传佛教金刚界五智如来中的东方如来。尊者是密教中极为重要的一个本尊，在因地修行时，曾发愿凡向他祈祷的人都能很快消除罪障，否则决不成佛。现已在东方琉璃刹土中成佛，故在密乘修法中尊者已以金刚萨埵佛尊作为忏悔时的皈依对境。在大圆满中，普贤如来授记，现在这个时代是金刚萨埵佛尊普度众生的时代。阿底峡尊者曾说："修学小乘、大乘、密乘最重要的都是忏除业障，在八万四千法门中，在忏除罪障上最有加持的就是密乘中金刚萨埵的修法。"

《五秘密仪轨》说："金刚萨埵是一切如来之子，一切如来之菩提心，一切如来之祖师。"尊者被视为三世一切诸佛之慈悲、智能本体，故清除业障不可思议。其百字明咒是密教四加行之中最为重要的一个加行。

434 不动罗尊者

尊者法相所示

尊者法相所现为坦然静坐，双手合十，高额圆脸，神气清净。尊者以无谄、无诳、实语、不异语而求一切智慧，证得无上菩提。

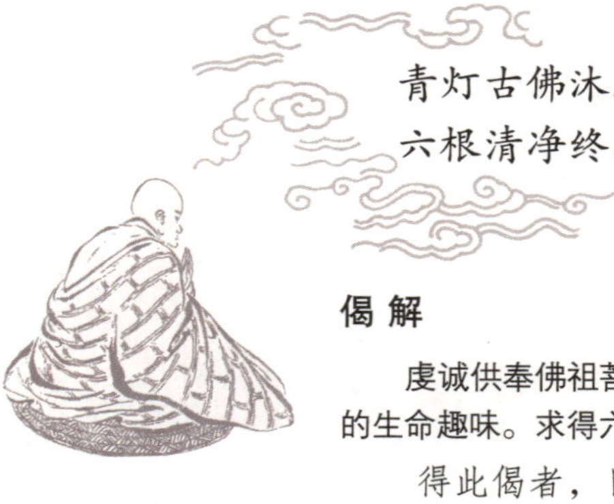

青灯古佛沐恩光，晨钟暮鼓韵味长。
六根清净终求得，超拔轮回可商量。

偈 解

虔诚供奉佛祖菩萨，自然会得到佛的恩泽；晨钟暮鼓之中，自有一种禅悦的生命趣味。求得六根清净，远离名利喧嚣，生命便进入一个脱俗的高境界。

得此偈者，目前多烦扰之事，诸事不顺，心绪不宁。若要于俗世中求得清净，当知在特定的社会中，命运有一定的运行轨迹，求之未必有得。不如安分守己，藏器待时，当可六根清净，心宽体胖。

事迹

普光明焰尊者，又称普光明菩萨，善修一切禅定，得十种利益。据《出月灯三昧经》载，十种利益是："一安住仪式谓菩萨习诸禅定，必须整肃威仪，一遵法式，行之既久，则诸根寂静。二行慈境界谓菩萨习诸禅定，常存慈爱之心，而无伤杀之念，于诸众生悉令安隐。三无烦恼谓菩萨习诸禅定，诸根寂静，则贪瞋痴等一切烦恼，自然不生。四守护诸根谓菩萨习诸禅定，常当防卫眼等诸根，不为色等诸尘所动。五无食喜乐谓菩萨习诸禅定，既得禅悦之味以资道体，虽无饮食之奉，而自然欣豫。六远离爱欲谓菩萨修习禅定，寂默一心，不令散乱，则一切爱欲之境，悉无染着。七修禅不空谓菩萨习诸禅定，而获诸禅功德，虽证真空之理，而不堕于断灭之空。八解脱魔罥谓菩萨习诸禅定，则能远离生死，一切魔网，悉皆不能缠缚。九安住佛境谓菩萨习诸禅定，开发无量智慧，通达甚深法义，于佛知见，自然明了，心心寂灭，住持不动。十解脱成熟谓菩萨习诸禅定，一切业惑不能挠乱，行之既久，则无碍解脱，自然圆就。"

普光明焰尊者 435

尊者法相所示

尊者法相所现为悦然静坐，右腿跷于左腿之上，右手支颐，左手置于右膝，腰间系挂宝瓶，额头高洁，眉如山峰，凝神沉思。尊者修禅入定，能发动神通力，使十方世界感到震动。

虎狼吃肉羊吃草，马奔大路蛇弯绕。
天地万物各安分，勤修终能入正道。

偈解

虎狼食肉，羊食青草，骏马于大道奔驰而蛇在小径弯行。世间万物都有其存在的理由及方式，当各安天命、安于本分、勤奋修行，终能步入正道。

得此偈者，心雄而志大，自我期许甚高。须知人事有时而尽，物力有时而穷，有其志未必得其报。应认清自己的本事才能，明确所处的客观现状，做自己能成之事，若盲目地好高骛远，则可能一事无成。

事迹

心观净，即自性清净心，是指众生本来清净的心性。

在大乘佛教中，自性清净心又名“如来藏”或“佛性”。诸经论之宣说其义者颇多。如《胜鬘经·自性清净章》说：“如来藏者，是法界藏、法身藏、出世间上上藏、自性清净藏，此自性清净……自性清净心难可了知，彼心为烦恼所染，亦难了知。”佛教认为，一切众生都有一个自性清净心，不管是否修行，不管见闻觉知心是否清净，自性清净心的体性始终是清净的。但是，这个自性清净心，却有染污。为什么有染污呢？因为它含藏着染污的种子，即我们的见闻觉知心，以及处处做主的心的贪瞋痴性，这就叫做“自性清净心而有染污”。

436 心观净尊者

尊者法相所示

尊者法相所现为端然而坐，双手横执云板，身披挂络，袒露胸怀，圆脸大耳，神态镇定慈悲。尊者自性清净，心明如月，并时时观持，使其不染心垢。

玉不雕琢不成材，花不修饰不精彩。
人于万物称魁首，不读诗书不自爱。

偈解

玉石不经过雕刻琢磨，不能成为精美的宝物，花枝不经过修剪也不可能精彩纷呈。人之所以为万物之灵长，是因为人具有学习的能力，读书能有效提升生命的境界。

得此偈者，必不好学，不读书。人不能事事皆经，样样皆历。聪明之人在于他们懂得从书中吸取智慧和经验，投入少而回报多。偈主何妨亲体读书的好处，开卷的乐趣。

事迹

那罗德尊者，又称那罗达菩萨、仁授菩萨，彼罗斯国人。尊者与跋陀和菩萨、罗邻那竭菩萨、憍目兜菩萨、须深弥菩萨、摩诃须萨和菩萨、因坻达菩萨、和伦调菩萨并称为八大菩萨。

据载，佛祖曾对尊者等八人说："我涅槃后，希望八位菩萨能成为佛教的护法者。你们愿意永远地守护佛教吗？能为众生详细解答佛的一切行为，为他们演说佛法吗？"尊者与其他七位菩萨一同回答："启禀世尊，我们能做到。"

《佛说八吉祥神咒经》载，包括尊者在内的八大菩萨已经求道无数劫，本来早就应该成佛，但因曾发下使"十方世界的所有众生都得佛道"的宏愿，因此至今未成佛。又据该经记载，众生若患有疾病，默念尊者等八人名号，病痛可消。而且在临终时，尊者等八人还会来接引其往生佛国。

那罗德尊者 437

尊者法相所示

尊者法相所现为半跏趺坐，双手于胸前捧如意宝珠，身披挂络，高额修眉，神态祥和。尊者能使众生遇难呈祥，得现世福报，命终后往生极乐世界。

自古精诚石为开，心不虔诚莫进来。
佛祖龛前心香点，长保平安少祸灾。

偈解

自古修行佛法最看重的是有一颗虔诚的心，正所谓精诚所至金石为开。怀着一颗虔诚的心，终会得到神佛的保佑，一生平平安安没有灾祸。

得此偈者，目前所干的事颇为不顺，放手又心有不甘；不放又困难重重，成功的希望很是渺茫。当此之时，只要坚持不懈，事情最终有成功的可能；但若就此放弃，则定然无成功之日。

事 迹

尊者即中天竺高僧师子比丘 ，又称师子菩提。属婆罗门种姓，被禅宗尊为西天二十八祖中的第二十四祖。

尊者少时出家，修习禅定。鹤勒那见尊者颇有慧根，便付与正法眼藏，令其化行四方。得法后，尊者曾游方至罽宾国，教化波利迦、达磨达等人，并传法于婆舍斯多。然后尊者命他们前往南天竺教化弘法，自已则独留于罽宾国，时逢当地迫害佛教，尊者被恶王所杀。

尊者遇害有“君王臂落”的典故。罽宾国国王弥罗掘蔑视佛法，一日对尊者说：“离生死否？……既离生死，可施我头。”尊者回答说：“身非我有，何吝于头？”国王闻言即挥刀砍下尊者的头，刀落之处喷出白乳数尺，与此同时，国王的手臂也自然断落。迦叶、阿难嫡嫡付法相传之法也由此断绝。

438 师子尊尊者

尊者法相所示

尊者法相所现为半跏趺坐，怀抱拄杖，杖上系花，体态瘦弱，浓眉大眼，双目圆睁，神态哀怜。尊者生有慧根，具自觉功德力。

莫叹造物总相亏，种瓜种豆有定规。
苦尽甜来无差错，从今迈步上天梯。

偈 解

不要总是慨叹造物主对你有诸多亏欠，种瓜得瓜，种豆得豆，一切都是有定数的。尝尽苦涩，自有甜美，这早为历史所证实。咬紧牙关，坚持就是胜利。

得此偈者，付出太多的辛劳，但人生惨淡，成功仍遥遥无期。此时最要紧的，是辛苦耕耘不辍，因为成功已经不远，光明就在前头。如若现在畏缩放弃，也就是放弃了快要到手的果实，将会让人顿足叹息，懊悔终生。

事迹

法上尊尊者，又称法上菩萨。法上，即法上部，为小乘二十部之一，又译为法胜部、法盛部、法尚部。法上部意为“法是可尊敬的”，或“法是世间众人之上者”。尊者是法上部的开部之祖。

据《异部宗轮论》载，法上部是在佛祖入灭后三百年由犊子部分派而出的，但法上部在教义上，与犊子部有很大不同。尊者因不赞同犊子部对“已解脱更堕，堕由贪复还，获安喜所乐，随乐行至乐”这一偈语的解释，所以就将法上部从犊子部中分离出来，而且在教义上有很多自己的独特见解。

法上尊尊者 439

尊者法相所示

尊者法相所现为半跏趺坐，左手曲臂向上，手臂奇长，掌中托宝珠，右手自然垂置，体态丰腴，浓眉大眼，神态超然。尊者于佛法教义常有自己的独特见解，是法上部的开部之祖。

事有可为不可为，十字路口休迟疑。
人心各有镜一面，骗我骗他莫骗自。

偈解

事有可做不可做之分，站在十字路口的时候不要犹豫不决。每个人的心中都有自己为人处事的准则，不要骗他人，更不要骗自己。

得此偈者，面临选择而犹豫不决，彷徨难定。人有选择，事有取舍，应以利之大小及所获的多寡为取舍标准，且以不欺骗他人为原则，不违法乱纪为前提。

事 迹

精进，即是说勇猛、勤策进修诸善法。换言之，即依佛教教义，在去染净污、修善断恶的修行过程中，不懈地努力上进。尊者是闻“一切度王如来无所著最正觉佛”说法的两比丘之一。

据《六度集经》卷六载，在过去时，有一切度王如来无所著最正觉佛，为诸天、人讲说经法。尊者专心听讲，闻法欢喜，应时即得阿惟越致（不退转）。而另一比丘德乐正却睡眠难醒，毫无所得。尊者数次劝说德乐正要努力修行，但均无效果。尊者便显神通，化作蜜蜂王，在他眼前飞来飞去，又钻入其腋下，螫其胸腹，德乐正大痛而醒。蜜蜂王落在泉中花上，德乐正怕蜜蜂再来螫，不敢再睡。尊者便乘机因势利导，为其说法，终使他开悟。

440 精进辨尊者

尊者法相所示

尊者法相所现为悦然而坐，双手笼袖，修眉大耳，胡茬满面，面相慈悲，神情专注。尊者修习善法，勇猛精进，且传法善于因势利导。

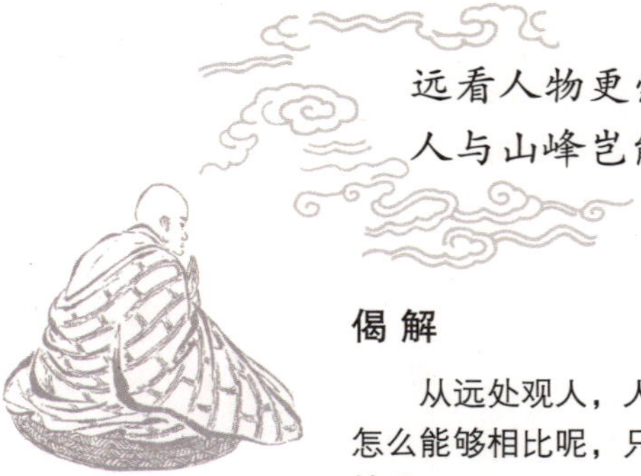

远看人物更崇高，远看山峰愈渺小。
人与山峰岂能比，只因云遮雾缭绕。

偈 解

从远处观人，人显得很高大；从远处望山，山却显得很渺小。人与山峰怎么能够相比呢，只是因为云层遮蔽，烟雾缭绕，才造成这种与事实颠倒的情况。

得此偈者，看人看事缺乏深透的眼光，往往被事物的表面现象所迷惑，得出与事实不符合甚至完全颠倒的结论。要改掉这样的习惯，学会辩证思维的方法，遇事不要轻率地下结论。

事 迹

乐说果尊者，又称大乐说菩萨。尊者是首次聆听《妙法莲华经》的众菩萨之一。

据《经律异相·踊出宝塔》载，一次，佛祖在讲法时，“有七宝塔，高五百由旬，纵广二百五十由旬，从地踊出，住在空中。”佛祖告诉众人：“过去东方无量千万阿僧祇世界，国名宝净，佛号多宝。其佛行菩萨道时，作大誓愿：‘若我成佛灭度后，于十方国土，有说《法华经》处，我之塔庙为听经故，踊现其前以作证明。’”尊者说：“世尊，我等愿欲见此佛身。”佛祖说：“多宝佛有深重愿，若我宝塔，为听《法华经》故出于诸佛前时，欲以我身示四众者，彼佛分身诸佛，在于十方，尽还一处，然后我身乃出现耳。”尊者闻言大喜，说：“我等亦愿欲见世尊分身诸佛。”于是，佛祖身放白光，各方都出现了佛祖的分身。一时间，十方世界诸佛、诸菩萨皆聚集佛所，听佛说《妙法莲华经》。于是佛祖以右指开七宝塔门，众人皆见多宝如来于宝塔中坐师子座。

乐说果尊者 441

尊者法相所示

尊者法相所示为肃然静坐，左手笼袖，右手执念珠，方面大耳，浓眉耸立，神态刚正威严。尊者喜见佛身，乐闻佛法。

千人自有千人面，万人更有万人心。
凡人只能面对面，圣贤方能心对心。

偈 解

不同的人有不同的面容，不同的人有不同的心地。常人只能简单地从外表判断人的善恶，而圣贤则能洞察人心，直指人的本质。

得此偈者，缺乏正确认识和鉴别人的能力。要知道无论有多高的掩饰手段，人的内在仍然会通过外在表现出来，通过细节流露出来。要学会观察和分析，才能识人好坏，知人善恶。

事 迹

观无边尊者，又称无边菩萨，是十方诸菩萨之一。观，即观法，即以智慧专心观想佛或法等特定对象，而致力于证悟；无边，即无穷无尽。观法是观想真理之方法，是佛教中最基本的实践法门。

尊者以澄明的心性和智慧，遍观无边世界，无边众生的无边行差别，然后因材施教，使其都能获得解脱。《佛名经》说，如果向此菩萨礼敬，则能灭罪增福。

442 观无边尊者

尊者法相所示

尊者法相所现为半跏趺坐，左手曲臂指天，右手直撑于腿，双臂戴镯，颈上佩项圈，双眉上耸，目光炯炯，神情威严刚毅。尊者智慧澄明，遍观世界，能为众生灭罪增福。

要想乘凉多栽树，要想吃果常护花。
夜枭专递不瑞信，春燕只巢吉祥家。

偈 解

要想在树下乘凉得先栽树，要想收获果实就得经常护理花朵。夜枭常常带来不好的信息，春燕也只在吉祥的人家筑巢停歇。

得此偈者，常常异想天开，幻想不劳而获。世间并非完全没有这样的好事，但这样的好运实在可遇而不可求。所以，老老实实地工作，踏踏实实地劳动，才是人生的根本。果实来于栽种，富足来于追求，美好的生活必须依靠艰苦的付出。

事迹

师子翻，又作马头明王、马头大士、马头金刚明王，俗称“马头尊”，密号为迅速金刚、啖食金刚。尊者是教化六道的六种观世音菩萨（大悲、大慈、尊者子无畏、大光普照、天人丈夫、大梵深远）之一。尊者也是八大明王之一，即密教胎藏界三部明王中，莲华部的忿怒持明王。位于胎藏现图曼荼罗观音院第一行第七位。

尊者慈悲心重，故能摧灭诸魔障，以大威轮日照破众生的暗冥，啖食众生的无明烦恼。尊者以观音为自性身，现大忿怒形，头顶置有马头，是观自在菩萨的化身之一，其形象有一面四臂、三面二臂、三面八臂、四面八臂等多种。

师子翻尊者 443

尊者法相所示

尊者法相所现为半跏趺坐，左手结印，右手执拂子，浓眉大耳，开口大笑，神态慈祥安乐。尊者能摧灭诸魔障，以大威轮日照破众生暗冥，啖食众生的无明烦恼。

冬去春来时节移，万物复苏阳光辉。
人生至此中光运，努力奋发大有为。

偈解

冬去春来是因为时节的推移，万物复苏是因为阳光的照耀。人生际遇已经到来，努力奋发，就能大有作为。

得此偈者，已经历了诸多的人生磨难，目前正面临时来运转，当好好把握，全力以赴，须知机不可失，时不再来。人生若能把握住难得的机遇，就能大有作为。但也不可忘记，机遇永远属于有准备的人，否则，到手的好运也只能眼睁睁看着从指间溜走。

事 迹

破邪见尊者，又称破邪见菩萨，是十方诸菩萨之一。《成实论》说："行善者将命终时，生邪见心则堕地狱；行不善者死时，起正见心则生天上；当知意业为大。"

佛教认为，如果一个人偏执于邪见，那么他的果报将非常悲惨，佛经说："此诸有情，应于地狱、傍生、鬼趣流转无穷。"所谓流转，即指轮回。这番话的意思是，邪见重的人死后会下地狱，而轻一点的则变傍生、畜生，还有的堕入饿鬼道。因为犯了邪见，不得佛法正见，有了增上慢，又因为自是非他，嫌谤正法，因此，轮转到下三道受果报。如果持邪见的人能抛弃邪见，再转来修正法，那么，他就不会堕入地狱、饿鬼、畜生道。

444 破邪见尊者

尊者法相所示

尊者法相所示为坐于莲叶之上，左腿盘起，隐于袍下，右腿曲膝，双手笼袖，合抱右膝，头戴僧帽，脸方脖粗，张口似吼。尊者护持世间，兴善去恶，能帮助众生破除邪见。

春临大地暖气回，万木初更露生机。
欣欣向荣尽美景，华盖高运伴君飞。

偈 解

春回大地，暖气微微；万物复苏，生机勃勃。天地一派欣欣向荣的景象，象征着人的好运已经来临，从此华盖星高照，一路锦绣，一片欢歌。

得此偈者，曾长期在人生的低谷中挣扎，在事业的暗淡中徘徊。但是，苦难已经到头，命运正逢转机，一定要看清时机，牢牢把握，如此必然青云有路，前程似锦。

事迹

尊者是佛祖的分身佛，名为“无忧吉祥佛”，又称“无忧德佛”。《三十五佛名礼忏文》载，尊者是常住十方一切世界三十五佛中的第二十二佛。尊者所在的佛国位于所有世界中的最南端，名为“离一切忧世界”。在这个世界的众生，只要心念尊者，便可无忧。

相传，三十五佛个个都在成佛前行菩萨行，发下大愿，利益众生。但各佛对众生的利益也各不相同，众生应生追悔心，根据自己的恶业，针对恶业而拜某一佛，才能清净前世无边的恶业。据载，如果修持三十五佛礼忏法，就能净除一切业障的缘起。

无忧德尊者 445

尊者法相所示

尊者法相所现为瞪目而坐，双手分置两腿，浓眉大耳，目光专注，神态哀怜。尊者居最南方的离一切无忧世界，众生只要想到他即可快乐无忧。

明眸皓齿歌妙曼，丽质清姿舞翩跹。
人生得意须欢乐，无须忧虑久缠绵。

偈解

美人明眸皓齿，歌声多么美妙；丽质清姿，舞步优美翩跹。人生得志，应当尽兴欢乐，再不必忧伤愁虑，苦苦挣扎。

得此偈者，多年的追求成为现实，理想的梦幻化作名望和财富。美酒注满金樽，美人不再遥远，华灯盛宴，歌舞管弦。作为众多岁月苦撑的报偿，尽兴欢乐自然无可厚非，但要注意凡事应张弛有度，不可过度沉湎于酒色。

事 迹

行无边尊者，又称行无边菩萨，是十方诸大菩萨之一。无边行，即“无尽行”，是“十行”之一。“十行”与十住、十回向，合称为“三贤位”。

“十行”分别是指欢喜行、饶益行、无嗔恨行、无尽行、离痴乱行、善现行、无著行、尊重行、善法行、真实行。无尽行，又名“无屈挠行”，意为多劫受诸剧苦，仍勤修精进，求法济生，广摄善法。

尊者德行高尚，用善法救度众生，通达十方。

446 行无边尊者

尊者法相所示

尊者法相所现为结跏趺坐，左手托灵兽，右手持法器，袒胸露腹，面额圆润，开口而笑，神态悠闲自得。尊者救度众生，随众生的机类而现身，通达十方，为众生灭无量罪，长无量福。

谁赏孤梅雪中开，鹤立鸡群实可哀。
自古枪打出头鸟，平凡本分福自来。

偈解

雪中的孤梅很少有人欣赏，鹤立于鸡群中也很可悲。自古以来，出头之鸟都易被猎人打中，所以人应低调内敛，如此才会享福寿。

得此偈者，多为胸怀大才的人，但常与所处的环境格格不入。“木秀于林，风必摧之；堆出于岸，流必湍之；行高于人，众必非之。”个性过分张扬，做人恃才傲物，行事独树一帜，必招致应接不暇的麻烦；安守本分，低调为人，收敛个性才是上策。

事迹

慧金刚尊者，又称金刚慧菩萨。金刚慧，即通达事相的道理而破除诸相的智慧。在密教中，金刚慧是指体达“阿字本不生”妙理之慧。

“阿字本不生”为密教的根本义。“阿字”，即密教以之为诸法之体性，万法能生之根源；“本不生”，即本来本有，非今始生。万法无不从众缘而生，从缘而生的都有始有本，而其能生之缘亦依众因缘生。因此若证得“阿字本不生”之理，则能如实知晓自心之本源，得如来一切智，自身则成为大日如来。

据《大方广佛华严经》载，尊者具十种不尽法，一是诸佛出现智无尽，二是众生变化智无尽，三是世界如影智无尽，四是深入法界智无尽，五是善摄菩萨智无尽，六是菩萨不退智无尽，七是善观一切法义智无尽，八是善持心力智无尽，九是住广大菩提心智无尽，十是住一切佛法一切智愿力智无尽。

慧金刚尊者 447

尊者法相所示

尊者法相所现为端然而坐，双手作揖，眉浓须黑，面部俊朗和善，神态慈悲安乐。尊者供养诸佛，救度众生，功德极大。

君子坦荡展怀抱，小人奸诈腹藏刀。
坦荡君子常亲近，奸诈小人莫相交。

偈解

君子以道义为重，故心怀坦荡；奸诈小人以钱财为务，故笑里藏刀。对于胸怀坦荡的君子可以时常亲近，对于奸诈的小人就莫要与之交往。

得此偈者，君子小人不分，坏人好人不辨，以致人生暗藏隐患，不定哪天就酿成灾难。故交人亦察，交友亦慎。亲君子，远小人，这是自古交人结友的准则。

事 迹

义成就尊者，又称一切义成就菩萨，是佛陀幼时之名，指此菩萨已得到佛陀般的智慧与神通。《佛名经》将尊者列为众生应当礼敬、忏悔的十方诸大菩萨之一。

一切义成就，本是指佛陀经过无数劫修行，坐于色究竟天金刚座而证无上菩提，住于空观而作佛果圆满之思。然而还未见自心的本性，所以遍空诸佛皆来会集。惊觉之使自禅定起，授互相之观门，得五智圆满的佛果。

据说，念诵尊者名号，可使众生觉悟，获现世安稳，于未来世得无上菩提。

448 义成就尊者

尊者法相所示

尊者法相所现为安然端坐，左手执经卷，右手笼袖，置于右膝，额现日轮，目光内敛，神情专注。尊者已具佛陀般的智慧与神通，能使众生觉悟，获得现世的安稳。

一花繁茂不是春，一木葱茏不是林。
一人孤独影作伴，一佛说法谁听经。

偈 解

仅仅一朵花盛开，即使再繁茂，也不能代表是春天；仅仅一棵树生长，即使再葱茏，也不可能成为一片树林。一人孤独无依，只有影子为伴；一佛说法，没有信众谁来听讲佛经。

得此偈者，不善于与人交往，不长于与人沟通，结果孤独时没有朋友，沮丧时无人慰藉。人是社会动物，身在人群之中却似在荒漠之上，是很悲惨的事情。

事迹

尊者前世是一婆罗门之子，家贫，其母常外出乞讨。一次，母亲乞讨久久未归，尊者非常生气，口出恶言道：“今日缘何不来送食，我母今者不如畜生。”没过多久，其母求得食物回来，见他正在气头上，便好言安慰。尊者刚要就食，忽见天空飞来一比丘，心生敬仰，即合掌作礼，邀屈临降，又将食物分与比丘。比丘感其诚意，为他说法，之后又为其剃度出家。

尊者出家后在寺庙中做知事。当时有一个富有的婆罗门，要建造僧坊安置僧团，将酥油给尊者，请他分给寺中僧侣食用。尊者起吝啬之心，将酥油据为己有。后尊者转生为善住天子，仍不敬佛，整日与天女玩乐，终遭恶报。帝释天请佛祖为其消除恶报，佛祖告其前世所作所为，并为其说《最胜佛顶陀罗尼净除业障咒经》以消恶报。从此，善住诚心礼佛，多做善事，终获阿罗汉果位。

善住义尊者 449

尊者法相所示

尊者法相所现为超然静坐，左手笼袖，右手支颐，面目圆润，似在沉思，神情极为专注。尊者能令众生获得安定，远离诸恶趣。

衣冠楚楚貌岸然，口如蜜糖腹如剑。
衣貌取人必有错，受人陷害受人骗。

偈解

衣冠楚楚的人通常道貌岸然，奸佞小人往往口蜜腹剑。以貌取人必会出错，待人处事要听其言，观其行，方可避免受人欺骗。

得此偈者，喜欢以貌取人，爱听甜言蜜语。为人如此，实在大谬。孔子说：“以貌取人，失之子羽。”观人当观其心，识人应识其真。否则难免上当受骗。

事 迹

信，即坚信并皈依三宝，使内心澄净如水。佛教认为，正信为奉持佛法的基础，是证果的前提。《俱舍论》说：“信者全心澄清。”《颂疏》也说：“信者，澄净也。如水精珠能澄浊水，心有信珠全心净。”

三宝是指佛宝、法宝、僧宝。佛教以三宝为自己的教法和证法的核心。三宝的威德十分殊胜，它能使一切众生远离苦恼，破除邪见恶念，消减无始以来种种的我执习气，是世间的明灯，真正的皈依处。三宝的威德，无法用语言文字形容，也不可拟议思量。皈依三宝，其必须心诚意正，坚信自身亦可成佛，然后发大誓愿，精进修行，如此才能与三宝相应。

尊者对佛、法、僧三宝坚信不疑，内心澄净如水，专心修习禅定，证得阿罗汉果位。

450 信澄尊者

尊者法相所示

尊者法相所现为欢然骑龙，左手护膝，右手执念珠，目光平和，神情慈悲，法喜充盈。尊者对佛法坚信不疑，内心澄净。

金钱尽是身外物，唯有情义永长存。
重义轻财是君子，见利忘义是小人。

偈 解

金银钱财通通都是身外之物，只有美好的情谊才能永远存在。看重情谊而轻视钱财的是君子，见利忘义的则为小人之流。

得此偈者，所交之友龙蛇混杂，良莠不齐。君子并非不爱身外之物，只是要取之有道。若钱财与情义相较，自当以情义为重。这是检测一个人的价值观，也是检测君子小人的试金石。交君子以友道，见小人巧周旋。

事迹

行敬端尊者，又称敬端行，原是富贵明士。

尊者从不以官贵自居，为了追求佛法真谛，舍弃荣华富贵，时刻约束自己，使自己不沉迷于物欲的享受。他饮食但求果腹，衣冠但求整洁。夫妻不贪欲，但求和睦，如此而已。尊者心中没有世俗物欲，唯有佛学真理。据《佛说成具光明定意经》载，佛祖在迦毗罗卫国精舍时，曾召来包括尊者在内的天下明士，共八十亿万二千人。佛祖施展神通力，使诸明士皆身坐莲花座，升于虚空之中，听佛祖宣讲佛法。尊者从此出离世俗，远离烦恼，证得阿罗汉果位。

行敬端尊者 451

尊者法相所示

尊者法相所现为半跏趺坐，左手抚右手衣袖，右手于胸前执经书，头戴风帽，开口而笑，神态清净祥和。尊者行为端正，时刻约束自己，绝弃世俗，清除烦恼。

文章翰墨传家永，雄才伟略继世长。
好运开拓终须至，承前启后家道昌。

偈解

读诗书、写文章可以永远传家，有雄才兼伟略可以继世久长。开拓进取，好运终会来到，承前启后，家道一定繁荣昌盛。

得此偈者，才华横溢，妙手文章，具有雄才伟略和远大志向，因而命途畅达，前程似锦。但命由天定，事在人为。不要得意忘形，放弃拼搏，须牢牢把握机遇，努力开拓奋进，自会家道兴隆，幸福吉祥。

事迹

尊者是《佛说成具光明定意经》中所记载的明士之一。尊者及其他明士曾在佛祖的法会上得“五无转心”。而且，明士们在佛前立五愿，“作明士行乃至成佛”。于是佛祖告诉诸明士，如何才能成佛。佛祖说：“一切在座者，是法真谛宜善奉行，当以成具为本，不以虚言绮语为应法也。当忍而不为恶，若在空闲及于大众尊卑之处，内制其心令如戒法，不以闲宴而犯漏行，不于众会而自大，不用尊显而骄贵，不以卑弱而转随，不惭善不惭恶，不种无益之事。心如正法无有摇却，不作增减之念也。如此明士，善根五愿必获尔志，疾成至佛。”

452 德普洽尊者

尊者法相所示

尊者法相所现为悦然而坐，左脚跷于右腿之上，左手执木鱼，右手执木鱼棒，宽鼻高额，圆脸大耳，面露微笑，若有所悟。尊者心清口净，如月之明，如花之香。

林生水土万物盛，名传邦梓百世昌。
问君此去路何远，腾达飞黄冲霄汉。

偈解

树木栽种在土地上，得到水的滋养就能顺利成长，欣欣向荣；美名在家乡传扬，百世流芳。无论你此去道路多么遥远，坚持奋斗绝不退避，一定能飞黄腾达。

得此偈者，目前正被所处的环境所累。须知“树挪死，人挪活”，换个环境，又是另一种生命气象。若外出闯荡，则有望青云直上，成就一番大事业。

事 迹

师子作尊者，又称师子作菩萨。

据《大方便佛报恩经》载，尊者已具“如来十力”。这“十力”分别是：一知觉处非处智力，即知道众生现在所作的一切业；二知三世业报智力，即能知众生前生曾作何业，及处于现在境地的因缘；三知诸禅解脱三昧智力，即知晓众生的心力强弱；四知诸根胜劣智力，即洞悉众生的行为品格；五知种种解智力，即洞悉众生种种知解的能力；六知种种界智力，即知一切境界真象的能力；七知一切至处道智力，即对解脱行法的深切认识；八知天眼无碍智力，即看破一切实相的能力；九知宿命无漏智力，即知道众生宿命的能力；十知永断习气智力，即止息最细微的烦恼，使众生处于清静无污之境，从而得到真正的解脱。

师子作尊者 453

尊者法相所示

尊者法相所现为傲然静坐，双手笼袖执法器，满面皱纹，抿嘴下视，神情隐忍。尊者通达一切禅定及陀罗尼真言，大慈大悲饶益众生，导化众生到达智慧彼岸。

克绍箕裘名永耀，荣祖耀祖誉长存。
繁花时节流上苑，芳香四溢尽缤纷。

偈解

能够继承祖辈事业的人其名永远光耀，使祖宗创立的门楣荣显的人美誉长存。繁华似锦的时节游览上苑，花香四处流溢五彩缤纷。

得此偈者，家族荣誉感极强，光宗耀祖是梦寐以求的愿望。赖祖上福荫，有良好的家庭环境，从小受到良好的教育，具备超祖越父的能力，只要抓住时机，不断努力，理想可以达成，心愿可以实现。

事 迹

忍，即忍辱；慈，即大慈。行忍慈，就是指修忍慈的行者。忍辱是佛教的重要组成部分，在六度中，忍辱列为第三，是出离苦海的最妙法门。

佛教认为，忍辱极易生瞋，而瞋恨又会破坏忍辱的修行，是修行者的大忌。因此，无论在何时，遇何境，修何法，皆不能生瞋。另外，忍辱还是定的前方便（所谓前方便，就是指修行前所做的准备工作），“能忍最胜寂灭法”，忍清净寂灭，把心安住在清净寂灭就成功了。学佛要受得寂寞，心忍得下来，修定第一步便是忍。

尊者在修行中身处逆境而不生瞋，大慈大悲，度己度人，且能始终如一坚持不懈，修得忍、慈兼备，功德圆满，证得阿罗汉果位。

454 行忍慈尊者

尊者法相所示

尊者法相所现为肃然静坐，双手执法杖，方头大耳，须发浓密，嘴唇紧闭，神色坚定。尊者修得忍、慈兼备，功德圆满，大慈大悲，度己度人。

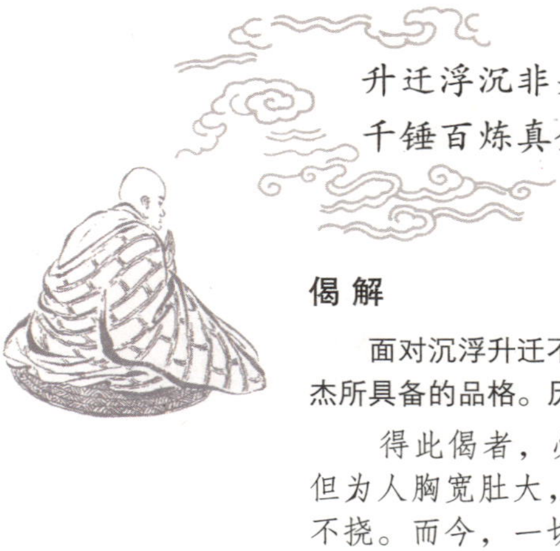

升迁浮沉非关意，鉴古知今乃英豪。
千锤百炼真金出，而今好唱步步高。

偈 解

面对沉浮升迁不要太在意，鉴古知今，不为一时荣辱所动，才是英雄豪杰所具备的品格。历经千锤百炼，具备不凡本领，才能一路歌唱步步高升。

得此偈者，必已饱经生命的沉沉浮浮、升职贬谪的悲悲喜喜。但为人胸宽肚大，能平静以待，宠辱不惊，磨炼出一身钢骨，百折不挠。而今，一切磨难终于走到尽头，转机已经到来，从此水平风顺，青天有路。

事迹

尊者即新罗国高僧无相禅师，俗姓金，故又称金和尚。据《历代法宝记》和《宋高僧传》载，尊者为新罗圣德王第三子，少年出家为僧，唐玄宗开元十六年（728年）来到中国，游行巡访，徒步入蜀，拜资州德纯寺处寂为师，习得黄梅禅法。后进入资州深山中修头陀行。他结束头陀行后，在成都净众寺讲说佛法，历时二十余年，蜀中百姓敬之若圣。天宝末年，玄宗避乱入蜀，曾召见尊者，礼遇隆重，赏赐丰厚，非常人所能比拟。宝应元年（762年）五月圆寂，世寿七十九。

据《历代法宝记》载，尊者在每年的十二月及正月，会给成千上万的男女信众授戒说法。他严设道场，坐在高坛上，说法时先让众人引声念佛，待吐完气之后，便讲道："无忆是戒，无念是定，莫忘是慧。"

尊者的头陀行继承和发扬了楞伽宗和新三论宗的头陀行思想，之后又由他的弟子马祖道一弘扬。

无相空尊者 455

尊者法相所示

尊者法相所现为端然静坐，身着袈裟，头戴毗卢，右手护膝，左手执如意，眉清目秀，端庄祥和。尊者教化大众主要是以引声念佛，及"无忆、无念、莫忘"三句为主。

姚黄魏紫同庆瑞，金凤灵凰合欢喧。
昨夜春风休沉醉，耀祖光宗万期年。

偈解

各种灵花异草同来庆祝，各种吉祥之鸟也同来赞唱，这是何等美好。但是不能沉湎于过去的成就，要持续发展，成就更大的事业，光宗耀祖。

得此偈者，事业上获得空前的成功，纵情享受着成功的喜悦和生命的美好。但是，切不可得意忘形，贪图享乐不知节制。昨日的胜利，并不意味着永远的辉煌，要守住当前的事业，还必须继续奋斗。

事迹

勇精进尊者，即勇猛精进菩萨，又作“勇猛菩萨”、“大精进菩萨”，密号“不退金刚”。他是密教金刚界曼荼罗三昧耶会、微细会、供养会、降三世羯磨会等务处院方坛南方四尊中第二位菩萨。其形象为左手作拳，置于腰际，右手执独钴戟，趺坐莲花座上，身呈肉色。

勇猛精进是说菩萨发勇猛心，精进修习一切善法，化导众生而不退转。

据《佛说如来不思议秘密大乘经》卷一载，尊者曾从远方特地赶到王舍城灵鹫山聆听佛陀演说妙法。他在无数劫中勤修苦行，积集菩提道行，心胸广阔无边。而且尊者已修成金刚不坏之身，演说佛法如狮子吼，震撼众生心灵。他身放光明，映蔽日月，众生在其引导下，尽皆走上解脱之路。

456 勇精进尊者

尊者法相所示

尊者法相所现为安然静坐，双手合十，颈挂念珠，面容清净，神态祥和。尊者演说佛法犹如狮吼，震撼众生心灵，他身放光明，引导众生获得解脱。

施惠乃称济群业，乐颜正当利众心。
积德行善福报长，千年百代得恩荫。

偈解

普施恩惠被称为救济大众的事业，生活幸福的人应该利益共享，使大家开心。积累德行勤做善事福报绵长，千年百代的子孙都能获得恩荫。

得此偈者，必家道殷实，生活富足，但对本为身外之物的财产看得太重，别人处境极度艰难，也视而不见。为人要慈悲，心地善良，多行善事，救人急难，能使自己活得平静，活得心安理得，即使不求回报，冥冥中也自会有好报。

事 迹

胜清净尊者，又称胜清净佛。清净，即清净心。清净心能离一切相，是看破一切的大智慧。当代高僧净空法师（俗名徐业鸿，1927年生于安徽庐江县，1949年赴台湾，熟通佛教各派经论，对于儒学、道家和伊斯兰教经论等也广泛涉猎。）说："何为清净心？一心念佛，一心为清净心。何为一心？二六时中，朝朝暮暮心中唯有阿弥陀佛，忆佛念佛，别无他念。一心专念，一心称念，心中万物都是佛，心自觉悟。所以，清净心非常重要！"

据说，尊者能消除违反戒律的修行者的罪恶。修行者不管是出家或在家，若要消除自身罪恶，应身穿净衣，烧名香，供清水，双手合十长跪，虔心忏悔。如此连续七天参礼尊者，其罪恶便可消除。

胜清净尊者 457

尊者法相所示

尊者法相所现为悠然静坐，盘右腿、支左腿，左手执宝瓶，右手抚左袖，耳垂肥大，须短鼻隆，体态厚健，面相慈悲。尊者具有看破一切的大智慧，且能消除违反戒律者的罪恶。

黑夜沉沉路不明，谨慎小心慢慢行。
长夜过去东天晓，旭日辉煌耀前程。

偈 解

在深沉的夜晚行走，需要小心慢慢前行；等到长夜过去，黎明到来，旭日东升，前路便一派光明。

得此偈者，人生不是太顺利，犹如在黑夜行路，路况不明，道路模糊不清。此时最宜审慎，驱除浮躁，步步小心谨慎。艰难困苦终会过去，事情迟早会有转机，要咬牙坚持挺住，万万不可丧失追求的信念。

事迹

有性，即具有出离解脱的佛性，与“一阐提”相对；空，即空寂。

佛性在佛教各派中有不同的解释。天台宗有正、了、缘之三因佛性之说：一正因佛性，二缘因佛性，三佛性是非纵非横，前者属性（即先天具有），后二者属修（即后天修得）。三因佛性加上果性（即菩提之智德）、果果性（即涅槃之断德），即称为五佛性。华严宗主张成佛唯限于有情，众生之佛性圆满具足一切因果性相，有情具足成佛之可能性为佛性、觉性。法相宗认为佛性有两种，即理佛性和行佛性。具理佛性，同时具行佛性者，方能成佛。禅宗则认为证悟众生本来之面目，但却否定执迷佛性有无等问题。净土宗只承认理佛性之说。

尊者本身自性清净，修行又极为刻苦，最终识得三空，即我空、法空、我法俱空，获得解脱门，证得阿罗汉果位。

458 有性空尊者

尊者法相所示

尊者法相所现为超然而坐，左手靠椅，右手结印，似为孔雀授法，双眼目视前方，脸庞圆润，神态安静祥和。尊者自性清净，修行刻苦，识得三空，获得解脱门。

谁人背后无人说，谁人背后不说人。
真能做到心口一，天下太平事安宁。

偈解

人生在世，每个人都会成为别人的话柄，而每个人都有在背后说别人的时候。若人人都能做到心口如一，那么天下就安宁太平了。

得此偈者，宜注意自己的言行，心口如一，切勿搬弄口舌，惹祸上身。

事迹

尊者是古印度室罗伐悉底国人，佛祖在世时的著名僧人。

据《大毗婆沙论》载，尊者自幼身患瘿疾（即颈前区结喉两侧漫肿或结块性病变），无人照顾，独自居住在陋室之中。佛祖得知尊者的遭遇后，亲自前往探视。佛祖问尊者："这病是可以治好的，为什么你不去看病？为什么没有人照顾你？"尊者说："这病长久不愈，是因为我懒得去看病。没有人照顾我，是因为我太过懒惰，所有人都看不起我，没有人愿意和我住在一起，更不会有人来照顾我了。"佛祖说："今天就让我来照顾你吧。"随后，佛祖用手抚摸尊者的患处，瘿疾立刻就痊愈了。之后，佛祖又为尊者沐浴更衣，为他说法。尊者闻法后，非常高兴，当即随佛祖出家修行，最终证得阿罗汉果位。

净那罗尊者 459

尊者法相所示

尊者法相所现为端然而坐，双手捧佛像，面容清奇，额头高隆，嘴唇紧闭，略带忧思。尊者得佛祖度化，病愈出家修行，得成正果。

莫待病重祈安康，莫待事急烧高香。
未雨绸缪当常事，身安事遂路康庄。

偈解

不要等待病情危重时才去祈求安康，不要等待事情危急时才寻求解决的办法。凡事要早做准备，预作防范，将其作为生活的常态，就能身心安泰，诸事顺遂，一生平安。

得此偈者，办事多无计划，行事常缺谋虑。欲成大事者，必养成善思善谋的良好习惯，未谋胜，先防败，如此才能败可免，事可成。而临时抱佛脚，事急烧高香，有百害而无一利。

事迹

法自在尊者，又称法自在菩萨。法自在，即菩萨所展示的无量法门。

据《维摩诘所说经》载，维摩诘对众位菩萨说："诸位仁者，请随意说说，什么是菩萨入不二法门？"尊者回答："一切法有生必有灭，但法性不变，虽然法体有生灭，法性却是没有生灭的，能悟得法性即可入不二法门。"之后，尊者与诸菩萨问文殊师利菩萨："什么是菩萨入不二法门？"文殊师利菩萨说："一切法可用文字表达、语言说明，或用演示的方法，还可用提问解答的方式祛除疑惑，但法性不能如此。若能悟得法性，才是入不二法门。"后文殊师利菩萨问维摩诘："我们都说完了，你也来说说吧。"维摩诘随即对文殊师利菩萨微微一笑，然后闭口不言。文殊师利菩萨说："太好了，太好了，远离文字言说，才能真正入不二法门。"这时包括尊者在内的所有菩萨都入了不二法门。

460 法自在尊者

尊者法相所示

尊者法相所现为威然端坐，双手护孔雀，浓眉大眼，双目炯炯，神态严厉威猛。尊者是阿弥陀佛派遣接引众生愿生极乐世界的二十五位保护神之一。

功勋盖世本英豪，向所跃马挥战刀。
云风咤叱破敌胆，而今摆酒论功高。

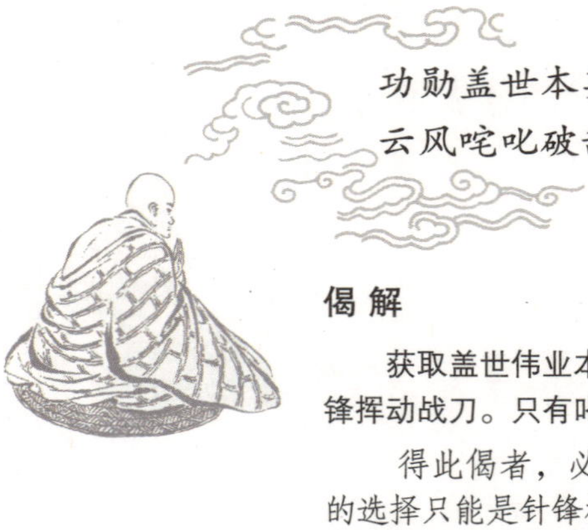

偈解

获取盖世伟业本就是英雄豪杰追求的目标，若要所向披靡，必须跃马冲锋挥动战刀。只有叱咤风云，使对手甘拜下风，才能摆下酒筵，论功行赏。

得此偈者，必有强劲对手分庭抗礼，竞争异常激烈。此时，唯一的选择只能是针锋相对，如果采取强势措施，主动进击，必定奏凯而还；如果裹足不前，只能是将胜利拱手相送，自己落得折戟沉沙的下场。

事迹

尊者即佛祖祖父，北印度迦毗罗卫国师子颊王。

师子颊王在世时，勤于政事，爱护百姓，与邻友好。他曾祈望后代中能有一个转轮王，后来王妃果真生下净饭、白饭、斛饭、甘露饭四个王子，以及王女甘露味。后邻国天臂城的善觉国王与师子颊王联姻。善觉国王的王妃生下大幻化母、幻化母两个王女。婆罗门相士就预言大幻化母将生下一个金轮王，幻化母将生下一个具足相好的太子。后来，师子颊王的长子净饭王子，娶大幻化母和幻化母两个王女为妻，恩爱度日。兜率天子为化现人间入大幻化母之胎，即悉达多太子。

师子颊尊者 461

尊者法相所示

尊者法相所现为端然而坐，双手捧钵盂，身披云肩，面相圆润庄严。尊者为君贤明，种下善因，祈愿成真。

群星捧月照云天，百鸟朝凤舞翩跹。
功名盖世占关魁，安乐富贵寿永年。

偈解

像群星捧月，百鸟朝凤一样，大家围绕着中心人物运转。此人物功勋名望超过世人，占据雄关，身为魁首，能享受安乐，拥有富贵，寿元久长。

得此偈者，天生具有领袖气质，才华横溢。无论置身何处，都很容易成为中心人物，人气旺炽，被人尊敬拥戴。如能谦逊谨慎，目标对路，引领众人奋斗，则可得盖世功名，享受富贵荣华，福寿延年。

事迹

大贤光尊者，又称贤光菩萨。据《菩萨处胎经》载：“尔时世尊于母胎中广说大乘不可思议，将欲灭度示现光影神德，令诸会者皆同一色。……解脱无碍四辩才智应对捷疾。想知灭尽所可救济，为人重担行来进止，不失威仪如诸佛法。常所讲说苦集灭道，导引众生入四意止，法成就断意觉力师子无畏，贤圣八道空无想愿。时会中有菩萨，名曰贤光，即从坐起偏露右臂右膝着地，叉手合掌前白佛言：‘如来应供正遍知明行足善逝世间解无上士调御丈夫天人师佛世尊，放此光明普照三千大千世界，此光明所化如佛化不？佛力功德非一非二，光明所接不可穷尽，此二德行有何差别？唯愿世尊，解释疑结，使未信人永无狐疑。’尔时世尊告贤光菩萨曰：‘汝所问者，皆是如来神力，何以故？如来神光济度众生无所挂碍，从阎浮提上至果实天，光明远照演说六度无极，布施持戒忍辱精进禅定智慧，如佛神度脱众生无彼无此，济度无数阿僧祇众生，皆是佛光荫凉覆盖。’”

462 大贤光尊者

尊者法相所示

尊者法相所现为肃然端坐，身披挂络，头戴僧帽，右手执仙草，左手撑于腿上，修眉凤眼，面相端庄。尊者虔心修佛，勤谨坚忍，功德圆满。

世上奇事无不有，羊头狗肉盗虚名。
炼就大圣金睛眼，识微洞幽保身心。

偈解

人世间熙熙攘攘，鱼龙混杂，大千世界，无奇不有，欺世盗名、蝇营狗苟的人，到处都有。若能炼就如炬慧眼，则能识破一切骗局，保自身平安。

得此偈者，是大大咧咧、轻言轻信的人。与人相处，自是以真诚为本，但诚信以诚信对，狡诈虽不能以狡诈应，也不能白白受人愚弄，遭人欺诈。故当有鉴别人的智慧，远离阴谋是非。

事迹

尊者是佛祖在世时的僧人。据《杂宝藏经》载，一次，舍卫城的长者请舍利弗去祝愿功德，舍利弗作偈道："今日良时得好报，财利乐事一切集，踊跃欢喜心悦乐，信心踊发念十力，如似今日后常然。"长者听后，非常高兴，立刻供养了两张上等毛毡。尊者见后羡慕不已，便请舍利弗教授于他。舍利弗告诉尊者："此咒愿不能常用，也不见得适用于任何场合。"但他执意要学，舍利弗只好传授给他。后来尊者在使用时不分场合，连番受辱，竟然被当成盗贼关进了监狱，经过了重重磨难才回到寺庙。然而，他不但不反思自己的错误，反而认为这一切都是因为舍利弗所教的偈语惹的祸。佛祖了解了事情的始末后，对尊者说："如果想说法咒愿，应细心地观察因缘时节，合适才说出口。任何一个偈语都不会适用于所有的情况，以后别再轻率地说话了。"尊者听后，豁然开悟。

摩诃罗尊者 463

尊者法相所示

尊者法相所现为悦然而坐，双脚交叉，左手臂上栖息一灵兽，右手结印，身披云肩，面容慈和，开口而笑。尊者性情憨厚，为人不拘小节，深受孩童喜爱。

寒梅清放有高节，青竹葱茂乃直身。
莫学墙头凤尾草，随风摇摆无定心。

偈解

人生于天地之间，要如冬雪中的梅花，亦如青青翠竹，有一身正气和高尚节操，不为外在诱惑或威逼所动，更不要像墙头之草，飘摇不定。

得此偈者，当冷静反思。人应有高尚的节义操守，正直坚贞是必具的道德素养。人如果没有信仰，一定会活得莫名其妙；你在追求财富时，不能以牺牲做人的原则为代价。无论如何，都必须要坚守起码的道德底线。

事 迹

音调，即佛的声音；敏，即耳根利。《楞严经》说："耳根劳故，头中作声。"佛教认为，说法不一定用言语，六根六尘都可以说法，因此根根尘尘无有穷尽。娑婆世界众生的耳根在所有六根中是最利的，所以，佛祖在娑婆世界传法时采用的是以声尘说法，这种方式也叫"音声佛事"。据《佛说成具光明意经》载，尊者曾参加佛祖在迦毗罗卫国精舍所举行的法会。他佛法精熟，德行崇高，声音敏锐明白，众生乐于聆听，受益匪浅。

尊者破除了三毒六惑五蕴，修成殊胜之行，证得阿罗汉果位。

464 音调敏尊者

尊者法相所示

尊者法相所现为安然静坐，双手笼袖，修眉大耳，面容清瘦，神态安详。尊者具殊胜之行，声音敏锐明白，众生乐于聆听，从中受益匪浅。

千年灵龟万年鹤，修行得道见神功。
福如东海长流水，寿比南山不老松。

偈 解

灵龟与仙鹤，能够有很长的寿年，这是得益于它们遵循自然法则，该静息的时候静息，该运动的时候运动。人若如此修习，则福运久长，年寿绵延。

得此偈者，目前心态很好，命途顺达，做事顺风顺水。如果深厚学养，勤修心性，则有大福报，得享乐果，富贵又寿延。

事 迹

尊者即师子胸臆，是摩睺罗伽王之一。

据《大乘本生心地观经》卷一载，尊者曾参加了佛祖在王舍城耆阇崛山中的法会。当时四方大众都前来听佛祖讲经，其中有：比丘数十万，菩萨八万四千，欲天子六万，色界天子无数等。此外，还有无数诸外道，无数饿鬼，无数禽兽王，及十方阎魔罗王。尊者是摩睺罗伽王九万八千大众之一。佛祖坐在莲花师子座上为大众讲法，尊者及其他弟子洗耳恭听。

摩睺罗伽是佛教传说中拥有蛇的神，是大蟒蛇神，人身蛇头，又称作地龙，是佛教神祇的天龙八部之一。该神原本是腹行类，但由于其智力较低而无知，反而能得道挽回前因，摆脱腹行类的命运，脱胎换骨成为神祇。

尊者善巧神通，有眷属数十万，他能教化众生，使其永断烦恼，尽享无量清净乐趣。

师子臆尊者 465

尊者法相所示

尊者法相所现为凝神静坐，左手抚鹿，右手持灵草，弯眉秀目，皮肤白皙，神态安详。尊者能使众生永断烦恼，尽享无量清净乐趣。

庆云景星长辉耀，松龄鹤寿永郁森。
勤勉善德持以恒，福报及己并后身。

偈解

瑞祥的事物长久发出奇异的光辉，具有长久生命力的事物永远郁郁葱葱。做事勤勉，广行善德，若能持之以恒，不但自身获得福报，且惠及子孙后代。

得此偈者，做事多有懈怠，对他人的困苦视若无睹。人之成功，多得益于立志自勉，勤奋努力。若欲得福获报，也应行善积德。如此，才会丰收有望，家道昌盛，子孙沾惠。

事 迹

坏魔军尊者，又称坏魔菩萨，是十方诸菩萨之一。魔军，指一切有碍佛道的恶事。《佛学大词典》对“魔军”的解释：“谓恶魔之军兵。以军譬喻魔众之势力，故称魔军。魔，乃魔罗之略称，又作恶魔，意译为杀者、障碍。”

《佛本行集经》中视烦恼为魔军，称魔波旬有欲贪、不欢喜、饥渴寒热、爱著、睡眠、惊怖恐畏、狐疑惑、瞋恚忿怒、竞利争名、愚痴无知、自誉矜高、恒常毁他人等十二种魔军。而《大智度论》则认为有欲、忧愁、饥渴、爱、眠睡、怖畏、疑、含毒、虚妄、自大等十军。

尊者已修得大智慧力，其功德能破一切魔军，令众生不被诸魔侵扰。

466 坏魔军尊者

尊者法相所示

尊者法相所现为结跏趺坐，双手持念珠，须眉浓密，面容极富威严。尊者有大智慧力，能破一切魔军，令众生安住清净。

风云岁月多英豪，是真是假见分晓。
匹夫但有粗蛮勇，真勇杀敌不用刀。

偈 解

风云驰骤，豪杰并起，是真英雄还是假丈夫，立见分晓。匹夫只知粗鲁野蛮的拼杀，真正的勇者是靠智慧谋略，而不是棍棒刀枪。

得此偈者，定有胆气，也有对形势观察和事物判断的能力。英雄乘时而起，遇势而兴，是必然之事。但要注意的是，在面临复杂纷纭的事态时，做事不能鲁莽，逞匹夫之勇。对事对物，当谋定而后动，要记住，战胜对手的最高层次是靠智慧和谋略。

事迹

尊者是佛祖的分身佛。分身，指分身化现，或变化身。诸佛、菩萨往往根据众生的独特情况，采用种种方便法门和化身，来实施度化。

《法苑珠林》卷十二载，佛祖与诸分身佛合掌向一宝塔行礼，宝塔观门自开，普贤菩萨便吹响佛祖的黄金螺号，使已在塔内入于灭定的六比丘出定。比丘出定后对众佛说："拘留佛涅槃前曾将经、像存于此塔，令我们看管。拘留佛预言，释迦佛出世后，佛法将会大兴，释迦涅槃后当结集三藏。现请诸佛各取经书一本，带回本土。后来，佛祖涅槃，迦叶结集三藏，将拘留佛存放的佛经重新聚于一处，并汇入世尊的诸法，使其广泛流传世间。

分别身尊者 467

尊者法相所示

尊者法相所现为悠然而坐，右手自然垂置，左手结印，粗眉大眼，满面皱纹，神态轻松和乐。尊者依据众生之根基，设种种方便法门来度化众生。

诸葛孔明计谋高，草船借箭破魏营。
君亦借得东风便，稳坐高台钓金鳌。

偈解

三国时期的诸葛亮，谋略智慧超人，利用天时，草船借箭，巧用火攻，击拜势力强大的曹魏军队。你已像诸葛一样正逢天时之利，那就稳坐高台，备好钓具钓金鳌。

得此偈者，在竞争中可以凭借的力量弱于对手，但却具有天时之利。问题是你能否意识到这种对己有利的天时并善加利用。如若利用得当，配合出奇制胜的谋略，则能指挥若定，稳稳战胜对手。

事 迹

净解脱尊者，又称净解菩萨。解脱，即圆寂、功德圆满。

在《大毗婆沙论》中，依八种定力将解脱分为八类：一是内有色想观诸色解脱；二是内无色想观外色解脱；三是净解脱身作证具足住，为试练善根成满，弃舍前之不净观心，于外色境之净相修观，令烦恼不生，身证净解脱具足安住；四是超诸色想灭有对想不思惟种种想入无边空空无边处具足住解脱；五是超一切空无边处入无边识识无边处具足住解脱；六是超一切识无边处入无所有无所有处具足住解脱；七是超一切无所有处入非想非非想处具足住解脱；八是超一切非想非非想处入想受灭身作证具足住解脱。

468 净解脱尊者

尊者法相所示

尊者法相所现为悦然而坐，袒腹露乳，大腹便便，右手持念珠，左手抚腿，神态悠闲自得。尊者无任何羁累，能臆三界之苦果。

庭中月桂树一株，性诚质朴浑如玉。
有朝一日春雷响，一鸣惊人天下知。

偈 解

你犹如庭院中的一株月桂，品性诚实、质朴，浑然如未雕琢的璞玉，资质特佳。但目前外在环境和机遇不佳，未能施展才华。一旦时来运转，定能一鸣惊人。

得此偈者，有才能，为人诚实，质朴无华。但求功之心急切，迫不及待地想要一蹴而就。但用世之时未到，只能藏器待时。若不顾现实条件，急于逞能一时，则可能目的难达，心愿难成。

事 迹

质直，指正直之心。佛法之道在于悟达诸法实相，故质直心为修行者必须具备的心行之一。据《维摩经·佛国品》载，直心乃菩萨的净土，菩萨成佛时，不谄众生来生其国，此谓直心者质直无谄，此心乃是万行的根本。《法华经·寿量品》载："众生既信伏，质正意柔软；一心欲见佛，不自惜身命。时我及众僧，俱出灵鹫山……诸有修功德，柔和质直者，则皆见我身，在此而说法。"

尊者是古西域屈支国国王之弟。屈支国国王因崇信佛教，欲远游印度，观礼佛教圣迹，于是将政事委托于尊者。尊者受命后，为防国王心生异意，于是自我阉割，将阳器密封于金匣内，并交国王随从带走。后有人诬陷尊者不轨，尊者即请国王开视金匣查验，国王疑惑顿释。尔后，尊者又救赎五百公牛。由于慈善感应，他渐渐恢复了男子特征。尊者意直行朴，获得下至国民、上至大臣与国王的敬仰，最终证得罗汉果位。

质直行尊者 469

尊者法相所示

尊者法相所现为陶然静坐，盘左腿，曲立右腿，右手执拂子，左手捋拂须，亮额修眉，目视右侧，面含笑意。尊者意直行朴，获得大众敬仰。

大江滚滚流向东，世事纷繁出英雄。
长歌一曲天未晓，且待春雷与秋风。

偈 解

大江奔流不息，向东滚滚而去；世事纷繁复杂，造就代代英雄。引吭高歌，一曲又一曲。希望得到赏识，但是时机不适宜，还须等待机会。

得此偈者，有用世之才，但缺乏沉稳之性，急于事功，惑于名利，不管时机是否成熟，轻率行动。但世间一事有一事之规，一物有一物之命，若时机未到，苦苦挣扎也没有益处，不如静观其变。一旦机会来临，乘时而出，即可大显身手。

事迹

智，指辨认事物、判断是非善恶的能力或认识。佛教有“二智”之说。“二智”分别指胜义智和世俗智。胜义智，是指圣者无漏智缘真如境，或以理智观察胜义谛之理证得真谛所生的智。世俗智，是指因在根本智后而生起的知识，或以比量观察世俗一切事物而生的知识。

仁，含义极广，属道德范畴，原意是指人与人之间相亲相爱。

慈，即与人为乐，《大智度论》中将之分为三种，分别是众生缘慈、法缘慈、无缘慈。众生缘慈是指缘众生而起的慈悲心。法缘慈是指在证悟声闻乘的圣果后而起的慈悲心。无缘慈，是指通达一切法空后而起的慈悲心，无缘慈是最高的慈。

尊者性格慈和质朴，且修得大智慧，并以此济度众生，使其开悟，往生净土。尊者已俱备智、仁、慈三种德行。

470 智仁慈尊者

尊者法相所示

尊者法相所现为半跏趺坐，右手于胸前持吉祥果，左手抚腿，浓眉浅须，脸长颌尖，神态沉静和顺。尊者具备智、仁、慈三种德行，凭借其智慧济度众生，使众生开悟。

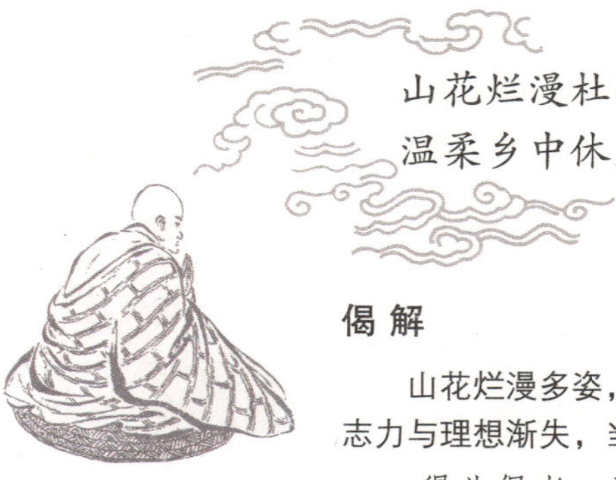

山花烂漫杜鹃啼，春风荡漾心中醉。
温柔乡中休久待，打点行装及时归。

偈解

山花烂漫多姿，杜鹃啼声清脆，犹如沉醉于春风中。身处温柔之乡，意志力与理想渐失，当及时回头，莫让外在的诱惑使心灵迷失了方向。

得此偈者，沉迷于男女情爱或浮华享乐之中。什么人生理想、建功立业、光耀门庭，统统弃诸脑后。长此以往，生命上演的就是一场悲剧。故要及早回头，清醒明白地走人生之路。

事 迹

尊者即罗睺罗，佛陀之子，十大弟子之一，又作“罗汉罗”、“罗怙罗”等。据说他在母腹六年方生，因长期为母胎覆障而得名。又说因他诞生之时，适逢月亮被障蔽而得名。尊者与阿罗汉众一千一百名住在毕利瞿州，守护佛法，教化众生。

尊者以能忍辱而著名。据《罗云忍辱经》说，尊者在舍卫国时，曾经被一些轻薄者打得头破血流，但他以慈心忍受，受到佛赞扬。尊者十五岁时出家，持密戒行，通晓佛教三千威仪、八万细行等一切戒律，而且一丝不苟实行，人称“密行第一”。相传其刚出家时，心性粗狂，调皮顽劣，经常戏弄别人。后来受到佛陀的严厉呵责，并严加管束，才逐步改过自新。因勤于修行，严守戒律，终获阿罗汉果。佛陀曾预言他将成佛，为“蹈七宝花如来”。

具足仪尊者 471

尊者法相所示

尊者法相所现为半跏趺坐，双手展经卷，弯眉大眼，鼻隆面圆，耳垂饱满，双眼下视手中经卷，神态严谨。尊者以能忍辱著名，持戒严谨，人称“密行第一”。

人生坎坷等轻尘，岁时日月洗霜鬓。
恩怨荣辱全忘却，夕阳照壁饴弄孙。

偈解

人生遭遇曲折坎坷，将其视如尘埃，不放在心上。岁岁年年，日月如梭，人很快就会老去。此时，以往的荣辱恩怨就会全部忘却，当尽情享受晚年的快乐时光。

得此偈者，人生不畅达，迭逢磨难，多历艰辛。但这些没有将你击倒，你非但没有因此消沉，反而练就了一身铁骨钢筋，培育出开朗豁达的性格，胜败得失视若等闲，达到了一个很高的人生境界。

事 迹

尊者是北印度著名佛教论师，世亲菩萨之师。

《大唐西域记》载，超日王对尊者不满，曾召集了异学德业高深者一百人，并下令说：“外道论师，并英俊也。沙门法众，宜善宗义。胜则崇敬佛法，负则诛戮僧徒。”当尊者论败九十九人后，讲席下有一人认为尊者不及自己，两人便畅谈起来，当论及火烟时，王与外道便大声打断他的话，说他“辞义有失，夫先烟而后及火，此事理之常也”。尊者虽欲释难，王竟不容其辩说。尊者自耻当众受辱，自断其舌，作书告诫门人世亲说：“党援之众，无竞大义。群迷之中，无辩正论。”这是说，在不公平和不以真理为依据的情况下，去争大义、辩正论是徒劳的。超日王死后，其子新日王继位。世亲为了替师父昭雪，亲自前往王宫向新日王鸣冤。新日王在得知了真相后，便下诏为尊者平反。

472 如意杂尊者

尊者法相所示

尊者法相所现为半跏趺坐于芭蕉叶上，右手持念珠，左手抚腿，凝神注视，神态悲悯。尊者辩才超群，性格刚烈，是北印度著名的佛教论师。

月在中天照群山，隐约朦胧愈好看。
深浅远近全不知，梦醒天明五更寒。

偈解

月在高天，在月光的照耀下，群山缥缥缈缈，富有朦胧的美感。然而，对人而言却不是这样。当你夜半梦醒，在浓浓寒意中，一眼望去，只是模模糊糊的一片，正像自己迷离惝恍、飘忽不定的人生。

得此偈者，对人生缺乏明确的认识，对未来没有清晰的构想，乍一看似乎混得还马虎，仔细一想却一片混沌模糊。所以心不安意不宁，要赶紧拟定人生规划，不要活得盲目而凄惶。

事迹

大炽妙尊者，又称炽焰藏菩萨，是大威德金轮佛顶炽盛光的化身。据说金轮佛顶尊的毛孔，会放出炽盛的光明，如果众生虔心膜拜，归顺参习，所得将妙不可言。

尊者身心清净，功德无量，恭敬供养诸佛，向诸佛广学佛法，因此受到诸佛加持。据《十住经》载，金刚藏菩萨曾受佛祖之命向尊者说“菩萨十地法”。尊者受持后，欢喜奉行，佛性增加，善根日益深厚，终证阿罗汉果位。

据佛典载，若自身遭逢灾难，诵念下述真言，即得大威德金轮佛顶炽盛光的保佑，化祸为福，真言为：唵，萨嚩诺刹咀啰，糁摩曳室哩曳扇底迦响啮萨婆诃。

大炽妙尊者 473

尊者法相所示

尊者法相所现为结跏趺坐，双手作揖，额宽鼻隆，面部圆润，神态祥和，面容慈善。尊者的毛孔会放出炽盛光明，众生参习膜拜，妙不可言。

建勋立业勤为本，清心洁品廉作铭。
无私奉公循大法，常作世间平安身。

偈解

想要成就一番事业，必须以勤奋为根本，而且要心地洁净，品行清廉。遵循无私奉公的原则，则可事情顺利，身心平安。

得此偈者，有自己的理想，而且非常想出人头地。你如果想成功，要谨记三条：一是勤奋不懈，努力不怠；二是人品高洁，廉洁无私，不贪不占；三是奉公守法，不违章，不乱纪，永远守住为人的道德底线。如此可保一生平安，福禄双全。

事 迹

尊者是佛祖的弟子，有“知星宿第一”之称。

尊者初出家时只听过佛的名字，未见过佛，他很想见佛，于是起程往佛的住处去。一天夜里正值大雨，尊者便向一个陶匠借宿，陶匠分了一个房间给他宿住。当夜，尊者在屋中的草席上盘坐。下半夜时，又有一个老比丘前来求宿，陶匠便将老比丘安排在尊者住的房间中。尊者见比丘年纪很大，便将草席让给了他，自己坐在地上。老比丘问尊者：“你想往哪里去？”尊者回答：“我想见佛。”老比丘当即为他说法，尊者闻法后豁然悟道，才知道这个老比丘正是佛祖。

474 劫宾那尊者

尊者法相所示

尊者法相所现为陶然而坐，双手持念珠，嘴大张，面容清瘦，神情欢乐。尊者礼佛敬佛，悟性极高，闻佛祖说法，豁然悟道。

立志虔诚意力强，风云咤叱称豪强。
奇勋大业若等闲，看乘高驷上高堂。

偈 解

真心实意地确立自己的志向，毅力坚定，毫不动摇，则可在风云际会之时，取得惊人的成就。即使是奇勋伟业，也可手到擒来，毫不费力，让别人羡慕自己的豪华生活。

得此偈者，执著于自己的人生目标，意志顽强，实力雄厚。但时候未到，要继续培元固本，蓄力待时。心要沉静，思维要灵活，善于发现进而创造时机，尽早崭露头角。

事迹

普焰光尊者，又称焰光菩萨，焰光为摩尼珠（即清净如意宝珠）的别称。

《法苑珠林》卷四说："有摩尼珠，名曰焰光……置于镬（古代的一种大口锅）下，饭熟光灭。"在转轮圣王的发髻中藏有一颗宝珠，它的光芒比太阳还亮，可以生成无穷无尽的财宝供人使用。摩尼珠还能按拥有者的意愿变现出种种宝珠，此外，该宝珠还有除病、去苦等功德。所以，佛教一般用摩尼珠比喻法与佛德，及表明经典之功德。

尊者曾参加了佛祖在室罗伐国逝多森给孤独园举行的法会，佛祖在法会上称赞尊者"皆悉成就普贤行愿，境界无碍；普遍一切诸佛刹故，现身无量；亲近一切诸如来故，净眼无障；见一切佛神变事故，至处无限；一切如来成正觉所，恒普诣故。"

普焰光尊者 475

尊者法相所示

尊者法相所现为半跏趺坐，左手持宝塔，右手结印，须发黝黑卷曲，双目瞪视，极富威严。尊者智慧无量，如同巨大火炬光焰四射，且辩才超群，令外道折服，万众皈依。

龙腾凤翔百业盛，芝幽兰芳千秋隆。
荣华富贵并皆有，人间第一不老翁。

偈解

如龙腾凤翔，所有事情均昌盛；又像灵芝、兰花一样，散发出的清香气息，长久不衰。富贵荣华全都具有，做人八面玲珑，风来不动，浪打不摇。

得此偈者，目前命途顺达，心态良好，凡事得心应手。如果能进一步严格要求自我，行端坐正，更好地协调人际关系，待人以礼，处人以诚，则可保一生吉祥顺利，既富且寿。

事迹

高逸行尊者，又称高逸菩萨。据载，尊者居十地中的第七地。《显扬圣教论》说："远行地（即第七地），谓诸菩萨住此地中，先善修治第六地故，超过一切声闻独觉地，证得极净微妙解脱智见蕴，由已远入一切现行诸相解脱，是故此地，名为远行。"

当代高僧印顺大师（浙江海宁人，1906年出生，俗名张鹿芹。）曾指出，第七地能灭尽定中，念念能起定，也念念能入定。一般的入定出定，就是到了超作意位，也得有方便；而现在竟然念念能出能入，这不但是要入就入，要出就出，而且是入定就是出定，出定就是入定。由于"定"的深妙，依"定"的般若，也到了无相有功用行的境地。初地以来，智证空性是无相的，但出了深观，就是后得智，也还是有相行。五地能难得地达到空有不二的无相行，六地进步到只要多修无相，就能无相现行，但总还是间断的时间多。到了七地，就能无间断地无相现行了。

476 高逸行尊者

尊者法相所示

尊者法相所现为半跏趺坐，双手抚左腿，大耳隆鼻，眉清目秀，神态安静祥和。尊者恪守戒律，破除五蕴三毒六惑，口净心清，明心见性。

莫叹文章不值钱，儒冠误身乃偶然。
千秋功罪休评说，但求心安意舒恰。

偈解

不要叹息写的文章不为人所看重，那只是偶尔出现的情况。不要轻易去道人短长，更不要以一己之偏去怨天尤人，但求自己心境安定、适意舒展，就已是快乐人生。

得此偈者，必富有才情，长于为文。但生不逢时，人不重，文亦轻。于是牢骚满腹，怨气冲天。当平复心神，反思自我，"文章合为时而著，歌诗合为事而作"，如此，当有头角峥嵘之时。

事迹

尊者即宋代高僧端裕（1085—1152年），俗姓钱，号蓬庵，会稽（今江苏吴县）人。

尊者幼时聪颖，十四岁辞亲，在大善寺当沙弥，十八岁得度，并受具足戒。后投净慈一禅师座下参学。一天，尊者在寺院里经行，偶然听见一位僧人击打着露柱道："你何不说禅？"尊者一听，豁然彻省，于是他辞别净慈一禅师，开始游方参学。尊者先后礼谒过龙门远、甘露卓、泐潭祥等大德，最后在钟阜（今南京紫金山）投圆悟克勤禅师座下。

后来，尊者悟道，继续留在克勤禅师座下，随克勤禅师居于宁寺，充当书记（旧时指从事公文、书写记录工作的人），克勤禅师回蜀后，尊者先后住持过丹霞、虎丘、杭州灵隐等道场，最后住庆元府育王山。绍兴十八年（1148年），宋高宗赐尊者金兰衣一领，赐号"佛智大尊者"。

得佛智尊者 477

尊者法相所示

尊者法相所现为半跏趺坐，左手结印，右手略高，似戏空中飞鸟，前额突出，方脸短须，身披云肩，面容略带忧愁。尊者自幼聪颖，出家后得无碍佛智，被誉为"佛智大尊者"。

春秋岁月滴漏长，儿孙满堂乐安康。
夕晖桑榆景正好，梁鸿依然携孟光。

偈解

岁月在滴漏声中过去，儿孙满堂，快乐安康。虽已年届暮年，夫妻相敬如宾，恩爱如常。

得此偈者，家庭和睦，长幼有序，上下有节。若已成婚，则夫妻关系融洽，幸福美满。随着岁月的增长，抚儿抱孙，其乐融融。夫妻均享高寿，数十年恩恩爱爱，相依相偎，白头偕老。

事迹

寂静行，是声闻、缘觉二乘所修习趣入涅槃寂静的行法。

涅槃寂静是圆寂的全称，圆寂的本意是智慧、福德获得圆满成就、永恒寂静的最安乐的境界。佛教认为，圆寂“唯圣者所知”，不能以经验上有、无、来、去等概念来测度，是不可思议的解脱境界。

圆寂也可以被解释为高僧逝世。以佛祖释迦牟尼为例，佛教认为，佛祖在三十岁时便已经证得涅槃而成佛，不过当时他的肉体还是过去惑、业之果的剩余，所以称为“有余涅槃”，直到他八十岁逝世，方是入“无余涅槃”。涅槃是无漏，是苦果苦因的消灭，也就是十二缘起法的止灭。十二缘起是印度原始佛教及部派佛教的核心理论，又作“十二有支”、“十二因缘”。

478 寂静行尊者

尊者法相所示

尊者法相所现为瞪目而坐，右腿跷于左膝之上，双手十指交叉，合抱右腿，满脸皱纹，五官紧凑，额头突出，神态孤傲。尊者已修习到身心皆寂静的境界。

成名立业非易事，龙腾驹跃意自高。
钢筋铁臂同高举，颠倒众生是英豪。

偈解

成就功名创立事业，并非简单容易的事情，不但要具备高昂的意志，还必须具有钢筋铁骨般硬朗的性格，使得众人为之折服，尊崇其领袖群伦的地位。

得此偈者，才华超卓，心高气傲，以为功名利禄唾手可得，但却眼高手低。你志高胆旺，敢上九天揽月，敢下五洋捉鳖，这本是成大事者所必备的品格。但应知孤掌难鸣，若能结同心好友，共谋大业，则彼岸可达，高峰可攀。

事迹

尊者即唐代新罗国的密宗高僧悟真。他少年时就来到中国，师从密宗密教付法第七祖惠果，学习“金胎不二之法”。为求得佛法真谛，尊者于唐德宗贞元五年（789年）前往中天竺，求得珍本《大毗庐遮那经》、《梵夹余经》，归国途中圆寂于西藏。

“金胎不二之法”是由惠果所创。惠果创此法后又将它传给日本僧空海、新罗僧惠日及尊者。空海将此法带回日本，创立了日本真言宗，惠日和尊者则将此法传入了新罗。

“金胎不二”在密宗中有两种意思，一是指金刚界和胎藏界之力量合而为一；二是指胎藏界大日如来刚要创造世界，但是还没有产生世界的“临界点”，介乎于“存在”与“不存在”之间。“金胎不二之法”是唐代密宗发展的一个必然阶段，它继承和发展了“金胎互授”阶段，为“金胎合曼”的融合阶段奠定了基础。

悟真常尊者 479

尊者法相所示

尊者法相所现为欣然而坐，双脚交叉，右手托法器，左手结印，浓眉大眼，面庞丰润，面含笑意。尊者勤学不倦、常求不舍的品德，受到大众仰慕。

菜枝长生金铡粒，利源时涌夜光珠。
嘻笑人间人不识，谓我俗子与凡夫。

偈解

植物的茎条经过长时间的孕育，能结出金刚一般坚硬的子粒；机缘巧合，清澈透明的水源里，会涌现出夜里能泛光的珠子。虽然嘻笑生活于众人之间，却并没有被人真正地理解。

得此偈者，目前未得到应有的赏识与尊重，这是因为你做人太过随便，开言不管时间、场合、对象。你如果想成就一番事业，应该自我检点，庄谐有时，嘻笑有度。

事迹

破冤贼，即冤亲平等心。冤，指怨家；亲，指亲人。

佛教强调“无缘大慈，同体大悲”的冤亲平等精神，唯有如此才能创造出祥和光明的法界。冤亲平等是说，不管对方是冤是亲，都不计较，以关爱自己子女的心去关爱对方的子女，以孝顺自己父母的心去孝顺他的父母，不分亲疏，平等如一。

要做到冤亲平等，首先要化除瞋恚。最简单有效的化除之法是念佛，阿弥陀佛名号是无上阿伽佗药，能治一切身心疾病。只要能以至诚心精进称念佛号，就能洗刷心中的尘垢和无明，对于一切众生的慈悲心就会油然而生。有了大慈大悲心，一切瞋恚心就会不断自断，不除自除。

480 破冤贼尊者

尊者法相所示

尊者法相所现为半跏趺坐，双手执拄杖，浓眉亮目，络腮短须，面相威严而又悲悯。尊者气度宏大，破除了恩怨计较的障贼，能做到冤亲平等。

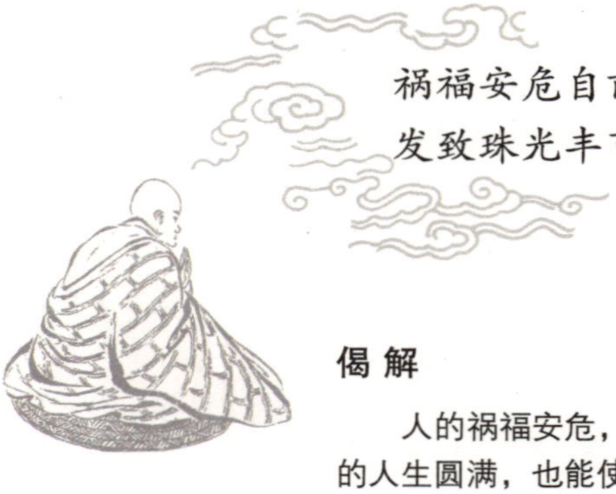

祸福安危自前生，德善兼修非枉然。
发致珠光丰百代，泉涌金波裕万年。

偈解

人的祸福安危，自有前因后缘。修德积善，不会枉费心血，既能使自己的人生圆满，也能使后代丰裕充盈。

得此偈者，当谨记佛家“诸恶莫作，众善奉行”之戒，把修德进业作为一生的事业，永远行善积德。世间果报，皆是自家修来，不可视为儿戏。慈悲行善者，必有益于自身及家人后代。

事 迹

灭恶趣尊者，又称灭恶趣菩萨，是胎藏界除盖障院第二位，密号“除障金刚”，以破灭三恶趣为本誓。

恶趣，又称恶道，据《俱舍论》载，五趣之体为无覆无记。又，五趣摄于有情数；即由善、恶业所招感之异熟无记之果体，名之为趣。佛教一般以地狱、畜生、饿鬼三趣称为三恶趣，又称三途、三恶道，为纯粹恶业趣往之处；其中，依瞋恚趣往地狱，依贪欲趣往饿鬼，依愚痴趣往畜生。相对于三恶趣，天、人、阿修罗等三趣称为三善趣，为行善业者所趣往之处。

恶趣是佛法大敌，在阿弥陀佛四十八愿中，第一愿就是无三恶趣愿，第二愿是不更恶趣愿，可见佛教对灭恶趣的重视程度。

灭恶趣尊者 481

尊者法相所示

尊者法相所现为结跏趺坐，双手结印，立眉圆眼，双目炯炯，面相狰狞，神态威猛。尊者以破灭三恶趣为本誓，对于已转生三恶趣者，能拔救其脱离苦难。

统筹计谋财生发，贯通洲海贸兴通。
仕途学途俱定宜，商贾兴家如乘风。

偈 解

统筹运用好各种资源，有计划有步骤地谋求发展，自然财源生发；拥有通达各地的交通运输渠道，商贸往来自然畅通顺达。无论做官做学问都一定合适，若经商则如乘上快如风的骏马。

得此偈者，是难得一见的贵人命。走仕途，则仕途通畅无碍；做学问，则必为著名学者；如若下海经商，则商路通畅，财源滚滚。但是，无论走哪一条路，首在一个勤字，才万物皆备于我。

事 迹

性海，又称圆圆果海。密宗认为，六字大明咒、准提神咒就是圆圆果海、十佛境界。

六字大明咒，即大慈大悲观世音菩萨咒，咒言为："唵嘛呢叭咪吽"，"唵"表示佛部心，代表法、报、化三身，也可以说成三金刚（即身金刚、语金刚、意金刚），是所有诸佛、菩萨的智慧身、语、意。"嘛"、"呢"表示宝生部心，就是摩尼宝珠，取之不尽、用之不竭、随心所愿、无不满足，向它祈求自然会得到精神需求和各种物质财富。"叭"、"咪"表示莲花部心，指出淤泥而不染的莲花，表示人虽处于五浊恶世的轮回中，但诵此真言，就能去除烦恼，"吽"表示金刚部心，是祈愿成就的意思。

准提神咒的咒言是："南无飒哆喃，三藐三菩陀，俱胝喃，怛侄他，唵，折戾主戾，准提娑婆诃。"此咒能灭十恶五逆等一切罪障，成就一切功德。

482 性海通尊者

尊者法相所示

尊者法相所现为悦然而坐，左脚跷于右膝之上，双手捧经书，立眉凤眼，大耳丰颊，下颌圆润，面目慈祥。尊者努力为众生指点迷津，破除众生心中的魔乱迷惑。

厚敦持家业有道，谦恭继祖品无虚。
欲问今生来世事，教取月中攀金桂。

偈 解

为人敦厚，善持家，是事业有成就之道；谦恭地继承先辈的品质，处世不虚滑。要问今生和来世的命运如何，月中折桂只是迟早的事。

得此偈者，很聪明，善于读书。但为人过于机巧，自恃有才而气盛，常咄咄逼人。要知道傲者易遭人嫉恨，埋下后患。若能诚恳厚道，辅以虚心恭谨，那么月中折桂，就如同探囊取物。

事迹

尊者是隋朝著名的大力高僧，俗姓关，紫金县人。法通，即通达法理，对一切法理无所不知、无所不晓。

尊者幼年体弱多病，家境贫寒，父母难以抚养，就将他送入寺院。尊者出家后，每日在观世音菩萨像前祷祝，祈求菩萨能帮助自己祛除一切疾病，使身体强健起来。果然，尊者的身体逐渐好转，成年后，更以力大无穷闻名四方。据说他身负五百斤重物，还能行走如飞。隋文帝时，西域进贡了一名大力士，这名大力士在国中与人相扑角力多场，无人能胜。于是，隋文帝便请尊者与之较量，尊者说："出家人慈悲为怀，不屑做此。"隋文帝一再相求，尊者只好答允。尊者与大力士相见后，只肯与之较量握手。两人相握后，大力士力不能胜，痛疼呼号，甘拜下风。从此，天下人皆称尊者为"天力士"。尊者虽以大力闻名，但为人慈善，从不以力欺人，受到众人的尊敬。唐武德年间（618 — 626年），尊者圆寂。

法通尊者 483

尊者法相所示

尊者法相所现为陶然静坐，双手合十，粗眉细眼，满面皱纹，开口而笑，神情愉悦。尊者以大力闻名，为人慈善，受人尊敬，世人称其为"天力士"。

荣华自古非易事，蹇愁历来亦平常。
勤修苦炼出逆境，长保顺遂得安康。

偈解

荣华富贵，自古以来，人人都向往。但是，只有极少数人可以如愿以偿，绝大多数的人则是时乖命蹇。但即使身处困境，只要勤修苦炼，还是可保一生平安健康。

得此偈者，处世不顺，历事多艰，做事往往功败垂成，美梦常化为泡影。但要紧的不是失败了多少次，而在于是否有屡败屡战的勇气。若能败而不馁，折而不弯，则浪河可渡，险山可攀。

事 迹

敏，即佛智，《大智度论》将智分为三种：一切智、道种智、一切种智。

一切智，即了知一切诸法总相之智。总相即空。此智属声闻、缘觉之智。

道种智，又作“道种慧”、“道相智”，即了知一切诸法别相之智。别相即种种差别的道法。此智属菩萨之智。

一切种智，又作一切相智，即通达总相与别相之智。此智属佛智。

又，《华严经疏》卷四举出俗智、真智、中道智三智，其中，真智即观照真谛空理之智，相当于一切智；俗智即观照俗谛诸法差别之智，相当于道种智；中道智不偏真俗，双遮双照，相当于一切种智。

484 敏不息尊者

尊者法相所示

尊者法相所现为寂然静坐，身着华丽袈裟，双手笼袖，面容清朗。尊者能随众生之意拔苦与乐，且永不止息，永不懈怠。

满愿吉祥缘长在，堂正如意心恬然。
荣辱沉浮无须计，逍遥自在享天年。

偈 解

放开心胸，堂堂正正，不去计较眼前的荣辱得失。如若一生做事光明磊落，心境恬然自得，自然吉祥遂愿，平安自在，乐享天年。

得此偈者，命途多舛，起起伏伏，时而阴云密布，时而云朗天开。虽然命途风雨阴晦，坡坎沟壑，但你要堂堂正正做人，淡泊名利，这样才能时来运转，祥光永照，天年长享。

事迹

尊者即中天竺高僧迦叶摩腾。

他是我国佛教的最初传入者，博通大小乘经典，曾在西印度一小国讲《金光明经》。由于尊者在该国说法的缘故，该国曾免刀兵之祸。汉永平十年（67年），汉明帝做了一个梦：一位金身的人在皇宫中游戏飞行，发出耀眼的光芒。第二天，汉明帝让王公大臣圆梦。其中一位消息灵通、知识丰富的大臣奏道：西方有一种人人拜敬的佛，不知陛下所梦之物是否就是佛像。汉明帝听了以后，深觉有理，于是派十八人前往西方求经。三年后，他们在今阿富汗北部遇到东来传教的尊者和另一个高僧竺法兰，于是就一起将佛像、经卷用白马驮至洛阳。汉明帝听了两位高僧的说教后，十分高兴，便专门为两位高僧建了白马寺。尊者与竺法兰在寺中逗留了很长时间，并将小乘佛教的经典《四十二章经》译成汉文。此经汉译文的出现，标志着佛教从此在中国开始大规模传播。

摄众心尊者 485

尊者法相所示

尊者法相所现为陶然而坐，左手执拂子，右手执长签，置于嘴际，浓眉浅须，面相圆润，神情庄严。尊者通晓大小乘经典，威仪具足，常游各地教化众生。

火烈炼就达摩志，林幽囚却罗刹心。
心定自然得正果，佛光高照人上人。

偈解

熊熊烈火，炼就达摩坚定的意志，幽深山林，使罗刹恶魔的心得到约束控制。放纵的心受到正确引导、约束，自然能获得正果。

得此偈者，目前正经历一场磨难，痛苦不堪。越是此时，才更要意志坚韧，胸怀正道，遏制恶念，要相信“道高一尺，魔高一丈”，始终心定神闲，从容面对，就能顺利摆脱困境，福寿绵长。

事迹

导大众尊者，又称导师菩萨。据《佛学大词典》解释，导师，又称导首，即教化引导众生入于佛道的圣者，特指释尊，或为佛、菩萨的通称。

在佛教中，导师又称善知识。《菩萨地论》认为，就凡夫而言，要成为善知识，必须具备八大条件：一是多闻大乘经典，二是持守菩萨戒律，三是具足修行证悟，四是悲心济众，五是无有畏惧，六是忍耐兼和，七是心离悔戚，八是善于言辞。

尊者是十六位求正道的居士菩萨之一，另外十五位是贤护、宾积、星德、帝天、水天、善力、大意、殊胜意、增意、善发意、不虚见、不休息、不少意、日藏、持地等菩萨。

486 导大众尊者

尊者法相所示

尊者法相所现为半跏趺坐于蕉叶上，曲立右臂支颐，左手执一蕉叶，置于右臂，浓眉圆眼，面庞丰润，张嘴侧视，神态高贵清净。尊者能令坠邪道众生入正道，获得解脱。

鹏程万里冲霄汉，薇馨千家吐清芬。
万卷诗书万里路，如识法藏聆梵音。

偈解

大鹏的志向在于前程万里，直入浩渺苍穹；蔷薇散布的香气绵长久远，意在使千千万万的家庭具有芳香。只要能坚持读万卷书，行万里路，就能悟得生命真谛，创造美好人生。

得此偈者，必非池中之物，定有万里之志，但成功不可能轻易获得。如能勤读不辍，力行不倦，眼观天下大势，胸藏三韬六略，及时抓住发展机遇，就能实现宏图大志，名满天下。

事迹

常隐行尊者，又称隐身菩萨。据《大方广菩萨藏文殊尊者利根仪轨经》载，尊者掌握了一切真言妙句及秘密灌顶印坛仪轨。

真言是密教三密之一，又称语密，分四大类：一是以说密语者分为如来说、菩萨金刚说、二乘说、诸天说、地居天说五种，前三种是圣者真言，后二种是诸神真言；二是以密教三大部分为佛部、莲华部、金刚部等三种真言；三是以修法性质分为息灾法、降伏法、摄召法、增益法四种；四是以形式分为多字（即陀罗尼）、一字（即真言）、无字（即实相）等。

灌顶坛，即密教修灌顶法的坛场，又称密坛。灌顶需要三昧耶戒坛、大坛、正觉坛、祖师坛、护摩坛等。由于在正觉坛举行灌五智瓶水于受者头顶之仪式，故有时特称之为灌顶坛。在灌顶前先授予弟子杨枝、金刚线两种，灌顶后又会授予金錍（古代一种较宽较薄较长的箭头）、明镜、宝轮、法螺等四种法物。

常隐行尊者 487

尊者法相所示

尊者法相所现为安然静坐，双手结印，粗眉亮目，额头圆润饱满，凝神注视前方。尊者能使少年聪明、中年康健、老年长寿，息灾免祸，众生圆满。

世尘路远行修达，源外灯高照长春。
净土西方长企望，后来居上有继承。

偈解

世事艰难，长路漫漫，需要有很好的修行才能通达顺利；佛源之外，明灯高悬，需要经常反思、参悟，才能蓬勃向上，富有生机。大家都期望能往生极乐净土，但时常有后来居上的人，是因为他继承了父辈福德所致。

得此偈者，有长远志向，但还要有长途跋涉的思想准备。天下事“欲速则不达”，故须气定神闲，看定目标，不舍不弃，方能成功。

事　迹

菩萨慈，是指如菩萨那样具有慈悲救世之心。

大乘佛教中的“利他行”，即是以大慈悲心，护念一切众生，以般若方便力，救度一切众生，令众生从烦恼痛苦中，得到自在解脱。菩萨以慈悲救世之心，在无量生死苦海中，广行六度，利益众生。六度是指：一布施度，世间充满着苦，菩萨为使众生离苦得乐，布施财物和智慧，使其安乐；二持戒度，菩萨在发心受持五戒十善时，都以不恼害众生生命为出发点；三忍辱度，即菩萨以“我今行悲，欲令众生得乐”为原则；四精进度，菩萨想要度己度人，秉承信念精进不放逸；五禅定度，以慈悲心修得禅定，才能利益众生；六般若度，菩萨以菩提心、大悲心、般若智三心去行六度万行，广度众生。

尊者获得无上正等正觉，且怀慈悲之心利益众生，终证阿罗汉果位。

488 菩萨慈尊者

尊者法相所示

尊者法相所现为寂然而坐，右手捋长须，左手笼袖、自然垂置，满嘴胡须，耳垂肥大，神情淡定。尊者身获无上正等正觉，始终以慈悲心利益众生。

国杰英豪出群伦，铃铎响遍万里程。
福至财源必兴旺，来日可望更飞腾。

偈 解

人中俊杰，超出众多同时代的人物；常年奔走在外，足迹遍及各地。福分到来后，财源滚滚而来，家庭、事业都兴旺发达，未来更可期望飞黄腾达。

得此偈者，有人中龙凤的气象，有鹤立鸡群的才识。但须离开故土，远走他乡，而且必须奋斗以奠基业，平心以待时。一旦机缘到来，即可兴旺发达，钱财滚滚而来。若能不丧其志，不辍其行，前途不可限量。

事迹

拔众苦尊者，又称救脱菩萨。据《七佛八菩萨所说大陀罗尼神咒经》载，尊者是八大菩萨之一，形象为身呈红色，坐莲花座，右手持妙法藏供养，左拳按胯。佛经载，过去诸佛曾传授尊者“那耆知罗真言”。

尊者曾与三万六千大菩萨一起听佛祖演说《药师经》，之后，他告诉阿难如何为自己亲友消灾延寿。首先，应持八分斋戒七天七夜，即约束自己的身心，不杀生、不偷盗、不淫欲、不妄语、不饮酒、不睡太舒服的床，过午不食等。清心寡欲，恬淡安宁。这样保持身心纯洁七天七夜。其次，根据自己的能力，供养出家僧人。再次，在持戒的七天七夜中，每天的早晨、日中、日没、初夜、中夜、后夜六个时辰都要虔诚供养药师佛，诵读《药师经》四十九遍。最后，若要祈求自己亲友寿命延续，还必须帮助其他众生延续生命，即放生。

拔众苦尊者 489

尊者法相所示

尊者法相所现为肃然而坐，双手执法器，浓眉大眼，两耳悬环，面庞丰润。尊者救人病苦，助人脱离灾难。

国中孟尝今何在，强业陶朱复再生。
慷慨重义情无价，振光乡邦有功名。

偈解

战国时期广揽人才的孟尝君如今在何处？帮助勾践成就霸业的陶朱公又重现人世。为人慷慨，看重情义，获得的功名足以使家乡增光添彩。

得此偈者，为人慷慨豪爽，有情有义；待人披肝沥胆，一片赤诚；不计钱财，出手大方；更为难得的是，你具有经商的运气和才能，宜转入商界发展，可获大利，兴大业。

事迹

尊者即观世音菩萨。

在中国，对观世音菩萨的崇拜可追溯到公元前一世纪。宋朝以前，观世音菩萨为男性形象，后来转化为女性形象，以女性的母爱和慈悲来感化救度众生。

在大乘佛教的信仰中，观世音菩萨是阿弥陀佛西方净土中的大菩萨，与大势至菩萨同为西方极乐净土中阿弥陀佛的左右胁侍菩萨。《悲华经》说，阿弥陀佛曾为转轮圣王，他有一千个儿子，长子名不眴，他出家之后，即号“观世音”；在久远的将来，阿弥陀佛涅槃后，他将在未来成佛，号“普光功德山王如来”。

据《普门品》载，观世音菩萨有三十二种化身，因应众生的需要而现身说法。他可以化身为佛、辟支佛、声闻、梵王、毗沙门、阿修罗、迦楼罗、执金刚神等。

490 寻声应尊者

尊者法相所示

尊者法相所现为结跏趺坐，双手结印，袒露胸怀，修眉正眼，面容清秀，神态安静祥和。尊者大慈大悲，寻声救苦，普度众生，只要受难者虔诚祷求，求必有应。

艳压群芳称俊杰，林耸霄汉认首株。
自古英雄驰疆场，神威虎胆敌万夫。

偈解

才能盖过同时代的众多同辈，能引领众人，是人中俊杰。自然界的法则也是如此，如森林之中，最为高大挺拔的树木被推举为“第一树”。自古以来的英雄豪杰都是拼争出来的，有与万人相敌的勇气、胆魄。

得此偈者，才能超群，技艺过人，其做人低调，待人谦冲有礼，被众人赞誉，为大家认同。但由于你名利心较为淡薄，加上缺乏胆气，故很难有大成就。若有驰骋疆场的勇气和做大事的雄心，则人生可望辉煌。

事迹

定，即禅定；劫，是佛教的时间概念，约四十三亿二千万年。数劫定，是说只有长期修习禅定，智慧才能圆满。

长期禅定能给人带来很多好处。在个人心理方面，禅定能美化心灵，使人心境变得明朗、净洁，从而增进智慧及记忆力，能使思虑敏捷正确。在个人仪表方面，禅定能使人具有端庄的风采，举止也会更加文雅，整个人显得庄重、沉着、自信；且不易瞋恚，为人可亲，对众人有慈悲心。在日常生活方面，禅定有助于松弛有度，提高效率，促进身体健康。在家庭方面，修习禅定能使家庭和气幸福，敬老慈幼，和睦相处。

数劫定尊者 491

尊者法相所示

尊者法相所现为安然静坐，双手托宝瓶，瓶中插有孔雀羽，浓眉浅须，目光内敛，神态清净祥和。尊者以无穷的智慧破除邪恶，散冥暗，导化众生，普济天下。

灿烂星辉照清彻，澄明天碧露翠微。
六根清净靠修习，随缘而定无心机。

偈解

纯真洁净的心性，像灿烂夜空中繁星发出的光辉，又像澄澈碧空透出的青青翠色。六根清净主要依靠后天的修习，万事随缘，无须心机。

得此偈者，深有权谋，饶有心计，为人胸有城府，很难与人肝胆相照。工于权谋本非坏事，但机关算尽，就可能适得其反，不仅不能成事，反而会败事。对人若能以诚相待，则大事可成。

事 迹

《无量寿经》说："法譬如水，能洗垢秽。"

据《除盖障菩萨所问经》卷六载，菩萨惑业清净，身心寂静，能以法水普济众生，令其善根增长，罪垢荡除，离生死烦恼，息贪爱枯渴，以成就菩提，超登觉岸；犹如水之净德，其本体清净，澄湛凝寂，尤能滋长万物，涤除众垢。炎热遇之而清凉，枯渴饮之而沃润。

尊者慈悲为怀，道行高深，为众生讲说无上妙法，能使佛法妙理犹如雨水滋润众生心田。

492 注法水尊者

尊者法相所示

尊者法相所现为陶然静坐，双手于胸前捧钵，目视左侧，开怀大笑。尊者能以妙法洗去众生的烦恼垢，使其远离烦恼。

疾蹄欢驰破空阔，昂首高啸动天地。
犳威曚胆动心魄，端的天神观人间。

偈解

犳（古书上说的一种兽，像豹，但没有豹的花纹）迅疾地在空阔的山林奔驰，仰头长啸，惊天动地，摄人魂魄，犹如天神出现在人间。

得此偈者，相貌威严，体格强健，有大英雄大豪杰的气概，还有想干一番惊天动地之大事的雄心。若能真心结交一帮有志有识之士，同心同德，共谋大业，可望拼出一片自己的天地。

事迹

得定，指三昧三解脱门，即空、无相、无作。

佛教认为，由于一切事物从因缘相待而产生，没有固定不变的自性，虚幻不实，因此是“空”。无相，是指真理之众相。《大乘义章》对无相的定义有两种：一就理彰名。理绝众相、故名无相。二从涅槃法解释。涅槃之法已离十相，故曰无相。无作，是指无因缘的造作。

修习“空”、“无相”、“无作”三种三昧，能够断除苦的因业，于俗尘诸业中无所造作，忧烦消除；远离色、声、香、味、触五法，男女二相及三有为相，身不染俗尘，达到诸蕴尽、三火息、无众患、脱众灾；于世间利禄沉浮淡漠无缘。

得定通尊者 493

尊者法相所示

尊者法相所现为寂然静坐，双手笼袖，面容慈悲，气净神清。尊者修习三昧已通达无碍，出入自如，达到无余涅槃的功德，彻底获得解脱。

春兰秋菊贮温房，未如深山百合香。
珍性自然休矫饰，消灾却病寿绵长。

偈解

温室里的春兰秋菊，其清香与健壮，都不如深山幽谷的百合。珍视自然之性，去除矫揉造作，才能延年益寿，并免于灾害苦难。

得此偈者，面对纷繁复杂的世事，瞧不穿，看不透，心虚气馁，缺乏纵横驰骋的勇气和信心，偏爱于“躲进小楼成一统”。不下水不能学会游泳，不下地不能学会奔跑，要积极投身社会，经受磨炼，才能走好自己的人生之路。

事 迹

慧广增，是指信佛与修习佛法都能增长智慧。

佛教智慧与俗世智慧不同。通过修佛而增长智慧的方法很多，但不管什么方法，都应当知道两件最重要的事：第一，要学会省察己心，不计他人之过；第二，除念经、持咒之外，还要研读经典，透过实修来学得智慧。千万不要到处跑道场，应专注于实地修学，并将自己所学，运用在利众的事业上，时刻不忘行布施、持戒、忍辱、精进、禅定、智慧六度，如此，智慧便可增长。

494 慧广增尊者

尊者法相所示

尊者法相所现为半跏趺坐，右手举钵，左手结印，面容清净祥和，似在凝神思虑。尊者坚信佛法，刻苦修行，智慧通达，得大自在，为众生拔苦与乐。

天机缜密莫轻窥，勤修自可得机宜。
仙堂路远终须到，莫争到早或到迟。

偈 解

天道酬勤，成功并非唾手可得。际遇永远属于作风严谨、勤奋好学之人，而非偷奸耍滑、巧取豪夺者。所谓功到自然成，去争早迟并没有意义。

得此偈者，心思烦乱，且心态不平，总是羡慕他人的成就，空想自我的辉煌，其结果必然是一事无成。与其艳羡他人所得，不如自己脚踏实地，勤奋进取，这样你才能成功。

事迹

六根净尊者，又称毁根菩萨。毁根，即毁除世俗六根，使之清净无污染。六根净，就是人们常说的“六根清净”。佛教认为，凡夫之所以一直流转于生死轮回的苦海之中，就是因为六根不清净。一切罪业，都是由六根所造成，比如眼根贪色、耳根贪声、鼻根贪香、舌根贪味、身根贪细滑、意根贪乐境。有贪，必有瞋，贪与瞋，是由烦恼而来，合起来就是“贪、瞋、痴”的三毒交加，如果恶多善少，那么永无出离生死苦海的日子。

要使获得解脱，就必须使自己六根清净。使六根清净的方法不外乎戒、定、慧的三学。但是，慧的主要根源是戒与定，所以修持的入门工夫，应从身心两方面着手，一是修身，一是修心。把不好的念头去掉，称为修心，修心的主要功夫是禅定；把不好的行为去掉，称为修身，也可称为修行，修身的主要功夫是持戒，持戒的目的是在守护六根的根门，不让坏事从六个根门之中溜进心田，以致种下生死流转的祸苗。

六根净尊者 495

尊者法相所示

尊者法相所现为威然而坐，双手于胸前结印，双臂横托法器，神态刚正威严。尊者视众生如赤子，愿其不造恶业，并护持众生，引导众生至清净彼岸。

生如梦幻梦如生，亦梦亦生如神仙。
此境如何能长达，勤修苦炼莫计年。

偈解

人生如梦，梦如人生，在亦梦亦生的境界中生活，那是再好不过的状态了。但欲使此种状态长久保持，则需勤修苦炼，不能停息。

得此偈者，必心浮气躁，恨人富，怨己穷。其实，人各有命，人各有运，白白羡慕他人，徒然自苦，又有何益。恬淡自处，保持平和的心态，即便粗茶淡饭，也是一种幸福。

事迹

拔度罗尊者，又称跋陀罗，原是佛祖身边的一名侍者，主管洗浴，因此，许多寺院的浴室中都供奉他。

相传佛祖涅槃前，曾令尊者永住世间，济度众生。尊者为救助众生，常到众生中间活动。据佛教文献记载，尊者住在牙穆拏河。传说最早住在牙穆拏河的生灵是一群龙，每到夏季，这些龙就会聚集在牙穆拏河中心的一座岛屿上，并用掠夺来的珍宝建造了一处豪华住所。有一年，正当这些龙在此聚会之时，尊者正好赶到这里。他用大法力收服众龙，并使它们皈依佛法。众龙就将这座用珍宝建起的住所作为供品奉献给尊者。尊者出于仁慈之心收下供品，帮助众龙积累善业，为它们讲习佛法，引导众龙走向解脱。

496 拔度罗尊者

尊者法相所示

尊者法相所现为陶然静坐，右腿曲盘座上，双手结印，颈挂佛珠，目视前方，笑容满面，神态慈和安详。尊者为救助众生，永住世间，常在众生中活动。

麒麟昂首向西方，西路迢遥复漫长。
披荆斩棘朝前走，千山万水不思量。

偈解

人生道路漫长而艰险，要像传说中的麒麟一样，不惧困难，昂首向前，披荆斩棘，一往无前。

得此偈者，宜向西方寻求出路，谋求发展。但必须立下雄心壮志，做好吃苦的准备，因为结果也许十分辉煌，但道路却漫长而艰辛。若意志坚韧，百折不挠，勇往直前，终会成功。

事迹

萨埵，王子名，是佛祖的前世身。萨埵，又称萨多婆、萨和萨、萨婆萨埵、索埵。《佛学大词典》对“萨埵”的解释是：含有存在、生、实、真、善、美、贤等义。有的佛学典籍称萨埵为有情，有的则解释为勇猛之义，另有心力、有、有相、含识、众生等诸义。萨埵也指菩萨，即菩提萨埵的略称，密宗则以此词专指金刚萨埵。

传说佛祖前世转生为王子，名萨埵。有一次，王子在深山林中遇到一只产下七个虎崽的母虎，由于奶水不足，虎崽已经饿了七天，即将死去。王子见后心中不忍，决心以身饲虎，委身卧于虎旁，母虎畏惧他的慈悲威力，退缩而不敢食。他登上高山，投身而下，被山神接住，未曾伤损。最后，他只好用竹刺穿颈脉，血尽而亡，此时大地发生六种震动，天花飘落。母虎见王子已死，这才敢上前吃掉王子的尸体，母虎与虎崽因此而得救。

思萨埵尊者 497

尊者法相所示

尊者法相所现为漠然而坐，右腿跷于左腿之上，双手相握抱膝，双目下视，似在沉思。尊者以萨埵王子的慈悲心为榜样，利益众生。

世间万物皆有情，无有高卑贵贱分。
度人济世真事业，且敲锣钹说分明。

偈解

世间万物，有情有义，生而平等，无贵贱高低。唯有度人脱离苦海，以才学修身济世才是真正的事业。

得此偈者，自视甚高，为人傲慢，瞧不起社会地位低下的人。天生万物，本无高下之分，贵贱之别，只是因为所生家庭不同，努力程度有异，人生际遇有别，才有了今天的差异。你应好好反思，对人要心怀慈悲，才会有善报。

事 迹

注荼迦意为小路、小路边生、蛇奴等。尊者住在持轴山中，又称“看门罗汉”。

尊者起初非常愚钝，后得佛祖教化而开智。佛祖使尊者开智的事迹在当时非常有名，一些外道却指责说：“乔达摩（外道徒对佛祖的称呼）的教法据说是十分的深奥。可是，像注荼半托迦之类的愚人也能在他手下成为僧人。那么，他的教法有何深奥难解之处？”佛祖为了反驳外道徒的诽谤，证明注荼半托迦的才能，告诉阿难，指定注荼半托迦为两名比丘尼的学法导师。两个比丘尼开始不愿意，认为尊者没有指导她们的能力。但没过多久，尊者就用实际行动证明了自己的能力，不仅使这两名比丘尼认同了他，还使其他人也认同了他。佛祖更是将尊者称为“能改变他人观念的比丘中最杰出的一位”。

498 注荼迦尊者

尊者法相所示

尊者法相所现为结跏趺坐，双手于胸前笼袖，慈眉善目，面含喜色。尊者得佛祖教化而开智，被佛祖誉为“能改变他人观念的比丘中最杰出的一位”。

空即是色色即空，真旨端坐莲花中。
人心能如莲花美，何悉修行不成功？

偈 解

佛教认为，世间万物都由地、水、火、风和合而成，而包括人身体在内的一切均为虚空，此即“空即是色”；而此“四大”若离散，则复归虚无状态，此为“色即是空”。莲花出污泥而不染，这是品行高洁的象征；人心若能如此，则何事不成？

得此偈者，思想不纯净，有恶念，爱心缺失。人若以恶心对世待人，自心也必不得安宁。你应摒弃恶念，多行善事，才能如愿以偿。

事迹

尊者即印度密教付法第五祖，中国密教初祖跋日罗菩提，汉名“金刚智”。

尊者是中印度国王伊舍那瓦摩的第三王子，从小聪颖过人，十岁便在那烂陀寺出家，学习《声明论》。十五岁前往西印度，用四年时间学习法称论师的著作，然后回到那烂陀寺。二十岁受具足戒，花六年时间学习了大小乘各种戒律，接着又学习了南宗《般若灯论》、《百论》等著作。二十八岁时，他在迦毗罗卫城，跟随胜贤论师学习《瑜伽论》、《唯识论》、《辩中边论》，历时三年。尊者三十一岁时前往南印度，当时龙树菩萨的弟子龙智年事已高，在以后的七年时间里，依止龙智学习了大乘经典，以及各种五明论著，并受五部灌顶，显密通达。唐开元七年（719年），尊者携弟子不空来到中国。第二年，尊者在洛阳、长安等地从事密教经典翻译，后圆寂于洛阳广福寺，寿年七十一，谥号“大弘教三藏”。

钵利罗尊者 499

尊者法相所示

尊者法相所现为陶然静坐，双手托钵，张口而笑，神态欢乐。尊者破除烦恼习气，犹如金刚之摧毁诸物。

爵硕勋伟品亦高，驹腾骊跃冲云霄。
华冠着顶无须羡，少年得志披红袍。

偈解

功勋卓著、品性高洁的人，如骏马奔腾，驰骋万里，十分得意。其实无须羡慕别人的加官进爵，只要自己胸怀大志，勤奋努力，便能前途无量。

得此偈者，聪明伶俐，少有大志。但要勤奋努力，毫不懈怠。同时注重自身的品德修养，以顽强的精神不断进取，不止不休。如此，就能早早如愿，人生得意。

事迹

愿事，即发起誓愿，略称发愿；众，即众生。据《止观》载："发愿者，誓也。如许人物，若不分券，物则不定，施众生善若不要心，或恐退悔，加之以誓。又无誓愿，如牛无御，不知所趣。愿来持行，将至行在。" 佛教中，发愿可分为两类，一类是发求菩提之愿，另一类是发度化有情之愿。

尊者曾在无数佛前修行无数劫，功德圆满。但是尊者发下誓愿，要永住世间，以救助众生脱离苦难，通往佛国净土。

500 愿事众尊者

尊者法相所示

尊者法相所现为结跏趺坐，双手合十，头戴毗卢，身披袈裟，眉清目秀，神气清净。尊者曾发愿永住世间，解脱众生苦难，使其往生佛国净土。

生来有心济群伦，钢筋铁骨担重任。
勤修苦习非为己，高举法轮照乾坤。

偈解

生来具有慈悲心，以救度众生为己任，也具有钢筋铁骨般的意志，勇于承担重任。勤奋用功，刻苦努力，并非为了自己功成名就，而是使众生获得光明。

得此偈者，器宇非凡，胸怀天下，有铁肩担道义的精神气质，在重重磨难中，练就了坚韧不拔的意志品质，并能勤学不辍。若治学，则可成名满天下的学者；若从政，则可为官一地，利民一方。

佛门偈语

1

佛教在宣扬其教义的过程中，像其他任何宗教思想的传播一样，借用了民众喜闻乐见、易记易诵的文学样式。“天竺国俗，甚重文制，其宫商体韵，以入弦为善。凡觐国王，必有赞德。见佛之仪，以歌叹为贵。经中偈颂，皆其式也。”（《高僧传》卷二）作为一种重要的经文体裁形式，偈颂在古印度有着根深蒂固的传统。

偈颂又称“偈诵”、“偈语”、“梵偈”、“宝偈”等。古代经译者将梵文Gāthā音译为“偈陀”，或者“伽陀”、“伽他”，意译则为“颂”，以与中国古文传统“风、雅、颂”中的“颂”相衔接，梵汉同举，即为“偈颂”，简称“偈”。

偈有广义和狭义之分。佛教经文的文体形式，共有“十二部”，即长行、重颂、孤起、因缘、本事、本生、未曾有、譬喻、论议、自说、方广和授记。重诵，梵文音译为“祇夜”，旧译为重颂偈、重颂，意即歌咏、诗歌，它是指在经典的前段以散文体叙说之后，再以韵文附加在后段的一种文体形式。孤起，梵文音译为“伽陀”，它与重诵的区别在于，孤起是独立的韵文形式，其内容与前段经文的内容不再重复，故又有“孤起颂”、“不重偈颂”的异名。广义的偈，包含了重诵和孤起两部分，而狭义的则仅仅指孤起部分。

偈在汉文翻译上，为适应中土文化习惯，译者多采用四言、五言、八言，尤其以五言、八言居多，句数则以四句或八句为主，与中土诗歌在体制上极其相似，但与诗歌还是有区别。“云门所著偈颂，皆不立题目。或举扬宗旨，或激劝后昆，非同诗人俟题而后有作。”（《祖庭事苑》“偈颂”条）可见在古人的眼中，偈与诗歌是不同的作品。总体来说，偈侧重于弘扬佛法、阐述教义，表达对人生、社会、宇宙的理解等。

2

根据偈在弘法中使用的场合、作用不同，有开经偈、供养偈、结斋偈、回向偈等种类。

开经偈　在正规的佛教经典版本中，翻开经书，其扉页上有一首偈，此偈即为开经偈，全文如下：

无上甚深微妙法，百千万劫难遭遇。我今见闻得受持，愿解如来真实义。

此偈为唐时武则天所题。僧人将翻译圆满的八十卷《华严经》呈送于皇帝武则天，她翻阅后，欣喜异常，题此偈语。此偈精妙地表达了轮回于迷途的众生有幸见闻佛法的喜悦。数百年来，无数高僧大德曾作过开经偈，但无出其右者，遂使此偈唱诵至今，成为佛法修习者诵经之前必不可少的发愿文。

供养偈 供养是佛门信士修行的方式之一。寺院每天过堂之前，都要诵供养偈，以三德六味供养三世一切诸佛，供养诸尊菩萨摩诃萨，并令法界有情普同供养。而在初一、十五，寺院还要特别隆重地上供，以种种美妙饮食供养诸佛菩萨。念诵的供养偈如下：

此食色香味，上供十方佛，中奉诸圣贤，下及六道品。等施无差别，随愿皆饱满，令今施者得，无量波罗蜜。三德六味，供佛及僧，法界有情，普同供养。

作为在家居士，为表达对佛菩萨的恭敬，也体现对佛菩萨的报恩之心，每天在用餐前也需念一遍供养偈，此偈与寺庙出家人所念诵的则不同。全文如下：

无上本师即佛宝，无上救护即法宝，无上引导即僧宝，供养皈处三宝尊。

一般在家居士还可念诵如下较为简略的供养偈：

供养佛、供养法、供养僧，供养一切法界众生。

结斋偈 如果道场的法会斋饭是由大众打斋护持供养的，那么在结斋时一般要唱诵结斋偈：

萨多喃，三藐三菩陀，俱姪南，怛姪他，唵，折隶主隶，准提萨婆诃。

所谓布施者，必获其利益，若为药故施，后必得安乐。

然后接着唱诵：

饭食已讫，当愿众生，所作皆办，具足佛法。

此偈为祝愿供养法会斋饭的护法居士，因为他们以欢喜心种下此清净布施的善因，必将得到世世饮食无忧、究竟安乐的善果。

在佛门的三餐之中，早斋、午斋皆要供养，晚餐则称为“药石”，视之为服药，故不作供养。

回向偈 佛家所谓“回向”，即是“回己善根，有所趋向”，将所造善根力集中加于某目的，使之尽快得以实现。它是佛教极为独特的修行法门之一。佛门弟子不论是念经念佛，还是做完一件善事，在结束之前，都要念一遍回向偈或回向文，要回向到西方极乐世界去。回向的功德越多，往生的希望就越大。回向偈有很多个，下面为最常见的一个，其目的是求生西方极乐净土。

愿以此功德，庄严佛净土。上报四重恩，下济三途苦。若有见闻者，悉发菩提心。尽此一报身，同生极乐国。

念回向偈时，与念佛一样，须一字一句从心中经过，不能随口念念即完事。

3 从佛教本身来说，偈最主要的作用是说理。经佛教史学家的考定，偈记录了释迦牟尼和其他圣者言论的一部分，表明释迦牟尼在世时口述的言教，即是以偈为中心来加以组织、实现的，之后才有与之相配合的长行等其他文体形式的出现。究其实质，偈是一种阐扬佛学思想和道德观念的宗教格言，内容深奥抽象，不过其中亦有少量作品，重在抒情言志，包含有浓郁的文学意味。

偈在经文中的作用，鸠摩罗什所译《成实论·十二部品第八》有如下的记载：

问曰：何故以偈颂修多罗？答曰：欲令义理坚固，如以绳贯华，次第坚固。又欲严饰言辞，令人喜乐。如以散华，或持贯华，以为庄严。又义入偈中，则要略易解。或有众生，乐直言者，有乐偈说。又先直说法，后以偈颂，则义明了，令信坚固。又义入偈中，则次第相着，易可赞说，是故说偈。

据此，可以概括为四个方面：一、可使佛经内容层次清楚，有条理性、连贯性，易于为人们所掌握；二、偈语注重语言修辞方面的表达效果，音韵铿锵、节奏感强，更为人们所喜爱；三、偈的音乐性具有强烈的感发人心的作用；四、对经文内容进行重复强调，意思更为简要畅达，以加强人们对佛教义理的理解。

在佛教界和文学界流传甚广的 “八不偈”和“三是偈”即是明证。

“八不偈”：

不生亦不灭，不常亦不断，不一亦不异，不来亦不出，能说是因缘，善灭诸戏论，我稽首礼佛，诸说中第一。

“三是偈”：

众因缘生法，我说即是空，亦为是假名，亦是中道义。

此两偈均出自鸠摩罗什翻译的《中论·观因缘品》，前者概括了大乘中观学对世界的解释，被佛教学者誉为“正观之旨归，方等之心髓”；后者被士人视为龙树对“空”所下的精准、典型定义。

随着佛教文化融入中土，偈的诗意化也越来越明显，特别是在中唐以后，偈愈来愈具有诗的韵致，出现了自创清丽诗句以明禅理的现象。发展至北宋中叶，出现了大量引用现成诗句证禅的现象。引诗入禅的进一步发展，便形成了引诗笺注，即引用诗句对佛教示法的句段进行再解释。结合寺庙的占卜活动，于是签注上的文字也演化成七言诗体。这就是现在的寺庙，特别是有罗汉供奉的寺庙，其占卜签注上的偈语为七言诗的缘故。